谨以此书致敬中华全国总工会成立一百周年

先行者

工运先烈启示录

史蕴恭 张晓莹 高志菲◎著

中国工人出版社

图书在版编目（CIP）数据

先行者：工运先烈启示录 / 史蕴恭，张晓莹，高志菲著. —北京：中国工人出版社，2023.11
ISBN 978-7-5008-7583-3

Ⅰ. ①先… Ⅱ. ①史… ②张… ③高… Ⅲ. ①工人运动—历史—中国 Ⅳ. ①K261.3

中国国家版本馆CIP数据核字（2024）第011851号

先行者：工运先烈启示录

出版人	董　宽
责任编辑	赵晨羽
责任印制	栾征宇
出版发行	中国工人出版社
地　　址	北京市东城区鼓楼外大街45号　邮编：100120
网　　址	http://www.wp-china.com
电　　话	（010）62005043（总编室） （010）62005039（印制管理中心） （010）62382916（工会与劳动关系分社）
发行热线	（010）82029051　62383056
经　　销	各地书店
印　　刷	北京市密东印刷有限公司
开　　本	710毫米×1000毫米　1/16
印　　张	25
字　　数	340千字
版　　次	2024年4月第1版　2025年8月第3次印刷
定　　价	88.00元

前　言　让历史告诉未来

三年以来，在人民解放战争和人民革命中牺牲的人民英雄们永垂不朽！

三十年以来，在人民解放战争和人民革命中牺牲的人民英雄们永垂不朽！

由此上溯到一千八百四十年，从那时起，为了反对内外敌人，争取民族独立和人民自由幸福，在历次斗争中牺牲的人民英雄们永垂不朽！

这是天安门广场高耸的人民英雄纪念碑上，由毛泽东撰文、周恩来题写的碑文。每年国庆节前夕的 9 月 30 日，是国家“烈士纪念日”，这一天，党和国家领导人都来这里敬献花圈，缅怀先烈，向人民英雄致敬。

据民政部门和组织部门统计，从 1921 年 7 月成立中国共产党，到 1949 年 10 月 1 日建立中华人民共和国，可以查到姓名的牺牲的革命者达 370 多万人。另一种统计方式显示，目前全国有姓名可考并收录各级《烈士英名录》的有 193 万余人。还有一种说法提到，为了新中国的成立，约有 2000 万名先烈献出了自己的生命，他们中的大多数没有留下姓名。

在 1938 年中共扩大的六届六中全会开幕式上，张闻天在开幕词中宣读了一份多达90位牺牲者的名单，并带领与会者全体起立默哀。这个名单所列的，都是党的重要领导人和红军高级将领。至于牺牲的普通革命者，中共七大召开时做过一个估计，北伐战争、土地革命战争和抗日战争期间，在战场上牺牲的革命者有76万，其中共产党员32万；1927年至1932年，在刑场上牺牲的共产党员和革命群众至少在100万人以上。仅在1927年3月到1928年上半年国民党的“清党”运动中，被杀害的共产党员和革命群众就达31万人之多。

“一寸河山一寸血，一抔热土一抔魂。”回顾百年历史，中国共产党在内忧外患中诞生，在磨难挫折中成长，在攻坚克难中壮大。正如毛泽东所说：“从古以来，中国没有一个集团，像共产党一样，不惜牺牲一切，牺牲多少人，干这样的大事。”

共和国不会忘记先烈们的丰功伟绩。郭沫若为《革命烈士诗抄》题诗写道：“龙战玄黄禹甸赤，鸡鸣风雨舜天晴。头颅换得金星五，满地红旗众手擎。”在艰苦卓绝的革命年代，无数革命者怀着坚定的革命理想和信念，蹈锋饮血，前赴后继，为中国革命的胜利献出了宝贵的生命。这些先辈和英烈，包括了老一辈无产阶级革命家，包括了红军、八路军、新四军、人民解放军将士，也包括了中国工运史上的先驱，以及无数为了新中国的成立而献出了生命却没有留下名字的先烈。

中国共产党是马克思主义和中国工人运动相结合的产物，党的历史与领导工人运动密切相关，中共一大通过《中国共产党第一个决议》，明确规定中国共产党成立后的中心工作是领导、组织和推进工人运动，基本任务是“成立产业工会”，强调“党应在工会里灌输阶级斗争的精神”。在中共一大召开后的第二个月，即成立了公开领导工人运动的机构——中国劳动组合书记部，党的早期领导人大多数领导过工人运动。

中国工会是中国共产党领导下的工人阶级群众组织，中国工运事业是党领导下工人阶级的壮丽事业，中国工运史是党史的重要组成部分。中国工会与中国共产党有着天然的血缘关系，同根同脉、同宗同源，并且一开始就在党的领导之下团结奋斗。我们今天回顾百年党史，重温苦难辉煌，缅怀先烈精神，有了更多得天独厚、“近水楼台”的素材。我们从工运先烈的角度，回溯中国工运百年壮阔历程，同样有助于学史明理、学史增信、学史崇德、学史力行；有助于破除历史迷雾，澄清历史疑惑，看清方向道路，从而更加坚定理想信念；有助于自觉反对那些数典忘祖、妄自菲薄的历史虚无主义和文化虚无主义，自觉提升境界、涵养气概、激励担当。

“一切历史都是当代史。”著名历史学家克罗齐的名言，在当前有着重要的现实意义。古人说：“灭人之国，必先去其史。”在国内外敌对势力不时拿中国革命史、新中国历史来做别有用心的文章，企图搞乱人心的当下，重温工运先烈的奋斗事迹，有助于寻根问道、正本清源，有助于总结经验、厘清困惑，有助于找寻初心、激励使命，有助于更加深刻地理解以下问题：

——为什么要坚持党的领导？

——为什么要坚持中国特色社会主义发展道路？

——为什么要坚持马列主义、毛泽东思想的指导？

——为什么要全心全意依靠工人阶级？

——为什么要坚定“四个自信”？

……

这些宏大叙事通过每一位工运先烈生动、鲜活、具体的微观视角，可以变得更加清晰、坚定。透过百年的历史风云，回味当年的初心使命，可以汲取历史的养分，发扬红色传统、传承红色基因，赓续共产党人精神血脉，让我们对今天进行的伟大事业更多一份自信、多一份自豪，更增加一份前行的动力。

2021 年是中国共产党成立 100 周年，2022 年是第一次全国劳动大会召开 100 周年，2023 年是“二七”大罢工 100 周年，2025 年即将迎来中华全国总工会成立 100 周年。百余年来，中国工会在党的领导下，团结带领工人阶级不懈奋斗，谱写了壮丽的工运篇章。我们党的一百年，是矢志践行初心使命的一百年，是筚路蓝缕奠基立业的一百年，是创造辉煌开辟未来的一百年。中国工会的一百年，是在党的领导下团结奋斗的一百年，是引领职工拼搏进取的一百年。“历史越久远越清晰。”回望过往的奋斗路，眺望前方的奋进路，必须把党的历史学习好、总结好，把党的成功经验传承好、发扬好。吃水不忘掘井人，今天，唯有不忘先烈，方可告慰历史；唯有不忘初心，方可赢得民心；唯有不忘过去，方可赢得未来；唯有常思常悟，方可善作善成。

目　录

坚持真理　坚守理想

坚持马克思主义的科学真理，坚守共产主义远大理想和中国特色社会主义共同理想，这是对中国共产党人理想信念和价值追求的集中表达。中国共产党是用马克思主义武装起来的政党，马克思主义是中国共产党人理想信念的灵魂。中国先进分子从俄国十月革命看到了“世界人类全体的新曙光”，感受到“真理的味道非常甜”，建立起了马克思主义信仰。毛泽东同志提出：“主义譬如一面旗子，旗子立起了，大家才有所指望，才知所趋赴。”习近平总书记指出：“共同的政治信仰，是一个政党领导人民建设国家的思想基础。”“中国共产党为什么能，中国特色社会主义为什么好，归根到底是因为马克思主义行！”

中国共产党从一开始就坚持以马克思主义为行动指南，旗帜鲜明地把社会主义和共产主义规定为自己的奋斗目标。对马克思主义的信仰，对社会主义和共产主义的信念，始终是共产党人经受住任何考验的精神支柱。无数共产党人为国家和民族流血牺牲，自始至终坚守着对马克思主义的信仰。中国共产党能够领导艰苦卓绝的新民主主义革命取得胜利，在社会主义建设、改革开放和新时代取得辉煌成就，就是因为有无比坚定的政治信仰，并找到了正确的革命道路和理论。信仰的光芒照亮了党和人民前行的道路。

中国共产党的政治信仰是历史选择的结果。一个人具有的信仰不是天生的，而是后天于成长的过程中经历社会生活而逐渐形成的；政党的政治信仰也要经历摸索、确立和培育建设的过程。在20世纪初民族危亡的时刻，马克思主义给中国人民带来了真理与道义的光芒。习近平总书记在纪念红军长征胜利80周年大会上指出：“中国共产党人的理想信念，建立在马克思主义科学真理的基础之上，建立在马克思主义揭示的人类社会发展规律的基础之上，建立在为最广大人民谋利益的崇高价值的基础之上。我们坚定，是因为我们追求的是真理。我们坚定，是因为我们遵循的是规律，我们坚定，是因为我们代表的是最广大人民根本利益。”古往今来、环球内外，从未有过这样一种崇高科学的政治信仰能够产生如此之大的能量，奇迹般地将人民群众强有力地吸引、凝聚和团结起来。

在新时代坚持真理、坚守理想，就要加强党的信仰建设，推进马克思主义中国化时代化，把马克思主义基本原理同中国具体实际相结合、同中华优秀传统文化相结合，丰富马克思主义理论体系。正如习近平总书记在庆祝中国共产党成立95周年大会指出的那样：“坚持不忘初心、继续前进，就要牢记我们党从成立起就把为共产主义、社会主义而奋斗确定为自己的纲领，坚定共产主义远大理想和中国特色社会主义共同理想，不断把为崇高理想奋斗的伟大实践推向前进。”

血染的姓名

相传春秋战国时期，干将莫邪夫妇铸剑，七日七夜铁水不出，莫邪情急之下，纵身跳入炉中，以身殉剑，铁水乃出，遂铸得名剑两口。

我们不知道，今天博物馆里那柄出土文物越王剑冷锋凛凛，其中是否凝集了铸剑师的血。我们知道的是，在新中国这把“利剑”的铸造过程中，一定饱含了烈士的鲜血。无数的革命先烈在国家危难时刻，义无反顾地跃入革命洪炉，用血肉之躯铸出了革命之剑。回望民族独立、人民解放的征程，无数英烈以“我以我血荐轩辕”的壮烈之举名垂青史，以“愿拼热血卫吾华”的信念献身革命。正是这些忠于党、忠于国家、忠于人民的革命先烈，以鲜血、生命书写了民族历史活的灵魂。他们的奋斗历程，体现了中国共产党最本原、最质朴的初心和使命，对于今天仍具有极为重要的启示意义。

我们完全可以说，党旗上代表工人阶级的铁锤图案，是由无数工运先烈用鲜血浇铸而成。在这里，我们选取了从中国共产党成立后到新中国成立之前，工运史上有代表性的 51 位著名工运先烈，根据事迹史料进行量化分析，试图总结出规律性的结论。需要说明的是，在中国工运史上，牺牲的先烈远不止这 51 位。很多人为党的工运事业献出了生命却没有留下史料，甚至没有留下姓名。我们在浩如烟海的史料中爬梳再三，选出这 51 位资料相对完整、知名度较高且具有一定代表性的人物进行分析。这种分析不可避免地带有抽样的性质，或许存在样本偏差。但是总体看来，我们还是可以探寻出他们的心路历程，再现波澜壮阔的工运画卷，见证共产党人的初心和使命。

这 51 位先烈中，有中国共产党的创始人，有中华全国总工会领导人，也有基层普通工人。他们大部分是中国共产党的早期党员，大多数在 1920 年至 1930 年间入党，也就是说，他们都是共产党初创时期的精英，是革命的先行者。入党时间统计图如下：

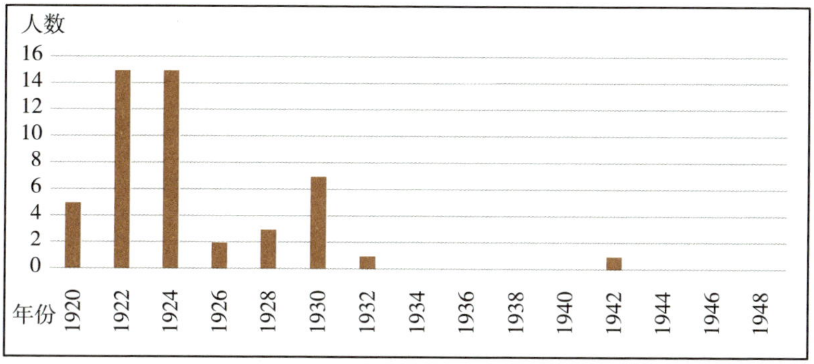

这些工运先烈的牺牲，主要集中在两个时期。一是大革命前死于军阀之手，二是大革命失败后死于国民党反动派之手。他们牺牲时间如下图所示：

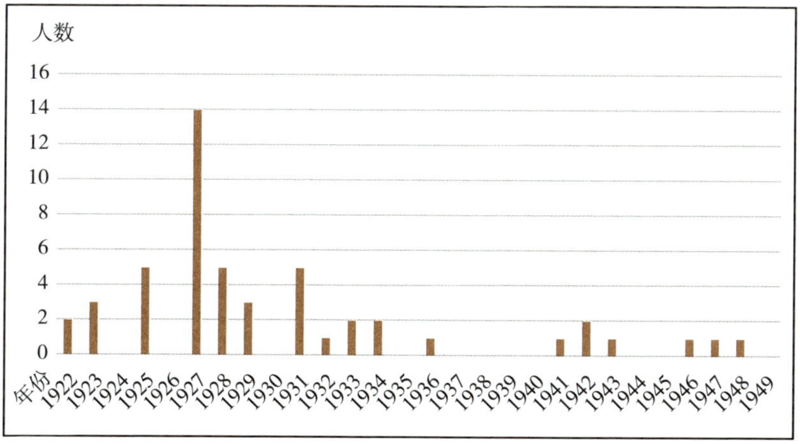

由图表可以看出，工运先烈的牺牲至少有两次“波峰”，每个波峰对应着工运史上一段悲壮而惨烈的斗争经历。第一次在 1922 年至 1934 年间，是大革命和土地革命战争时期；第二次在 1941 年至 1943 年间，是抗日战争最为

艰苦的阶段。其中，第一次的波峰要远高于第二次。

统计显示，这些工运先烈大部分牺牲于1925年到1931年间，其中以1927年最多，共有14人献出了生命。图表背后的事实是，中国共产党成立后，随之成立了中国劳动组合书记部，领导了轰轰烈烈的工人运动。建党后两年内，就有5位工运先烈牺牲。1922年牺牲的两位是湖南劳工会的黄爱和庞人铨，1923年在“二七”大罢工中，林祥谦、施洋和曾玉良牺牲。1924年是相对“安全”平静的一年，这一年，工人运动在“二七”惨案之后正处于退守时期，国共两党正在酝酿合作。国共合作实现后，党领导工人群众向北洋军阀发起激烈抗争，工运高潮再次掀起。1925年牺牲人数等同于前三年之和，顾正红、李慰农、黄静源先后牺牲于“五卅”惨案、青岛“五二九”惨案和安源“九月惨案”，王尽美和刘华在这一年病逝。1926年相对平稳，这源于国共合作携手北伐、势如破竹，北洋军阀一败涂地，工人运动高歌猛进、持续高涨。

时间到了1927年，蒋介石、汪精卫集团先后发动“四一二”反革命政变、“四一五”反革命政变和“七一五”反革命政变，大批的共产党员、工运领导人和工人群众倒在血泊之中。当年牺牲的工运领袖数量达到14人。陈赞贤牺牲于赣州，汪寿华、陈延年、赵世炎牺牲于上海，邓培、刘尔崧、李启汉、何耀全牺牲于广州，李大钊、王荷波牺牲于北京，李汉俊牺牲于武汉，刘昌炎牺牲于安源，蒋先云战死在临颍前线。1928年，牺牲仍在继续，周文雍在广州被害，郭亮在长沙遇难，罗亦农、陈乔年、许白昊牺牲于上海。1929年，朱少连牺牲于萍乡，杨殷牺牲于上海。

1930年比较平静。1931年波澜再起，林育南、何孟雄、杨匏安牺牲于上海龙华，邓恩铭、郭隆真牺牲于济南。1932年张昆弟被错杀于洪湖。1933年罗登贤、邓中夏牺牲于南京。这几年间，在烈士牺牲的背后，我们隐约可以看到“立三路线”、王明的“左”倾教条主义和宗派主义的影子。

1934 年长征开始后，一大批工运领导人拿起武器，投入了战斗。其间，李梅羹病逝于浏阳，陈寿昌坚持南方游击战争，牺牲于湖北崇阳。1936 年赵一曼牺牲于黑龙江珠河。

全国抗战爆发后，国共两党再度合作，共御外侮。此时我党在抗日根据地、国统区和沦陷区，根据不同情况实行了正确的工人运动路线、方针、政策，斗争艺术趋于成熟，未发生大面积牺牲现象。这一时期的工运领导人牺牲，大多不是源于工运事件。1941 年项英牺牲于“皖南事变”。1943 年陈潭秋牺牲于新疆盛世才的阴谋。1948 年王孝和在南京牺牲于“黎明前的黑暗”，是最后一位死于敌手的工运先烈。

换一种呈现方式，或将更为清晰：

他们牺牲时，年龄最大的 67 岁，最小的只有 20 岁，绝大多数是在 25 岁至 40 岁的英壮之年，就为党的工运事业献出了生命。他们牺牲时的年代分布如下表所示：

牺牲年代	先烈姓名													
1921 年														
1922 年	黄　爱	庞人铨												
1923 年	林祥谦	施　洋	曾玉良											
1924 年														
1925 年	顾正红	李慰农	王尽美	黄静源	刘　华									
1926 年														
1927 年	陈赞贤	汪寿华	邓　培	刘尔崧	李启汉	何耀全	李大钊	蒋先云	刘昌炎	陈延年	赵世炎	林伟民	王荷波	李汉俊
1928 年	周文雍	郭　亮	罗亦农	陈乔年	许白昊	郑覆他								
1929 年	朱少连	苏兆征	杨　殷											
1930 年														
1931 年	林育南	何孟雄	邓恩铭	郭隆真	杨匏安									
1932 年	张昆弟													
1933 年	罗登贤	邓中夏												
1934 年	李梅羹	陈寿昌												
1935 年														
1936 年	赵一曼													
1937 年														

续　表

牺牲年代	先烈姓名													
1938 年														
1939 年														
1940 年														
1941 年	项　英													
1942 年	林育英	史文彬												
1943 年	陈潭秋													
1944 年														
1945 年														
1946 年	邓　发													
1947 年	朱宝庭													
1948 年	王孝和													

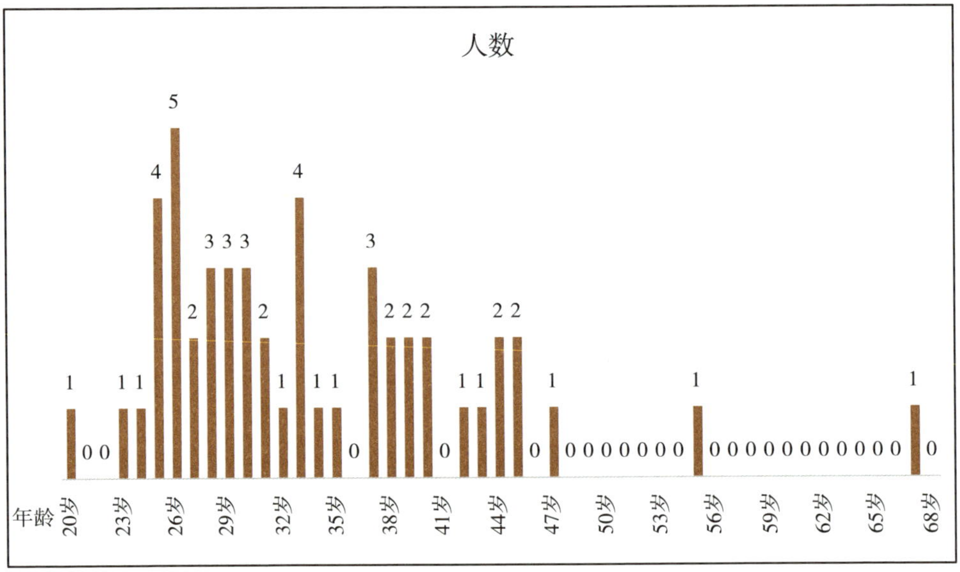

或者我们划分一个年龄段的话，可以看得更为清楚：

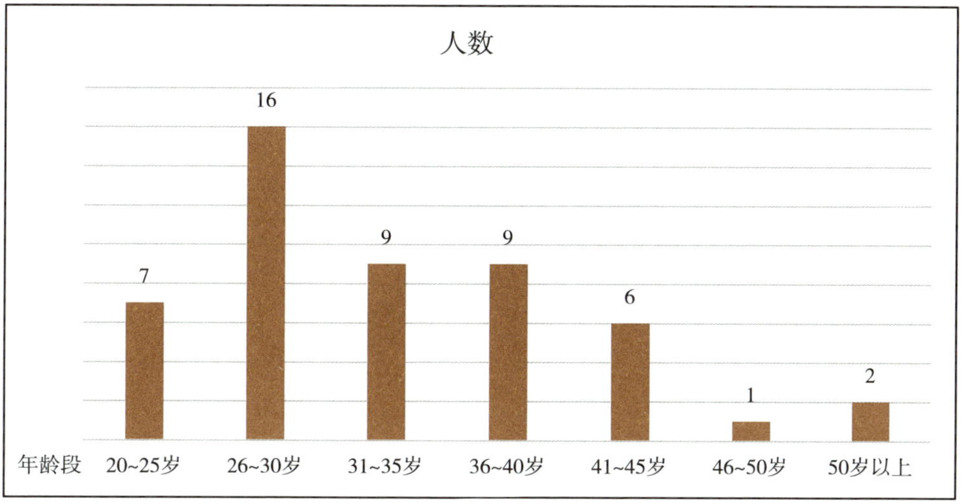

由图可见，牺牲最多的，集中于26岁至30岁，正是人生的大好年华。

这些先烈的牺牲，大致可分为几种情况：一是牺牲于战场之上，死于敌人镇压；二是牺牲于监狱之中，基本上是由叛徒出卖；三是因病逝世；四是受害于党内“左”倾路线，死于自己人的错杀。牺牲情况如下图所示：

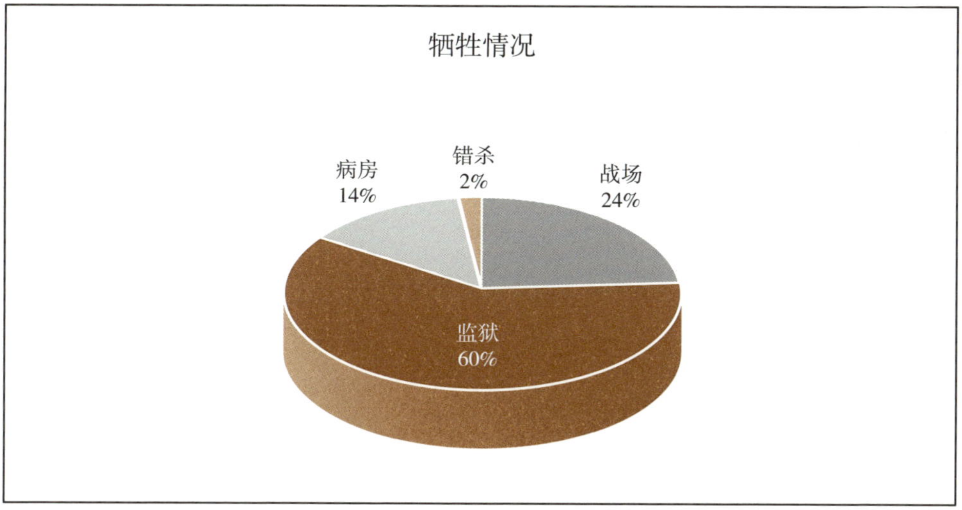

凶手主要分为两类：北洋军阀和国民党反动派。这些工运先烈绝大多数（64%）是死于国民党反动派之手，其次是死于北洋军阀屠刀之下（33%），还

有的是死于日本帝国主义枪下（3%）。分类如下图：

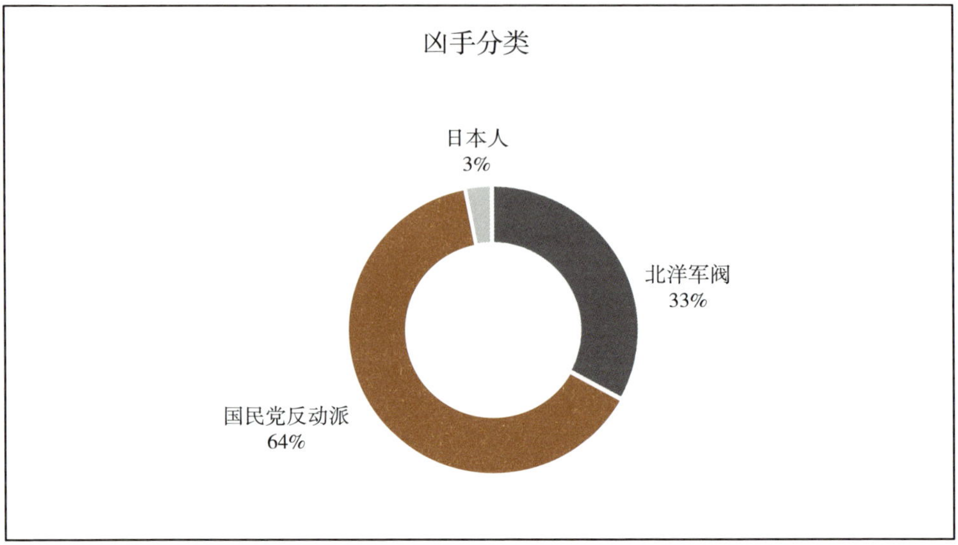

一串串冰冷的数字背后，是一个个血染的姓名、一幕幕壮烈的事迹。

上下而求索

1919 年夏秋之交的一天，一艘渡船即将驶进长沙。接近江心橘子洲的时候，船头上一位身材矮小、目光深邃的青年人极目远望、若有所思。

他叫郭亮，因身材短小而被称为“郭矮公”，此时是长沙县铜官镇一所家族小学的教员。此行他去长沙有两件事，第一是去见一个人，第二是去探一条路。

他要见的那个人名叫毛泽东，是湖南学联的领导人。在“五四”潮流中，郭亮对这位同乡心存敬仰，在船上又看到客人夹带的两本《湘江评论》，上面刊载的《创刊宣言》和《民众的大联合》两篇文章，阅后让他眼睛为之一亮，心中的无数疑团顿释，他更加急于见到此人了。

那年秋天，他见到了要见的人。在落星田的湖南学生联合会的一间小屋里，郭亮和毛泽东彻夜倾谈，一见如故。也是在这个秋天，郭亮找到了他追寻的那条路，跟随毛泽东踏上了革命征途。

此后，他和柳直荀等人参加了毛泽东组织的新民学会，开始学习《共产党宣言》等马列主义著作，一起探寻革命道路。郭亮跟随毛泽东到工人中办夜校，在实践中逐渐认识到：只有马列主义和共产党才是中国的希望。1921 年 7 月，毛泽东赴上海参加中国共产党第一次代表大会；返湘后于 10 月 10 日成立中共湖南支部，郭亮经毛泽东介绍，加入中国共产党，成为湖南最早的中国共产党党员之一。

1922年5月，中共湘区执行委员会成立，毛泽东为书记，委员有郭亮、何叔衡等。郭亮先后在长沙新河车站、岳州车站指导工人运动，帮助工人办起了夜校、工人俱乐部，组织了粤汉铁路工人俱乐部联合会，领导了1922年9月粤汉铁路工人大罢工。1922年11月，粤汉铁路总工会成立，郭亮被推选为主席。同月，湖南省工团联合会成立，毛泽东任总干事，郭亮为副总干事。1923年春，毛泽东离开湖南去上海后，郭亮继任总干事职务。1926年8月，湖南省工团联合会改为湖南全省总工会，郭亮被选为书记。1926年5月，在第三次全国劳动大会上，郭亮当选为中华全国总工会候补执行委员。

1927年蒋介石发动四一二反革命政变后，中共决定组建湘鄂赣边区特委，任命郭亮为书记。1928年1月下旬，郭亮带着周尚武等7人前往岳阳，筹设特委机关。3月下旬，特委军事部部长苏先骏被捕叛变，供出郭亮与特委机关住址。郭亮被捕后，于3月29日被秘密杀害。翌日，凶残的敌人将郭亮的遗体摆在浏阳门外识字岭，将他的头颅挂在司门口示众。鲁迅先生得知此事，愤然撰写杂文《头》与《铲共大观》，痛斥敌人的凶残：

> 说到挂头，是我看了今天《申报》上载湖南共产党员郭亮“伏诛”后，将他的头挂来挂去，“遍历长岳”。但是，革命被头挂退的事是很少有的，革命的完结，大概只由于投机者的潜入，也就是内里蛀空。这并非指赤化，任何主义的革命都如此。但不是正因为黑暗，正因为没有出路，所以要革命的么？

郭亮这样的“寻路”经过，代表了当时的共产党人和工运领袖的心路历程。在那个年代，一批又一批革命先行者为了救国于水火，解民于倒悬，千方百计寻找“济世良方”，最后认定了马克思主义道路，并为此奋斗终身，付出了生命的代价。

试错的成本

一部中国近代史，是落后挨打的苦难史，也是英勇不屈的奋斗史。百余年来，无数仁人志士前仆后继、不懈探索，寻找救国救民道路，却都抱憾而终。太平天国运动、戊戌变法、义和团运动、辛亥革命接连而起，但农民起义、君主立宪、资产阶级共和制等种种救国方案都相继失败了。战乱频仍，民生凋敝，丧权辱国，成了旧中国长期无法消除的病疠。

中华民族是一个有志气的民族。为了探求救亡图存的正确道路，中国的先进分子带领中国人民始终坚持在苦难和挫折中求索、在风雨飘摇中前进，敢于挽狂澜于既倒、扶大厦之将倾，表现出了百折不挠的英雄气概。然而，这种探索注定不会一帆风顺。一次次失败、一次次奋起，一次次挫折、一次次探索，直到找到马克思主义真理，中国革命的面貌才焕然一新。

没有天生的马克思主义者，也没有天生的共产党，同样没有天生的社会主义道路，更没有先知先觉的圣贤给我们"仙人指路"，让我们从一开始就找到正确方向。新中国的道路，是在一次次"试错"中探索出来的。

中国工人运动最早的两位牺牲者黄爱、庞人铨起初并不是马克思主义者，而是不折不扣的无政府主义者，对马克思主义还有相当大的成见。他们两人组织湖南劳工会的时候，深受无政府主义观点影响，黄爱在成立大会上提出"本会纯是自动的组织，打破领袖和男女界限"的工人团体。湖南劳工会成立后，他曾写信给陈独秀说："我们的'会'系合议制，铲除领袖的。"湖南劳工会成立之初，会员多是甲种工业学校、楚怡工业学校、第一职业学校等技校的毕业生。随着劳工会威信的提高，第一纱厂、造币厂、黑铅炼厂和土木、缝纫、理发、建筑等行业工人也逐渐加入，甚至一些封建把头、监工、手工业主也混了进来。他们对马克思主义不仅不认同，反而有一定成见，他们说马克思主义者是“长尾巴的”——就是说，马克思主义者是主张要政府的，既然要政府，就和军阀差不多。

毛泽东分析了劳工会的情况后，一方面和工人群众接近，耐心说服他们，使他们认识到马克思主义的正确性；另一方面对黄爱、庞人铨进行教育，多次找黄爱等人谈心，热情赞扬他们反抗资本家和军阀的勇敢精神，对他们没有远大政治目标、没有严密的组织、只作经济斗争进行了批评。同时还选送马列主义书刊给他们看，使他们懂得用阶级斗争的理论去教育工人、指导行动。在劳工会成立一周年时，毛泽东在《劳工周刊》上发表了一篇《所希望于劳工会的》文章：

> 劳工会这一年来的艰难缔造，在湖南劳动运动史上已写完了头一页，现在要开始写第二页了。我愿这第二页上写的要大不同于第一页：材料更丰富，意义更新鲜，章法组织更完备。因此我要本我思路所及，贡献几个希望条件：（一）劳动组合的目的，不仅在团结劳动者以罢工的手段取得优异的工资和缩短工作时间，尤在养成阶级的自觉，以全阶级的大同团结，谋全阶级的根本利益。（二）组织上宜依西洋工会组织，由代表会议产生相当名额之委员，付与全权组织委员会执行会务。（三）工会是工人组织的，所以工人应该自己养活工会。更进则准备罢工基金和选举基金。

毛泽东这篇文章和他的远见卓识及人格魅力打动了黄爱、庞人铨。黄爱对毛泽东十分钦佩，他说：“润之大智若愚，我则锋芒太露。润之是将才，我不过是个过河卒子而已。”根据毛泽东建议，劳工会进行了改组，实现了“小组织大联合”。在毛泽东的帮助与教育下，黄爱和庞人铨的政治觉悟明显提高，开始走出狭隘的经济斗争的小圈子，积极从事反帝国主义的政治斗争。1921 年底，黄爱、庞人铨加入了中国社会主义青年团。黄爱入团时，庄严地宣告：“我现在觉得我的前途有无限光明！”“我决定洒我的热血，做第一个牺牲者，去换得自由来！”

中国共产党早期领导人——陈独秀的两个儿子陈延年、陈乔年，最早是无政府主义的忠实信徒，政治观点与他们的父亲背道而驰，与无政府主义的代表人物吴稚晖、李石曾打得火热。无政府主义是五四运动前后传播较广的一种思潮，主张个人绝对自由、不要政府，对一些不满现实和反抗反动统治的知识分子颇有影响。陈延年和陈乔年阅读了大量的有关无政府主义的书籍，对蒲鲁东、克鲁泡特金顶礼膜拜，成为无政府主义的信仰者。1919 年 1 月，陈延年和无政府主义者黄凌霜、郑佩刚等人在上海加入无政府主义的“进化社”，宣传无政府主义的观点，在自己的文章中还流露出对俄国十月革命的不满。

陈独秀的性格与众不同，对两个儿子的要求十分严苛，在上海期间，坚持不让他俩回家生活。兄弟二人一直寄住在亚东图书馆，每月从父亲稿费中得到 10 元的生活费，吃的是大饼就自来水，住的是小亭子间，衣衫褴褛、面容憔悴。他们的继母、同时也是姨母高君曼觉得这样下去父子疏离，也怕自己落下虐待之名，力劝陈独秀让哥儿俩回家吃住。陈独秀斥道：“妇人之仁，徒贼子弟，虽是善意，反生恶果，姑息养奸，不可！不可！少年人生，听他们自创前途可也。”兄弟二人性格更倔。他们的祖母从安徽到上海来看他们，见此境况，要给予补助照顾，均被拒绝。两兄弟声言绝不依靠任何接济。高君曼曾向友人哭诉：“不知道的人，还以为是我容不下这两个孩子。可我不仅是他们的继母，还是亲姨母，他们就如同我自己的孩子。可我怎么说都没用。”

1919年底，陈氏兄弟赴法勤工俭学。陈独秀是希望他们去苏联留学的，但他们认为法国才是无政府主义的故乡，便自主决定去法国勤工俭学。初到法国，陈延年兄弟编辑无政府主义刊物《工余》，还和法国无政府主义者有过联系。兄弟俩对陈独秀积极宣传马克思主义很不感兴趣，甚至对中国共产党也不赞许。但不久后，受无政府主义者吴稚晖等掌控的华法教育会，宣布与勤工俭学的学生脱离经济关系，造成大批工读学生奔波流浪。现实使陈氏兄弟看清了无政府主义的欺骗性与反动性，他们毅然同李石曾、吴稚晖等无政府主义者决裂，这使李石曾、吴稚晖等人十分恼火，悔不该当初资助他们俩来法国勤工俭学，并骂道：“这两个小崽子，比他们的老子还厉害！”

在法国，陈延年、陈乔年兄弟俩先后结识了共产主义者蔡和森、周恩来、赵世炎、王若飞等人，在他们的教育下，终于明白无政府主义不过是“改头换面的资产阶级个人主义”，只有马克思主义才能救中国，从此开始走到马克思主义者的队伍中来。消息传回国内，陈独秀心生欣慰，两个儿子在国内始终与他坐不到一条船上，没想到他们在法国勤工俭学两年，反倒抛弃了无政府主义，信仰起马克思主义。

1923年3月，陈延年、陈乔年、赵世炎、王若飞等12人赴莫斯科东方劳动者共产主义大学学习，走上了职业革命家的道路——这正是父亲当初为他们设计的道路。在学习期间，兄弟俩更加坚定了共产主义信仰。1924年和1925年，兄弟俩先后回国，陈延年在广州与周恩来共同战斗，陈乔年赴北京协助李大钊和赵世炎领导北方地区斗争。在党的第五次全国代表大会上，陈独秀和陈延年、陈乔年同时当选中央委员，传为一时之盛。这一年，陈延年不到29岁，陈乔年只有25岁。

1927年7月和1928年6月，在白色恐怖的环境中，兄弟俩先后牺牲于上海。

就像黄爱、庞人铨、陈延年、陈乔年这样，无数的共产党人百转千回之后，才找到了马克思主义理论，找到了社会主义道路，他们也为此付出了生命的代价。正因为这“试错”的过程是如此艰难，才反证出今天的道路来之不易，也正因为是百尝苦果之后得出的正确答案，我们今天才有底气对这条道路充满自信。

我们详细回顾一下这“试错”的艰难过程。

鸦片战争后，中国进入半殖民地半封建社会。此后的六十年中，第二次鸦片战争、中法战争、中日甲午战争、八国联军入侵，欧美列强更番来去，一系列不平等条约相继签订，中国自给自足的自然经济被瓦解，从明朝中后期开始孕育并缓慢发展的资本主义受到冲击，中华民族进入一个苦难深重的时期。

我们现在看那时的中国，每次都会涌起扼腕之痛。那时的清朝，简直以丧权辱国为日常，不管与谁对阵，都是一打就输、一输即降，一降就割地、赔款。自 1840 年第一次鸦片战争起至 1949 年新中国成立止，外国侵略者强加给中国人民的不平等条约共计 1182 个；自鸦片战争到清政府垮台的 70 年中，中国赔偿总数达 16 亿两白银，平均每年负担对外赔款 2285.7 万两白银。

马克思在考察了中国的国情后曾经痛切说过：“一个人口几乎占人类三分之一的大帝国，不顾时势，安于现状，人为地隔绝于世，并因此竭力以天朝尽善尽美的幻想自欺。这样一个帝国注定最后要在一场殊死的战斗中被打垮……”

外敌入侵、神州陆沉，山河破碎、生灵涂炭。无数仁人志士奔走呼号，起而拯之。最先兴起的是洋务运动，洋务派提出“中学为体，西学为用”“师夷长技以制夷”的口号，在 35 年时间里引进了大量西方技术和现代企业，江南制造总局、招商轮船局、开平矿务局、汉冶萍公司都是那个时期创立的。这种“中体西用”的指导思想，拿今天的话来说就是“只想开放、不想改革”。流水般的银子花出去，军舰买了回来，北洋水师建了起来，洋枪洋炮也造了出来。但是洋务派只要技术、不要制度，类似于拖着辫子穿西装，这就注定了不能成功。果不其然，后来在甲午战争中，北洋水师全军覆没，宣告了洋务运动的破产。不过这一运动倒是给后世留下了意料之外的遗产——在大工业企业中，为中国准备了工人阶级。

后来是戊戌变法。康有为公车上书，力陈变法，得到了光绪皇帝的大力支持。变法搞了三个月，史称“百日维新”，然后一切照旧。

外部的变革力量也有，太平天国和义和团便是。一个席卷了江南，一个震动了北方，但最后都逃不过失败的结局。失败是必然的，原因有很多，主要是因为“拜上帝会”不代表先进生产力，也不代表先进文化。

只有一个人成功了，那就是孙中山。他领导辛亥革命推翻了帝制，这是中国数千年来未有的大变革。孙中山满怀信心地想建立一个西方那样的资产阶级民主共和国，结果革命成果被袁世凯窃取，“无量头颅无量血，可怜换得假共和”。对老百姓而言，除了剪去一条辫子，其他一切都没什么变化。以共和面目出现的袁世凯，后来又忍不住逆势而动，当了83天的“洪宪皇帝”。从辛亥武昌首义到清帝逊位，恰好也是83天，真是历史的巧合。现在有研究认为，他是被自己不争气的儿子和别有用心的政客给忽悠了。那雪片般的“劝进书”和只印给他一人看的报纸，还是有一定的蒙蔽功能。

上述种种变革也罢、革命也罢，之所以终归失败，有一个最根本的原因，就是没有一个顺应时代的奋斗宗旨，没有一个坚强有力的领导集团，没有得乎民心的初心和使命。种种变革的起点和目标，不是为王朝续命，就是为改朝换代，推翻皇帝做皇帝。因而，他们既没有发动基层民众，也得不到百姓的支持。

直到俄国十月革命之后，马克思主义在中国传播，中国共产党的出现，这一切才有了根本的变化。五四运动之后，在中华民族内忧外患、社会危机空前加重的背景下，在马克思列宁主义同中国工人运动相结合的进程中，

1921年，中国共产党诞生了。这一开天辟地的大事变，深刻改变了近代以后中华民族发展的方向和进程，深刻改变了中国人民和中华民族的前途和命运，深刻改变了世界发展的趋势和格局。从此，中国人民谋求民族独立、人民解放和国家富强、人民幸福的斗争就有了主心骨，中国人民从精神上由被动转为主动。

中国共产党一经诞生，就把为中国人民谋幸福、为中华民族谋复兴确立为自己的初心、使命。一百年来，中国共产党团结带领中国人民进行的一切奋斗、一切牺牲、一切创造，归结起来就是一个主题：实现中华民族伟大复兴。

艰难的探路

十月革命一声炮响，给中国送来了马克思列宁主义。十月革命的胜利，使中国的先进分子看到了民族独立、社会发展的前景和希望，看到了解决中国问题的出路。然而，中国早期革命者，也并不是一开始就信仰马克思主义、赞成共产主义、认同社会主义道路的。当时社会思潮很多，改良主义、自由主义、社会达尔文主义、无政府主义、实用主义、民粹主义、工团主义等也都“你方唱罢我登场”，马克思主义并未引起太多人的关注。相反，在它问世的很多年后，中国还没有多少人认识。

马克思主义并不是踩着五彩祥云来到人间的，而是在和种种思潮的对比中才显示出真理的魅力。早期革命者是从纷然杂陈的各种观点和路径中，经过反复比较和鉴别，毅然选择了马克思列宁主义，选择了为实现共产主义而奋斗的崇高理想。一旦确定了理想、认定了道路，他们在此后的革命生涯中，不管是“倒海翻江卷巨澜”，还是“雄关漫道真如铁”，始终都“咬定青山不放松”，矢志不移、执着追求。

一百年的实践证明，道路决定命运，找到一条正确道路是多么不容易。中国特色社会主义不是从天上掉下来的，是党和人民历尽千辛万苦、付出各种代价取得的根本成就。一切向前走，都不能忘记走过的路；走得再远、走到再光辉的未来，也不能忘记过去。

教育救国：麻袋上绣花

早期共产党人，几乎是清一色的知识分子，而且有一个有意思的现象，多数出自师范学校，如中共一大代表中的毛泽东、陈潭秋、邓恩铭、王尽美等，其次是工业学校，如最早组织湖南劳工会的黄爱、庞人铨，广州工运领导人刘尔崧、阮啸仙等。另外，张闻天读的是南京河海工程专门学校，学的是水利专业。

对于知识分子，特别是师范生而言，最朴素的出发点和最现实的路径就是教育救国。五四运动期间，早期觉悟的知识分子鉴于前几次革命均未唤醒民众，就把目光放在了教育上，他们认为“现在我国的弊端，最大的莫过于教育未能普及，实业未能振兴。所以，才至于贫弱、受别人的欺侮、受别人的侵略……现在医这个弊病，只有从实业、教育两个方面着手”。王尽美、邓恩铭起初准备踏踏实实做教育，恽代英、董必武、包惠僧更是亲力亲为，发起了平民教育运动，在1920年推动形成了武汉平民教育运动高潮。施洋很早就有从事平民教育的实践经验，民国初年曾在家乡湖北竹山县创办过国民学校。1920年2月，施洋与恽代英等人促成武汉商界、学界举行联席会议，筹备成立了湖北平民教育团体——湖北平民教育社。该社成立后，先后创办了七所平民学校，吸收一般平民入学，实行免费教育。在施洋等人的影响下，各种平民学校、平民夜校、识字班纷纷建立，许多普通学校也利用假期开办平民学校，教平民识字，传授文化知识，提高其政治觉悟。但是，在当时糜烂的社会条件下，试图以平民教育来挽救国家危亡，基本上相当于想在麻袋上绣花。事实上，湖北平民教育运动起步不久便陷入绝境，所办平民学校终因经费困难不到一年就散伙停办，其他平民学校的命运也是如此。

牺牲于“四一二”政变前夕的赣州总工会委员长陈赞贤，当初是一位响当当的教育专家，最早也是决心走教育救国之路的。1915年到1917年，他辗转于南康县唐江乐群小学、新民小学、驼圳村小学教书，1918年创办了东山高等小学并担任校长，成效颇丰，还受到当时县长的表彰和教育厅的褒奖，被公推为南康县教育会会长。五四运动爆发后，他组织学生积极响应，引起了当地土豪劣绅的不满和排挤，被迫辞职。从此教育梦碎，走上发动工农斗争之路。

王尽美似乎天生是个当教师的料，能诗能文、多才多艺，吹拉弹唱精湛娴熟，作词谱曲样样精通。长笛一曲，满座动容；炭笔一挥，一幅一米多高的马克思画像栩栩如生；口才也好，找一条板凳站上去演说，围观群众久久不散。可以料想，如果从教，必成名师。但是经过五四运动的洗礼，王尽美认识到当时的教育“不是要去提高平民的知识，是要造出些鱼肉乡民的小绅士”。他认识到，靠教育不能救国，救中国的根本途径是马克思主义。邓恩铭读书读得也很好，但他不是读死书，而是在书中寻求真理。求学期间，在读了马克思的著作、认清了社会现实后，他认为仅仅读书不足以救国，不问政治、读书救国等口号是帝国主义、封建主义、军阀政客企图涣散学生和扑灭爱国革命运动的阴谋。看破这一切后，他从此放下书本，起而行道，把“课堂”搬进工厂车间，走上了发动民众、组织工人运动的道路。

教育救国失败的实践让早期革命者明白，社会腐朽黑暗的真正祸根，就是反动派北洋军阀卖国求荣、勾结帝国主义统治中国。“没有民众的基础——民众的组织与武装，革命是不会成功的。”只有发动组织广大民众起来坚决斗争，才能救国。于是他们开始如饥似渴地阅读《新青年》《每周评论》等进步杂志，研读《资本论入门》《共产党宣言》《俄国革命纪实》《社会科学大纲》《辩证法》等进步书刊，阅读李大钊的《庶民的胜利》《布尔什维主义的胜利》等文章，探索学习十月革命的经验，寻求救国救民之路。最终，他们选择了当时人们所知甚少的马克思主义，到工厂发动工人、组织工会，创建共产党，进行革命。

这一次，他们成功了。

但是，本书的很多主人公没能看到成功的那一天，就为之付出了生命。

工业救国：一枕黄粱

在一批师范学生探索教育救国的同时，工业学校出身的革命者也在研究“工业救国”。黄爱是湖南甲种工业学校机械科的学生，毕业后在湖南电灯公司做了一年技术工人，任职期间，他绘制了长沙电流分布图，引起工程界重视，用现在的话说也算是“技术大拿”。庞人铨是甲种工业学校染织科学生，是个理想主义者，毕业后，出于对托尔斯泰主义和蒲鲁东主义的欣赏，曾有过组织家庭织造社的美好设想，觉得：“全国所有的农村家庭都办起各种各样的工厂，都能够自食其力，不是既可以免去商人和资本家的中间剥削，又可以富民强国吗？”他在湘潭织布厂做了一年技工，后与织机女工杨佩岐结婚，一起回到家乡经营家庭织造社。结果，因遭受军阀张敬尧部队的洗劫，不仅织造社破产，他的耕织梦、救国梦也因而破产。

其实又何止是他们，最早倡言“实业救国”的一批民族资产阶级代表人物，不是破灭了幻想，就是走到了反面。当时宣扬“实业救国”论的，在国内以张謇、汤震等为代表，在国外以康有为、梁启超等为代表。不过在他们论调的背后，其实不在振兴实业，而是意在对抗资产阶级革命。康有为在1905年就把振兴实业说成是“救国至急之方”，并攻击革命派的“自由、革命、民主、自立之说”，是所谓的“毒溺中国之药”。

且不说外国资本势力不让中国工业发展——不仅当年不让，今天也不想看到中国发展，仍在采用各种打压手段。就算是办起了实业，显然要开工厂、招工人，就要有剩余价值——剥削随之而来。进而言之，就算工厂办得人人平等自由，生产出的物品财富还不是被拿去维系了当时的反动统治。在当时，这样的工业，办好了是抱薪救火，办砸了是人财两空。所以，在研究俄国十月革命和马克思主义学说后，当初的“工业救国”者纷纷改变了主意。黄爱和庞人铨创办了劳工会，不久后为劳工运动献出了生命。在被称为“红色甲工”的广州甲种工业学校，刘尔崧起初也是抱着“工业救国”的理想，勤奋读书，学习成绩名列前茅，还担任校学生会主席。在五四运动中，他开始认识到“工业救国”道路是行不通的，只有走俄国工人阶级所走的道路才能救中国，于是开始投入如火如荼的学生运动中去，后来成为广东工人运动领导人之一，并为工运事业献出了自己的生命。

单靠教育唤不醒民众，仅靠工业救不了中国。那么，亲身走进民众中间，教育加工业，又工作又读书，又将如何?

“工读主义”思潮就在这时应运而生，也在这一时期破灭。

工读主义：海中捞月

一百年前的中国，是传播各种主义学说的大舞台。

十月革命后，马克思主义传入中国，但并未在第一时间成为主流学说。当年中国流行的社会主义思潮中，除科学的社会主义——马克思主义外，还有其他诸多社会主义流派——无政府主义，社会无政府主义，团体无政府主义，无政府共产主义，无政府工团主义，新村主义，合作主义，泛劳动主义，基尔特社会主义，伯恩斯坦、考茨基的议会主义等。在当时中国先进分子看来，这些“主义”如同雾里看花，不甚分明。诚如瞿秋白所说：“社会主义的讨论，常常引起我们无限的兴味。然而究竟如俄国十九世纪四十年代的青年思想似的，模糊影响，隔着纱窗看晓雾，社会主义流派、社会主义意义都是纷乱不十分清晰的。”

工读主义是当年比较时髦的一种思潮，它的观点比较直接、直白——主张无强权、无法律、无家庭等思想，提倡的是自愿组合、集体生活，半工半读。看起来有点托马斯·莫尔“乌托邦”的意味，又有几分与欧文的“和谐移民区”、傅立叶的“法郎吉”类似。

大约是因为这个主义“看上去很美”，中国共产党的两位主要创始人“南陈北李”，早先居然也都是工读主义的支持者与倡导者。李大钊由于早年受到托尔斯泰泛劳动主义和克鲁泡特金互助论的影响，在宣扬马克思主义的同时，也曾将劳动与互助作为改造中国社会的重要手段。陈独秀在上海也热心宣扬，把工读主义捧得很高。在他们的影响下，许多早期革命者都曾投身于工读主义实践。赵世炎跟着李大钊、罗亦农跟着陈独秀，在北京和上海都搞过一段时期的工读主义尝试。毛泽东、恽代英、邓中夏、张国焘、黄爱、汪寿华、张昆弟等中国共产党早期领导人在这一时期都不同程度地参与过工读互助运动。

1920 年初，王光祈等人发起成立北京工读互助团，倡导青年学生“一面工作，一面读书，终身工作，终身读书”的新生活。应当说，如此愿景放到今天也仍然引人向往。1920 年春，李大钊、陈独秀、蔡元培、胡适、王光祈等 17 人在《新青年》发表《工读互助团募捐启事》，表明他们对工读互助的支持。《工读互助团募捐启事》说：“同人等因此种种理由，特组织工读互助团，来帮助北京的青年，实行半工半读主义，庶几可以达教育和职业合一的理想。倘若试办有效，可以推行全国。”

赵世炎在李大钊的影响下，将工读主义视为改造社会的济世良方，并投入工读互助的实践当中。他虽没有参加工读互助团，但却成为一名工读主义的忠实信徒。上学期间，他对自己的时间进行严格分配，除去上课、休息，每周分出 30% 的时间进行劳力的工作。1919 年 7 月，赵世炎从北京高师附中毕业，甚至放弃了考大学的机会，热心宣传工读主义。

1919 年 12 月 6 日，赵世炎主办的《工读》半月刊出版。该刊以研究工读价值、讨论工读方法为宗旨，他在发刊词中满怀信心地宣布，“工读”是我国学界正在酝酿的一件光明正大的事。他认为“现在中国的社会坏极了，不图解救是不可长久的……解救之道，当然是社会主义。因为它最公道、最平等、无军阀财阀、无种界国界，经济上固然好，道德上尤其好”。赵世炎为《工读》撰写了许多文章，热情地宣传勤工俭学和半工半读。他说：“吾辈能入学读书，便是幸福。”然而，“人生不能仅知读书，读书而外，应当工作”。他认为“读书是劳心，工作是劳力”，“劳心劳力，应相间而行”，只有这样，才能消除“好逸之思想”。“吾辈读书，而能耐劳动之事，自可邪念屏除，远于恶俗，始有奋斗之能力。”同时，“我们能够以经济的时间，得较多的知识”，减轻家庭负担，培养自食其力的能力。只有这样，才能将青年培养成有用之才，而不是贵族式的学生、迷惑的青年。因此，他特别强调“欲改革吾国家庭制度，欲奋斗于二十世纪之竞争世界，均不可不注意于此也”。为了宣传工读主义，赵世炎成立了“工读社”。他说，工读作为“会友们的精神联合”，表示要以“工读主义维持我们这个团体的主要成分”。他幻想着通过半工半读，就可以“养成一种勤工俭学的学风，使他们闻风而起，将来人才日多了，民智日进了”，贵族政府就会“日益消亡”，平等的“自由社会”就会“自然的兴起”。

再看看那些工读实践者，王光祈发起成立的北京工读互助团下面设了四个小组，总计有团员30多人。这些小组以办俭洁食堂、洗衣局、石印局、平民补习学校，乃至织毛巾、袜子，制作四川腌肉、火腿、香肠等为“勤工”的内容，工余则“按照指定的科目、时间往北大上课”。何孟雄参加了第一组，在本组筹办的“俭洁食堂”当跑堂，半工半读，有点像后世的留学生到餐馆端盘子。缪伯英参加了第三组，因组员都是女学生，又称“北京女子工读互助团”。她和同组的十几个女学生，在北京城里租房开了一个小店，开展洗衣、织袜、缝纫、刺绣等业务，还出售商品及书籍，类似于现今的大学生勤工助学。何缪二人后来恋爱结婚，因姓名中一人有“英”、一人有“雄”，被同志们戏称为“英雄”夫妻。缪伯英是杨开慧的同乡兼闺密，还是中共第一位女党员。

毛泽东在筹办湖南大学的日子里，在岳麓书院半学斋也曾实践过一段“新村梦”。“他们都很穷，吃上一顿愁下一顿，吃的是蚕豆拌米煮的饭；赤脚草鞋，上山捡柴，到很远的地方挑水。他们一边读着书，一边作今后的计划。这种工读生活，大家精神上感到一种分外的振奋……”后来他受到王光祈、周作人影响，开始设计自己的“岳麓新村”计划。在这份极具理想色彩的计划中，他设计了新学校、新教育、新社会三位一体的总体构架。他设想：“新村”就是一个个财产公有、共同劳动、平均分配、人人平等、互助友爱的“共产主义”细胞；“村民”一天的作息时间：睡眠 8 小时，游息 4 小时，自习 4 小时，教授 4 小时，工作 4 小时；4 小时工作包括种园、种田、种林、畜牧、种桑、鸡鱼 6 项；在这个新村里，设“工读同志会”，有生产、消费、储蓄诸部门，包括公共育儿院、公共蒙养院、公共学校、公共图书馆、公共银行、公共农场、公共工作厂、公共消费社、公共剧院、公共病院、公共公园、公共博物馆等。

1920 年，他在给周世钊的信中不无兴奋地谈起自己的设想蓝图：

我想我们在长沙要创造一种新的生活，可以邀合同志，租一所房子，办一个自修大学。我们在这个大学里实行共产的生活。关于生活费用取得的方法，约定为下列几种：

（1）教课（每人每周六小时乃至十小时）。

（2）投稿（论文稿或新闻稿）。

（3）编书（编一种或数种可以卖稿的书）。

（4）劳力的工作（此项以不消费为主，如自炊自濯等）。

所得收入，完全公共。多得的人，补助少得的人，以够消费为止。这种组织，也可以叫作“工读互助团”。

多么美好的理想。如果得以实现，不啻为“不知有汉、无论魏晋”的桃花源。

但是，理想很丰满，现实很骨感。凡是过于理想化的东西都很容易被残酷现实击碎。仅仅几个月后，北京工读互助团就因内部分歧和财务危机宣告解散。留下的唯一成果可能就是成就了一对“英雄”夫妻。

同一时期，持同样想法的还有林育英、林育南兄弟。林育南在中华大学附中上学时，就对无政府主义及新村主义深感兴趣。他与恽代英一度“赞成将来组织新村”，还专门写了《新生活计划》，将所提倡的“共同生活”形之笔墨。1919 年，林育英回到家乡创办了浚新小学和通俗演讲社，希望“实施理想的教育和宣传农民地位的改造”，但最终因经费问题及士绅反对而失败。在城市中，林育南和恽代英等一起创办利群书社和利群毛巾厂。利群书社被定位为“一个社会服务的共同生活的雏形”。他们期望以此来“实现各尽所能、各取所需的生活”，“从而帮助自己而且帮助社会”，实现“未来之梦”，通过“共同生活的扩张，把全世界变为社会主义的天国”。但是时间不长，利群书社和利群毛巾厂都经营不下去了。在那个年代，一介书生做生意本来就很难，怀着理想做生意更是难上加难。主义和生意，从来就是两个体系。失败的教训，使林育南对自己的目标开始怀疑，1920 年，他离开武汉前往北京求学，又目睹北京工读互助团的失败，方如大梦初醒。林育南在北京起初是学医的，和鲁迅一个专业，在认清社会之后便再也无心学医人之术，开始寻求医国之道。在刘仁静的联系下，经常前往北大学习马克思主义理论，迅速转变为马克思主义者。

在陈独秀的影响下，1920 年 6 月，罗亦农与湖南旅沪青年袁笃实（袁达时）等 4 人在上海发起组织“沪滨工读互助团”。同年 7 月 3 日，他们在《时事新报》发表了一个广告性质的宣言，介绍了为什么组织工读互助团——“处在这个学生时代，年纪也轻浮，能力也薄弱，差不多家里不能给衣就没有衣穿，不给饭就没有饭吃，不给学费就没有书读。贫穷的人，比这还要苦得多……这个时代，不可一日不读书，又不可一日不谋生计。要读书，又要谋生计，所以必定要工读互助。做工所得的工资，供给读书的消耗；读书所得的收获，作为做工的应用”。

蓝图描绘得很好，但等到施工开始，发现根本不是一回事。罗亦农等尽管做了很大努力，但工读主义的尝试最终还是失败了。1921 年 2 月 3 日，罗亦农等发表《呜呼工读互助团》解散宣言。罗亦农等在分析工读互助团失败的原因时指出：“工读互助团所最需要的就是工作，令我们这个团体已有的工作概已掉落，而将来的工作又没有希望，同人们虽竭尽全力，要谋团体的存在，又奈事理逼迫，没有一点存在的余地。”从开办到散伙，为时 6 个月，共计 16 人。总结历时半年的工读实践，罗亦农认识到，根本制度不解决，工读就难以存活。

工读主义失败的原因，从表面上看来是由于都市的地皮、房租太贵，经济难以为继，实际上是这种主义根本不适合国情。其空想的本质以及逃避阶级斗争和社会革命的特点，注定在中国无法实现。欧文和傅立叶在英国、美国都搞不成的事，放到中国来也难以成功。

还是许白昊对此有着清醒认识。他有过亦工亦读的底层生活经验，知道这件事情的不可为。1922 年 4 月 13 日，他在上海《民国日报》上发表《工读主义者应该认清的教训》一文，结合自己的读书生活经历，指出：中国所处的环境是半殖民地半封建的社会，经济政治都被帝国主义列强和本国军阀势力所控制，本国的资本主义发展很不充分，以破产农民为主体的待业和失业大军，比比皆是，哪里还要什么工读生来补充呢？而资本家要的是“全量劳动力”，所以要根本解决读书的问题，只有推翻“资本主义支配的社会”。

随着工读互助实践的失败，原来笃信工读互助主义的人们纷纷转向，许多人在这一过程中完成了向马克思主义者的转变。

议会斗争：此路不通

中国共产党成立之后，也曾效仿西方的议会道路，尝试在当时政权体系内争取合法权益的斗争。比较重大的行动有两次，一次是劳动立法运动，另一次是促成国民会议运动。两次行动最后都无果而终，不仅共产党，就连国民党也看透了北洋军阀政府的本质，不再寄希望于政府和议会，转而决定北伐推翻军阀统治。

现在很多人一听议会这两个字，就认为是西方的产物，中国不曾有过。其实不然，辛亥革命之后，北洋政府是有过议会的，会址就在现今新华社院内。当时的议会还比较热闹，我们可以看到，每个议员座位上有一方铜质砚台，是被钉死在桌子上面的，原因是不这么做的话，很可能在意见分歧时被议员们抢起来打架，就像传说中的“番天印”或后世的板砖一样，盖在头上会出人命的。砚台被封印之后，议员们也没有罢手，他们手中的毛笔插上铜质笔帽之后，就变成了一支“飞镖”，一样可以百步穿杨。根据历史学家唐德刚先生的描述，当年议会的会场就像一个武林大会。

在这样的议会里想搞合法斗争，难度可想而知，但是成立之初，大家还抱有一线希望。劳动立法运动是第一次全国劳动大会之后，中国劳动组合书记部根据中共二大精神，号召发动全国工人团体，在全国范围内开展的一场争取制定劳动法律，要求工人有集会、结社、罢工等权利的广泛活动。

第一次全国劳动大会召开的时候，北洋军阀中以曹锟、吴佩孚为首的直系军阀与以张作霖为首的奉系军阀正在激烈开战，史称第一次直奉战争。

1922年4月10日，奉军首先开火，一直打到6月18日，张作霖全面溃败，退出北京。吴佩孚新胜之下，起了统一全国的野心。为了收买人心，高唱“保护劳工”，宣布“重开国会，制定宪法”。吴佩孚乃秀才出身，自称儒将，处处显示与其他行伍出身的丘八不同。他一度将“保护劳工”的调子唱得很高，因为北方铁路是他的军费来源，所以尤为重视铁路工人，还把自己的像章赠给工人，俨然一副亲切面孔。但到了京汉铁路罢工时，他就撕下了面具，举起了屠刀，制造了“二七”惨案。

中国劳动组合书记部根据中共二大关于开展劳动立法运动的决定，号召全国工人开展劳动立法运动。1922年8月16日，由邓中夏起草的《关于开展劳动立法的通告》正式向全国各劳动团体发出。通告中指出：

> 近年国会制定新宪法运动，进行颇速。但对于劳动立法之制定，尚未闻有提倡者。幸我劳动界之奋斗精神与组织能力，尚能坚持不渝，此吾人所可庆幸者。惟吾等之自由屡受他人侵害，正式劳动工会始终未为法律所承认，同盟罢工屡为军警所干涉。凡此种种，均缘法律尚未承认劳动者有此种权利之故也。倘能乘此之制宪运动之机会，将劳动者应有之权利以宪法规定之，则将来万事均易进行矣，望贵团体从速开会讨论，将其结果报告本部，并祈通电国务院及全国工商学各界，以增吾劳动界之声势。

劳动组合书记部为劳动立法提出了四条原则：一是保障政治上自由；二是改良经济生活；三是参加劳动管理；四是劳动补习教育。邓中夏以这四条原则主持拟定了《劳动法大纲》，规定出19条具体的法律权益：

> 一、承认劳动者之集会结社权。

二、承认劳动者之同盟罢工权。

三、承认劳动者之团体的契约缔结权。

四、承认劳动者之国际的联合。

五、日工不得过8小时，夜工不得过6小时，每星期连续24小时休息。

六、18岁以下青年男女工人及吃力的工作，不得过6小时。

七、禁止超过法定的工作时间，如在特别情形，须得工会同意，方得增加工作时间。

八、农工的工作时间，虽可超过8小时，但所超过之工作时间的工值，须按照8小时制的基础计算。

九、须以法律担保一般不掠夺别人劳动之农人的农产品价格，此项价格，由农人代表提出，以法律规定之。

十、吃力的工作，及有碍卫生的工作，对于18岁以下的男女工人，绝对禁止超过法定时间，绝对禁止女工及18岁以下的男工作夜工。

十一、体力的女工，产前产后各8星期休工，其他工作之女工，产前产后各6星期休工，均照常领取工资。

十二、禁止雇用16岁以下之男女童工。

十三、为保障工人适当以至低度的工钱，国家须制定这种保障法律。当立此项法律时，须准全国总工会代表出席。无论公私企业及机关的工资，均不得低于此项法律保障的至低限制。

十四、各种工人，由他们产业组合或职业组合保障，可选举代表参加政府企业机关，及选举代表参加政府企业机关及政府所管理的私人企业或机关之权。

十五、国家对于全国公私各企业，均须设立劳动检查局。

十六、国家保障工人，有完全参加国家所设劳动检查局之权。

十七、一切保险事业，须由工人参加规定之，以保障所有在政府的、公共的、私人的企业和机关内的工人之损失或危险。保险费完全由雇主或国家出之，受保险者，决不分担。

十八、各种工人和雇用人，一年工作中有一月之休息，半年中有两星期之休息，并领薪之权。

十九、国家须以法律保证男女工人有受补习教育的机会。

《劳动法大纲》于1922年8月17日在北京《晨报》上发表，在全国引起轰动，并得到广泛支持。天津、上海、济南、广州等各地劳动组合书记部都起来组织成立劳动立法大同盟，许多地方的工人也都积极参加到了劳动立法运动之中。

中国劳动组合书记部为了扩大宣传，于1922年8月31日在北京大学举行了新闻记者招待会。邓中夏在发言中说："劳动阶级向来被人看作牛马，一毫应得的权利都没有，如集会结社出版种种自由权，无不剥夺净尽……我们应急切要求在宪法中规定劳动立法。"

1922年9月3日，中国劳动组合书记部举行国会议员招待会。会上邓中夏说："我们为什么要招待议员先生呢？诚恳来说，中国劳动阶级法律上向来是没有保障的，中国既为民国，所谓实行全民政治，当然全国人皆有权利。劳动阶级实占人民的绝对多数，如只少数人得利益，实在不平之极。而且，劳工是社会的柱石，没有劳工，也就没有社会了。"他希望"中国的资产阶级觉悟起来，与劳动阶级携手，一起打倒国际资本主义。希望议员先生们真诚地援助我们，不要欺骗我们。我们已觉醒了，知道何好何坏了。赞助的我们知道，当感谢；不赞助我们或欺骗我们的，我们也知道，当有相当方法对待"。从邓中夏的语气来看，这个时候他也大约知道这些议员是什么货色了。

尽管共产党投入了极大的热情，劳动组合书记部动员了全部的力量，然而，吴佩孚提出的"重开国会，制定宪法"，本来就是一种欺骗人民的政治手段，大多数议员也只不过是军阀卵翼下的投机政客，根本不可能接受劳动组合书记部提出的《劳动法大纲》。对帝国主义和官僚资本家而言，那19条法律权益，无疑是与虎谋皮。所以，劳动法案自然也未能通过。

《劳动法大纲》虽然无果而终，但劳动立法运动却有着相当的积极意义。这是在北洋军阀统治下，中国共产党领导的一次合法斗争的尝试，19条法律权益虽未在国会通过，却深入了工人群众之中，为工人指明了自己利益和今后奋斗的方向，变成了罢工斗争的纲领。

第二次议会斗争，是国民会议促成运动。严格来说，这次运动的主角是孙中山领导的国民党，但共产党在其中出力甚多。

第一次直奉战争结束后，直系军阀控制了北京政权，积极推行其企图以武力统一中国的政策，并通过贿选使曹锟当上大总统。奉系军阀张作霖退出关外，但并不甘心失败，也积极扩军备战，准备再次与直系争夺中央政权。

1924年9月，第二次直奉战争开战，战争中冯玉祥临阵倒戈，杀回北京，软禁了总统曹锟，把溥仪赶出紫禁城。接着电邀孙中山北上主持大计，共商国是。

孙中山早就对北方的“猪仔国会”心存不满，自从发生了曹锟贿选等丑闻后，它在百姓眼里的形象一落千丈。孙中山接电后，即于1924年11月13日应邀离粤北上，并发表《北上宣言》，提出了废除不平等条约和召开国民会议的政治主张。

本党致力国民革命，于今三十余年。以今日国内之环境而论，本党之主张，虽自信为救济中国之良药，然欲得国民之了解，亦大非易事。惟本党深信国民自决，为国民革命之要道。本党所主张之国民会议实现之后，本党将以第一次全国代表大会宣言所列举之政纲，提出国民会议，期得国民彻底的明了与赞助本党于此，敢以热诚告于国民曰：国民之命

运，在于国民之自决，本者若能得国民之援助，则中国之独立自由统一诸目的，必能依于奋斗而完全达到。凡我国民，盍兴乎来！

但是，皖系段祺瑞、奉系张作霖却各有自己的小算盘。段祺瑞结束了天津的寓公生活，回到北京当上了“中华民国临时执政”之后，即于 12 月 6 日发表《外崇国信宣言》——表示尊重各帝国主义在华的既得利益，对抗孙中山提出的废除不平等条约的主张；又决定召开御用的善后会议，以反对孙中山提出的召开国民会议的主张。根据《善后会议条例》规定，参加会议的人员有四类：一是有大功勋于国家者（系指孙中山与黎元洪）；二是此次讨伐贿选及制止内乱之军事最高首领；三是各省区及蒙、藏、青海军民长官代表；四是有特殊资望学术经验者，由临时执政聘请或特派，其人数不得超过 30 人。根据这些规定，段祺瑞电请了 123 人参加会议，主要是全国各地的军阀头目、官僚买办、政客及其御用文人，根本没有人民群众推选的代表。

孙中山的愿望，本来是想开一个类似于美国费城制宪会议的国民会议，却不想被段祺瑞给利用了。1925 年 1 月 17 日，抱病赴京的孙中山发表了《为反对包办善后会议事致段祺瑞电》，指出善后会议的谬误，提出会议应容纳人民团体代表，如现代实业团体、商会、教育会、大学、各省学生联合会、工会、农会等。为了搪塞孙中山，段祺瑞决定聘请省议会议长、教育会会长、农会会长、商会会长为专门委员出席会议，根本没有允许广大工人、青年学生代表参加会议，而且这些被邀请的专门委员不由人民推选，而由各地方军阀实力派推荐，产生的委员也是仅能列席会议，并无表决权。

孙中山一眼看穿了段祺瑞的骗局，决定拒绝参加善后会议。不仅如此，连特邀的黎元洪、岑春煊、梁启超、章太炎、唐绍仪、朱启钤等人也不领情，来函谢绝参加。

早在 1923 年 8 月，中国共产党就提出召开国民会议，反对军阀政权。但由于直系控制北京政权，使这一正确的主张不得实现。此时中国共产党更是看得清楚，“在这种情形之下，挽救此迫在目前的危机之方法，不是各省军阀的和平会议或国是会议，也不是几头元老的善后会议，乃是本党去年北京政变时所主张的及中国国民党现在所号召的国民会议。只有这种国民会议才可望解决中国政治问题；因为它是由人民团体直接选出，能够代表人民的意思与权能”。1925年1月22日，中共四大发表的宣言中，号召“全中国的劳动群众，起来制止段氏这种恶劣的计划”。在中国共产党的号召下，全国各地群众团体纷纷通电揭露善后会议的虚伪，并积极努力，成立国民会议促成会，争取召开国民会议，以抵制善后会议。这或许是最早的人民代表大会愿景。

段祺瑞召开善后会议的目的，一方面想借此欺骗人民，另一方面则企图借此产生御用的国民会议，选举他做正式总统，以便重新维护北洋军阀统治。所以不顾各界的反对，一意孤行，于1925年2月1日在北京召开了善后会议。会议原定出席总人数为166人，可是开幕式到会者仅86人，不足法定人数，所以推迟到13日才召开第一次会议。至4月21日会议闭幕，总共开过22次大会、7次座谈会，最终一个军政重要问题也没有解决。这会议名为善后，却未得善果，反而激起了群众的强烈反对。

1925年2月，孙中山到达北京，李大钊率领北京群众亲往车站迎接。双方深入交换意见后，孙中山完全同意共产党提出的召开国民会议促成会的主张。1925年3月1日，中国共产党和国民党共同发起的国民促成会全国代表大会，在北京大学三院礼堂隆重开幕。到会代表200多人，代表20多个省区内120多个地方的国民会议促成会，共代表数十万的民众。

中共北方区委宣传部部长兼职工运动委员会书记赵世炎作为会议党团书记，组织领导了这次大会。赵世炎口才好，又有很高的理论水平，分析问题透彻精辟。在大会上发生争辩时，以他为首的党员代表的发言和提出的主张，对右派分子所发表的谬论严予驳斥，不断获得大多数出席代表和列席旁听人士的掌声与喝彩。

大会着重揭露了段祺瑞善后会议的反人民性质，对中国革命的一些基本问题进行了认真、广泛的讨论，通过了国际、国内、财政、宪法等问题重要决议案，强调“废除不平等条约”和“打倒帝国主义”“打倒军阀”的主张。

这次会议虽然未能达到改组政府的目的，但是在宣传中国共产党和孙中山的革命主张、组织和引导人民群众进一步参加反帝反封建的政治斗争方面起了积极的作用，有力地推动了国共领导的国民革命的发展。

无政府主义：黯然收场

既然政府是这个样子，也就难怪无政府主义大行其道。

五四运动前，在中国传播的各种思潮鱼龙混杂、良莠不齐。无政府主义就是当时传播较广的一种思潮，主张个人绝对自由、不要政府，对一些不满现实和反抗反动统治的知识分子颇有影响。施蒂纳、蒲鲁东、巴枯宁、克鲁泡特金等无政府主义大师风光一时。

我们前文提到的黄爱、庞人铨起初就是两个无政府主义者。黄爱骨子里有种湖南人“霸蛮”的血性，是个不怕死的人。五四运动期间，曾代表天津学联去北京新华门请愿，请愿失败后，他曾打算组织“牺牲十人团”，带着“最激烈否认北京政府”的传单到北京总统府门口散发，准备让政府抓起来枪毙，借此“掀起最激昂的群众运动，来解决中国的一切问题”，后来被劝阻，没有实行。1919 年 10 月，因为山东军阀马良镇压济南学生，他又代表天津学联去北京参加请愿，因而被捕一月有余。回到长沙，又因抗议第一纱厂压迫工人而被捕入狱。出狱时，对欢迎他的数千学生演讲说：“现在的青年，宜多过监狱的生活，监狱多过一次，其革命的心就加紧一次。”

1920 年 1 月，黄爱从天津来到北京，认识了李大钊，参加了一段时间的工读互助团，后经李大钊介绍去上海《新青年》杂志社工作，得以阅读大量革命文章，并得到陈独秀的赞许。1920 年 6 月回到家乡，决心从事工人运动，与庞人铨等发起组织湖南劳工会，会员达 7000 多人。劳工会成立之初，成分相当复杂，除了工人之外，还有学校的学生、封建把头、监工之类人物。他们对待资本家和反对政府的态度固然是毫不妥协的，但由于受了无政府主义的影响，对马克思主义也有一定成见。

鉴于劳工会在群众中有一定的基础，中国劳动组合书记部湖南分部主任毛泽东决定努力争取、改造他们。根据毛泽东建议，劳工会进行了改组，成立书记、组织、宣传（教育）三部，并请毛泽东助理会务。劳工会在后来成立了土木、机械、印刷等十几个工会（工团），会员也开始交会费了。在毛泽东影响下，黄爱和庞人铨的政治觉悟明显提高，1921 年底两人加入了中国社会主义青年团，后来成为最早为工人运动牺牲的两位领袖。

陈独秀的两个儿子陈延年和陈乔年，早期更是典型的无政府主义者。在共产党早期革命历程中，我们时常能看到满门忠烈的革命家庭，他们或是父子，或是兄弟，或是夫妻，或者干脆是一家子。例如毛泽东、毛泽民、毛泽覃兄弟，刘尔崧、刘琴西兄弟，以及蔡和森与向警予、何孟雄与缪伯英、周文雍与陈铁军等伉俪。其中最为壮烈的，当数陈延年、陈乔年兄弟。

这兄弟二人性格随父亲，自幼反抗精神强烈。在上海求学期间，阅读了大量的有关无政府主义的书籍，成为无政府主义的信徒。1919 年 1 月，陈延年加入了无政府主义的“进化社”，陈乔年没有哥哥思想活跃，但尽力帮助陈延年去宣传无政府主义。1919 年底，陈氏兄弟通过吴稚晖的介绍，赴法勤工俭学。初到法国，兄弟俩住在巴黎凯旋门附近的伯尼街 22 号，一边做工，一边学习。他们以过人的聪慧和流利的法语，考入巴黎大学附设的阿里雍斯学校，打算学完后报考巴黎大学。

陈延年兄弟到法国后，还和法国无政府主义者格拉儒有过联系。1920 年秋，陈公培等人到法国，华法教育会派陈延年到马赛港码头迎接，当陈公培向陈延年出示陈独秀亲笔介绍信时，他笑了笑说：“独秀那个人，你别理他！”

但不久之后，给他们提供资助的华法教育会宣布与勤工俭学的学生脱离经济关系，造成大批工读学生奔波流浪。陈延年兄弟俩得不到资助，被迫从巴黎到里昂一家工厂当翻砂工。王若飞的舅舅黄齐生先生在法国看到中国名流的儿子如此吃苦耐劳，不由得大发感慨：“陈独秀的两个儿子勤工俭学过那么苦的生活，每餐拿面包蘸酱油吃，堪称勤工俭学的典范。”

1921 年，在留法学生中，爆发了三次重大的斗争。第一次是学生为了求生存权、求学权而与华法教育会进行的斗争，即著名的“二八”运动；第二次是 6 月留法学生为维护民族利益而反对军阀政府向法国借款的“拒款”斗争；第三次是在 9 月为解决求学问题而强行进驻里昂大学的运动。这次运动失败后，蔡和森、李立三、陈毅等 104 人被法国政府驱逐回国。现实使陈氏兄弟看清了无政府主义的欺骗性，他们毅然同无政府主义者决裂。后来，吴稚晖在陈延年被捕后落井下石，造成陈延年遇害，原因盖源于此。

在这场斗争中，陈延年兄弟俩先后结识了共产主义者蔡和森、周恩来、赵世炎、王若飞等人，在他们的教育下，终于认识到只有马克思主义才能救中国，从此开始走到马克思主义者队伍中来。1923 年 3 月 18 日，受中共中央指派，陈延年、陈乔年、赵世炎、王若飞等 12 人赴莫斯科东方劳动者共产主义大学学习。从此，陈延年、陈乔年走上了职业革命家的道路。

在苏联，他们系统地学习了唯物史观、经济学、俄国共产党党史、国际职工运动史及自然科学常识、俄语等课程，理论水平突飞猛进，更加坚定了共产主义信仰。

教育救国、工业救国、工读主义、无政府主义……在各种可能性都试过之后，剩下的那一个无论多么艰难困苦，一定是正确的那一个。它，就是马克思主义。

真理的力量

“一个幽灵，一个共产主义的幽灵，在欧洲徘徊。”

“全世界无产者，联合起来！”

翻译完《共产党宣言》，陈望道事了拂衣去，离开了共产党。

读了《共产党宣言》的董必武加入了中国共产党，并在共产党内奋斗了一生。在他 90 岁的时候，写下了最后的诗篇《九十初度》。

九十光阴瞬息过，吾生多难感蹉跎。
五朝敝政皆亲历，一代新规要渐磨。
彻底革心兼革面，随人治岭与治河。
遵从马列无不胜，深信前途会伐柯。

在他这首最后的诗作中，表达了“遵从马列无不胜，深信前途会伐柯”的坚定信念。

28 天后，董必武逝世。

党的一大代表中，除去牺牲者、落荒者、背叛者，坚持革命到底的只有毛泽东和董必武两人，他们用一生实践了什么叫“为共产主义奋斗终身”。

董必武原名贤琮，号璧伍，参加革命时以此谐音取名必武，后以此名传世。董必武十七岁中秀才，二十岁东渡日本求学，在那里见到孙中山，并加入中华革命党，成为三民主义的信徒。回国后，受到李汉俊的影响，由信仰三民主义转为马克思主义。他说："当时社会上有无政府主义、社会主义、日本的合作运动等，各种主义在头脑里打仗。李汉俊来了，把头绪理出来了，说要搞俄国的马克思主义……"

这一信，就是一辈子。

党的一大之后，董必武担任中共武汉区委执行委员，在他和区委同志的组织领导下，武汉成为近代工人运动的策源地之一，爆发了著名的京汉铁路工人大罢工；湖北农民运动也蓬勃发展起来，同湖南农民运动交相辉映，形成强大的革命声势，对推动北伐战争胜利进军、促进大革命迅速向长江流域发展起了重要作用。国共合作时，他是国民党湖北省党部执行委员，曾出席国民党二大，并当选为国民党候补中央执行委员。1927 年，李汉俊、詹大悲被军阀迫害死于武汉，他也成为蒋介石、汪精卫抓捕的目标，被迫亡命日本，后从日本到苏联，入列宁学院学习。1932 年回国到达江西瑞金，先后担任马克思共产主义学校教务长、副校长，中央党务委员会书记、最高法院院长等职，为中央苏区的干部教育、纪检监察工作和法制建设付出大量辛劳。在年近半百之际，参加了二万五千里长征，到延安后，任中央党校校长，为迎接全国抗日战争的到来培养了大批领导骨干。他与何叔衡、林伯渠、徐特立、谢觉哉等同志被尊称为"五老"。新中国成立后，担任政务院副总理、最高人民法院院长、全国政协副主席、国家副主席、代主席等职。因为当初那本薄薄的小册子所记载的理想，他披肝沥胆，英勇奋斗了一生。

理想因其远大而为理想，信念因其执着而为信念。真理在被认知的时候，散发出"香甜的味道"和理想的光芒，而真理在被运用的时候，更显示出强大感召力和吸引力。这光芒和力量之大，可以让人为之付出心血、汗水，甚至生命。如前所述，建党早期，许多人离开了，不少人背叛了，但是更多的人加入了进来，留了下来，坚持了下来。在我们后面的叙述中，还将看到他们可歌可泣的英勇事迹。

李大钊年轻时，也曾和陈独秀、胡适一起，襄助过工读主义等思潮。但是他一旦认准了马克思主义，就坚定信仰了一辈子。可惜的是，他这一辈子，比起董必武要短得多。他在牺牲之时，年方38岁。

李大钊是中国第一个举起马克思主义旗帜的人。他是河北乐亭人氏，曾在北洋法政专门学校学习法政六年，又在日本东京早稻田大学政治本科深造三年，既懂日文，又懂英文。在日本，李大钊研读过日本早期著名工人运动领袖幸德秋水的许多著作，从中懂得马克思主义的基本原理。回国后，出任北京大学图书馆主任。有一段时间，毛泽东在他那里当图书管理员。以他这个职务，外人以为他是位精熟图书管理的人物，其实，他一连九年学习法政，专长是政治学。也正因为这样，十月革命一声炮响，他迅即着手深入研究"马尔格斯学说"——他的理解要比别人深刻得多。他广泛阅读日文版、英文版的马克思著作，成为中国最早、最重要的马克思主义者之一。在苏联十月革命胜利一周年的日子里——1918年11月15日，北京大学在天安门前举办演讲会。李大钊登上讲坛，发表了著名的演说——《庶民的胜利》。紧接着，他又奋笔写下了《Bolshevism的胜利》(即《布尔什维主义的胜利》)。《新青年》杂志第5卷第5号同时推出了李大钊的《庶民的胜利》和《Bolshevism的胜利》两文，对苏联十月革命进行了深刻的评价：

> 20世纪的群众运动……集中而成一种伟大不可抗的社会力。这种世界的社会力，在人间一有动荡，世界各处都有风起云涌、山鸣谷应的样子。在这世界的群众运动的中间，历史上残余的东西，什么皇帝咧，贵族咧，军阀咧，官僚咧，军国主义咧，资本主义咧——凡可以障阻这新运动的进路的，必挟雷霆万钧的力量摧毁他们。他们遇见这种不可挡的潮流，都像枯黄的树叶遇见凛冽的秋风一般，一个一个地飞落地下。由

今以后，到处所见的，都是Bolshevism战胜的旗。到处所闻的，都是Bolshevism的凯歌的声。人道的警钟响了！自由的曙光现了！试看将来的环球，必是赤旗的世界！

我们可以看到，全篇文采斐然，气势磅礴。李大钊不仅是工运先驱，而且是文章大家。李大钊对马克思主义传播之功，吴玉章曾有诗曰：

登高一呼群山应，从此神州不陆沉。
大智若愚能解惑，微言如闪首传真。

那一时期，许多革命者都有极高的文字功底，例如毛泽东，更是一位文章大家，其文挥洒自如，那种风格、那种语言、那种气派，浸到骨子里，溢于字表、穿透纸背，全无后世空洞文风，称之为一代文宗亦不过分。看他写《民众的大联合》：

我们中华民族原有伟大的能力！压迫愈深，反动愈大，蓄之既久，其发必速，我敢说一句怪话，他日中华民族的改革，将较任何民族为彻底。中华民族的社会，将较任何民族为光明。中华民族的大联合，将比任何地域任何民族而先告成功。诸君！诸君！我们总要努力！我们总要拼命地向前！我们黄金的世界，光华灿烂的世界，就在前面！

再看他写《星星之火，可以燎原》：

它是站在海岸遥望海中已经看得见桅杆尖头了的一只航船，它是立于高山之巅远看东方已见光芒四射喷薄欲出的一轮朝日，它是躁动于母腹中的快要成熟了的一个婴儿。

即使是《在中共七届二中全会上的报告》这样的正式文件，也写得文采斐然：

夺取全国胜利，这只是万里长征走完了第一步。如果这一步也值得骄傲，那是比较渺小的，更值得骄傲的还在后头。在过了几十年之后来看中国人民民主革命的胜利，就会使人们感觉那好像只是一出长剧的一个短小的序幕。剧是必须从序幕开始的，但序幕还不是高潮。中国的革命是伟大的，但革命以后的路程更长，工作更伟大，更艰苦……我们不但善于破坏一个旧世界，我们还将善于建设一个新世界。中国人民不但可以不要向帝国主义者讨乞也能活下去，而且还将活得比帝国主义国家要好些。

关于社会主义经济的理论这样重大的问题，他 1956 年在知识分子会议上的讲话却十分风趣：

搞社会主义不能使羊肉不好吃，也不能使南京板鸭、云南火腿不好吃，不能使物质的花样少了，布匹少了，羊肉不一定照马克思主义做，在社会主义社会里，羊肉、鸭子应该更好吃，更进步，这才体现出社会主义比资本主义进步，否则我们在羊肉面前就没有威信了。社会主义一定要比资本主义还要好，还要进步。

在中共一大之后，李大钊负责中国共产党北方区委工作，先后担任区委委员、委员长和书记。在中共二大上，他成为五位中央委员之一。在中共三大召开之际，许多人对国共合作想不通，他仔细倾听了马林的见解，虚心接受了共产国际的意见。在西湖会议上，他最早站出来支持马林。他说："中国国民党抱民主主义的理想，十余年来与恶势力奋斗……从今以后我们要扶助他们，再不可取旁观的态度。"此后，李大钊奉派执行中国共产党的统一战线工作，作为中国共产党代表，多次会晤孙中山，促成国共合作。李大钊与孙中山坦诚相见，孙中山与他惺惺相惜，亲自作为介绍人，介绍李大钊加入中国国民党。李大钊与孙中山携手，为国共合作打开了良好的局面。在1924年1月的国民党一大上，李大钊成为主席团的五位成员之一，参与了国民党的核心领导。

中国共产党的两位主要创始人，陈独秀是新文化运动的旗手，李大钊是工人运动的领袖。尽管这一时期重要的工运事件他没有亲身参与，没有亲自走到罢工的第一线，但许多工运重要行动都是他领导下的共产主义小组成员发动的。中国劳动组合书记部前后两任主任，分别是他的得意门生张国焘和邓中夏，北方分部主任是他的学生罗章龙。在长辛店铁路工厂，在京汉、京绥、陇海铁路，活跃着他的学生和战友何孟雄、张昆弟、包惠僧，在唐山地区，他的"忘年交"邓培领导工人发动了五矿同盟大罢工。

李大钊指出："我们做党的工作是为了革命，搞劳动组合也是为了革命。"1925年"五卅"运动爆发后，李大钊与赵世炎等人在北京组织5万余人的示威，有力地支持了上海人民的反帝斗争；1926年3月，李大钊积极领导并亲自参加了北京反对帝国主义和北洋军阀的"三一八"运动。

1927年，中国共产党面临着建党以来最严重的威胁。在南方，蒋介石磨刀霍霍，正准备发动"四一二"反革命政变；在北方，北洋军阀张作霖抢先在北京下手了。在蒋介石发动政变前一周的4月6日，张作霖的"安国军"突然包围了苏联驻华大使馆，冲入旧俄兵营内，逮捕了李大钊等中国共产党党员。

被捕的当天下午，李大钊就被讯问。北京《晨报》描述，李大钊“着灰布棉袍，青布马褂，俨然一共产党领袖之气概”，在受审时“态度极从容，毫不惊慌”。在审讯中，李大钊对于国民党的问题全都“如实招供”——这体现出他的斗争艺术，当时直奉军阀控制的地区局限于北方，即使张作霖知道了国民党南方党部的情况，也是鞭长莫及、无可奈何。然而，对于共产党的问题，李大钊则是态度坚定、一字不吐。

张作霖的总参议杨宇霆亲自前来劝降。李大钊对他说道：“大丈夫生于世间，宁可粗布以御寒，安步以当车，就是断头流血，也要保持民族的气节！”敌人又对他施以酷刑，李大钊仍然坚贞不屈。狱中他豪迈地说：“钊自束发受书，即矢志努力于民族解放之事业，实践其所信，励行其所知，为功为罪，所不暇计。”

1927 年 4 月 28 日上午 11 时，张作霖不顾各界人士和社会舆论的强烈反对，宣判李大钊等 20 名革命者死刑。当天下午 1 点，李大钊等 20 人分坐 6 辆囚车，被荷枪实弹的士兵押解到西交民巷京师看守所里一个庞大的绞刑架下。李大钊被军阀定为“罪魁祸首”。施刑时，别人只用 20 分钟，李大钊却被绞长达 40 分钟——刽子手故意延长他痛苦的时间。那个绞刑架据称是段祺瑞政府从德国引进的产品。1949 年北平和平解放后，解放军派人找到了那个绞刑架。现被安放在中国共产党历史展览馆，被列为 0001 号文物。

鲁迅在李大钊去世后，曾为《守常文集》写序，序言中很真切地描绘出李大钊的形象：“我最初看见守常先生的时候，是在独秀先生邀请去商量怎样进行《新青年》的集会上，这样就算认识了。不知道他其时是否已是共产主义者。总之，给我的印象是很好的：诚实，谦和，不多说话。《新青年》的同人中，虽然也很有喜欢明争暗斗，扶植自己势力的人，但他一直到后来，绝对的不是。”

真理的力量可以让人舍生赴死，真理的光芒烛照千秋万世。在革命年代，像李大钊这样为了真理献出生命的先烈，又何止成千上万。第四次全国劳动大会召开的会址，是汉口的一个剧场，名字叫血花世界。这个后人听来有几分惊异的名字来自廖仲恺的题词：烈士之血，主义之花。尽管他是题给大革命时期的国民党的，但对共产党来说，又何尝不是如此！

理想之光不灭，信念之光不灭。在百年的奋斗中，一代又一代共产党人为了追求民族独立和人民解放，不惜流血牺牲，靠的就是这种信仰，为的就是这个理想。共产主义远大理想激励了一代又一代共产党人英勇奋斗，成千上万的烈士为了这个理想献出了宝贵生命。尽管他们也知道，自己追求的理想并不一定会在自己手中实现，但他们坚信，只要一代又一代人为之持续努力，一代又一代人为此作出牺牲，崇高的理想就一定能实现。“砍头不要紧，只要主义真”，“敌人只能砍下我们的头颅，绝不能动摇我们的信仰”，这些视死如归、大义凛然的誓言生动表达了共产党人对远大理想的坚贞。

1945 年 4 月，在中共七大召开之际，毛泽东在《中国共产党第七次全国代表大会的工作方针》中提到，从古以来没有这样的人民，从古以来没有这样的共产党。在这二十四年中，经过共产主义小组，经过北伐战争，轰轰烈烈壮大起来了。但中间被人家拦腰一枪打在地上，爬将起来又和他打，叫作土地革命。这二十四年我们就是这样走来的，我们党尝尽了艰难困苦，轰轰烈烈，英勇奋斗。从古以来，中国没有一个集团，像共产党一样，不惜牺牲一切，牺牲多少人，干这样的大事。

信仰与追求

理想、信念，这些我们耳熟能详的名词，也可称为：政治信仰。

政治信仰是一个很复杂的体系，长期以来，许多学者从各个方面进行了详尽的研究与阐释。我们且把部分学院派的观点简述如下。

有学者将信仰定义为：主体对于特定信仰对象的极度信服和尊重的态度，并将其奉为自己的行为准则。并且据此对信仰类型和属性进行了不同的划分，如从地域分为东方和西方两大类，从领域分为道德信仰、宗教信仰、政治信仰和哲学信仰等，从属性划分为理性信仰和非理性信仰等。

柏拉图将人的需要分为三个层次，即欲望、情感和知识，与此相对应形成人的幸福等级观，即爱财富、爱荣誉、爱知识。马斯洛将人的需要划分为生存的需要、安全的需要、爱和归属的需要、尊重的需要、自我实现和自我超越的需要等层次，信仰的需要属于较高层级的需要，在一定意义上被理解为一种世界观和价值观。

信仰作为一种意识机制或思维机制，是人特有的精神现象和精神状态。《说文解字》分别从“信”和“仰”两个字进行字面解释：“信，诚也”，“仰，举也”。传统儒学非常重视“信”，将“信”作为对人的伦理道德约束，“人而无信，不知其可也”，“可欲之谓善，有诸己为之信”。仰，指崇敬、仰慕之意，如“高山仰止”，“仰足以事父母”。

根据《汉语大词典》的解释，信仰有两个维度的理解，一种是实践维度，表示“对某人或某种主张、主义、宗教极度相信和尊敬，拿来作为自己行动的榜样或指南”，另一种是本体维度，指“相信并奉为准则或指南的某种主张、主义、宗教等”。

信仰不仅为信奉者提供了“宇宙图式”和“精神家园”，还为人类的行为提供了社会规范和价值评判标准。信仰的本质是一种价值观念，是人们对终极价值的信奉和追求。信仰是一种表征人类精神状态的思维机制，表征主体对信仰对象的极度信服的心态，并作为支撑主体行为的精神力量。总而言之，信仰是对世界的整体性立意和终极性价值追求，为人类的生存提供了精神图式和安身立命之所。

具体来看，信仰的作用体现在以下几个方面：

其一，作为内在认同和价值准则，对信仰者起到约束和规范作用。

其二，作为终极价值和理想的表征，激励和凝聚社会力量。

其三，作为主观性心理积淀，满足人的情感依赖和确定性需要。

政治信仰是政治主体对政治系统及其运行过程、特定的政治目标坚信不疑的态度、主张和价值观。政治信仰集知识性和价值性于一体，它能够指导政治行为，赋予政治行为以特定的意义，构成一定社会中人们最重要的政治取向。

马克思主义无疑是一种政治信仰，同时又是一种理性信仰，也是一种科学信仰。它具有一般信仰的生成规律和发展逻辑，同时又具有不同于其他信仰的特殊性。在马克思主义信仰诞生以前，人类的信仰组织以宗教团体为主。宗教在历史上一度垄断了信仰的话语权。随着科学信仰的诞生，信仰才有了科学的存在形态和科学的组织机构。

马克思主义信仰是人类文明发展到一定程度必然出现的科学信仰，它建立在马克思和恩格斯创立的哲学世界观和政治经济学批判基础上，反映了历史发展的客观规律。马克思主义传入中国以后，经历了曲折的中国化过程，最终形成了中国共产党的理想和信念，进而催生中国共产党人的初心和使命。

中国共产党是无产阶级的先锋队，又是共同持有马克思主义信仰的团体。马克思主义理论是中国共产党政治信仰的理论基础。中国共产党的信仰建立在对人类社会发展普遍规律的把握和以往历史实践的深刻洞察的基础之上。在不断推进马克思主义中国化过程中，不断将其内化为自身的政治灵魂。

党的十八大报告明确指出："对马克思主义的信仰，对社会主义和共产主义的信念，是共产党人的政治灵魂，是共产党人经受住任何考验的精神支柱。"这是基于历史和逻辑两个维度对马克思主义信仰的政治定位和价值意蕴作出的经典概括。马克思主义是中国共产党成立伊始便作出的信仰选择，在历史和实践进程中，马克思主义不断中国化，其内涵更加丰富和完善。

马克思主义不仅是科学的理论，也是科学的信仰，是科学理论与科学信仰的统一。共产党人需要为人民大众的根本利益而奋斗，为实现共产主义远大理想而奋斗。为达到这一目的的实践活动，不仅构成共产党存在的根据，也成为共产党人占领真理制高点的政治基础。

马克思本人的一生，也正是胸怀崇高理想、为人类解放不懈奋斗的一生。1835 年，17 岁的马克思在他的高中毕业作文《青年在选择职业时的考虑》中这样写道："如果我们选择了最能为人类而工作的职业，那么，重担就不能把我们压倒，因为这是为大家作出的牺牲；那时我们所享受的就不是可怜的、有限的、自私的乐趣，我们的幸福将属于千百万人，我们的事业将悄然无声地存在下去，但是它会永远发挥作用，而面对我们的骨灰，高尚的人们将洒下热泪。"马克思一生饱尝颠沛流离的艰辛、贫病交加的煎熬，但他初心不改、矢志不渝，为人类解放的崇高理想而不懈奋斗，最终成就了伟大人生。

毛泽东说过"人是要有一点精神的"，这个精神就是信仰。毛泽东在青年时期就立下拯救民族于危难的远大志向。1919 年，他在《湘江评论》创刊宣言中写道："时机到了！世界的大潮卷得更急了！洞庭湖的闸门动了，且开了！浩浩荡荡的新思潮业已奔腾澎湃于湘江两岸了！顺他的生，逆他的死。”年轻的毛泽东“书生意气，挥斥方遒。指点江山，激扬文字”，既有“问苍茫大地，谁主沉浮”的仰天长问，又有“到中流击水，浪遏飞舟”的浩然壮气。他在马克思主义传入中国后，迅速接受并确立了马克思主义信仰，他说：“我接受了马克思主义是对历史的正确解释以后，我对马克思主义的信仰就没有动摇过。”

朱德经历过旧民主主义革命的失败，从切身体验中认识到，旧的道路走不通了，只有马克思主义才是解决中国问题的真理。在确立马克思主义信仰、树立为共产主义事业奋斗的崇高理想后，无论面对什么样的艰难险阻和重大挫折，他始终没有动摇。越是危难关头，他越是信念坚定。南昌起义部队南下潮汕失败，朱德所部孤立无援。在三河坝，有人提出散伙，他挺身而出，稳住军心。在天心圩，很多人离队而去，他斩钉截铁地说，虽然大革命是失败了，但我们还是要革命的。黑暗是暂时的，要革命的跟我走，不革命的可以回家，但我相信，最后胜利一定是我们的。后来陈毅评价说，朱总司令在最黑暗的日子里，指出了光明的前途，增加了群众的信心。

李立三脾气暴烈，意志坚决。1920 年初赴法国勤工俭学，别人不愿干的炉前翻砂工，他干，并且积极参与到学生运动和争取华工权利的斗争之中。提到反动势力，就喊：“推翻！打倒！杀掉！”因敢闯敢拼，留法学生称他为“小大虫”，还送他一个绰号叫“坦克”。这绰号一直延续到 1948 年第六次全国劳动大会召开之后，新当选的全总主席陈云还在提起，说自己是辆“木炭车”，而李立三是辆“坦克车”，可以多给他干一些工作。

1922 年春节，李立三回家探亲。其父李昌圭问：“你留学回来准备做什么事？”

李立三答：“我要干共产主义事业！”

李昌圭不知道，此时他的儿子正在安源路矿发动工人大罢工，听后暴跳如雷道："你不要命了，这纯属胡来！是自己找死！人家督军有那么多兵，那么多枪，你们几个小娃娃，一千年也搞不成！"

李立三答："军阀有枪，我们有真理，有人民，我们死了不要紧，牺牲了一些人，一定有更多的人起来革命，革命一定成功！"

父子在争吵中度过整个春节。李昌圭的担心并非没有道理，不久前湖南劳工会的黄爱和庞人铨刚被军阀赵恒惕残杀于长沙浏阳门外。但儿子的革命意志坚不可摧，父亲再三劝说无果。李昌圭后来逢人便说："这个儿子是舍出去了，只当是没生他吧！"

"军阀有枪，我们有真理。"——这便是信仰的力量，这信仰的力量超过了刀枪。次年，京汉铁路二七大罢工遭到军阀吴佩孚镇压，长辛店铁路工会委员长史文彬被捕，罗章龙带着工友葛树贵去火神庙要人。面对着敌人的马队和刀枪，葛树贵高喊着："他们有枪，我们有血，和他们拼了！"后不幸中弹牺牲。

本书所叙述的工运先烈亦复如是，他们都是为了自己的信仰、信念，付出了宝贵的生命。在马克思主义传播方面，杨匏安，便是忠于理想，献身信仰的典型之一。

杨匏安和苏兆征、林伟民是同乡。读书时，三人受到爱国主义思想的熏陶，大量阅读革命刊物及革命党人的著作。1915 年东渡日本横滨半工半读，在此期间接触到大量马克思主义理论书籍。从此开始追求社会革命理想。1918 年初，杨匏安在广州时敏中学任教务主任，并兼任《广东中华新报》记者。1919 年五四运动爆发，各种新思想激荡中华大地。杨匏安开始翻译日本早期共产主义者的著述，写成以《世界学说》为总标题的 41 篇专文，相继在《广东中华新报》上发表，系统介绍了西方各派哲学和社会主义学说，包括古代近代的唯心论、唯物论和各种流派的社会主义。其中最重要的一篇是《马克思主义》，在报上连载 19 天。与李大钊同月发表于《新青年》杂志第六卷第六号著名文章《我的马克思主义观》下篇，几乎同时问世。杨匏安指出："自马克思氏出，从来之社会主义，于理论上及实际上，皆顿失其光辉，所著《资本论》一书，劳动者视为经典。"他对科学社会主义作了这样的阐述："马氏以唯物的史经为经，以革命思想为纬，加之以在英法观察经济状态之所得，遂构成一种以经济的内容为主之世界观，此其所以称科学的社会主义也。"他以通俗浅显的文字，介绍和宣传了马克思主义的三大组成部分，唯物史观和剩余价值学说以及阶级斗争学说。这是华南地区最早系统地介绍马克思主义的文章。由于《广东中华新报》不像《新青年》影响力大，所以他的传播之功长期鲜为人知。不过这并不影响他成为宣传马克思主义的先驱之一。

1921年春，杨匏安经谭平山介绍加入中国共产党。自从选择了共产主义，他的信仰便坚定不移。

1923年6月，中共三大在广州召开，决定国共合作，杨匏安受派到国民党中任职。1924年1月国民党一大召开后，任国民党中央组织部秘书、代理部长。杨匏安工作卓有成效，引起蒋介石注意，蒋介石在台湾出版《苏俄在中国》一书，提到孙中山本拟让廖仲恺为组织部部长，而廖仲恺自愿担任工人部部长，由他转推谭平山为组织部部长，谭平山就荐杨匏安为该部秘书。

中共广东党组织建立后，首要任务就是发动工人群众，把他们组织起来。杨匏安与杨殷在石井兵工厂和广九、广三铁路等产业工人较集中的地方，一方面深入了解工人的生活疾苦，另一方面对工人进行马克思主义宣传。20世纪20年代的广州，政治风云变幻无常。孙中山在中共的帮助下先后平定了商团叛乱、滇桂军阀叛乱，进行了两次东征。杨匏安在这几次斗争中，带领工人起到了重要作用。

广东政局甫定，中共决定发动省港大罢工，支援上海五卅运动。杨匏安与邓中夏前往香港，团结动员一批积极分子作为发动罢工的骨干队伍。港英当局十分害怕，以所谓"煽动工潮"的罪名逮捕了杨匏安等人。后在广大罢工工人的强烈抗议下，不得不释放并宣布“驱逐出境”。杨匏安出狱归来，即被聘为省港罢工委员会顾问。省港罢工委员会干事局长李森（李启汉）在报告中高兴地宣布：“有一件事值得我们喜欢的，就是杨匏安先生已释放来省了……这一位很有力的助手加入我们，更容易操胜算了。”

1927 年 5 月，中共五大召开，成立了党的历史上第一个中央纪律检查机构——中央监察委员会。杨匏安当选为中央监察委员、副主席。相当于后来的中纪委副书记。首届中央监察委员会成立后，在随后的革命斗争中，10 名中央监察委员会成员有 8 人先后牺牲，牺牲时年纪最大者 45 岁，最小者 21 岁。严酷的生死考验面前，更无一人叛变。

国共合作破裂后，杨匏安赴南洋前往新加坡、吉隆坡等地从事革命工作。1929 年回到上海，在中共中央机关工作，参与编辑党刊，后担任中共中央农民运动委员会农民部副部长。在此期间，杨匏安还翻译了《地租论》等文章，为正在轰轰烈烈进行的土地革命战争提供了重要的参考资料。

1931 年 7 月 25 日，杨匏安因罗绮园叛变出卖而被捕，他在国共合作时期，曾经当过国民党的中央监察委员，又是共产党的中央监察委员会副主席，蒋介石派出淞沪警备司令部司令熊式辉、吴铁城以及国民党中央监察委员吴稚晖等向他劝降，要他回到国民党，并许以高官厚禄，但杨匏安断然拒绝：“我是为了寻求真理才加入共产党的，既已选定，就不能动摇。”国民党又以死亡相威胁，杨匏安轻轻一笑：“我从参加革命开始，就已经把生死置之度外了。死可以，变节是不可能的！”蒋介石连写两封劝降信，都被杨匏安撕掉。蒋介石又直接打电话到狱中劝降，也被他摔掉话筒。

1931 年 8 月 4 日，杨匏安被国民党反动派秘密枪杀在淞沪警备司令部。临刑前，杨匏安留下一首绝命诗：

慷慨登车去，相期一节全。

残生无可恋，大敌正当前。

知止穷张俭，迟行笑褚渊。

从兹分手别，对视莫潸然。

国民党很难理解，为什么有人放着眼前的荣华富贵不肯多看一眼，却偏要卷起袖子往工人堆里混。早期工运领导人杨殷，是孙中山的同乡、近邻，在家乡广有田产，富甲一方。他自幼习武，在澳门学过少林拳，三五个人近不了身。1911 年黄花岗之役后加入同盟会，1917 年担任孙中山卫队副官兼大元帅府参军处参谋，实际上就是孙中山的贴身侍卫。后来担任广州西关盐务稽查处高级师爷——这是个让人眼红的高薪肥缺。

以这样的资历，他如果在国民党里混下去，所谓的荣华富贵唾手可得。可他偏偏放弃了这一切，在遍览马克思主义著作后，决然信仰了共产主义，毅然参加了共产党，去跟着共产党干革命，成为中国工人运动的先驱。最后牺牲于他曾服务过的国民党的刀下。

五四运动爆发后，马克思主义开始在中国传播，引起了杨殷的关注。他设法买来《共产主义 ABC》《共产党宣言》等书籍，读后大开眼界，随之他又买了《社会主义政治经济学》《资本论》等，开始认真研究起马克思主义。细读之下，觉得茅塞顿开，结合自己过去的斗争经历，他觉得自己看到了新的希望，从此决心走新的救国救民的革命道路。中国共产党广东支部的早期成员杨章甫和梁复然在见到杨殷时，看到他手里正拿着中译本《共产党宣言》研读。攀谈之下，杨殷主动对他们说："这本书写得挺好，写书的人一个姓马、一个姓恩，他们在书中说将来的社会，不能有压迫、剥削。要救中国，非此不可。"他们越谈越投机，很快达成了高度一致。1922 年秋，杨殷如愿加入中国共产党。

1924 年，刘尔崧、杨殷等工运领导人成立广州工团军，与商团军对抗，平定了商团叛乱。对于刚刚成立三年，正在把全部精力投入工人运动的中国共产党来说，工团军是建立工农武装的一次重要尝试。

杨殷先后任中共两广区委委员、区委监察委员会书记。党的八七会议后，任中共广东省委常委兼省革命军事委员会主任、中共中央南方局委员。1928年7月，杨殷在中共六大上当选为中共中央政治局候补委员、候补常委，任中共中央军事部部长。1929年1月起任中共中央军委委员、中共中央军委主任兼中共江苏省委军事部部长。

杨殷入党之后，把他过去的大部分薪水拿出来充作工作经费。党内同志开玩笑称他为“河北玉麒麟卢俊义”。其实他比卢俊义做得更多，堪称毁家纾难——广州起义之前，他把家里的田地房产变卖，连已故妻子的珠宝首饰都一起卖了，交给组织充作经费。

广州起义之时，杨殷协助张太雷制订行动计划，率领敢死队员数十人攻占了沙河敌炮兵团驻地。广州苏维埃政府成立，杨殷被任命为人民肃反委员。起义第二天，张太雷不幸牺牲。杨殷临危受命，继任广州苏维埃政府代理主席，继续领导起义部队进行战斗，直到最后关头才突出重围，撤离广州。

1929年8月24日，由于叛徒告密，杨殷与彭湃等一批共产党人在上海被捕。在审讯中，敌人问杨殷：“你是老同盟会员，曾跟国父推翻清朝，义薄云天，名震天下。只要你现在回心转意，重归国民党队伍，蒋先生是不会亏待你的。”

杨殷冷笑一声：“你们背叛中山先生三民主义于前，屠杀工农群众于后，是一群祸国殃民、双手沾满革命群众鲜血的败类。我杨殷铮铮男儿，岂肯与败类为伍？”

杨殷和彭湃还通过关系，向党中央报告了被捕情况，在给党中央的信中说：“我们已共同决定临死时的宣说词了。我们未死的那一秒以前，我们努力做党的工作，向士兵宣传，向警士宣传，向狱内群众宣传。”

8 月 30 日，杨殷被押赴刑场。临刑前，杨殷从容镇定，笑对狱友说："朝闻道，夕死可矣！"

在刑场上，他慷慨地向士兵及狱中群众说了最后赠言，唱着《国际歌》，高呼口号，英勇就义。杨殷临刑，士兵失声痛哭，连看守员也为之掩面。杨殷牺牲时，年仅 37 岁。

这就是信仰的力量。

彭湃、杨殷牺牲后，中国工农红军特建立了彭（湃）杨（殷）军事政治学校。1933 年 7 月，中华苏维埃临时中央政府决定，将江西省兴国县一部分划分出来，命名为杨殷县，以志对烈士的纪念。

在共产主义信仰的感召下，在中国共产党的旗帜下，无数先烈流血牺牲，换来了新中国的成立。改革开放后，邓小平结合时代变迁和中国国情，提出明确的信仰要求。邓小平指出："对马克思主义的信仰，是中国革命胜利的一种精神动力。"他说："我们多年奋斗就是为了共产主义，我们的信念理想就是要搞共产主义。在我们最困难的时期，共产主义的理想是我们的精神支柱，多少人牺牲就是为了实现这个理想。"面对少数人对马克思主义的怀疑，他说："我坚信，世界上赞成马克思主义的人会多起来的，因为马克思主义是科学。"

习近平总书记指出："中国共产党之所以叫共产党，就是因为从成立之日起我们党就把共产主义确立为远大理想。我们党之所以能够经受一次次挫折而又一次次奋起，归根到底是因为我们党有远大理想和崇高追求。""无论顺境还是逆境，我们党从未动摇对马克思主义的信仰。"习近平总书记指出，理想信念是共产党人的政治灵魂和精神支柱，是党的精神之"钙"。新形势下，我们需要继续深入推进党的建设新的伟大工程，领导社会主义现代化建设伟大事业，进行具有许多新的历史特点的伟大斗争，要顺利完成这些历史任务，关键在于能否继续保持坚定的马克思主义信仰。

当年，中国共产党就是依靠坚定的理想信念和坚强的革命意志，一次次绝境重生，愈挫愈勇，最后取得了胜利，创造了难以置信的奇迹。如今，透过百年风云回首望去，信仰的光辉仍是那样历久弥新，信仰的力量仍是那样摄人心魄。

践行初心　担当使命

“初心”一词，意指做某件事最初的愿望、最初的原因。最早是个佛教名词，据考来源于《华严经》。初心与正果密不可分，从最初的发心到最终的成佛，此心不变，“不忘初心，方得始终”的说法即从此演变而来。“不忘初心”一词，最早出自唐代白居易《画弥勒上生帧记》：“所以表不忘初心，而必果本愿也。”意思是说，时时不忘记最初的发心，最终一定能实现其本来的愿望。如今，这一名词有了新的含义。2017 年 10 月 18 日，习近平总书记在中国共产党十九大报告中强调指出：“不忘初心，方得始终。中国共产党人的初心和使命，就是为中国人民谋幸福，为中华民族谋复兴。这个初心和使命是激励中国共产党人不断前进的根本动力。”

坚持为中国人民谋幸福、为中华民族谋复兴的初心和使命，这是对中国共产党人历史责任和时代使命的集中表达。中国共产党作为中国最先进的阶级——工人阶级的政党，不仅代表着工人阶级的利益，而且代表着整个中国人民和中华民族的利益。中国共产党始终将初心融入血脉，把使命扛在肩上，紧紧依靠人民，在腥风血雨中一次次绝境重生，在攻坚克难中不断从胜利走向胜利。习近平总书记指出：“从石库门到天安门，从兴业路到复兴路，我们党近百年来所付出的一切努力、进行的一切斗争、作出的一切牺牲，都是为了人民幸福和民族复兴。”中国共产党人践行初心、担当使命，团结带领中国人民进行革命、建设、改革，中华民族迎来了从站起来、富起来到强起来的伟大飞跃，实现中华民族伟大复兴进入了不可逆转的历史进程。

无人喝彩，依旧前行

马克思主义自有其真理的力量，这个不假。但马克思主义并不是自带光环来到中国的，相反，在它最初登台亮相时，居然无人喝彩。

不难理解，我们说实践是检验真理的唯一标准，马克思主义随着十月革命的炮声，最初传到中国，还没有经过实践检验的时候，谁又能轻易信奉？但是，真理毕竟是真理，一旦用于指导实践，发挥巨大作用，显示巨大力量，信奉的人就会越来越多。

赞成的不加入

当年，有些人在坐而论道的时候，是热情传播、热烈歌颂、热切赞成社会主义的，但到了起而行之的时候，就退缩了。

张东荪起初是赞成社会主义的。他早年毕业于日本东京帝国大学，读过一些日文版社会主义学说著作。1911 年与梁启超一起，在上海创办《时事新报》。1912 年出任南京临时政府大总统府秘书。1919 年在北京创办《解放与改造》杂志，南下上海之后，依然主编《时事新报》。因与陈独秀有旧交，故常来叙谈，谈到社会主义，亦颇有志同道合之感。

不过谈归谈，当陈独秀和维经斯基把建党的设想提出来时，他首先就被吓到了，立即退了出去。他原以为这个组织是学术研究性质，现在说要成立共产党，跑得比谁都快。当时，他是“研究系”的主将。所谓“研究系”，原是梁启超、汤化龙等成立的“宪法研究会”，后来演变为“不再过问政治，专心从事学术研究”的“研究系”，以北京《晨报》和上海《时事新报》为机关报。张东荪作为《时事新报》主编，是“研究系”的领军人物。在他看来，社会主义学说可以作为学术进行研究，而不能作为政治来搞。所以，这位叶公好龙式的“社会主义者”，见到共产党这条真龙现身，自然吓得弃而还走、失其魂魄、五色无主，就此告退了。

戴季陶起初也是赞成共产党的，而且还为筹备建党做了许多工作，最早的党纲就是由他亲手起草，当时他是上海《星期评论》的主笔。“评论”是当时很流行的一种杂志名。在北京有陈独秀、李大钊创办的《每周评论》，在上海有戴季陶、李汉俊、沈玄庐创办的《星期评论》，在长沙有毛泽东创办的《湘江评论》。在这些“评论”之中，《星期评论》的发行量最大，达十几万份，放到现在也是个了不起的数字。

戴季陶本名良弼，又名传贤，笔名戴天仇。原籍浙江吴兴，生于四川广汉。十五岁赴日留学，进入日本大学法律系，发奋攻读，学业优秀，且富有社会活动能力，他发起组织留日同学会，被推选为会长。回国之后当过报社记者，写过很多抨击清政府的文章。1911 年 12 月 25 日，他在上海码头迎接、采访自海外归来的孙中山，得到采访对象的欣赏，被其延揽至门下。不久孙中山赴日访问，他的身份便成了翻译兼机要秘书，从此成为孙中山的忠实门徒。后来他还出任过广州大元帅府秘书长等职，一直跟着孙中山闹革命。1918 年 5 月 4 日，桂系军阀操纵国会，孙中山愤然辞去大元帅之职，离开广州前往上海，戴季陶不离不弃，也随行到上海住了下来。

他在日本期间读过许多马克思主义著作，在上海与同样有留日经历的李汉俊过从甚密，经常一起探讨马克思主义，商讨成立共产党，而且深入到了起草《中国共产党党纲》的程度。但是，等到正式决定建党时，他却打起退堂鼓。原因据说是怕违背了孙中山的三民主义。总之，戴季陶是离开了，离去时还洒落了几滴泪，声言："我无论如何一定从旁赞助，现在暂时退出。"后来他成为国民党铁杆右派，曾许诺的"从旁赞助"，竟是对自己曾参与发起的共产党下毒手。

山东的王乐平也算一个赞成者。他是中华革命党党员，孙中山的忠实追随者，在五四运动中是山东的活跃人物，曾作为山东省议会的代表前往上海，吁请上海各界支援山东人民的斗争——五四运动的斗争焦点之一，便是要求从日本手中收回山东主权，收回青岛。王乐平在他住宅的外院创办了齐鲁书社，和毛泽东在长沙办的文化书社齐名，推销《新青年》《每周评论》《资本论入门》《唯物辩证法》《俄国革命史》等，在山东播撒马克思主义种子。王乐平在北京时跟陈独秀相识，彼此间常有通信联系。维经斯基以"记者"的身份在北京"采访"过李大钊之后，前去上海会见陈独秀，路过山东时，因翻译杨明斋是山东人，在其介绍下与王乐平认识。当陈独秀在上海组织了共产主义小组，曾致函王乐平，约他在山东组织共产党。王乐平当即一口拒绝，他虽说是进步的开明人士，却不愿加入共产党，更不愿出面组织山东共产党。不过他还是帮了陈独秀一个忙，把此事转交给了他的远亲、同乡王尽美。也正是这个原因，中共一大代表才有了王尽美的名字。三年后国共合作，王尽美按组织要求加入国民党，参加了国民党的一大，成为同时参加过中共一大与国民党一大的代表。

加入的又退出

鲁迅在杂文《非革命的急进革命论者》中写道："倘说，凡大队的革命军，必须一切战士的意识，都十分正确、分明，这才是真的革命军，否则不值一提。这言论，初看固然是很正当、彻底似的，然而这是不可能的难题，是空洞的高谈……因为终极目的的不同，在行进时，也时时有人退伍，有人落荒，有人颓唐，有人叛变，然而只要无碍于进行，则愈到后来，这队伍也就愈成为纯粹，精锐的队伍了。”

今天我们看到鲁迅这话，简直是拿着中国共产党为模板说的。在中国共产党成立后，漫长的革命道路中，有人继续奋进，“也时时有人退伍，有人落荒，有人颓唐，有人叛变”，时代大潮中难免鱼龙混杂，泥沙俱下，前进者与退伍者、落荒者、颓唐者以及叛变者并存，这就是历史。

说到邵力子，人们往往只记得他是1949年国民党政府派出的与中国共产党谈判的代表团成员之一。其实，他早年思想激进，不仅是孙中山的中国同盟会会员，而且后来成为中国共产党最早的党员之一。1920年加入上海共产主义小组，1921年加入中国共产党，如果后来一直坚持下来，那无疑是创党元老。

邵力子一直高度关注俄国革命，1917年11月7日，俄国爆发了十月革命。三天之后——11月10日，上海《民国日报》即登出醒目大字新闻标题：《突如其来之俄国大政变——临时政府已推翻》。报道称，“彼得格勒戍军与劳动社会已推倒克伦斯基政府”，“主谋者为里林氏”——“里林氏”就是列宁的译音，也有人译作“黎雷氏”。邵力子正是这张报纸的总编。1918年元旦，邵力子在《民国日报》发表社论指出：“吾人对于此近邻的大改变，不胜其希望也。”

邵力子不仅是《民国日报》经理兼总编，还亲自担任《觉悟》副刊主编。《觉悟》副刊在当时颇有影响，与北京《晨报》的副刊、上海《时事新报》副刊《学灯》，号称全国“三大副刊”。他是国民党党员，然而却倾向激进，接受马克思主义。他曾在《觉悟》副刊上发表《主义与时代》一文，声称：社会主义已在人们心目中有很大影响，“这绝非单为好奇的心理所促成，实在是时代潮流中已有需要这个主义的征兆”。因为他赞颂社会主义，跟陈独秀有着共同语言，所以顺理成章地加入了中国共产党。

不过，这位创党时期的党员在五年后就退党了。1925 年，他任黄埔军校秘书长，参加国民党改组工作。1926 年，他退出了参与创建的中国共产党，从此与党分道扬镳。1927 年后，历任甘肃省主席、陕西省主席、国民党宣传部部长、中华民国驻苏联大使等。中华人民共和国成立后，曾任全国人大常委会委员、政协常委、民革常委等。

李汉俊对于中国共产党的建立有过特殊贡献。中共一大就是在他兄长李书城家中（同时也是他的寓所）召开的，所以他算作建党的“东道主”。

李汉俊 1890 年生，1904 年赴日本留学，先后在日本东京第一高等学校和东京帝国大学工科学习。如今看来，算是少年留学生。留学期间，受日本著名马克思主义经济学家河上肇的影响，开始信仰马克思主义。学成回国后，集中精力从事翻译写作，积极传播马克思主义。陈望道译出的《共产党宣言》就是“经陈独秀、李汉俊两人先后校对”的。共产国际驻华代表马林说：李汉俊是中共中“最有理论修养的同志”。1919 年春，董必武由鄂赴沪，李汉俊向他介绍了十月革命，将反映新思想、新思潮的日文书籍和杂志送给他阅读。董阅后“深以为然”，并称李是“我的马克思主义老师”。1964 年，毛泽东会见首任农业部部长李书城时说：“你的公馆里诞生了伟大的中国共产党，是我们党的‘产床’啊！”若以此喻论，李汉俊等一批早期建党活动家，大抵就可算作党的“胚胎”。

然而，李汉俊也是个“有性格”的人，在中共一大之前，他便与陈独秀、张国焘意见不合。中共一大之后，陈独秀从广州回沪主持中国共产党中央局工作，李汉俊又因党务、经费等问题与陈独秀产生分歧。于是他在 1922 年离沪回到武汉，不久脱离了中国共产党。中共二大时，他向党中央写过一份意见书。陈独秀曾致电请他参加二大。但是他没有到会。中共三大在他未出席的情况下，仍选他为五名候补委员之一。1924 年，鉴于他自动脱党，党中央便正式将其开除。

李汉俊脱离中国共产党之后，并没有停止革命，他曾任武昌高等师范大学、武汉大学教授，汉口市政督办公署总工程师。在北伐军占领武汉之后，李汉俊任国民党湖北省党部委员、湖北省政府委员兼教育厅厅长、青年部部长。1927 年 12 月 17 日被桂系军阀胡宗铎杀害。后来，李汉俊之子李声簧，李书城之子李声华、李声宏都参加了中国共产党，为先辈的事业继续奋斗。

李达是建党元老之一，而且是中国共产党第一届中央宣传主任。中共一大最后一天的会议地点，嘉兴南湖的那艘红船，就是他的夫人王会悟联系找到的，中共二大更是在他家中召开的，所以，他算作建党的第二位“东道主”。然而，李达在中共二大上，声言不再担任中国共产党中央宣传主任。1923 年秋，李达脱离中国共产党，比李汉俊还早一年。据李达自述，脱党原因有三：一是当时党内的人多注重实际，不注重研究，他自认为对革命实际工作不够积极，但为革命做理论研究与传播，即是对党的贡献；二是对中国共产党员以个人名义加入国民党的方针想不通，不愿意做国民党员；三是不堪忍受陈独秀的家长制作风。

李达与陈独秀意见不合，但与毛泽东甚为默契。中共二大前夕，他应毛泽东之邀，到湖南自修大学讲授马列主义。中共二大之后，他和妻子王会悟带着出生不久的女儿回到湖南，与毛泽东一家同住在清水塘。后来，李达担任了湖南自修大学校长。他脱离中国共产党之后，并没有放弃马克思主义。先是在湖南大学担任教授，主讲马克思主义社会学。1926 年北伐军攻克武汉，他应邓演达之邀，出任中央军事政治学校代理政治总教官、国民革命军总司令部政治部编审委员会主席。1927 年 3 月，李达又受毛泽东之聘，在中央农民运动讲习所任教。1927 年至 1941 年，先后在武昌中山大学、上海法政学院、广西大学、广东中山大学等地任教。新中国成立后，毛泽东用暗语致信李达，邀他北上参加新中国建设。“吾兄系本公司发起人之一，现公司生意兴隆，望速前来参与经营。”此后，他先后任中央政法干部学校副校长、湖南大学校长和武汉大学校长，并担任中国哲学会会长。

《共产党宣言》的译者陈望道，后来也曾退出过中国共产党。正当陈望道等积极参与筹备召开中共一大之时，为审批组织活动经费一事，陈独秀和李汉俊发生了争执。这一争执牵连到陈望道身上，陈望道要求陈独秀对事实予以澄清，并向他公开道歉。但陈独秀并不接受。陈望道一气之下，就表示今后不愿再接受陈独秀家长制的统治，提出脱离组织的请求，并因此而拒绝出席党的第一次代表大会。陈望道虽然没有出席中共一大，但当时也没有脱离党的组织。1921 年 11 月，上海成立中国共产党上海地方委员会，陈望道担任第一任书记（委员长）。此时陈望道仍不满于陈独秀家长式作风，再度要求退出中国共产党。他说：“我信仰共产主义终身不变，愿为共产主义事业贡献我的力量，我在党外为党效劳也许比党内更方便。”

后来，陈望道投身于教育事业、文化事业和学术研究，担任中国共产党创办的上海大学中文系主任。1927 年后，任复旦大学中文系主任。他参加左翼文化运动，与鲁迅有着密切交往。于 1932 年出版了开山之作《修辞学发凡》。新中国成立后，陈望道被任命为复旦大学校长。1957 年，重新加入中国共产党。

2020 年“七一”前夕，习近平总书记给复旦大学《共产党宣言》展示馆党员志愿服务队全体同志回信指出，“100 年前，陈望道同志翻译了首个中文全译本《共产党宣言》，为引导大批有志之士树立共产主义远大理想、投身民族解放振兴事业发挥了重要作用。现在，你们积极宣讲老校长陈望道同志追寻真理的故事，传播马克思主义理论，是一件很有意义的事情。希望你们坚持做下去、做得更好”。他还告诫青年党员“心有所信，方能行远。面向未来，走好新时代的长征路，我们更需要坚定理想信念、矢志拼搏奋斗”。

张申府也是中国共产党建党元老之一，而且资历很深，他是周恩来、朱德的入党介绍人，还给毛泽东当过“领导”——他曾在北大图书馆给李大钊当副手，此时毛泽东正在这里当助理员，抄卡片。张申府年轻的时候是个很厉害的角色，数学、哲学两门精通，堪称文理全才。21 岁考入北大哲学系，念了两个月就转到数学系，念着数学的同时研究罗素哲学、逻辑，研究到罗素本人都表示佩服，“罗素”二字的翻译定名就出自他手。罗素曾在给一位法国友人的信中说：“中国的张申府先生，比我还了解我的著作。”他还没毕业时就被北大校长蔡元培看中，决定将他留校任教。在北大，张申府结识了李大钊，他们都是河北同乡，李大钊是河北乐亭人，张申府是河北献县人。1917 年，李大钊出任北大图书馆主任。张申府应李大钊之请到图书馆帮忙，在张申府手下，有一位和他同龄的湖南青年，担任图书登记工作。一天，这位青年因把图书卡片写得潦草，还被张申府训斥。多年后，这位年轻人在回忆中说：“我的职位低微，大家都不理我。我的工作中有一项是登记来图书馆读报的人的姓名，可是对他们大多数人来说，我这个人是不存在的。他们都是些大忙人，没有时间听一个图书馆助理员说南方话。”这位图书馆助理员就是毛泽东。作为同龄人，张申府是副教授，拿着 200 多块大洋的高薪；毛泽东只是临时工，拿 8 块大洋的津贴。

1920 年 4 月，共产国际东方局派维经斯基来华，帮助中国建立共产党组织，在北大会见了李大钊及张申府，并召开了几次座谈会。此后，在北方的建党任务主要就由李大钊和张申府来完成。李大钊和张申府准备发展的第一个对象，是天津觉悟社社员刘清扬，她是周恩来、邓颖超的朋友，觉悟社领导人之一，可惜刘清扬谢绝了这一建议。后来，李大钊发展张国焘入党，成为李大钊和张申府之外的第三名党员。第一位女党员的名分，就落到了缪伯英头上。

张申府没有在第一时间把刘清扬发展入党，却在后来把她“发展”成了自己的太太。1921 年，张申府受蔡元培之托，出任设在里昂的华法教育会教员。临行前，李大钊和陈独秀找张申府谈话，希望他在欧洲发展党员。在法国，他第一个便发展了此前在国内未发展成党员、如今已成为他女友的刘清扬。紧接着他和刘清扬又介绍了周恩来入党。多年后周恩来还公开表示："我感谢刘清扬和张申府，是他们两人介绍我入党的。"

1921 年，中共一大召开前，国内曾通知张申府与会，张申府因为时间紧、路途远而未回国。1922 年春，张申府、刘清扬和周恩来三人坐火车由法赴德。在德国，张申府和周恩来一起，介绍了朱德加入中国共产党。

1923 年，张申府回国。经李大钊推荐南下广州，参与黄埔军校的筹备工作，并出任政治部副主任。当时负责黄埔军校筹备工作的廖仲恺和戴季陶希望张申府推荐一些人才，张申府便开列了一个 15 人的名单，名单上的第一位就是周恩来，周恩来后来出任黄埔军校政治部主任。

1925 年，在中共四大上，张申府与蔡和森、张太雷等人就统一战线等问题发生激烈争执。张申府反对与国民党合作，他认为"工人阶级有足够力量完成它的任务"。张申府的发言，遭到张太雷和蔡和森的反对，蔡和森批评张申府幼稚可笑。这些本来是政见之争，见仁见智，不足为奇，但张申府是个好面子的人，蔡和森的指责惹得他勃然大怒，认为伤了自尊，于是拂袖而去。此后几个月里，李大钊和赵世炎等人均力劝张申府，但张申府不为所动。他说："赞成我多的我就干，赞成我的是少数我就滚蛋。我可以在党外帮助干。"于是，张申府便从党的创始人一下子变为主动脱党者，从此与中国共产党渐行渐远。

张申府 1925 年脱党后，在 1948 年发表了一篇不合时宜的文章。当时，全中国解放在即，革命形势已见分晓，然而就在共产党即将夺取全国革命胜利的前夜，1948 年 10 月，张申府突然在储安平主持的《观察》上发表了一篇文章，题目是《呼吁和平》。文中写道："我们现在最要紧的事，消极地说，就是打破现状；积极地说，就是恢复和平。假使战事还不设法结束，和平还不速谋恢复，必致全国人，至少东北人与华北人，或至少在东北华北大城市住的人，都不得活；国家更将丧尽了元气，丢尽了脸……”

如果是在两年前，张申府发此高论，无疑会受到共产党的赞赏和支持，但此时此刻在共产党眼看要打胜的时候，他站出来拉偏架，显然是站错了立场，而且不自量力。更不能容忍的是，他在文中还把共产党解放军称为“匪”。他的文章引起共产党极度反感，在西柏坡，毛泽东在和民主人士谈话时，主动说起张申府：“我连大学都没有上过，我只是中学毕业，在北京大学图书馆当一个小职员，一个月 8 块大洋，张申府就是我的顶头上司。”随即毛泽东把话题转向张申府的那篇《呼吁和平》：“你们看到他发表的文章了吗？我们快胜利了，人家就劝我们讲和平，可我们倒霉时就没人帮我们讲话，这不大公平吧。”

张申府的文章引发众怒。他一手创办的民盟首先将他开除，紧接着他的妻子刘清扬在听了毛泽东的谈话以后，马上在《人民日报》发表启事，题目是“张申府背叛民主为虎作伥，刘清扬严予指责”。启事称，“刘清扬致函民盟沈钧儒和章伯钧，对张申府的思想堕落及其背叛人民的立场，表达无比愤慨”。信中她表示要与张申府断绝一切公私关系。从那以后真的是一刀两断，直到刘清扬 1977 年去世，两人再也没有见面或联系。

对于为何要在错误的时间发表那样一篇不合时宜的文章，张申府解释，一是他不知道局势已经发生了天翻地覆的变化，二是“我写这篇文章，赚了 3000 元。教授们那时都断粮断饷，吃饭是一个问题”。其实这些都未必是真正原因，他未必不知道局势变化，也未必就缺这一笔钱，而且他也知道自己的“呼吁”不会有人听。他之所以还要站出来说话，更深的原因很可能是他自恃革命资格之老，想在这个时候发出与众不同的声音，表示存在感。结果这一通操作，直接把自己排斥到了革命阵营之外，进而被彻底赶下中国的政治舞台。张申府晚年回忆起自己的一生，坦言自己最后悔的事情有两件，第一件事情就是1925年，他退出了自己参与创建的中国共产党。第二件事情就是发表了那篇不合时宜的《呼吁和平》。

中共一大代表包惠僧后来也离开了共产党。在国共合作时期，为了开展工作，共产党员允许以个人身份参加国民党，包惠僧于1924年奉组织指示加入国民党，出任黄埔军校政治部主任。此后历任黄埔军校高级政治训练班主任、黄埔军校教导师党代表兼政治部主任、武汉新闻检查委员会主席、武汉中央军事政治学校筹备主任等职。

在1927年蒋介石发动四一二反革命政变之后，包惠僧看到形势严峻，脱离了中国共产党。先是在上海卖文为生，办了三年半《现代中国》杂志。1931年又回到国民党阵营，当上蒋介石的陆海空军总司令部的参议。1936年，任内政部参事。中共一大召开时，他是以陈独秀特派代表的身份前往。他和陈独秀感情较深，在陈独秀临死前，他曾去江津看望。1948年，蒋介石政府风雨飘摇，包惠僧带着家眷到了澳门。1949年回到北京，担任内务部研究室研究员。

另一位中共一大代表刘仁静，后来的道路更为曲折，他先是成了托派，后加入了国民党。1926年9月，刘仁静赴苏联，在国际党校列宁学院学习。他同情并倾向于托洛茨基，曾在回国时专门买了一张假护照，绕道欧洲拜访托洛茨基，成了托洛茨基忠实的门徒。回国后便与陈独秀以及中国托派组织站在一起，处处以“托洛茨基代表”“正统托派”“钦差大臣”自居，以致在托派之中也弄得相当孤立，后被托派组织开除。这样，中国共产党不理他，连托派也不理他。后来他便倒向国民党，在抗日战争期间，他曾在国民党的“三民主义青年团”的宣传处、第十战区政治部及胡宗南的特务训练机关“战干第四团”担任职务。1948年，在国民党的中央党部和伪国防部工作，一直到南京解放。

1950年12月31日《人民日报》登出了《刘仁静的声明》：

> 我于1921年加入共产党，在党的领导下积极工作，至1927年，在当时中国大革命失败后，我在共产国际内部的斗争中参加托洛茨基派的组织及活动，1937年因意见不同又为托派开除，但托派思想的残余支配着我很久，使我不能认识路线之正确。
>
> 中国革命的胜利使我更清楚地认识我过去政治思想的真面目，即是说我过去是一个小资产阶级民主主义者，是一个门什维克（即孟什维克），而不是一个布尔什维克列宁主义者……由于我的脱离群众，不肯服从党的纪律和代表上层小资产阶级的思想，所以我在政治上长期和党对立……今后必须向毛主席和中国共产党学习。我过去犯了严重的政治错误，以后决心在党及毛主席的领导下，为建设新中国而努力，谨此声明。

此后，刘仁静改名刘亦宇，被安排在北京师范大学教政治经济学。后来被调往人民出版社从事编译工作，翻译了《普列汉诺夫哲学著作选》等著作。

甚至中国共产党的主要创始人之一陈独秀，后来也和党分道扬镳，成了托派。不同的是，陈独秀一直没有改变自己的主张，更没有投入敌方。他被国民党逮捕审判，章士钊主动为他辩护，词中难免曲意。他竟然毫不领情，高声直言道："章律师等之辩护，以其个人之观察与批评，全系其个人之意见，并未征求本人同意，且亦无须征求本人同意。至本人之政治主张，不能以章律师之辩护为根据，应以本人之文件为根据！"全面抗战爆发后，蒋介石不得不放他出狱，又派人去劝他转投国民党。陈独秀对前去看望他的包惠僧说："蒋介石杀了我的两个儿子，我和他不共戴天。"

在蒋介石发动四一二反革命政变，轰轰烈烈的大革命失败后，报纸上发布"脱党声明"的天天都有。以工运早期领导人冯菊坡为例，他1919年参加五四运动。1920年1月受中共党组织委派，出席了在莫斯科召开的远东各国共产党及民族革命团体第一次代表大会。1923 年回国后担任中国劳动组合书记部广东分部主任。国民党一大后，任国民党中央工人部秘书。1925 年中华全国总工会成立后，他负责招待部工作，参与领导省港大罢工。1926 年 6 月，中华全国总工会在广州创办了中国工人阶级的第一所大学——劳动学院，培养工会领导人才。冯菊坡讲授《广东工会问题》，邓中夏讲授《中国工人八大斗争》，深受工人学员欢迎。

遗憾的是，他于 1930 年受中共党组织的派遣到北方工作，后自行脱离革命，被开除党籍。

退出的还叛变

上述人士退出共产党后，大多或继续信仰马克思主义，或倡言国共合作，至少没有走到共产党的对立面。而有些人则不同，不仅与共产党分道扬镳，而且背道而驰，甚至最后成了仇敌。

沈玄庐本名沈定一，浙江萧山人。他当过清朝的官——云南省广通县知县、武定知州、省会巡警总办。后来流亡日本，在日本钻研社会主义理论书籍，开始信仰共产主义。1916 年回国，出任浙江省议会议长。当《新青年》创办之后，他积极为之撰稿。在《星期评论》创办之际，他又热心加入，和戴季陶一道成为“三驾马车”之一。沈玄庐年轻时颇有孟尝之风，不仅自减田租，还组织农会，拿出自家钱财分予贫苦农民。他还主张平等，在家中要儿子、儿媳直呼其名，使他的许多朋友惊讶不已。沈玄庐参加了共产主义小组，成为早期党员，但到中共三大时，他公开指责党的路线，宣布退党。沈玄庐的儿媳叫杨之华，杨之华后来与沈剑龙离婚，嫁给了共产党领导人瞿秋白。1924 年 11 月 27、28、29 日连续三天《民国日报》刊登了三则“启事”：

杨之华沈剑龙启事：自一九二四年十一月十八日起，我们正式脱离恋爱的关系。

瞿秋白杨之华启事：自一九二四年十一月十八日起，我们正式结为恋爱的关系。

沈剑龙瞿秋白启事：自一九二四年十一月十八日起，我们正式结为朋友的关系。

沈玄庐后来成为国民党“西山会议派”骨干，与戴季陶再度混到一起，变为反共急先锋。因为反共的同时也反蒋，后来还是死在蒋介石手中。他没有直接对共产党人下手，但他的太太王华芬却告密了早期党员、上海工运重要领导人徐梅坤，致使徐梅坤被捕入狱，受尽磨难，九死一生。杨之华后来成为中国工人运动重要领导人之一，新中国成立后曾担任全国妇联副主席、中华全国总工会女工部部长等职。

陈公博在出席中共一大之后，回到广州。1922 年 6 月，陈炯明叛变，炮轰孙中山的总统府，陈公博还写文章“拥陈反孙”，受到组织的批评。此后不久，他便宣布脱离中国共产党，前往美国哥伦比亚大学读书。1924 年，他完成了硕士论文《共产主义运动在中国》，虽然那时他早已脱离中国共产党，不过他在硕士论文中倒是写下了一段颇有见地的关于中国未来前途的话：远东古老的土地上现在充满了激进主义。如果在中国的压迫不停止，那么大概在不久的将来，中国一个新制度就要麻烦历史学家在世界历史上增加一页，来叙述苏维埃主义的进一步胜利。

从美国回国之后，陈公博加入了国民党，担任国民党第一届中央执行委员、中央党部书记长、北伐军总司令部政务局长。1927 年之后，他追随汪精卫。当汪精卫在 1932 年出任南京政府行政院长时，他出任实业部部长。全国抗日战争爆发后，1939 年，汪精卫叛国投敌，陈公博与他狼狈为奸，担任汪伪国民党中央执行委员会常务委员。1940 年，汪伪国民政府成立，陈公博担任立法院院长、军事会委员会常务委员、上海市市长。

1944 年 11 月 10 日，汪精卫病逝，离世前指定陈公博为继承人。这样，陈公博便成为汪伪国民政府代理主席，成为汪精卫死后的头号汉奸。抗日战争胜利后，他被国民政府判处死刑。临刑前还写信给蒋介石，写道："悬悬放不下的还是一个共产党问题，因为这个问题，关系到国家前途，关系到党的前途，更关系到先生的前途……"临死还念念不忘，可谓是坚决反共到底了。

周佛海参加完中共一大，回到日本立即受到日本警方的注意，再没有敢参加党内的活动。1924 年 5 月，周佛海受戴季陶之邀，从日本来到广州，出任国民党中央宣传部秘书，同时兼任广东大学教授。周佛海认为，在国民党那里能让他仕途通达。1924 年 9 月，周佛海提出脱离中国共产党。当时中国共产党广州区委的负责人周恩来亲自劝说无果。周佛海脱离中国共产党之后，迅速转向反共。他追随戴季陶，又得到蒋介石的垂青。1931 年，当选为国民党第四届中央执行委员会委员。此后历任国民党中央民众训练部部长、国民党中央宣传部代理部长、蒋介石侍从室第二处副主任。

1938 年 12 月，周佛海随同汪精卫一起叛离重庆。1940 年 3 月，当汪伪国民政府成立后，周佛海历任财政部部长兼警政部部长、中央税警总团总团长、清乡委员会副委员长、新国民运动促进委员会副委员长。在汪精卫死后，周佛海任行政院副院长兼上海特别市市长。

与陈公博的死硬相比，周佛海堪称滑头，他骨子里其实没有任何信仰和主义，也不忠于任何党派和政权，先叛变共产党、后叛变国民党，再后来又叛变汪精卫。1944 年，眼看着日本大势已去，汪伪政权风雨飘摇，周佛海暗中又与蒋介石勾连，表示愿为重庆方面效劳。1945 年 8 月 16 日，在南京伪国民政府宣布解散的当天晚上，周佛海挂出了"国民党军事委员会京沪行动总队南京指挥部”的牌子，声言效忠蒋介石，气得陈公博骂他“卖友求荣”。8 月 20 日，周佛海被蒋介石任命为国民党军事委员会上海行动总队司令。不过，周佛海高兴得太早。在强烈的舆论谴责下，戴笠把他软禁于重庆，后又移交南京监狱。在陈公博被枪决之后，周佛海也被判处死刑。翌年 3 月，蒋介石鉴于周佛海确实为重庆方面作过“贡献”，将其减为无期徒刑，保住了脑袋。1948 年 2 月 28 日，周佛海心脏病发，死于南京老虎桥监狱，终年 51 岁。而另一位共产党元老级人物张国焘，则是背叛了他们一手创建的党，投向了国民党，成了妥妥的反革命。

中共一大之后，张国焘担任中国劳动组合书记部主任，领导了包括二七大罢工等多次著名的工人运动，在中共四大上当选为中央执行委员兼工农部主任。中共五大当选为中央委员、政治局常委兼组织部部长。1928 年 6 月，他赴莫斯科出席中共六大，当选中国共产党中央政治局委员。会后，担任中国共产党驻共产国际代表团副团长，留驻苏联。直至 1931 年 1 月下旬，由莫斯科回到上海。1931 年 4 月，张国焘进入鄂豫皖根据地，后转战开辟川陕根据地。1935 年与长征的中央红军会师后，仗着兵强马壮对抗中央决定，执意分兵南下，后来甚至打起了另立“中央”的主意，遭遇失败后不得不改弦更张，再度北上。红四方面军因两过草地而损失惨重，张国焘也在党内受到批判，他心中不服，竟然“离家出走”，1938 年 4 月 4 日，清明节前夕，张国焘代表边区政府去陕西省黄陵县城北桥山，祭扫黄帝陵。祭毕，一头钻进国民党方面代表、陕西省主席蒋鼎文的轿车，从此一去不返。4 月 17 日，他在武汉声明脱离中国共产党。4 月 18 日，中国共产党中央作出《关于开除张国焘党籍的决定》。

张国焘在脱离中国共产党之后，曾在军统主持“特种政治问题研究室”，一直郁郁不得志。1948 年冬，国民党大势已去，张国焘带全家逃往台北。1949 年冬迁往香港，在那里办杂志，维持生计。1968 年移居加拿大，从此度过了寂寞的后半生。1979 年病逝于加拿大多伦多一家养老院。

1927 年蒋介石背叛革命，发动四一二反革命政变之后，大肆逮捕杀害共产党员，1927 年至 1935 年间，先后出现三个“叛变高峰”。

第一个高峰出现在 1927 年至 1928 年，此次高峰出现的背景，是轰轰烈烈的大革命悲壮失败。以蒋介石为首的国民党反动派撕下进步的伪装，对共产党人挥起了屠刀，大肆屠杀共产党人和进步人士。共产党在革命危急关头召开八七会议，从此走上武装夺取政权的道路，相继发动南昌起义、秋收起义、广州起义等武装暴动，与国民党开始针锋相对的斗争。腥风血雨的环境，你死我活的斗争，对于共产党员来说是一次信仰的考验。无数优秀的共产党人蹈锋饮血、视死如归，写下“砍头不要紧，只要主义真”的铮铮誓言，英勇就义；更多的共产党员揩干净身上的血迹，掩埋好同伴的尸体，义无反顾地继续与强敌血战，但也有一批意志薄弱者被吓破了胆，他们面对国民党的屠刀，选择了苟且偷生，叛变求活。据 1927 年 11 月的统计，党员数量由大革命高潮时期的近 6 万人急剧减少到 1 万多人，从 1927 年 3 月到 1928 年上半年，有 2.6 万名共产党员被杀害——按此推算，大约有 2.4 万名共产党员脱离了党组织，其中相当数量的人选择了叛变。

第二个高峰出现在 1930 年至 1932 年，叛变者有党的领导干部，有红军将领，有工运领袖，也有地下工作者，绝大部分叛变行为是被捕变节。这次高峰的形成原因较为复杂，可以说是内忧外患的结果，大体有三个方面的因素：一是国民党计策开始变得毒巧，改变了过去对共产党人抓住就杀，“宁可错杀一千，绝不放过一个”的政策，对于一些党员特别是重要人物，努力促成“转变”。应该说这“攻心计”起到了一定作用，一些人只看到国民党暂时的强大，对革命前途失去信心。二是在此期间顾顺章、向忠发等一批重要人物叛变，给我党地下工作带来严重损失，中共在上海的地下机关被破坏殆尽，许多人在被叛徒诱捕后同样选择了叛变。这便是敌人“转变”计策的效用。

三是幼年的共产党路线还不够成熟，缺少斗争经验，面对国民党反动派的进攻，先是执行了陈独秀的右倾路线，继而又不顾客观形势，推行“左”倾的冒险、盲动路线，给革命造成极大危害。致使一些党员干部既对斗争失去信心，同时又对党内生活失望，对组织产生动摇，在敌人的威逼利诱下，一部分人叛变投敌，一些人脱党而去。例如顺直省委先后几任省委书记王藻文、韩连会、卢福坦，还有省军委书记廖划平相继叛变，省委连续遭到破坏。江苏省委亦是多次遭到破坏，出了王云程、徐炳根、袁达时、王克全、沈先定等叛徒。

第三个高峰出现在 1934 年至 1935 年，叛变的多数为红军将领。这两年是国民党蒋介石集团对红军“围剿”最为艰苦的两年，共产党外部强敌环伺，内部隐忧丛生，由于王明错误路线的影响，在中央苏区，不谙兵道、缺乏斗争经验却又是最高领导人的博古和不了解中国实际却又心高气傲的洋顾问李德，排斥毛泽东的正确路线，指挥红军作战，根据地越打越小，红军越战越少，被迫进行长征。红军主力长征后，留下苏区进行游击战争的部分不坚定分子在革命低潮中失去信心，看不到革命前途，动摇了理想信念，部分意志薄弱者叛变投敌。王明在苏区推行的“肃反”扩大化，大打“改组派”、大抓“AB 团”等错误做法，错杀了许多坚定的革命者，也极大挫伤了一些同志的革命积极性。

我们之所以用如此大段的篇幅来叙述革命洪流中的背道者、落荒者、叛变者，就是为了说明选择马克思主义真理，选择社会主义道路是如此的不易。同时也反过来证明，在大浪淘沙中留存下来的革命者，其政治信仰是多么坚定，理想信念是多么坚贞，初心使命是多么坚强。

初心易得，始终难守

党的十九大胜利闭幕之后，习近平总书记率领中共中央政治局常委，专程前往上海和浙江嘉兴，瞻仰了中共一大会址和南湖红船，宣示新一届中央领导集体的坚定政治信念，并指出：唯有不忘初心，方可告慰历史、告慰先烈，方可赢得民心、赢得时代，方可善作善成、一往无前。

党的二十大闭幕不到一周，习近平总书记带领中共中央政治局常委赴陕西延安瞻仰延安革命纪念地。重温革命战争时期党中央在延安的峥嵘岁月，缅怀老一辈革命家的丰功伟绩，宣示新一届中央领导集体赓续红色血脉、传承奋斗精神，在新的赶考之路上向历史和人民交出新的优异答卷的坚定信念。

初心和使命使我们党始终具有远大理想和崇高追求，共产党人的理想信念之火一经点燃，就永远不会熄灭。中国共产党从诞生之日起，就把马克思主义鲜明地写在自己的旗帜上。百年风雨，我们党一路走来，无论是处于顺境还是逆境，从未动摇对马克思主义的坚定信仰。习近平总书记强调："我们共产党人的根本，就是对马克思主义的信仰，对共产主义和社会主义的信念，对党和人民的忠诚。"历史反复证明，正是因为牢记初心和使命，我们党始终具有远大理想和崇高追求，能够经受一次次挫折而又一次次奋起，无坚不摧、无往不胜。

发初心易，守初心难。正如毛泽东曾经说过的那样，一个人一辈子做一件好事并不难，难的是一辈子做好事，不做坏事。发一个心愿、立一个志向是容易的，但把这个心愿、志向坚持下去、坚守一生却并不容易。就如同在生活中我们都有这样的经验，谈恋爱是容易的，过日子并不容易；立誓言是容易的，而守誓言并不容易。一时冲动，可以发一个宏愿，而要还愿，往往需要一辈子。

共产党人坚持的初心，就是对共产主义理想的坚定信仰，就是对党和人民事业的永远忠诚。早期党的领导人以及我们文中所述的工运先烈，都是真正做到了既发初心又守初心的人。在革命生涯中，他们不断叩问初心、守护初心，不断坚守使命、担当使命，始终做到初心如磐、使命在肩。

周恩来是不忘初心、坚守信仰的杰出楷模。他在确立共产主义信仰时就说过："我认的主义一定是不变了，并且很坚决地要为他宣传奔走。"他还说过："在任何艰难困苦的情况下，都要以誓死不变的精神为共产主义奋斗到底。"周恩来一生都遵奉自己的誓言。不论革命力量多么弱小，白色恐怖多么残酷，对敌斗争多么激烈，政治局势多么复杂，党和国家事业面临的挑战多么严峻，担负的责任多么艰巨，个人的处境多么困难，他都始终保持坚定的理想信念和旺盛的革命精神。正如他在自我解剖时说的那样："我做工作，从来没有灰心过。"周恩来对党和人民事业发展、对社会主义中国的光明前途、对复兴中华民族的伟业始终充满必胜信心。在他心中，中国共产党人的初心、共产主义的信仰坚如磐石。

刘少奇是不忘初心、对党忠诚的光辉榜样。他说："一个人，特别是一个党员，为了党，为了社会进步与人类解放，为了千百万劳苦大众的共同长远的利益而奋斗到底，直至终身，甚至牺牲自己的生命，最值得。"他还强调："一个共产党员，在任何情况下，能不能把自己个人的利益绝对地无条件地服从党的利益，是考验这个党员是否忠于党、忠于革命和共产主义事业的标准。"刘少奇是这样说的，也是这样做的。在领导安源路矿工人大罢工时，他不惧军阀与资本家的恐怖威胁，只身前往矿局谈判。谈判中资方仍然提出先上工后商谈条件，刘少奇坚持不答应条件绝不上工。戒严司令李鸿程板起面孔恐吓道：“如果坚持作乱，就把你们代表先行正法。”刘少奇说：“我们代表的是上万名工人的要求，你就是把代表砍成肉泥，也不能解决问题。”李鸿程说：“我对付万余人，也有法子制裁，我有万余军队在这儿。”刘少奇愤然道：“那就请你下令试试看！”最终以大无畏的勇气和高超的斗争艺术，迫使路矿两局承认了工人俱乐部 17 条要求中的 13 条，罢工取得了近乎完全的胜利。后来刘少奇在回忆安源罢工时说：“这一次大罢工，共计罢工五日，秩序极好、组织极严，工友很能服从命令。俱乐部共用费计 120 余元，未伤一人、未败一事，而得到完全胜利，这实在是幼稚的中国劳动运动中绝无而仅有的事。”在白色恐怖下，刘少奇曾两次被捕入狱，面对严酷考验，他正气凛然、坚贞不屈。他在党内多次受到“左”倾错误的排斥，却从不计较个人得失。刘少奇 50 岁生日的时候，朱德在一首诗里称赞他：“真理寻求得，平生能坚持。”

早期工运领导人陈云也是不忘初心、忠于理想的典范。他的一生中无论处于顺境还是逆境，始终坚守对马克思主义、共产主义的信仰不动摇。陈云入党时就认识到：“此身已非昔比，今后不做‘成家立业’的一套，而要专干革命。”他对自己选定的共产主义信仰笃信终生。他说：“一个愿意献身共产主义事业的共产党员，不仅应该为党在各个时期的具体任务而奋斗，而且应该确定自己为共产主义的实现而奋斗到底的革命的人生观。”要“终其一生，为他的信仰的实现而奋斗到底”。他在解释什么叫作“奋斗到底”时说，就是奋斗到死。

邓小平一生最鲜明的政治品格，就是信念坚定。他早在苏联求学期间，就立志“更坚决地把我的身子交给我们的党，交给本阶级”。在此后的七十多年革命生涯中，无论个人处境如何艰难，无论革命道路如何坎坷，邓小平都坚信马克思主义的科学性和真理性，坚信社会主义、共产主义的光明前景。

他说："对马克思主义的信仰，是中国革命胜利的一种精神动力。"面对革命战争的枪林弹雨，他浴血奋战、视死如归；面对新中国建设的艰难局面，他励精图治、百折不挠；面对"文化大革命"的十年内乱，他信念执着，从不消沉，一生坚信马克思主义，坚守共产主义理想，坚持在社会主义道路上推进我国现代化事业。他始终把党和国家前途命运放在心中最高位置，从不计较个人得失。他说："我自从十八岁加入革命队伍，就是想把革命干成功，没有任何别的考虑。"他一生"三落三起"都是因为敢于坚持真理，修正错误，每次被批判打倒都豁达乐观、沉着坚韧，对未来充满希望；每次复出重新回到工作岗位都无私无畏，以顽强的意志排除各种干扰，坚定不移推动正确路线方针政策的形成和实践，真正做到了心底无私天地宽。

在党的早期领导人中，李大钊是信仰坚定、初心不改的表率。他将实现民族复兴、人民幸福作为伟大梦想，并为之奋斗终生。李大钊从日本回国后，努力探索"以青春之我，创建青春之家庭，青春之国家，青春之民族"的重大理论问题和现实问题。鼓励当时的国人"中国至于今日，诚已濒于绝境，但一息尚存，断不许吾人以绝望自灰"，呼吁中国人"本自由意志之理，进而努力，发展向上"来改变当时中国的现状。最终，他找到了能够指引中华民族走向复兴的真理——马克思主义。在俄国十月革命胜利后，他指明"中国将来只有实行社会主义才能兴盛起来"，指出只有马克思主义才能救中国，得出了"试看将来的环球，必是赤旗的世界"，"共产主义在世界、在中国，必然要得到光荣的胜利"的结论。他和其他老一辈无产阶级革命家，决定建立无产阶级政党之时，将马克思主义确定为党的指导思想，将"领导劳工阶级，促使他们联合起来，推倒资本主义"确定为党的任务，建设一个人民当家作主的社会主义国家，最终实现中华民族的伟大复兴。

李大钊有了这样的初心，并在此后的日子里初心不改，矢志不渝。他在确立马克思主义信仰后从未有过动摇，真正做到"勇往奋进以赴之""断头流血以从之”“殚精瘁力以成之”。在共产主义小组成立之初，他拿出全部的精力“抚育”初生的党组织，把自己薪水的大部分用于党组织的经费，以致弄得自己家里经常断炊。在京汉铁路工人罢工遭到反动军阀镇压、工人运动陷入低潮的时候，李大钊鼓励同志们“拿出雄健的精神，高唱着进行的曲调，在这悲壮歌声中，走过这崎岖险阻的道路”。在不幸被捕后，面对各种酷刑，他严守党的秘密，承担所有责任，竭力掩护和解救同时被捕的同志。他从容就义，表现出对共产党人初心、使命的顽强坚守，对党的事业的无比忠诚，为后人树立起理想信念坚定的标杆。

有道是“烈火见真金”，信仰都是在考验中坚定，理想也总在挫折中坚强。1927 年大革命失败后，中国共产党遭到了成立以来最严峻的信仰考验。据 1927 年 11 月的统计，党员数量由大革命高潮时期的近 6 万人急剧减少到 1 万多人，从 1927 年 3 月到 1928 年上半年，有 2.6 万名共产党员被杀害。还有为数不少的党员被吓退了，缩起脖子选择了退党。这一时期是共产党员牺牲的高峰，同时也是党员叛变的高峰。当时的报纸上，隔三岔五就会登出共产党员的脱党声明。然而，面对敌人的屠刀，更多优秀的共产党员写下了“砍头不要紧，只要主义真”的铮铮誓言英勇就义；活着的共产党员擦干净身上的血迹，掩埋好同伴的尸体，义无反顾地继续战斗。方志敏在《可爱的中国》中写道：“假如我不能生存——死了，我流血的地方，或者我瘗骨的地方，或许会长出一朵可爱的花来，这朵花你们就看作是我的精诚的寄托吧！”

为共产主义奋斗终身，是赵世炎一生的精神支柱。他将自己的生命与祖国的命运和前途紧紧地联系在一起，在艰难困苦的条件下，为中华民族的解放事业而英勇奋斗。他说：“‘奋斗’二字，愚常奉以为人生第一要义，不奋斗，何以为人也。”赵世炎用一生的奋斗，实践了自己的初心。他们在很年轻的时候就牺牲了，但在他们身后，为我们党留下了代代传承的红色基因和政治本色，激励着后人不断为实现中华民族伟大复兴凝聚强大精神动力，进行伟大斗争，建设伟大工程，推进伟大事业，实现伟大梦想。

早年工运先驱郭隆真也是这样，把自己的初心坚守了一生。

郭隆真起初名叫淑善，她嫌这个名字过于淑娴，就自己查阅字典，反复斟酌，先后改了几个，最后定名隆真。

郭隆真曾在李大钊领导下搞学生运动，与周恩来、邓颖超一同赴法勤工俭学，和刘少奇一道领导罢工，革命资历很深。在天津觉悟社成立时，每位社员抽取一个数字代号作为化名，邓颖超抽到一号，化名逸豪；周恩来抽到五号，化名伍豪——这就是著名的“伍豪”的来历；郭隆真抽到十三号，化名石珊。在她的革命生涯中，曾先后 6 次被捕、5 次入狱，是本书所述工运先烈中坐牢次数最多的一位。但她始终坚持革命信念，坚守初心，九死不悔。在 37 岁那年，她和邓恩铭等一起被敌人杀害。

1927 年 4 月 6 日，奉系军阀张作霖突然袭击苏联大使馆，李大钊被捕牺牲。郭隆真的处境也非常危险，地下党组织通知她迅速转移。她镇静自若，销毁了文件，安排好其他同志的转移后，未来得及出走，被反动军警逮捕，判处 12 年徒刑。在狱中，她寻找各种机会向看守人员宣传爱国反帝的思想。后来，有些看守她的女狱卒竟成了为她传递消息的“交通员”。不久，张作霖被逐出关外，经过组织营救，1928 年郭隆真被释放。

郭隆真出狱后，北京党组织已遭到严重破坏，她与组织失去了联系，举目无亲。有一天，她在街头报上看到一篇报道，说上海共产党的活动“猖獗”。于是她就扮成一个农妇的样子，去上海寻找党组织，在上海邂逅了分别多年的邓颖超，找到了党的领导机关，接上了组织关系。

1929 年春，党中央派郭隆真赴东北工作。在中共满洲省委从事职工运动，郭隆真以家庭妇女的身份进入哈尔滨中东铁路三十六棚总厂，开展工人运动。三十六棚总厂是个具有反帝斗争光荣传统的工厂。五四运动前后，曾举行过四次大罢工。为了把工人群众尽快发动起来，郭隆真深入工人群众之中，熟悉当地的风俗习惯，了解他们的疾苦。她常常帮助一些生活困难的工人家庭料理家务，很快取得了工人们的信任。她秘密组织联络工人，掀起了多次罢工斗争，迫使当局解散了反动的工业维持会，建立了由共产党人控制的工人委员会，开展了一系列的工人运动。郭隆真的革命活动使反动派当局恐慌不安，他们骂三十六棚总厂是“赤匪窝”，多次派暗探、流氓到厂里捣乱。但都遭到工人们的抵制，郭隆真一次又一次化险为夷。

1930 年 3 月，郭隆真被调回沈阳。不久她被选为中共满洲省委委员、满洲省委职工运动委员会书记。当时的中共满洲省委书记刘少奇，称郭隆真是“工作上最积极，在政治上又正确的大姐”。

1930 年，郭隆真奉派到青岛重建党组织，开展工人运动。她很快和青岛的陈少敏、董汝勤等同志接上了关系。为了便于工作，郭隆真先后又化名为“张李氏”和“张马氏”，扮成一个普通工人去上班做工。在工厂里，她访贫问苦，了解工人要求。工人们见这位“大姐”热情诚恳，都愿意和她接近。郭隆真白天和工人们一块做工，晚上则走家串户，宣传革命道理，很快就把一批工人中的先进分子团结到党的周围，恢复和建立了工会组织。

11 月 2 日，郭隆真在青岛从事工人运动时不幸被捕。时任国民党山东省主席的韩复榘听说抓住了共产党要犯，立即命令将她押解到省会济南，下令连夜审讯。敌人对她施以种种酷刑，郭隆真咬紧牙关，一声不吭。敌人对她说：“只要你说出共产党的秘密，便可获得自由。”郭隆真只坚定地回复了八个字：“宁可牺牲，绝不屈节！”这句话成了她最后的遗言。

韩复榘恼羞成怒，在毫无口供的情况下，将郭隆真判处死刑。1931 年 4 月 5 日凌晨，郭隆真、邓恩铭、刘谦初等 22 名同志从济南第一监狱被押往纬八路刑场。枪声响过，郭隆真献出了她年仅 37 岁的生命。

如果要统计早期革命者坐牢纪录的话，杨匏安可以“名列前茅”。他一生 4 次被捕坐牢，在同时期的革命家中是极其少有的。第一次坐牢，是年轻时在家乡因揭发其任教的小学校长贪污，被诬陷为“图谋不轨”而入狱。出狱后他就东渡日本，寻求救国救民的真理。第二次坐牢，是在省港大罢工前夕，他受组织派遣赴香港发动工人参加罢工，被港英当局逮捕关押了50天，后因找不到他“煽动工潮”的证据，当局不得不把他释放。第三次坐牢是在上海工作期间，党中央的印刷机关暴露，被敌人抓去关押了八个月，经周恩来大力组织营救获释。最后一次坐牢，是1931年7月中共中央宣传部负责人罗绮园叛变，累及杨匏安等16人被捕。尽管多次面临残酷的牢狱之灾，精神和肉体都受到极大的摧残，但他在敌人的威逼利诱和劝降面前，始终立场坚定，保持革命气节。他的坚定信念，不仅使在押的难友十分感动、深受鼓舞，就连狱中看守也称他是个“铁人”。每次出狱之后，他都表示“再穷再危险，也要革命到底”。直至最后一次被捕牺牲。

中国共产党内有一个守初心、不易节的群体，就是中共五大产生的中央监察委员会。这是党历史上第一个中央纪律检查机构，由7名委员及3名候补委员组成，王荷波任主席，杨匏安任副主席。值得一提的是，这10名监察委员会委员中，工运领导人过半。除了王荷波、杨匏安外，还有许白昊、周振声、杨培林、萧石月，他们都领导过工人运动，担任过工会领导职务。值得骄傲的是，在此后的革命生涯中，他们无一叛变投敌。

延安时期，除了董必武、林伯渠、徐特立、谢觉哉、吴玉章“五老”之外，还有一老，被称为朱老，他就是朱宝庭，也是一位为了初心和使命奋斗一生的工运领导人。他一生辗转，多次挫折，但初心不改，矢志不移跟党走。朱宝庭是海员工会领导人、1922年入党的老党员，在入党之后，就把自己的生命和党的事业紧紧联系在了一起，不论千难万险，始终追随着党的旗帜。

1922年1月，林伟民、苏兆征领导发动了香港海员大罢工。海员工人纷纷返回广州，没有人给香港船东开船。港英当局指使上海的代理人桂阿毛招募新工人，到香港顶替罢工船员工作，破坏罢工。劳动组合书记部接到香港海员工会求援的急电，李启汉和朱宝庭闻讯赶到码头。朱宝庭走上前去劝大家说："上海工人罢工，香港工人不会来的；现在香港工人罢工，咱们也不要去。咱们工人都是一家人，香港工人罢工，也是为了咱们！"这些水手听朱宝庭一说，当即有一半改变了主意。香港海员大罢工胜利后，专门致电感谢劳动组合书记部的大力支持。

他在组织领导招商局海员罢工时，招商局副总办徐忠信把朱宝庭邀请到局里面谈，说道："你们罢工为了什么？还不是为了钱？这个好办，你到公司来吧！每月 200 元，怎么样？"朱宝庭说："你没有说错，确实为了钱，不过是为了大伙一块增加工钱。工会是全体工人的组织，代表工人提出的要求，差一条也不行。"

1925 年，上海爆发五卅运动，朱宝庭领导海员工会坚决响应上海总工会的号召，动员英国和日本轮船上的中国海员罢工，有力支援了五卅运动。1926 年 5 月，朱宝庭出席第三次全国劳动大会，被选为全国总工会候补执委。北伐战争开始后，朱宝庭参加工农代表团，随军进行宣传工作。到达武汉后，他又组织工人纠察队，领导工人参加收回英租界的斗争。1927 年 7 月，武汉发生了七一五反革命政变，他奉上级党组织指示离开武汉，到达九江，又辗转到了上海、香港、汕头。后来又到天津、上海等地开展海员工人运动，因发动天津海员罢工而被国民党当局通缉。1931 年，党中央选派他到苏联莫斯科赤色职工国际去工作。1932 年 10 月回到上海不久，立即奔赴苏区，到闽浙赣革命根据地负责工会工作。1934 年国民党反动派发动第五次"围剿"，他只身被围困在山中数月，经过艰苦奋战，辗转突围，于 1935 年 9 月回到上海，马上又投入抗日救亡运动中。他在上海刚露面，杜月笙马上派人来拉拢他，想利用他在海员工人中的威望，为流氓帮会干事，但遭到他的拒绝。1936 年，他又遭叛徒出卖，被国民党法庭处以 5 年徒刑。在狱中，他继续开展抗日宣传。1937 年全国抗战爆发，国共第二次合作，他被释放出狱。之后他离开上海，先是在武汉参加斗争，不久按照党中央指示调到延安，担任中共中央职工运动委员会委员。由于他年纪大，延安的同志都尊称他为朱老，成为“延安五老”之外的另一老。党中央考虑到他年老体弱，为革命历尽磨难，安排他去静心休养。然而他总闲不住，经常到安塞和桥儿沟等地工厂去作报告，指导工厂劳动竞赛，后来担任解放区职工联合会筹备委员会常委。1947 年 1 月 24 日，朱宝庭在安塞陕甘宁边区医院因病逝世，终年 67 岁。

在追悼会上，刘少奇这样评价他的一生：“朱宝庭同志在建党初期，即表现了自觉自动坚决执行党的决议和尊重组织的模范党性，从不计较个人得失。”周恩来也高度评价说：“他献身革命事业三十年如一日”，毛泽东在挽词中称他为“工人阶级的英雄”。

郭沫若先生曾为《革命烈士诗抄》题诗赞道：“血性文章血写成，党人风格万年贞。丹砂粉碎丹仍在，铁链锻成铁愈铮。”在中国共产党百年的历史中，一代又一代共产党人为了追求民族独立和人民解放，不惜流血牺牲，靠的就是一种初心，为的就是一种使命。在风雨如磐的年代，革命者们毅然决然地选择了马克思主义，树立了共产主义的革命信念。参加革命以后，他们始终践行初心，担当使命。在那个年代，中国共产党还非常弱小，生存环境险恶，共产党员随时都有坐牢、流血甚至掉脑袋的危险。但无论遇到什么危险和挫折，他们都不屈不挠地坚持斗争。无论是国共合作的顺境时期，还是国民党右派叛变革命、大肆屠杀共产党人的白色恐怖时期，甚至是被捕牺牲的关头，他们从来没有丝毫的畏惧和动摇，对革命始终充满着必胜的信心。没有一大批具有坚定共产主义理想的中华儿女，就没有中国共产党，也就没有新中国，更没有我们今天的发展进步。当前，在“两个一百年”奋斗目标的历史交汇点上，要把我国发展得更好，同样需要践行初心，担当使命。我们相信，只要一代又一代人为之持续努力，初心必成正果，使命必达目标。

气节是一种稀缺品质

我们常说，人是要有一点气节的，气节是中国人特别是知识分子最为注重的传统精神，也是中华民族尊崇的道德标准。什么是气节？从字面看，就是人的志气和节操。“节”本源为竹节，据《说文解字·竹部》：“节，竹约也。”气节作为一个伦理范畴，在不同的时代被人们赋予不同的道德内涵。作为儒家思想体系的重要组成部分，气节是中国传统文化中衡量士人的人格标准和为人处世的道德原则。一般来说，对维护个人人格尊严而言，“气节”的主体是个人，对维护国家、维护民族尊严和利益而言，气节的主体是国家、民族，因而，气节总是与忠诚联系在一起，简言之，也就是对国家、对人民、对事业的忠诚。或者说，气节就是一种爱国主义情操。

习近平总书记特别注重气节，他说：“纵观人类历史，凡有成就者，必有高风亮节。”他在多次重要讲话中提出要发扬爱国主义，涵养气节，敢于斗争。2015 年 9 月 11 日，中共中央政治局进行第二十六次集体学习。习近平总书记在主持学习时强调：“中国人历来崇尚气节、崇尚严谨、崇尚务实，讲良知、守信用，严和实是中华民族传统美德的基本内容，是传承民族品性、倡导社会新风、培育和践行社会主义核心价值观的重要内容。”

2018 年 5 月 2 日，习近平总书记在北京大学师生座谈会上的讲话指出：“爱国，是人世间最深层、最持久的情感，是一个人立德之源、立功之本。”“我们常讲，做人要有气节、要有人格。气节也好，人格也好，爱国是第一位的。”

2018年12月26日，习近平总书记主持中央政治局民主生活会，发表重要讲话指出："要培养斗争精神，始终保持共产党人敢于斗争的风骨、气节、操守、胆魄。"

自古以来，气节就是一种受人景仰的稀缺品质。

贫不易节、困不移志是气节的基本内涵。马克思就是在他一生中最贫困潦倒的时期写成《资本论》的。他在1852年2月给恩格斯的一封信中写道："一个星期以来，我已达到非常痛苦的地步：因为外衣进了当铺，我不能再出门，因为不让赊账，我不能再吃肉。"即使这样，马克思也没有屈服，没有停止工作。他心里装的不是自我，而是整个世界。

气节内在体现为对某种价值原则的认同和执守。正如文天祥绝笔诗云："孔曰成仁，孟曰取义。惟其义尽，所以仁至。读圣贤书，所学何事？而今而后，庶几无愧。"显而易见，气节就是充溢正气、恪守节操的优秀品格。闻道夕死之求索，乃气节之滥觞；献身未已之执着，乃气节之推展；侠肝义胆之风尚，乃气节之升华。千百年来孕育、承续的信念和节操，是支撑华夏民族弱而复强、衰而复兴的灵魂。

气节是中华民族精神的重要组成部分，对于中国社会的发展和心理养成起到重要作用。中国历史上涌现出了屈原、苏武、文天祥、岳飞、辛弃疾、谭嗣同等无数气节典范，"苟利国家生死以，岂因祸福避趋之""人生自古谁无死，留取丹心照汗青"，这些都是气节的体现和流露。

孔曰成仁，孟曰取义。孟子曰："人之所以异于禽兽者几希，庶民去之，君子存之。舜明于庶物，察于人伦，由仁义行，非行仁义也。"意思是说人区别于禽兽的地方，在于人能自觉行仁义。故此孟子说："生，亦我所欲也；义，亦我所欲也；二者不可得兼，舍生而取义者也。生亦我所欲，所欲有甚于生者，故不为苟得也；死亦我所恶，所恶有甚于死者，故患有所不辟也。"在孟子看来，仁义之道是比生命本身更高的价值追求，是人之所以为人以及区别于其他生命的独特性体现。我们所说的气节，就包含在这“成仁取义”之中。

气节的外在体现，即为浩然正气。按孟子善养“浩然之气”的说法，这“浩然之气”其实是经过长期道德修养之后达到的一种崇高精神境界。文天祥在《正气歌》中写道：“天地有正气，杂然赋流形。下则为河岳，上则为日星。于人曰浩然，沛乎塞苍冥。”他就是靠着心中的浩然正气来坚持道义，抵制元朝给出的高官利诱，最后以身殉节。正如他在绝笔诗中所写：“臣心一片磁针石，不指南方不肯休。”

古往今来，中华民族涌现出无数舍生取义、正气浩然，重气节讲立身，脊梁直、骨头硬的仁人志士和英雄豪杰。追昔抚今，一个人的气节如何，在民族危亡之时，是以民族大义为重舍生取义，还是丧失民族气节苟且偷生，是最关键的考验；在强权高压之下，是不畏权贵坚持真理，还是奴颜婢膝做“软骨头”，是最现实的考验；在沉渣泛起之际，是仗义执言揭露批判，还是听之任之甚至助纣为虐，是最实际的考验；在身处逆境之中，是“穷且益坚，不坠青云之志”，还是身心扭曲一蹶不振，是最真切的考验。

讲气节易，持气节难。毕竟保持气节的理由只有一条，而放弃气节却可以有许多原因，甚至包括水的温度。据史载，大清兵临城下时，钱谦益声称要以死保全节，侧室柳如是也劝他投水自尽，钱谦益以足试探水温，说道：“水冷，奈何。”清军入城，下令汉人剃头作满人装束，众皆汹汹，钱谦益却忽然道：头皮痒。于是出去了。人们以为他去篦头发，没想到等他回来，居然已经剃了头，拖着根大辫子。有一次有人见他衣服特别，问其故。他答曰：衣领是前朝的式样，宽松舒服；袖子是时下窄小的样子，这样比较方便。此话一经流传，人们讥笑他，不愧是“两朝领袖”。

习近平总书记在《从政杂谈》中说：“高尚的气节是每一个领导者所应有的品质。没有气节，就没有了脊梁骨。”还特意引用了儒家二圣之语：“我国古代，孔子以‘三军可夺帅也，匹夫不可夺志也’赞扬不畏强暴的精神；孟子把‘富贵不能淫，贫贱不能移，威武不能屈’看作为人处世不可少的气节。”

有了气节，人品就有了高度，人格就有了硬度，就能成就顶天立地“大写的人”。正因为心中信仰笃定、初心如磐，一个人才能站得直、立得正，遇事压不弯、打不败。书中所述的工运先烈都堪称高风亮节之士，无论是理想信念还是人格节操都为后人所称颂。

瞿秋白曾经是党的主要领导人之一，伟大的马克思主义者，卓越的无产阶级革命家、理论家和宣传家，中国革命文学事业的重要奠基者之一。八七会议他取代陈独秀，受命于白色恐怖之中，以一副柔弱的书生之肩，挑起了统率全党的重担，发出武装斗争的吼声。但是他随即被王明等人一巴掌打倒，永不重用。长征开始时，他的身体根本不适应坚持游击战争的环境，但当时“左”倾路线的领导者又借口他有病，不带他北上，令他留下来打游击，实际上是把他丢给了敌人。而比他年纪大身体弱的徐特立、谢觉哉等都安然到达陕北。

瞿秋白服从组织决定，他把自己的好马和强壮的马夫让给了徐特立。队伍出发后的第二天，瞿秋白遇到陈毅，陈毅要把自己的马给他，劝他赶紧追上长征的队伍，瞿秋白谢绝了。他说：“我服从组织的命令。”

后来在战斗中，他和陈潭秋、何叔衡一道突围，陈潭秋负伤冲出重围，何叔衡英勇牺牲，瞿秋白不幸被俘。他给自己编造了一个假身份：说自己名叫林琪祥，36 岁，江苏人，肄业于北京大学中国文学系，先在上海经营旧书店及古董生意，后入医校学医一年。1932 年去福建漳州投亲未遇，适逢红军打进漳州，不问青红皂白便将其抓住送往瑞金，先后在红军总卫生部当医助、医生、文书及文化教员。红军主力长征后，他被留在福建省苏维埃政府，任卫生所所长。为了掩护自己也为了掩护同志，尽管遭敌人鞭笞刑逼，他都始终如一地申述着合乎逻辑的“出身”、经历。敌人虽已怀疑林琪祥，但又无确凿证据，因为他说的这些身份和职业技能，他确实样样精通。他在狱中读书写字，连监狱长也求他开方看病。其实，他实实在在是一个书生、画家、医生，除了名字是假的，这些身份对他来说一个都不假。

在审讯中，敌军法官和瞿秋白对话如下：

敌军法官：“你绝对不是林琪祥，别人都说你是瞿秋白。”

林琪祥：“回法官的话，我不是瞿秋白。”

敌军法官：“到现在你还不老实承认了吗？”

林琪祥：“我不是瞿秋白，你叫我承认什么呢？”

敌军法官：“你真的不是瞿秋白吗？”

林琪祥：“当然真的不是，你说我是瞿秋白，有什么证据没有？”

敌军法官：“民国十六年，在武汉演说的不是你吗？”

林琪祥：“我从来没有到过武汉，又哪里来的演说呢？”

敌军法官无奈，只好把此前被捕、已经叛变的郑大鹏带来对质，此人曾在中央苏区教育人民委员会工作过，认识瞿秋白。

敌军法官让郑大鹏指认：“他是什么人？你认不认识他？”

郑大鹏无耻地出卖了瞿秋白，对法官说：“他就是我们的教育人民委员瞿秋白。”

敌军法官：“瞿秋白，你没有什么好说的了吧？”

瞿秋白：“现在既然被你们认出了，不承认又有什么办法呢？老实说，我就是瞿秋白。”

敌军法官：“为什么冒供你是林琪祥呢？”

瞿秋白：“过去的化名及其供述、呈文，我算是做了一篇小说。”

蒋介石听说抓到了瞿秋白，急电宋希濂去处理此事。国民党三十六师师长宋希濂曾是共产党员，在黄埔时听过瞿秋白的课，执学生礼，想以师生之情劝其投降，瞿秋白的回答是："人爱自己的历史，比鸟爱自己的翅膀更厉害，请勿撕破我的历史。"当敌人拿出顾顺章的例子劝他，他说："我不是顾顺章，我是瞿秋白，你认为他这样做是识时务的，我情愿做一个不识时务的笨拙的人，不愿做一个出卖灵魂的识时务者！"宋希濂派军医为之治病。他死意已决，说："减轻一点痛苦是可以的，要治好病就大可不必了。"

当国民党反动派用尽了一切手段仍不能摇撼瞿秋白坚贞不屈的革命气节时，蒋介石下令："就地枪决。"瞿秋白对此只淡然一笑："为中国革命而牺牲，是人生最大的光荣。"

临刑之际，他的表现更是大义凛然。当年的《申报》这样报道：

> 十七日，奉中央电令，着将瞿秋白就地枪决。翌日晨八时，特别连连长廖祥光，即亲至狱中促瞿至中山公园照相，瞿欣然随之。照相毕，廖连长示以命令，瞿颔首作豪语："死是人生最大的休息。"廖连长询以有无遗言留下，瞿答："余尚有诗一首未录出。"当即复返囚室取笔书诗一首并序……书毕，复步行中山公园，在园中凉亭内饮酒一斤，谈笑自如，并唱俄文《国际歌》《红军歌》……歌毕，始缓步赴刑场，手持烟卷，态度镇静，乃至刑场，盘坐草地上，尚点头微笑……

这最大的坚强和最大的从容，是靠肉体的耐力和感情的倾注所无法达到的，理性的力量就像轨道的延伸一样坚定。一个真正的知识分子向来是以理行事，所谓士可杀而不可辱。文天祥被捕，跳水、撞墙，唯求一死。鲁迅受到恐吓，出门都不带钥匙，以示不归之志。毛泽东赞扬朱自清宁饿死也不吃美国的救济粉。瞿秋白正是这样一个典型的已达到自由阶段的知识分子。

瞿秋白本可以成为一个文人的，他的诗书画当世一流，俄文更是无人可比，可他偏偏做了一名革命者，还被历史的潮流推上了党的领导岗位。自从他投身革命之后，坚定的马列主义信仰就融入了灵魂。然而，他的文人气质仍不时表现出来。杨之华回忆，在瞿秋白动身去中央苏区之前，她曾给瞿秋白买过十本黑漆布面的本子。瞿秋白将本子分成两半，并对她说："这五本是你的，这五本是我的，我们离别了，不能通信，就将要说的话写在上面，到重见的时候，交换着看吧！"正所谓"知我者谓我心忧，不知我者谓我何求"，他在监狱中从容斗敌，最后英勇就义，泣天地恸鬼神，这是一个多么完整的句号。但是他不肯，偏偏在狱中写了一篇《多余的话》，对自己灵魂进行剖析。"虽然我现在已经囚在监狱里，虽然我现在很容易装腔作势慷慨激昂而死，可是我不敢这样做。"他觉得自己实在渺小，实在愧对党的领袖这个称号，于是用解剖刀，将自己的灵魂仔仔细细地剖析了一遍。别人看到的他是一个光明的结论，他在这里却非要说一说光明之前的黯淡，或者光明后面的阴影。这又是一种惊人的平静。他不但解剖了自己的灵魂，在这《多余的话》里还嘱咐死后请解剖他的尸体，因为他是一个得了多年肺病的人。这又是他的伟大，他的无私。

面对死亡时，他写出的不是"砍头只当风吹帽"那样的豪情，却是"廿载浮沉万事空，年华似水水流东，枉抛心力作英雄。湖海栖迟芳草梦，江城辜负落花风，黄昏已近夕阳红"的悲凉和"寂寞此人间，且喜身无主。眼底云烟过尽时，正我逍遥处。花落知春残，一任风和雨。信是明年春再来，应有香如故"这样的感伤情怀。我们知道，这不是他对自己个人际遇的悲叹，而是对党、对国家前途命运的忧思。对自己的生死，他早已置之度外，在上刑场前的一天，他集古人诗句，写下了一首《偶成》：

夕阳明灭乱山中，落叶寒泉听不穷。

已忍伶俜十年事，心持半偈万缘空。

临刑前，他神情自若地说："人之公余稍憩为小快乐，夜间安眠为大快乐，辞世长逝为真快乐。"面对死亡，他写下那篇遗嘱性质的《多余的话》，在剖析自己的灵魂之后，最后一句竟然是"中国的豆腐也是很好吃的东西，世界第一"。与金圣叹临刑遗言"花生米与豆干同嚼，大有核桃之滋味"异曲同工——这是何等的超脱！

1950年毛泽东曾为瞿秋白文集题词："他在革命困难的年月里坚持了英雄的立场，宁愿向刽子手的屠刀走去，不愿屈服。这种为人民工作的精神，这种临难不屈的意志和他在文字中保存下来的思想，将永远活着，不会死去。"

对共产党员来说，气节在他们身上体现的是忠诚。与毛泽东、刘少奇、李立三一起领导过安源路矿大罢工，担任过安源路矿工人俱乐部党支部书记、文书股长，与李立三、刘少奇并称为安源工运的三根"撑门柱"的蒋先云，后来以第一名的成绩考入黄埔军校，又以第一名的成绩毕业，在校期间与陈赓、贺衷寒被并称为"黄埔三杰"，深受校长蒋介石青睐。1926年，蒋介石制造了"中山舰事件"后，又搞了"清理党务案"开始"清党"，宣布军队中不能有跨党分子，国民党不许加入共产党，第一军中的共产党员必须离开。这个时候，李默庵头一个宣布退出共产党。而蒋先云却站出来当场宣布："我是共产党员，我声明退出国民党！"在蒋先云的带动下，退出国民党的就有250多人，而宣布退出共产党的只有39人。蒋介石不甘心，劝说蒋先云："以你的才干，只要退出共产党，前途无量。识时务者为俊杰，望你三思！"蒋先云道："学生当初投笔从戎，绝非为当官封侯。我官可以不做，命不可不革。脱离共产党，我做不到。"

国民革命军誓师北伐。蒋先云虽然退出了国民党，离开了第一军，但蒋介石还是十分欣赏其才能，在组织北伐军司令部时，第一个想到的便是蒋先云。蒋介石先是给蒋先云写了一封言辞恳切的信，又派人找到时任中共广东区委书记陈延年，托其说项。在陈延年的劝说下，蒋先云回到了北伐军中担任司令部秘书。北伐进军途中，北伐军总部和蒋介石发布的重要宣言和文告，多出于蒋先云之手。“蒋先云的笔”，一时间威名远扬，蒋介石亦大为慨叹："好一支铁笔杆，可惜呀！”

1927 年 4 月 12 日，蒋介石悍然发动反革命政变。蒋先云义愤填膺，立即组织在武汉的黄埔学生成立了讨蒋委员会，揭露蒋介石是“封建势力的领袖，他的革命是假革命，是反革命”，他说，蒋介石的反共行为，是对黄埔学生人格的污辱；黄埔学生是党的学生，不是蒋介石个人的学生。至此，蒋先云与蒋介石彻底决裂。

北伐时期，蒋先云与蒋介石由于工作关系交往甚多，党内就有一些人在背后指指点点，说蒋先云过去投靠蒋介石是为升官发财。张国焘就多次叫嚷不能相信蒋先云，还专门派人对蒋先云进行审查。这一切让生性耿直的蒋先云倍觉委屈。于是，在“二次北伐”中，他义无反顾要求上战场，以死明志。后来，蒋先云死得其所，张国焘却背叛了革命，成为叛徒。

1927 年 5 月，“二次北伐”打到了临颍城下。对面的奉军前线指挥是少帅张学良。双方激战一天，死伤俱多。奉军为固守临颍要地，张学良接连枪毙了四名作战不力的军官。战况胶着的时候，北伐军阵前出现了壮烈的一幕：

二十六师七十七团团长蒋先云，身先士卒，跨马挥刀向敌人发起冲锋。一颗流弹飞来击中了他的左脚，他毫不在意，解下绑腿带包扎后，又跨上战马，高举指挥刀，率领数百名战士冲入敌阵。冲了几百米后，一阵弹雨飞来，他再次翻身落马，身旁的士兵赶来救护。蒋先云却说：“来两人扶我上马，其余上前杀贼！”说罢上马继续冲锋，一发炮弹打来，蒋先云不幸第三次中弹。担架兵上前抢救，发现弹片击穿了他的腰带，直入内脏。卫兵正要把他抬下前线，这时却见蒋先云拄着一支步枪再度站起，面向敌阵踉跄前行，口中仍大呼“冲锋，冲锋”。

士兵们在他的激励下，个个奋勇冲杀，七十七团首先攻入临颍城。奉军死伤逾万，被俘千余，被迫退出战场。

战斗胜利了，蒋先云却伤重不治牺牲，年仅25岁。他的遗体运回武昌，时任中共中央军委书记的周恩来主持了追悼会。中央机关刊物《向导》登载了《悼蒋先云同志》的祭文，称他是“革命勇将”，“他临阵时负伤，三仆三起，仍追敌不稍退。他死，是革命之大损失，我们不但要追悼他，而且要继续他的精神”！

与他一同战斗过的罗章龙赋诗悼念：

东南北战斗犹艰，战士升腾武胜关。

千古悲风临颍路，中原忍见将星残。

共产党人的气节，不仅让敌人惊恐胆寒，而且感染、带动和影响了更多的人敬仰佩服。1928年12月，邓恩铭被叛徒王复元出卖，再次被捕。面对酷刑折磨，邓恩铭咬住牙关，在狱中还领导了两次绝食斗争，组织了两次越狱斗争。邓恩铭和狱中党支部其他4人一起，根据难友身体强弱搭配编了3个小队，从探亲的家属那里秘密带来打开镣铐的锯条等工具，还让大家将厕所中用于清洁的石灰粉装成一个个小袋，作为行动时的“秘密武器”。关在同牢房的土匪犯人，都对他佩服得五体投地，甘心听从指挥。

趁着警戒的松懈，邓恩铭指挥3支小队逃出了监狱。当局马上调兵追捕，邓恩铭因身体虚弱，未跑出多远又被抓回来。邓恩铭在狱中一直用“黄伯云”的化名，狱方并不知道他的真实身份。后来，在国共合作时曾与他共事的张苇村识破他的身份，直呼其名，邓恩铭自知已无法再隐瞒，于是说：“是！我就是中国共产党党员邓恩铭！”1931年4月5日，邓恩铭慷慨就义，终年30

岁。在狱中最后一封书信中，他留下遗作《诀别》：

卅一年华转瞬间，壮志未酬奈何天。

不惜唯我身先死，后继频频慰九泉。

林育南、何孟雄被捕后在监狱坚持斗争，高风亮节甚至感动了同牢刑事犯。林育南等被捕后，乘敌人暂时还没有摸清情况之机，各自编好了一套假口供。林育南受审时，自称李少堂，到东方旅社去找朋友，不是开会。法庭从他的口里得不到任何有用的东西，只得将他们解送到龙华淞沪警备司令部看守所。国民党当局通过叛徒很快搞清了林育南、何孟雄等人的身份。在又一次审讯中，林育南仍以广告商人李少堂应对，法官奸笑道："你不叫李少堂，是林育南！"林育南知道自己的身份已暴露，轻蔑地回答："你们既然知道，还问什么？"

敌人终于撕掉了假面具，露出了狰狞的面孔，妄图用酷刑使林育南等同志屈服。在严刑拷打面前，他们一个个志坚如钢，宁死不屈。林育南深知，国民党当局是绝不会放过他们的，因此没有任何侥幸心理。他们在监狱的墙壁上画了一面红旗，庄严地将自己的名字一一写在上面，以表示对党的无限忠诚和坚信革命一定胜利的坚强信念，并激励难友们坚持斗争。狱中有江洋大盗见此情形，说："他们是好人，没杀过人，抢过东西；我杀了人，抢了人家的东西。让我去代替他们死吧！"

更为传奇的是，赵一曼被捕后，在敌人医院中甚至策动了看守帮助她逃离。若不是伤重行动不便，她早已逃出敌手。

大多数人知道赵一曼是抗联英雄，很少人知道她最初却是一位地地道道的工运领导人。

1931 年九一八事变后，赵一曼被派往东北，领导工人斗争。1932 年任满洲总工会秘书，组织部部长。1933 年，任哈尔滨总工会代理书记。为掩护身份，她同满洲总工会负责人老曹（黄维新）假称夫妻。在日伪白色恐怖的艰难环境下，赵一曼不畏艰险，积极投身哈尔滨的工运领导工作中。在很短的时间内，便深入印刷、制鞋、织布、洋服、火磨、码头、油坊等行业工人中，壮大了反日力量。1934 年 4 月，赵一曼领导了著名的哈尔滨电车工人反日罢工斗争。

因叛徒告密，哈尔滨党团组织受到严重破坏。赵一曼的处境十分危险，党组织决定将她转移。她坚定地表示要到抗日游击区去搞武装斗争。满洲省委研究决定，派赵一曼去往珠河县（今尚志县）抗日根据地开展工作。1934 年 7 月，赵一曼任中共珠河中心县委委员，县委特派员和妇女会负责人。后任珠河铁北区委书记。1935 年担任东北抗日联军第三军二团政委，率部活动于哈尔滨以东地区，一度被抗联战士误认为是赵尚志总司令的妹妹。

1935 年 10 月，赵一曼在珠河根据地同日伪军战斗中受伤被俘。日军为得到她的口供，将她送到哈尔滨市立医院进行监视治疗。赵一曼在住院期间，向看守她的警察董宪勋与女护士韩勇义进行爱国主义教育，两人受到教育，对共产党人深为佩服，决定帮助赵一曼逃离日军魔掌。1936 年 6 月 28 日，两人将赵一曼背出医院，送到了阿城县境内董宪勋的叔叔家中。赵一曼在奔往抗日游击区的途中，不幸被日军追上，再次落入日军的手里。日本人动用酷刑继续审讯，她仍坚贞不屈地说：“我的目的，我的主义，我的信念，就是反满抗日。”

1936 年 8 月 2 日，赵一曼牺牲于珠河县小北门外，年仅 31 岁。临刑前，赵一曼给儿子写下了遗书。

宁儿：母亲对于你没有能尽到教育的责任，实在是遗憾的事情。母亲因为坚决地做了反满抗日的斗争，今天已经到了牺牲的前夕了。希望你，宁儿啊！赶快成人，来安慰你地下的母亲！在你长大成人之后，希望不要忘记你的母亲是为国而牺牲的！

赵一曼牺牲后，陈毅评价赵一曼为：

生为人民干部，死为革命英雄。
临敌大节不辱，永记人民心中。

重庆解放前夕，先后有300多名共产党人在渣滓洞和白公馆遇难。这里的囚禁环境之恶劣、迫害手段之残忍、屠杀场景之惨烈，历史罕见、令人发指。当时关押在渣滓洞和白公馆监狱里的共产党员，经受住敌人种种酷刑折磨，百折不挠，宁死不屈，为中国人民解放事业付出了宝贵的生命，用鲜血凝结成“红岩精神”。他们之所以能够做到威武不屈，正是因为他们对共产党和共产党所领导的革命事业充满了信仰的力量，他们身上有着一股浩然正气，任何反动力量都不可能对这样的共产党人的信仰产生丝毫动摇。军统特务头子沈醉后来被特赦之后，写了一本回忆录，书中对这些革命者充满了敬佩之情。

在所有红岩烈士中，最为著名的是江竹筠、王朴、陈然等人。江竹筠被称作江姐，是一个十分柔弱瘦小的女子，在敌人酷刑面前，却爆发出那么强大的能量，在经历了无数次的严刑拷打后，说出“毒刑拷打是太小的考验！竹签子是竹做的，共产党员的意志似钢铁！”这样的铮铮誓言。

红岩烈士陈然，在当年办的地下刊物《彷徨》写过一篇《论气节》，文章不长，节录如下：

什么是气节？就是孟子所说的“富贵不能淫，贫贱不能移，威武不能屈”的这种磅礴天地的精神。也是《礼记》上所提出的“临财毋苟得，临难毋苟免”，“见利不亏其义，见死不更其守”的这种择善固执的精神。中国知识分子凭着这种精神，在四千多年的历史中，尽了他所应尽、所能尽的责任。文天祥在《正气歌》里这样地歌颂着：“天地有正气，杂然赋流形……时穷节乃见，一一垂丹青。”这一连串光辉的史实告诉我们：在我们的历史上，有许多先贤用头颅、热血、齿、舌，在是与非、黑与白、真理与狂妄、正义与罪恶、善良与暴戾之间，筑起一座崇高的界碑！

气节，是个人修养的最高一级，也是最后的考验。

许多人在平时，尽管修身到“非礼勿视，非礼勿听，非礼勿言，非礼勿动”的地步；尽管如何标榜“为圣人立言，为天地立心”的大志；尽管如何养性、敦品、慎行、守信……但是一遇到“富贵”就瘫痪了；只好闭起眼，昧着良心去升官发财了。

许多人在平时都是英雄、志士，谈道理口若悬河，爱国爱民，一片菩萨心肠，但到了“威武”面前，低头了，屈膝了，不惜出卖朋友、出卖人民以求个人的苟安；再不然做一个缩头乌龟“闭门读书”去了。

叛国事敌的汉奸和那些卖身投靠的政客们，不都是些“修养有素”的一时俊杰吗？到了是非黑白的斗争最尖锐的时候，到了生死存亡的决定关头，他们变了，他们抖着双手，厚着面皮，装着猫哭耗子的慈悲，向盛满血污的盆里去分一杯羹了，汪精卫就是这类“英雄”们的一个典型代表。

他们也是知识分子，但却是知识分子里的败类。

……

只有那种“舍己为人”“舍生取义”、为万民、为真理与正义的气节，才是值得我们宣扬和继承的。这种例子在古今中外太多了——像《正气歌》里面所歌颂的先贤们，像辛亥革命时慷慨就义的烈士们，像为科学真理而牺牲的哥白尼、伽利略、白鲁纳，为“不自由毋宁死”而上断头台的罗曼夫人……我们试瞑目想想，一部社会斗争史有多少这类可歌可泣的光辉例子！

……

这种精神绝不是一朝一夕所能养成的，它需要培养！然而这培养又不是“修身养性”，用主观的“毅力”“决心”之类来驾驭自己的行为所能办到。因为气节并不是建立在情感基础上，而是建立在高度的理性上。

人总不免有个人的生活欲望、生存欲望。情感是倾向欲望的，当财色炫耀在你的面前，刑刀架在你颈上，这时你的情感会变得脆弱无比，这时只有高度的理性，才能承担得起考验的重担。

……

是什么高度的理性呢？

——那就是对世界、对人生的一种正确、坚定而深彻的认识。不让自己的行为违背自己这种认识，而且能坚持到最后，这就是值得崇尚的、一种真正伟大的气节。

这篇文章可谓是对气节最透彻的阐述。陈然之所以能够写出这样充满革命豪情和英雄气概的文章，是因为他有着共产主义信仰和铁骨铮铮的做人品质。也正是因为他把共产党人的气节视为“修养的最高一级，也是最后的考验”，所以当敌人将他押赴刑场时，还能慷慨吟诵《一个共产党员的“自白”》：

任脚下响着沉重的铁镣，

任你把皮鞭举得高高，

我不需要什么“自白”，
哪怕胸口对着带血的刺刀！
人，不能低下高贵的头，
只有怕死鬼才乞求“自由”，
……
对着死亡我放声大笑，
魔鬼的宫殿在笑声中动摇！

如此传奇般的壮举，体现了共产党人气节的力量。这种力量，激励着一代又一代共产党人奋勇前行。

不可收买的政治道德

马克思曾经说过："不可收买是最崇高的政治道德。"共产党之所以能够领导革命取得胜利，最重要的无疑是马克思主义真理的力量，以及共产主义信仰的力量，同样不能忽视的是共产党员人格的力量，具体来说，就是他们坚定不移、不可收买的政治道德。

我们在整理工运先烈事迹的时候发现了一个规律，大部分的先烈在被捕之后，都经历了被敌人劝降的过程，而他们无一例外地表现出坚贞不屈。劝降，从某种意义上我们可以把它看作敌方对先烈们人格、人品和能力的认可，劝降的目的，当然是想拉过去为之所用，换句话说，在敌方那里，他们也是被看重的人物。

1921 年 4 月，湖南劳工会领导黄爱在"收回纱厂"运动中被捕入狱，他在狱中给庞人铨写信道："我的牢狱之灾，两个月前，已经预备领受的啦！我的朋友陈君（陈独秀）说得好，你们要有出了研究室便入狱室，去了监狱室便入研究室的精神。"出狱那天，数千工人学生都去欢迎。黄爱当场演讲："现在的青年，宜多过监狱的生活，监狱多过一次，其革命的心就加紧一次。"

黄爱出狱后，华实公司曾托人向黄爱、庞人铨试探，愿以每月薪金 300 元，聘他俩为"高等顾问"。面对金钱利诱，黄爱诙谐地说："殊不知我们只有干劳工运动的命，却不稀罕享做高等顾问的福。"华实公司仍不死心，又指使董事陈友梧向黄爱表示："我愿意捐助 500 元，做一个名誉会员。"黄爱冷笑道："500 元巨金不敢受，劳工会也不敢借重大名；况且我们是无名誉会员的规定的。你真要借工会装幌子，请加入其他冒牌的工会罢！"湖南劳工会发起成立时，只有黄爱身上的 280 个铜板作为全部经费，面对资本家的巨金收买，他们却毫不犹豫地拒绝了。资本家收买他们不成，就拿出 5 万元巨款，贿赂收买了军阀赵恒惕，要他镇压罢工。赵恒惕见钱眼开，即允照办，将黄爱、庞人铨惨杀于长沙浏阳门外。黄、庞被害的消息传出后，全国各地唁电飞驰，群情激愤。中国劳动组合书记部致电孙中山，要求严惩凶手。湖南劳工会致函华实公司："你们要知道，你们如果不能用钱买人杀尽劳工会会员，同世界上其他劳动团体的分子，那么，你们包办第一纱厂，就终不稳当。杀掉一个黄爱、一个庞人铨，就有千百万个黄爱、庞人铨继起反抗你们！你们莫要在那里做梦，你们当知道劳动界的势力，是不可侵犯的！"

陈赓在北伐中对蒋介石有过救命之恩，曾从炮火中把他背下战场，在他被顾顺章出卖不幸被捕后，蒋介石先后几次或派人、或亲自出面劝降，而陈赓竟不为所动。蒋介石登门，陈赓避而不见。劝降失败后，蒋介石多次失望而不解地自言自语："怎么就这样了呢，怎么就这样了呢？"最终，蒋介石没有敢下手杀陈赓和同时被捕的廖承志。一方面，蒋介石面对自己的救命恩人和革命前辈廖仲恺的骨肉血亲，还算没有丧尽天良；另一方面，也是他们的人格大义、政治品质让敌人都肃然起敬。前文述及的蒋先云，在黄埔军校时由于表现杰出，被校长蒋介石视为得意门生。谁知他却偏不买蒋介石的账，在蒋介石发动"清党"之时，他第一个声明自己是共产党员，宣布退出国民党。蒋介石再三力劝，他都不为所动。他在"二次北伐"中牺牲后，不仅毛泽东、周恩来等革命同志痛心不已，连蒋介石都多次深表惋惜，直到 1955 年 3 月，蒋介石在台北接受美国《纽约时报》专栏作家苏兹贝格的采访时，还谈到蒋先云，颇为感慨地说，蒋先云是他"得意的门生，奇才"。

相反，对于一些人品人格低下者，敌人连赏格都不肯高开，抓捕之后连劝降都懒得劝。其实敌人也知道，买得到的不值钱，值钱的买不到。1930 年初，蒋介石通缉毛泽东的赏格是 5 万元大洋，通缉王明只有 500 元。

这种不可收买的政治道德我国古已有之，称之为忠义。三国时期关羽为形势所迫，淹留曹营，曹操使尽收买手段，而关羽始终不叛，反受到曹操敬重。而吕布被俘，因为此前一降再降，曹操反而看不上这个“三姓家奴”，直接将他杀了。

当年的共产党人，基本上个个是人中之杰、社会精英。哪怕是失败被捕，只要愿意改弦更张，也会受到重用。然而“石可破也，而不可夺坚；丹可磨也，而不可夺赤”。他们在大义面前，宁可不识“抬举”、不被收买，甘愿为了理想献出生命。夏明翰身陷牢狱，坚贞不屈，在给妻子的家书中发出“坚持革命继吾志，誓将真理传人寰”的豪迈誓言。正因为这种高风亮节，连敌人都对他们敬重三分。相反，那些甘愿被收买，甚至卖身投靠的，到了敌方阵营，往往也没有好下场。

1933 年，一位无名烈士在上海警察局看守所的墙上写下一首通俗的打油诗：

我们是工人，我们不怕死。
劝你快明白，切莫要自首。
既不能做人，也不能做狗。
纵然能做狗，也是不长久。

我们已经无法考证他的姓名，也不知道他什么时候牺牲。但诗中的凛然壮气，至今令人击节一叹。相比之下，一些党的高级干部反而没有普通工人这样的觉悟。张国焘是共产党早期党员，中共一大代表，也是重要的工运领导人，中国劳动组合书记部第一任主任。他曾在长辛店创办劳动补习学校，参与领导二七大罢工，建立和扩大了鄂豫皖革命根据地，在相当长的时间内，党内地位一直高于毛泽东、刘少奇、周恩来等人。他投奔国民党后，蒋介石起初还是很高兴的，吩咐戴笠好生关照。戴笠让他领导国民党特种政治问题研究室，训练专门对付共产党的特工人员——对于共产党如此高级领导，让他当军统特务，也实在说不上是抬举和重用。张国焘竟不以为耻，干得尽心尽力。不久，张国焘异想天开地认为，八路军一二九师主要是由红四方面军改编的，曾经是他的队伍，自信对这些部属有感召力，竟然向戴笠提出“策反一二九师”的“锦囊妙计”。其实他应该知道，红军不管哪支部队，都是党的队伍，而不是谁的私人武装。在他叛变事敌后，如果说对红四方面军还有影响力，那这影响力只能是痛恨与反对。结果不出意料，他费力不少，策反以失败告终。戴笠不明白其中的深层原因，只知道他吹牛，将其大骂一通后，撤销一切职务和一切生活待遇。

张国焘在军统受冷落后，国民党中统特务头子朱家骅因与他同是北大毕业，为关照校友，聘其为“对共斗争设计委员会”的中将设计委员兼主任秘书。可是中统众多特务对他不服气，除了在暗地里骂他是叛徒、恨他到中统来抢饭碗外，甚至公开奚落他为笨蛋、饭桶。1946 年，张国焘好不容易当上了善后救济总署江西分署署长。没想到此时的江西省主席是王陵基，当年红四方面军入川时，在川北把王陵基打得大败而逃。此时算是冤家路窄，王陵基时时处处为难他，屡屡制造障碍。张国焘忍气吞声两个月后，就再也无法干下去了。

1948 年冬，中国人民解放军势如破竹，蒋家王朝大势已去，国民党高官纷纷逃到台湾。张国焘也想跟着走，蒋介石却不肯带他。毛人凤还“勉励”他“与党国共存亡”。无奈之下，他先是避居香港，又转至加拿大，在海外凄凉终老。

他的弟弟张国庶，倒是一位坚定的革命家。1923 年考入萍乡中学，积极参加声援安源路矿工人大罢工活动。1924 年冬由中共安源地委书记汪泽楷介绍，加入中国社会主义青年团，担任过安源路矿工人俱乐部秘书。1926 年北伐军到萍乡后，他任中共萍乡县委委员、县总工会主席。1927 年初到苏联莫斯科中山大学学习。1929 年春归国后，担任中共江西省委书记。1930 年 5 月中旬，南昌卫戍司令张辉瓒破获共产党地下组织，张国庶被捕后，敌特先是以高官厚禄诱降，后又对他严刑拷打。张国庶始终坚贞不屈。张辉瓒恼羞成怒，把张国庶装进麻袋沉入赣江，其妻晏碧芳被砍去头颅暴尸三天。有道是恶有恶报，1930 年蒋介石对中央苏区的第一次“大围剿”，张辉瓒在江西吉安龙冈被红军活捉，在万人公审大会上，被愤怒的群众处决，又将其头砍下，装进竹笼扔进赣江。

张国庶成为烈士永垂青史，他哥哥张国焘却成了叛徒，钉在了历史的耻辱柱上。党史上像这样背道而驰的兄弟还有一对，那就是前文提到的蒋先云和蒋先启。蒋先云是革命烈士，而他的堂弟蒋先启却成了叛徒。蒋先启曾留学苏联莫斯科中山大学，是黄埔军校四期学生，加入过中国共产党。后来叛变后追随着他哥的昔日同窗、后来的死敌贺衷寒，当上了蒋介石军队总政工处秘书，1933 年秋调任国民党三十六师政训处处长，参与对瞿秋白的审讯和监刑，是杀害瞿秋白的凶手之一。

忠与奸、黑与白、革命与反革命，往往在兄弟、同窗、亲朋之间的对比中，显得更为分明。

罗亦农和袁达时自幼一起长大，青年时是志同道合的挚友，携手走上革命道路，可是，当面临生死考验的关头，两人却做出了迥异的人生抉择。

罗亦农和袁达时都是湖南省湘潭易俗河镇雷公塘村人，都出生于 1901 年，自幼一起读私塾，一起进新式学堂，其经历颇似朱熹诗句中说的：“岁月幸同庚，诗书复同道。”后来他们同到上海创办过“沪滨工读互助团”，一时间名声大振，在全国学界也传为佳话。再后来，他们一同参加上海外国语学社，一同赴苏联莫斯科劳动者共产主义大学学习，在莫斯科，刘少奇由青年团员转为党员，入党介绍人就是罗亦农和袁达时。

1922 年 5 月，他们奉命提前结束学业，启程回国。刘少奇去安源，和毛泽东、李立三等一起发动了安源路矿工人大罢工。罗亦农到广州领导第二次全国劳动大会，在这次大会上成立了中华全国总工会。袁达时则担任了中国劳动组合书记部上海分部主任，在上海领导了金银业工人罢工、日华纱厂工人和英美烟厂工人同盟大罢工。

1928 年 4 月 15 日，罗亦农被叛徒出卖，遭到英租界巡捕房抓捕，三天后被引渡到国民党淞沪警备司令部。在狱中，罗亦农面对敌人的严刑拷打与威逼利诱，始终坚贞不屈。1928 年 4 月 21 日被蒋介石下令枪决，牺牲时年仅 26 岁。《申报》报道：临刑前的罗亦农“身穿直贡呢马褂，灰色哔叽长袍，衣冠甚为整齐，态度仍极从容，并书遗嘱一纸”。遗言是留给妻子李哲时的，上面写着：“哲时，永别了。望你学我之所学以慰我，灵若有知，将永远拥抱你。”

而袁达时却在革命潮流中当了叛徒。大革命失败后，袁达时曾任江苏省委常委兼组织部部长。1928 年 1 月，党中央决定袁达时调任湖北省委常委。尚未启程，就传来了湖北省委遭到大破坏的消息，先期到达武汉的省委常委夏明翰等不幸被捕遇害。就义前，夏明翰写下了著名的“砍头不要紧，只要主义真。杀了夏明翰，还有后来人”的诗句。袁达时听到消息，后怕不已。3 月 9 日，党中央作出重组湖南省委的决定，以贺昌为省委书记，袁达时等五人为省委常委。袁达时心怀恐惧，一直拖到 3 月中旬才到达长沙。不久即与苏先骏先后被捕，被捕后立刻屈膝变节，出卖了中共湘鄂赣特委书记郭亮。国民党将郭亮杀害之后，还残忍地把头颅割下来悬挂在门口示众。就义前，郭亮给妻子李灿英和儿子留下简短遗书：“灿英吾爱：亮东奔西走，无家无国，我事毕矣！望善抚吾儿，以继余志。”

就在袁达时被捕叛变的半个月后，罗亦农也在上海被捕牺牲。罗亦农到死也不知道，他的好友袁达时，此时已成了可耻的叛徒。

袁达时叛变之后，当了“清共委员会”委员，伙同另外几个叛徒任卓宣、李涤生等人从事反共活动。据郑超麟回忆说：“袁达时被捕后，把湖南全省组织的名单和地址和盘托出，让敌人按图索骥一网打尽。从此湖南组织完全消灭，新任省委书记贺昌只好在上海设立湖南省委机关。”1930 年 7 月下旬，彭德怀指挥红三军团攻占长沙，处决了苏先骏和李涤生两个叛徒，却未寻找到袁达时的踪迹，而且此后再也没有了他的消息。据曾和袁达时一起在中国劳动组合书记部工作过的董锄平回忆：“袁达时也在劳动组合书记部工作过，后来当了叛徒。抗日战争时，他在延安附近的一个县里当国民党的县长。”

罗亦农和袁达时这两个少时挚友，一起成长，一起走上革命道路，又几乎同时被捕，结果一个英勇就义，一个却变节投敌。两人都创下了一个纪录：罗亦农是第一个牺牲的中央政治局常委，袁达时是第一个叛变的中央委员。

与之情况类似的，还有杨匏安与罗绮园。

说起来罗绮园也曾是一名老资格的革命者，他于 1922 年入党，是广东最早的中共党员之一，曾是叱咤风云的农民运动领导人，曾担任过中央宣传部副部长。杨匏安与罗绮园交情很深，他们是广东同乡，又同在广东区委工作。大革命失败后，进步文化人纷纷来到上海。1928 年，蒋光慈、钱杏邨等发起成立在中国现代文学史上有重要地位的革命文学团体——“太阳社”。瞿秋白、杨匏安、罗绮园、高语罕、郑超麟等均为社员。

然而，杨匏安与罗绮园被捕后的表现却有天壤之别。杨匏安的英勇事迹我们已经说过，下面重点讲罗绮园。

说起来，杨匏安的被捕，还是因为罗绮园的出卖，而罗绮园的被捕原因则更为荒唐，是一桩“桃色事件”。

广州起义失败后，罗绮园回到上海工作，主编机关刊物《布尔塞维克》，

1931年出任中共中央宣传部副部长。罗绮园虽然革命资格很老，但却不重个人修养，生性风流。在上海期间，他看上了手下一位有夫之妇陈小妹，于是借着中央机关报《红旗》和《上海报》合并为《红旗日报》之际，利用职权让陈小妹去报社"住机关"，即与他以"夫妻"名义同居。当时党在地下工作中这种情况并不少见，但这些假夫妻实则十分纯洁，如林育南与张文秋就假扮过一段时间"夫妻"，还在他们的"家"里召开过"苏准会"筹备会议和第五次全国劳动大会，但他们从未突破同志界限。当然"弄假成真"的也不是没有，但都必须经过组织批准。陈少敏和任国桢就在工作中产生了感情，经组织批准结为真的夫妻。像罗绮园这样龌龊的极为罕见。陈小妹知道罗绮园的花花肠子，但由于组织纪律，不得不服从。但是，陈小妹的丈夫、中共江苏省委工作人员胡章原气愤了，去向组织反映罗绮园的问题。罗绮园闻知后，索性将胡章原调离上海，让他去温州工作。胡章原一气之下在出发前轮船即将开动的前五分钟，突然甩下同行者，跳船上岸，向国民党当局举报了罗绮园。罗绮园被捕后贪生怕死，很快写了自首书，当了叛徒，又招供了杨匏安等人，造成杨匏安等16人被捕遇害。

1931年8月28日，中共中央发出《关于叛徒罗绮园、廖划平、潘问友等的决议》，决定永远开除罗绮园的党籍。

罗绮园虽然折节自首，但后来还是被国民党弃如敝屣，被蒋介石下令枪决。

许多共产党人之所以不可收买，是因为他们的价值观中，有着远高于其赏格的东西，这就是理想、信念、气节、精神。所谓人无精神则不立，国无精神则不强，精神是一个民族赖以生存的灵魂，唯有精神上达到一定高度，这个民族才能在历史洪流中屹立不倒。对于一个人也是这样，革命理想高于天。只有在精神上站得住，站得稳，才能在利益诱惑面前不动摇。国民党蒋介石不懂得这个道理，也不能理解这样的人格，他最擅长的是收买：蒋桂大战，他收买桂系将领；蒋冯阎中原大战，他收买冯玉祥手下的军官，仗着大把的银钱，每一次都收获成功。张学良东北易帜，也有他银弹伐交的功劳。可偏偏到了共产党这里，这一套失去了效用。四一二反革命政变后，他想要收买贺龙，屡次派出说客拿着银票、带着高官厚禄的承诺，想让贺龙“归顺”，均被拒绝，最后贺龙带着部队参加了南昌起义。抗日战争中，他曾想收买彭德怀，假作关切地问起家乡情况，彭德怀冷笑道：“承蒙委座垂念，我彭德怀一家早经何键主席照顾过了，连祖宗三代的坟都已掘光了。”蒋介石尴尬之下，命人送来支票一张，彭德怀怫然作色：“抗日是八路军的神圣职责，彭德怀和八路军全体指战员一样，每月有津贴费，此外不需分文。政府真要嘉勉抗日，请给八路军如数发饷。”

比之当下，一些贪官污吏，“苍蝇”“老虎”为名缰利索所缚，被金钱美色所诱，失节下水，骂名遗臭。反观当年革命先烈琨玉秋霜、高风亮节，实在是相差霄壤，望之弥高。

重义轻利的人格力量

2014年8月20日，习近平总书记在纪念邓小平同志诞辰110周年座谈会上的讲话指出，共产党人拥有人格力量，才能无愧于自己的称号，才能赢得人民赞誉。

党的早期领导人中，许多人并不是因为自己日子过不下去才参加革命，他们其实并不穷，至少读得起书、上得起学，才得以了解、认知并认同马克思主义。即使是工人出身的早期工运领袖，很多人也并非底层劳工，而是工匠、工头。那么，这些人为什么会走上革命道路？根本原因在于，他们目睹了国家的贫弱和底层百姓的贫困，决心救国于水火、救民于倒悬。也就是说，他们不是为了自己，而是为了更多的老百姓能过上好日子，才起来革命的。这样的初心和思想境界，也造就他们的人格魅力，决定了他们在革命生涯中能够重义轻利，践行初心使命，成就伟大事业。

李大钊是北京大学图书馆馆长兼任北京大学教授，在那时属于高收入阶层。和他收入差不多的鲁迅，是在北京买得起房的。但李大钊说："吾人自有其光明磊落之人格，自有真实简朴之生活，当珍之、惜之、宝之、贵之，断不可轻轻掷去，为家族戚友作牺牲，为浮华俗利作奴隶。"李大钊和他的家人生活十分节俭，每餐几乎以大饼和清水为主。有学生曾劝李大钊要注意营养，李大钊听后说："美味佳肴，人皆追求，我何尝不企享用？但时下国难当头，众多同胞食不果腹，衣不遮体，面对这种情况，我怎忍只图个人享受，不思劳苦大众疾苦呢？”

那么他的钱哪去了？都拿去资助建党了。他从每个月的工资中拿出大部分用于北京共产主义小组的活动，以及资助穷困学生，罗章龙、刘仁静等都曾接受过他的资助。这样一来，经常搞得自己成了“月光族”，甚至家里揭不开锅，以至北大在发工资时，蔡元培不得不预先扣留一部分，交给他的夫人管起来，以免他家断炊之虞。在他的带动下，很多人都从家里寄来的生活费中拿出钱来，用于组织活动。如果考证起来，这很可能是最早的党费起源。

在上海那边情况和北方差不多，中国共产党成立后，陈独秀忙于党务，《新青年》也顾不上编了，失去一大块收入来源。早期党员大多没有职业，不能挣钱，但搞工人运动没有钱不成。为解决党的经费问题，李汉俊与陈望道、李达等不得不卖稿筹款。李汉俊甚至当掉亡妻首饰以补经费不足，后来还是由其嫂帮忙赎回。

他的嫂子、李书城夫人薛文淑曾在回忆时讲道：

> 此后过了一段时间，汉俊要离开上海去武汉。临走前，他交给了我一张当票，说：“你以后有钱就把它赎出来，没有钱就算了。”他走后不久，我拿了一百元钱去当铺把东西赎出，原来是他前妻遗下的一些首饰。当时我很纳闷：汉俊在外据说是教书兼写文章，总该有点收入。他从来分文不交给家里，连他和他孩子的全部用度都是由书城供给，他自己生活又俭朴，几乎一日三餐都在家里吃，没有什么用钱的地方，何至于还要去当铺？现在我想，他的这些钱大概都用于革命之需了。

杨匏安是有学问的人，以他的学识文笔，如果安心著述，至少可保衣食无忧。但他自从认定革命目标后，心中就没有了自己，也没有了家庭。他用了太多的精力投入革命，以致自己的日子过得十分清苦。1929 年在上海期间，他上有年迈的老母亲，下有嗷嗷待哺的儿女，自己患有肺病，妻子身体也很不好。为维持家庭生活，杨匏安还要翻译书稿，靠稿费补贴家用。即使如此，还是经常入不敷出，有时他还要帮助家里人推磨做米糕，让庶母和小孩上街叫卖，才能维持一家买米买菜的生活开销。很多人想不明白，为什么共产党内还有这样的“傻瓜”，对此我们只能以陈胜那句名言回答：“燕雀安知鸿鹄之志。”

早期农民运动领袖，被毛泽东誉为“农民运动大王”的彭湃，出生于地主家庭，家里有“乌鸦飞不过的田产”。他在少年时代远赴日本留学，回国之后便加入中国共产党，迅速“背叛”了自己的家庭，带领家乡海陆丰的农民，建立苏维埃政权，烧掉了自家几千张田契、租约。早期工运领导人杨殷，虽没有彭湃家那么富有，也是殷实人家。入党之前，他在广州盐务处当师爷，那个年代的盐务基本相当于税务，是个了不得的肥缺。然而杨殷却看不上眼前的荣华富贵，一心追求马列真理。在参加了共产党之后，立马把这个肥差辞了，还把自家财产拿出来资助革命，在广州起义之前，他卖掉了家里的田产，全部用于革命之需。党内同志们笑称他是“河北玉麒麟卢俊义”，其实他要远强过卢俊义：第一，他是主动追求真理，而不是“逼上梁山”；第二，他为了追求真理付出了生命的代价，而没有接受“招安”。在他被捕后，国民党也确曾想“招安”他，毕竟他曾是国父身边的工作人员，跟着孙中山先生干革命时，连蒋介石都还是小字辈。但杨殷对于劝降嗤之以鼻。宁可牺牲，绝不变节。

重义轻利，是早期工运领导人共同的品格。他们中的“有钱人”表现如上所述，那些没钱的，表现亦是人穷志不短。项英出身贫苦，父亲是个店员，在他十岁时就去世了，他和妹妹与母亲相依为命。念了四年小学，不得不去打工养家。他家有门阔亲戚，当时他叔父项仰之任武昌慈善会会长，有钱有势。项英是个很有骨气的人，从不与叔父来往。

红军主力长征后，项英、陈毅受命留守苏区坚持斗争。他们带领游击战士到处转移，最困难的时候什么东西都丢了，饭也没得吃。正如陈毅在《赣南游击词》中写的那样："天将午，饥肠响如鼓。粮食封锁已三月，囊中存米清可数，野菜和水煮。"陈毅和项英身上都藏着组织上交给他们作为活动经费的金条，被少数战士发现后悄悄议论开了。两人商量之后，决定把事情向大家讲明白。一天，他俩把金条、银圆、钞票摊开在桌上，对大家说："这是党的经费，党要我们保管，我们从来没有乱用过一分钱。发展党的事业要靠这笔钱；发展部队也要靠这笔钱。现在形势越来越紧张，我们有责任通知大家，万一我们牺牲了，尸首可以不要，钱无论如何要拿走，这是党的钱，不能落到敌人手里。"战士们听后深为感动，更加坚定了革命信心。可惜的是，项英后来一语成谶，在皖南事变中突围之时，被身边的叛徒、副官刘厚总在一个雨夜枪杀于藏身的山洞之中，并劫走了所有随身财物。

像这样怀金不乱的共产党人，还有江西省苏维埃政府主席刘启耀。1935年初，刘启耀在突围时被冲散，跟部队失去联系。他不敢回家，便隐姓埋名，在遂川一带行乞。谁也不会料到，这个衣着破烂的乞丐，原来是共产党的省苏维埃主席，且腰间缠着一大包金银。因为这包金银是他保管的党的活动经费，刘启耀宁愿自己讨米度日，也不肯动用一丝一毫。1937年初，临时中共江西省委成立时，他才将珍藏了两年的金银拿出来，用作省委办公经费。

海员工会领导人朱宝庭自己是个穷海员，但他有个远房叔叔是时任上海总商会会长，名叫朱葆三，在上海滩财多势大，当时号称"道台一颗印，不及朱葆三一封信"。在朱宝庭领导招商局海员罢工时，招商局出面收买不成，大约觉得自己面子不够大，又请出朱葆三来当说客。朱葆三来到朱宝庭的家里，慢腾腾地说："宝庭，虞洽卿想抬举你，给你3000块钱做本钱，开个旅馆。你不要执迷不悟，趁早回心转意吧！"朱宝庭说："我这侄子本来是穷骨头，不敢领受。"朱葆三又说："你和傅先生（傅筱庵）作对，像鸡蛋碰石头，没有好处。”虞洽卿和傅筱庵都是上海滩有名的大亨，随便攀上一个，发财是分分钟的事，多少人找门路都攀不上。朱宝庭却毫不客气地说：“这次你说对了一半，确实是鸡蛋碰石头，不过，我们工人才是石头。”

中共有史可考的牺牲的第一位党员、受到国共两党共同表彰的烈士，二七大罢工领导人林祥谦，也是一位淡泊名利的人。他生活贫困俭朴，却乐善好施、济困扶危，因见义勇为，办事公道，深得大家信赖。1922 年 2 月，江岸工人俱乐部成立，他当选为财务干事，“公私分明，丝毫不苟，为同事所敬服”。

1922 年夏天，林祥谦加入中国共产党。这一年，全国党员总计仅 195 人，其中工人党员也仅有二三十名而已，林祥谦堪称凤毛麟角的中共早期工人党员之一。

提高了阶级觉悟的林祥谦，立志于团结工人，消除帮口。当时京汉铁路的 2 万多工人，均是来自各省破产的农民、小手工业者以及失业工人。他们结成带有浓厚封建色彩和狭隘地域观念的帮口，如湖北帮、福建帮、三江（江苏、浙江、江西）帮等。这种帮口，常常被军阀官僚以小恩小惠挑拨利用，发生内斗，破坏团结。针对这种状况，林祥谦广泛团结工友，积极宣传“天下工人是一家”的道理，以阶级观念取代地域观念。林祥谦是福建人，也是在福建帮中有影响力的人物，但他以身作则，舍己助人，不管哪个省籍的工友有困难，他都倾力相助。湖北帮与福建帮素来不和，林祥谦有次发现有位湖北籍工人家里已经几餐揭不开锅，就要把自己家仅存的十几斤米送给这位工人。父亲皱起眉头问：“我们家已经连续三顿稀饭，你还把这些米拿去做什么？”林祥谦把那位工人家的困境告诉父亲：“穷人有难要相帮，我们一天有三顿稀饭，人家已经 3 天没有米下锅了。”父亲知道情况后，马上表示支持儿子的义举。另一次，有位湖北籍工人的孩子生命垂危，林祥谦知道后，急忙跑回家，不顾自己的女儿林汉玉也在感冒发烧，把自家棉被送进当铺，换了3块大洋，送到那个工人家中。那位工人感激地说："你一个福建人，待我们湖北工人太好了！"林祥谦拉着他的手说："不要分什么福建人、湖北人，天下工人是一家呀！"

在他的努力下，各帮口之间的隔阂与矛盾逐渐消除。之后，林祥谦着手筹建工会，得到工友们的高度认同。在二七大罢工中，原为湖北帮首领的曾玉良担任工人纠察队副队长，面对军阀的枪弹和屠刀，奋勇抗争，最后英勇牺牲。

在二七大罢工中与林祥谦一同牺牲的施洋烈士，在外人看来怎么也不应该是个闹罢工的人，他念过警察学校、法政学校，毕业后当了律师，也是个体面职业。以这样的经历、身份和地位，在常人看来，林祥谦闹罢工的时候，施洋应该是个体制维护者，站在反对的立场上都不奇怪。然而他们却走到了一起，一同战斗、一起就义。把他们联系在一起的，是一个共同理想——共产主义，以及一个组织——中国共产党。

参加共产党之前，施洋进行过一段教育救国的尝试。1920年他与恽代英等人筹备成立湖北平民教育社，先后创办了七所平民学校，但终因经费困难，不到一年就散了摊子。后来他在武汉参加了马克思学说研究会，阅读了《共产党宣言》等马列著作，参加劳动组合书记部武汉分部工作，开始从事工人运动。1922年6月，施洋经许白昊、项英介绍加入中国共产党。入党后，他对于劳动运动更加投入，经常深入工人中宣传马克思主义，先后领导了武汉人力车夫罢工、粤汉铁路罢工、武汉英美烟厂罢工等工人运动。他有自己的律师事务所，本来可以过上体面安逸的生活，但他却热衷济贫扶弱、伸张公理，为贫苦的人打抱不平，被誉为"贫民的拥护者""劳工的律师"。1939年2月，毛泽东在延安举行的二七纪念大会上指出："我所认识的施洋同志，他是一个律师，专为工人利益辩护。"

在二七大罢工遭到镇压，林祥谦遇难后，施洋也被捕入狱。在湖北督军署陆军审判处，施洋和审判长进行了一场舌战。审判长问：“你既然当了律师，理应安心执行律师职务，为什么参加那些各界联合会呢？”施洋答：“各界联合会是爱国组织，吴佩孚也曾发表通电，表示支持。爱国是国民的天职，我作为国民一分子，为什么不能参加？”施洋是律师，长于辞令，逻辑严谨，滴水不漏，说得审判长无言对答，对施洋说：“这是军法机关，只重命令，与普通法院不同。”

施洋意识到，在湖北督军署陆军审判处，只要吴佩孚一个命令，不需证据，不经审讯，不经任何法律程序，就可以秘密处决。施洋知道事态严重、处境危险。尽管这样，施洋还是沉着镇静。在监狱中，施洋写了七天日记，这就是有名的《伯高狱中七日记》。这本日记是施洋在法庭上、在监狱中和敌人斗争的真实记录，施洋写了无辜被捕的经过后，写到自己对坐牢的看法，表现了他的革命乐观主义精神。

> 此时已夜十一时了。虽曾就寝，终夜未寐。我未寐的原因，并不是以坐牢为苦，实在是想我家弱妻、幼女、小弟、仆从六七人，均靠我谋生存，床头金尽，柜无斗米，何以为继？若就我个人说，不独不以为苦，反以为乐。我今天坐牢，正修精养锐之机会，钻研锻炼之良辰。此我所以觉其乐而不觉其苦也。

2 月 15 日，农历年三十，吴佩孚给施洋强加“迭次参加工团，公然演说，主使煽惑工人罢工”的罪名，电令萧耀南杀掉施洋。萧耀南在没有掌握证据、没有经过任何法律程序的情况下，就命令湖北督军署把施洋押赴刑场，秘密处决。行刑前，刽子手问施洋有没有遗嘱。施洋严肃地说：“我只希望中国的劳动者早日起来，把军阀、官僚和你们这班替他们做走狗的人一起，食肉寝皮！这就是我的遗嘱。”

领导安源罢工的李立三、刘少奇、朱少连等人同样如此。罢工胜利后，工人代表提出给他们每人每月200元的薪金，他们拒绝了。朱少连严肃地说："我们搞革命，不是为了贪图享受，大家生活都很苦，我看15元一个月就很不错了！"他说的是实话，这些人如果是为了钱的话，那么以他们的本事，在当时挣钱的门路多得很；如果是为了地位的话，那么只要他们肯稍微放下身段，这一切立即唾手可得。但是他们所追求的，要远高于这一切。

罢工胜利之后，安源工人俱乐部威望如日中天，会员发展到1.3万人，达到一时之盛。安源路矿工人俱乐部在二七惨案后、工人运动陷入低潮之时，成为硕果仅存的工人组织，而且开展了很多有声有色的活动。同时，安源党组织也得到了迅速发展，至1925年1月，安源的工人党员达198名，占当时全国党员总数950多人的五分之一还多。这样的局面和工人们的团结分不开，也和这些领导人的人格力量与精神品质大有关系。到了后期，这批精英先后调离之后，陆沉等人当政时，安源的局面大不如前，也从另一面反证了他们的人格魅力。

他们对待利益如此淡然，对待名位同样如此。中共一大代表王尽美，是个生活简朴的人，他把一生都奉献给了党和人民。

王尽美自幼家贫，过惯了苦日子，一生不求享受，不慕虚荣。他把在莫斯科开完会后带回的粗毛毯子一直作为铺盖带在身边；他在山海关工厂吃饭用的铁饭盒也一直被家属保存。他把有限的经费全部用于党的事业，经常搞得自己连吃饭的钱都不够用，还要拿东西去典当。甚至在他病重以后，为了节省经费，还一再拒绝党组织安排住院，致使其肺结核耽搁了治疗。建党之后，他一直是山东党组织负责人。1925年，中共成立山东地方执行委员会，王尽美被选为普通委员。但他毫不在意，坚决服从党组织的决定，仍以高昂的斗志拖着病躯投入工作。中国劳动组合书记部成立后，王尽美被任命为山东分部主任，但他以事业大局为重，主动要求将山东分部并入北方分部，自己去给更有经验的罗章龙做副手。在革命年代，日本帝国主义势力、封建势力和军阀势力交杂，斗争环境比别处更为险恶，他随时可能被捕杀头，但他安之若素，没有丝毫的动摇。他坚定地说：“再苦再累，我们也要革命到底。”

杨匏安当过一段时间中学教员，薪水不高。当时广州警察局的一位官员请他去当幕僚，对这个许多人都求之不得的“肥缺”，他却决然拒绝了。宁可清贫度日，也绝不寻官问爵、趋炎附势。他写过一首诗：

收拾诗篇理钓竿，潺湲秋水辨微寒。
居夷有此宁为陋，合辙于今倍觉难。
霜叶争霞明水际，风帆向晚走云端。
单襦皂帽萧条甚，老却天涯管幼安。

1925 年省港罢工期间，杨匏安亲赴香港发动指挥，被港英当局逮捕入狱，50 天左右才得以释放。出狱后，广州罢工工人鉴于他劳苦功高，准备搞个欢迎仪式，搭盖牌楼欢迎他。在他动身回广州前，工人代表通知他，请他迟一两天，“等牌楼搭好后回穗”。面对这隆重礼遇，杨匏安淡然说道：“工运任务紧张，应努力工作，何必耗费人力、财力，多此一举。”径自按期回穗，马上投入战斗。

李立三对待名利地位，更是看淡如水。京汉铁路罢工失败后，唯有组织严密的安源路矿工人俱乐部工人阶级势力强大，反动当局不敢贸然镇压。邓中夏在《中国职工运动简史》中说，安源路矿是硕果仅存的世外桃源。李立三为中国工人运动作出重大贡献，但他并不因此飘飘然。后来在给要求他留任俱乐部主任的工人们的一封信中，他说：“群众终有力量，团结终有力量，个人绝没有力量。”“只要认识了社会主义，就不要认识哪个人了。”

后来他因推行“立三路线”，给革命造成巨大损失。但他过而能改，虚心接受批评，在苏联期间受到不公待遇，甚至被无端怀疑、被捕关押，但他始终信念不移，一心向党。在获准回国后马上投入国共谈判、筹备六次劳大等工作。那一时期他化名李敏然，有次给干部讲课，分析“立三路线”的错误，讲得头头是道。听讲的干部大为佩服，问他为什么知道得这么清楚，他坦然答道：“我就是李立三。”

义利观是一种经济伦理思想，也是一种人格力量体现。义者，事之所宜也；利者，人之所用也。如何看待二者的关系，便形成义利观。在中国传统美德中，正确的义利观占有很高的地位，例如孔子曾经说过：“君子喻于义，小人喻于利”“临财毋苟得，临难毋苟免”；孟子也曾说：不义之利“不苟得”。许多优秀的共产党人，视名利如粪土浮云，其品格志趣堪为党员干部的标杆。陈云认为任何功劳“头一个是人民的力量，第二是党的领导，第三才轮到个人”，并写有“个人名利淡如水，党的事业重如山”的条幅以自警。书中所述这些工运先烈，同样对自己的微名小利看得十分淡然，看重的是国家民族大义大利。

淡泊名利是共产党人党性锻炼和自身修养的最高境界。共产党人只有忘却私利的诱惑、虚名的困扰，才能无私奉献、执政为民；才能利为民所谋、权为民所用、情为民所系。正如习近平总书记曾经引用过的于右任那句名言：“计利当计天下利，求名应求万世名。”百年前工人运动风起云涌之时，早期领导人的高风亮节与精神境界至今仍在烛照现实，给今人以教育和启迪。

穷不易节，危不移志

中国共产党成立以来，为了实现中华民族伟大复兴的历史使命，无论是弱小还是强大，无论是顺境还是逆境，始终都初心不改、矢志不渝，团结带领人民历经千难万险，付出巨大牺牲，敢于面对曲折，勇于修正错误，攻克了一个又一个看似不可攻克的难关，创造了一个又一个彪炳史册的人间奇迹。从石库门到天安门，从兴业路到复兴路，我们党一百年来所付出的一切努力、进行的一切斗争、作出的一切牺牲，都是为了人民幸福和民族复兴。正是由于始终坚守这个初心和使命，我们党才能在极端困境中发展壮大，才能在濒临绝境中突出重围，才能在困顿逆境中毅然奋起。

我们看到许多先烈，在被敌人捕去之后，本来已经身处逆境，在这种情况下，能够坚守信念已殊为不易，更为艰难的是，他们中的一些人在面对敌人的同时，还要面对党内同志的误解，这处境无疑是“逆上加逆”。在这种情况下，他们依旧高呼“共产党万岁”，慷慨赴死。他们中有的人，甚至连这么一句口号也不能喊出。对于一名共产党员来说，这可能是比死更痛苦的事。1948 年 4 月 21 日，上海电厂工会常务理事王孝和被国民党军警以“妨碍戡乱治安”的名义逮捕。他是本书所收录的在新中国成立前牺牲的最后一位工运先烈。应该说，王孝和并不怕死，临刑前，他想高呼“中国共产党万岁”英勇就义。但因为当时的情势所迫，党组织从外面传给他的指示是，不能承认自己的共产党员身份。尽管到了生命最后时刻，他也没有呼出他最想喊的口号，但他用生命印证了共产党员的忠诚。

王孝和曾在上海励志英文专科学校就读，练就一口流利英文。在校期间，王孝和醉心阅读各种进步书籍，参加读书会等组织，积极参加各项抗日爱国活动。1941 年 6 月加入中国共产党。在党旗前，他庄严宣誓："父母生下我，我只是一个普通的生命。今天党接受了我的请求，我成了党员，我这真正的生命才正式开始了。我一定要用我的生命保卫党，保卫工人阶级的崇高事业，永不动摇，一直革命到底。"

1943 年 1 月，王孝和毕业后进入美商上海电力公司发电厂，在发电管理室当抄表工。进厂后，他经常到车间里去和工人们交朋友，很快就在工友中树立了威信。1946 年 4 月，上海电厂工会成立。王孝和起初被选为工会干事，后当选为常务理事，并担任党团书记。

王孝和的被捕本是一个悲剧。当时，国民党政权风雨飘摇，大势已去。上海的地下党组织原本准备继承北伐战争时期上海工人三次武装起义的光荣传统，发动上海第四次工人武装起义，配合解放军占领上海。而这时解放军势如破竹，完全有能力轻取上海，故党中央指示，要求地下党组织工人保护工厂设备，准备迎接解放。但当时一位领导人自作主张，先是决定发动罢工，由于敌人防范严密而未能成功，后又擅派王孝和去破坏电厂，致使他事败被捕。被捕后，又要求他不得承认共产党员身份，以防止国民党当局借机做文章。

1948 年 4 月 21 日被捕入狱至就义前，王孝和写下 50 余封家书。有的写给狱中难友，有的写给他的父母，最多的是写给有孕在身的妻子。

在写给狱友的信中说："有正义的人士们！祝你们身体康健！为正义而继续斗争下去！前途是光明的！那光明正在向大家招手呢！只待大家努力奋斗！"

在写给父母的信中说："好不容易养儿到迄今，儿见到此社会之不平，总算没有违背做人的目的，今天完成了我的一生！但愿双亲勿为此而悲痛，千千万万有良心有正义人士还活在世上，他们会为儿算这笔血账的。”

在写给妻子的信中写道：“我很感激你，你为我费尽心血，今天虽不能获得全美，但总算是有收获的。但愿你分娩顺利，未来的孩子就唤他叫佩民。身体切切保重。”

王孝和牺牲后，他的逆境还没有完结。在“文革”中，张春桥把王孝和在狱中遵照党组织的指示而采取的灵活的斗争策略污蔑为“自首变节”，指示不能对他宣传。在一段时间内，他的名字被抹掉，事迹被掩盖。

这样的逆境，在革命年代并不鲜见。我们前面提到的杨匏安，也曾受到党内“左”倾路线的排斥和打击，并受到不公正处分，但这一切并没能动摇他对党“公忠不可忘”的赤诚。1927 年 11 月，杨匏安被撤销了中央监察委员职务，并给予留党察看处分。杨匏安长期与谭平山一起工作，谭平山又是他的入党介绍人，为此难免有人对他“站队划线。”

此后，杨匏安前往新加坡、吉隆坡等地从事革命工作。在新加坡期间，杨匏安虽有苦闷，但仍以大局为重，对党忠贞不渝，对革命前途坚信不疑。临行前，他把国共合作期间政府发给他的每月 300 多块大洋的高薪绝大部分交给党作为活动经费。在此期间，他曾写诗明志：

> 去国六千里，心随云水长。
> 逃生来绝域，问禁入危邦。
> 归意能无动？公忠不可忘。
> 相思凭梦寄，月色满桄榔。

当时党内这样的情况并非个例，受到误解的不止杨匏安一人。

史文彬也是一个老实人，但因为是邓中夏、罗章龙发展入党的，在党的六届四中全会又跟着罗章龙反对王明，结果被王明打击报复开除党籍。但他同样没有动摇对党的信念。

在中国共产党成立前，长辛店工人运动就搞得有声有色，史文彬功不可没。1921 年，邓中夏、罗章龙在长辛店介绍史文彬加入了中国共产党。史文彬成为长辛店铁路工厂的第一个中共党员，也是最早的工人出身的党员之一。邓中夏认为："无论按阶级成分，按党悟程度，按为人的诚恳实在，史文彬都是最可信赖的一个人。"

1923 年，史文彬因领导二七大罢工被捕入狱。吴佩孚兵败下野之后，经组织多方营救，史文彬于 1924 年 11 月获释出狱，再度投身工人运动。1925 年 2 月，在京汉铁路总工会恢复后，他被选为京汉铁路总工会副委员长、全国铁路总工会执行委员。1926 年，被党组织派往广州国民革命政府工作，任铁道大队顾问，带队日夜抢修铁路，保证了铁路运输畅行无阻，有力地支援了北伐。北伐军攻占武汉后，他出任国民革命政府劳工部司长。

1927 年大革命失败后，史文彬随中共中央迁往上海，以卖毡帽为掩护，做中共中央至苏区的"地下交通"。在党的第六次全国代表大会上，史文彬被选为中央候补委员。1931 年 1 月，在党的六届四中全会上，史文彬因为跟着罗章龙反对王明推行的"左"倾路线被开除党籍，生活供应也被停发，全家七口人生活无着落。为生活所迫，他只好携家带口，几经辗转回到了阔别已久的家乡青城，改名史志清，以修理钟表为生，不久又兼营自行车修理。对精通钳工技艺的史文彬来说，这成了他维生的手段。

在家乡潜隐的日子里，轰轰烈烈的革命岁月让他难以忘怀，他多次以不同形式寻觅党组织。1941 年，他得知中共抗日武装在青城一带活动，马上拖着病躯找到组织，自我介绍说："我是 1921 年的老党员，参加过二七大罢工，1931 年失掉组织关系。请求帮助向中央反映。"后经党组织向中央联系，史文彬终于和党组织接上关系。这时史文彬已年近花甲，由于长期生活困难，营养不良，患有严重的浮肿病，但他迫切要求回延安去工作。组织上看他病得实在厉害，将他接到清河区抗日根据地疗养，待病好后再继续工作。

1942 年冬天，因病情恶化，这位风云一时的铁路工运领袖去世，时年 55 岁。

他的入党介绍人邓中夏，也有过同样的境遇。

1930 年 7 月，邓中夏从苏联回国，任湘鄂西苏区特委书记和红二军团政委兼前敌委员会书记，同贺龙、周逸群一起领导当地的武装斗争。1931 年 3 月，遭受王明打击迫害，被撤销职务，前往上海听候处理。到上海后他没有被分配任何工作，也无经济援助，吃饭都成了问题。全家生计靠妻子李瑛到纱厂做工，每天工作 15 个小时，一个月收入 7 元。邓中夏还经常用这点钱来救济地下党员与贫困工人。

1932 年党组织委派他担任互济总会主任兼党团书记。1933 年 5 月 15 日晚，邓中夏被法国租界巡捕逮捕。起初邓中夏化名施义，没有暴露身份，史良等人也在积极营救他。后因一同被捕的林素琴经不起敌人的威逼利诱，供出了邓中夏的真实身份，邓中夏被引渡前往南京。

他在湘鄂西苏区时的部下、后来担任过最高人民法院副院长的郑绍文当时也被捕坐牢，看到邓中夏大吃一惊，心里琢磨："怎么邓中夏也被捕了？他是怎么被捕的？身份暴露了没有？"

郑绍文在回忆录中写道：

> 我想要进一步了解他，于是凑到他身边，小声问道："老大哥，你打算怎么样？"
>
> 邓中夏乐呵呵地说："打算上雨花台去！"
>
> 他又问我："你知道罗登贤的情况吗，他在哪里？"
>
> 我回答："他上雨花台了。"

邓中夏沉思片刻后，敬佩地说："啊！他先走了一步！"

第二天，趁狱中放风时，早些时候入狱的陶铸问我："昨天进来的是邓中夏吧？他的态度怎么样？"

我说："他打算上雨花台。"

回到号子后，我对邓中夏说："老大哥，同志们都很关心你的政治态度呀。"

邓中夏一听，立刻从床上跃起，激动地说："你告诉他们，我邓中夏烧成灰也是共产党的人！"

邓中夏这个响亮的回答，立刻通过各种渠道传到了所有号子里，大家听了都非常钦佩。陶铸提出倡议，要大家凑几个钱买大肉面给邓中夏吃，给他改善生活。不到半天，各个号子传来了好几元钱，大家把钱交给我，由我来安排邓中夏的生活。邓中夏也很领情，毫不客气，我每次送来大肉面，他端起来就吃。随时准备就义的他，知道自己的时间不多了。

邓中夏入狱两周之后，敌人正式提审邓中夏。可是不到半个小时，邓中夏就回号子了。大家很诧异，我问道："怎么这样快就结束了，他们审问你了吗？"

他说："问过了，我学给你听听吧。"他笑了笑，装着法官的腔调表演起来。

"你叫什么名字？"

"邓中夏，又叫施义。"

"你是共产党员吗？"

"不错，是共产党员。"

"你在党支部里干什么？"

"中央委员、中国工农红军第二军团政委。"

“还干过什么？”

“够了！够枪毙了，还问什么？”

“贺龙红军中和你同事的还有哪些人？”

“你明明知道我不会讲，何必问我？”

邓中夏哈哈一笑，拍着我的肩头说：“就这样五问五答，法官看再也问不出什么来，所以我很快就回来了。”

敌人为了劝降邓中夏，派了曾任中共驻共产国际代表、后叛变革命的余飞来挑拨离间。余飞曾长期和邓中夏一起工作，了解邓中夏受委屈的情况，他劝说道：“你是共产党的老前辈，现在却受莫斯科回来的那些小辈欺压，连我们都为你感到不平。”其实这话说得没底气，因为他自己也是“从莫斯科回来的小辈”，而且成了可耻的叛徒。邓中夏轻蔑地回答：“这是我们党内的事，你有什么权力过问？”一句“我们党内”立时划清了与叛徒的界限，让余飞无地自容。

劝降不成之后，敌人又对他使用了种种酷刑，均以失败告终。面对敌人的酷刑，他冷笑道：“这只能伤害我们的肉体，不能摧毁我们的革命意志，更不能动摇我们忠于马列主义。”

邓中夏在狱中曾写下了这样的话：“一个人不怕短命而死，只怕死的不是时候，不是地方。中国人很重视死，有重于泰山，有轻于鸿毛。为了个人升官发财而活，那样苟且偷生的活，也可以叫作虽生犹死，真比鸿毛还轻。一个人能为了最大多数中国民众的利益，为了勤劳大众的利益而死，这是虽死犹生，比泰山还重。人只有一生一死，要生得有意义，死得有价值。”

在即将告别人生的时刻，他给党中央留了一封信，信中深情地写道：“同志们，我快要到雨花台去了，你们继续努力奋斗吧！最后胜利终究是我们的！”

1933年9月21日黎明，邓中夏从容地穿好衣服，大声高呼“打倒国民党！”“中国共产党万岁！”“全世界无产阶级联合起来！”的口号，大步走向刑场。

临刑前，宪兵问：“你还有话说吗？”

邓中夏说：“对你们当兵的人，我有一句话说，请你们睡到半夜三更时好好想一想，杀死了为工农谋福利的人，对你们自己有什么好处？”

临刑还要进行革命宣传，敌人害怕了，命令立即开枪。就这样，在雨花台下，邓中夏为中国工人阶级的彻底解放流尽了最后一滴鲜血，年仅39岁。

邓中夏牺牲的消息，在两天后传入号子里。一个姓杨的看守士兵偷偷告诉郑绍文：“郑先生，前两天与你同号子的那位邓先生，昨天清早枪毙了。好人啊，真是好人！”

邓中夏在狱中提到的罗登贤，也是带着处分上刑场的。

罗登贤是著名的工人运动领袖，东北人民抗日救亡运动的重要领导者，同时也是党领导的东北人民抗日武装的重要创建人。他幼年因贫辍学，11岁起就跟着姐夫到了香港太古造船厂当学徒，期满后在厂里当了六年钳工。1920年4月，在香港机器工会组织下，香港5000多名机械工人举行大罢工，要求增加工资。罗登贤所在的太古造船厂工人也积极响应，最终使得资方提高了工资。这次经历使他认识到，工人只有组织起来团结斗争才有力量。这次罢工后，罗登贤联络工会积极分子，成立了香港金属业工会，并被推举为领导人之一。

在工人运动中，他认识了苏兆征、林伟民，在这些共产党人的影响下，罗登贤开始接受马克思主义，对中国共产党日益向往。在姐姐家那间又矮又黑的阁楼上，他每天深夜都要点着油灯，如饥似渴地阅读进步书刊。随着眼界渐开，斗争意志也越发坚定。1925年夏秋间，经罗珠、杨殷介绍，罗登贤加入中国共产党。这一年，他20岁。

在“五卅”运动和省港大罢工中，罗登贤在苏兆征、邓中夏领导下，担任罢工团团长，带领罢工海员和金属业工人离开香港到广州，参加反帝示威大游行。还发动香港机工联合会、金属业工人参加纠察队，武装封锁了香港和沙基租界。1926 年 10 月，中共香港支部改为香港市委，他当选为市委常委。1927 年春夏，蒋介石、汪精卫相继背叛革命。在白色恐怖中，罗登贤不屈不挠，坚持斗争。在发动广州起义时，他冒着极大危险往返于香港和广州之间，和周文雍等同志将分散的工人武装改编为统一的工人赤卫队。起义失败后，他先是留守广州，后被迫转移到香港，继续开展秘密工作。1927 年底，他在香港被捕，在狱中始终不屈。1928 年春被组织营救出狱，后到上海担任中共江苏省委书记。

1931 年春，罗登贤以中共中央驻满洲省委代表身份被派往东北工作。当时，东北党组织同中共中央失去了联系，满洲省委孤悬北疆，处境十分困难。九一八事变的那天，他正在沈阳。枪炮声中，罗登贤和中共满洲省委的领导一起，连夜分析了事变的性质与形势，发表了反对日本帝国主义武装占据满洲的宣言和决议。几天后，在哈尔滨江桥下一个叫牛甸子的小岛上，罗登贤在党的联络站冯仲云的家里主持召开北满党的高级干部紧急会议。会议上，罗登贤坚定地说：“蒋介石国民党以不抵抗政策出卖东北同胞，我们中国共产党人要与东北人民同患难共生死，争取东北人民的解放。”“敌人在哪儿蹂躏我们同胞，我们共产党人就在哪儿和人民一起抗争。”他要求“党内不许任何人提出离开东北的要求，谁如果要提出这样的要求，那就是恐惧动摇分子，谁就不是中国共产党员”。

中共满洲省委于 1927 年成立时，全东北党员总数仅 170 人；中共六大召开时，全东北党员总数也不超过 230 人，开展工作非常困难。罗登贤临危受命，任中共满洲省委书记兼组织部部长后，迅速着手恢复各级党组织，他艰难奔走于沈阳、哈尔滨、大连、鞍山、抚顺等地，组织工人、农民、学生举行反日罢工、示威，组织抗日义勇军开展游击战争。他曾发动奉天兵工厂、抚顺煤矿和中东铁路工人举行罢工，发动哈尔滨工业大学等院校学生罢课。周保中、杨靖宇、赵尚志、杨林、冯仲云等人先后被罗登贤派赴各地，建立抗日统一战线，创建抗日游击队。从1931年初到1932年，在罗登贤担任满洲省委书记期间，先后派出100多名党团员干部，赴东北各地独立创建抗日游击队，在以罗登贤为首的中共满洲省委领导下，东北义勇军抗日斗争进行得如火如荼，轰轰烈烈。1932年夏秋发展至全盛时期，总数30万人以上，在很大程度上团结和吸引了东北社会各阶层的力量投入抗日斗争中来，为组建党直接领导的抗日武装赢得了时间，提供了经验，培养了大批军事人才，创造了发展壮大抗日武装力量的必要条件，为建立东北抗日武装统一战线奠定了良好的社会基础。但是，在王明“左”倾路线统治下，罗登贤一度被扣上了“右倾机会主义”和“满洲特殊论”“北方特殊论”的帽子，受到严厉批评，并被撤销中央委员、中央政治局候补委员和中共满洲省委书记的职务。然而，罗登贤没有因为不公正的批判与撤职而意志消沉，仍以坦荡的胸怀，坚持留在东北，尽其所能地去做一些艰苦细致的工作。

在东北，罗登贤做了两件对后来有极大影响的事。一是救出了杨靖宇、赵尚志等同志，二是留下了李兆麟。罗登贤利用九一八事变爆发后动荡的时局，以及1932年伪满洲国实行“大赦”之机，通过各种社会关系，将此前被捕的前任满洲省委书记李子芬、陈潭秋，省临委书记林仲丹（林育英）、团省委书记饶漱石，以及王鹤寿、杨靖宇、赵尚志等一批同志营救出狱。这些同志出狱后，有的回到上海由中央另行安排工作，有的留在了东北从事抗日斗争工作，为以后东北抗日联军准备了骨干力量。罗登贤到东北时，李兆麟正在沈阳待命，因其组织关系尚在北平，去留成为重要的问题。罗登贤指示李兆麟应留在东北抗日，为日后东北抗联“南杨北赵，东周西李”的格局打下了基础。

在中共六大上，年仅23岁的罗登贤被选为中共中央委员和中央政治局候补委员，成为中国共产党中工人出身的最年轻的领导人之一。1931年1月，罗登贤参加党的六届四中全会。会后留在上海担任中华全国总工会委员长。1932年12月，罗登贤被调任中华全国总工会上海执行局书记。他积极组织反帝大同盟，开展工人运动。1933年3月28日下午，在上海公共租界山西路五福弄9号开会时，因原全国总工会秘书长王其良被捕叛变，他和秘书余文化、全国海员总工会党团书记廖承志、陈赓、陈藻英5人被捕。

在狱中，罗登贤遭受了非人的折磨，刽子手用皮鞭抽，用杠子压他的腿，把煤油灌进他的鼻孔，将钢针刺进他的指甲，甚至使用了电刑，但他始终宁死不屈。敌人还派叛徒胡均鹤来监狱劝降，被罗登贤和难友们痛打一顿。

3月31日，在上海第二特区法院开庭审判的时候，国民党法官污蔑罗登贤反动。罗登贤义正词严地怒斥："我曾在大革命时代领导过反帝大罢工，我曾在东北发动了抗日游击战争，打击日本侵略者；最近我刚刚从东北回来，又领导了上海纱厂的反日大罢工。我的一切行动都是反帝爱国的，谁敢说我反动？你们国民党卖国投降，出卖东北三千万同胞，才是真正的反动！"

为了营救罗登贤等人，宋庆龄4月1日在上海发表《告中国人民书》，指出："被捕者理直气壮的论点和英勇不屈的态度，充分表现了他们是中国的反帝战士。他们全都是中国人民应该为之骄傲的典型。罗登贤是他们中间的一个典型。"宋庆龄呼吁："全国人民起来要求释放他们，释放几千个与他们一样的人，就是释放中国民族的革命精神的不可征服的力量。"在宋庆龄等竭力营救下，廖承志与陈赓先后出狱，但终未能将罗登贤解救出来。1933年8月29日凌晨，敌人下令处决罗登贤。在通往刑场的路上，刽子手询问他有什么遗言。罗登贤说："我个人死不足惜，中国人民没有解放，责任未了，才是千古遗憾！"

罗登贤牺牲时才28岁，后人却怀念了他80多年。他牺牲后，中华苏维埃共和国中央人民政府为了纪念他，特把江西省的信康县改名为登贤县。

在他牺牲的时候，错误的处分还没有撤销，对他的毁谤还没有停止。但他为了理想而献身，对于身后毁誉，早已在所不计。他的高风亮节，影响了感动了战友和同志，他的亲密战友、原东北满洲省委和东北抗联领导人冯仲云，为自己的女儿起名为“冯忆罗”，寄托自己无尽的回忆。

是悲剧，更是悲壮

在中国工运史上，张昆弟是中国工运早期领导人之一，也是为数不多的死于自己人之手、被错杀的高级干部。他的功绩永远被后人铭记，其悲剧结局也令人扼腕一叹。

张昆弟上学时与毛泽东、蔡和森是校友，并称“岳麓三杰”；留法勤工俭学期间与李立三、陈毅是工友；回国工作后是李大钊的左膀右臂，领导过正太铁路大罢工。1929 年，他以中共中央特派员的身份到东北地区指导工作，并任中华全国铁路总工会常务委员兼党团书记。1931 年 1 月，在中共六届四中全会（扩大）会议上因为反对王明的“左”倾错误路线，被撤销全国铁路总工会党团书记职务，以中央工运特派员身份到湘鄂西苏区工作。

1931 年 5 月，张昆弟到达湘鄂西苏区。那时，苏区处于“工会组织被合并，工人运动实际上已处于被取消”的状态。张昆弟到达苏区以后，立即着手恢复和建立各级工会组织。他主持召开了湘鄂西省第二次工人代表大会，成立了湘鄂西省总工会。在他的领导下，苏区的工人运动获得了迅速发展。首先是恢复和建立了监利、沔阳、潜江等八个中心县的工会组织，会员发展到两万多人。他还派出一批工人干部到长沙、武汉、岳州等地建立了工人秘密组织，使工会工作扩展到了白区。其次是动员工人参军“拥红”，先后选派了两千三百七十多名工人参加红军。还领导工人群众组织了“工人赤卫队”“洗衣队”“担架队”“慰劳队”，有力地支援了前线红军反“围剿”斗争。

正当张昆弟与敌人作殊死斗争的时候，没料想到暗箭却从背后射来。1932 年 5 月，湘鄂西中央分局错误地开展了“肃反”运动，张昆弟被王明“左”倾路线执行者夏曦诬陷为“反革命”，含冤被捕，不久无辜遇害。夏曦与张昆弟是湖南老乡、益阳同乡，还是桃江乡亲，也是毛泽东、张昆弟的湖南一师同学，早年曾和毛泽东一起参加湖南革命运动。但他对自己的同省同县同乡同学，而且同为六大代表的张昆弟下手并不手软。1932 年秋，张昆弟在湖北省洪湖县瞿家湾被秘密杀害，时年 38 岁。

张昆弟被杀害，家人并不知情，甚至连毛泽东也不是很清楚。1950 年 8 月 23 日，毛泽东复信旧友、湖南一师同学夏百源，提及“张昆弟兄死事弟亦不甚清楚，只知其工作地点是湖北洪湖区域，时间大约在 1930 年左右”。

每次我们读史至此，念及革命环境的险恶、革命者的忠贞以及革命阵营内部一些比敌人破坏力毫不逊色的人，不能不令人掩卷长思，扼腕一叹。

背着处分上刑场

杨殷面临的境遇也是这样。广州起义失败后，在李立三“左”倾路线领导下，实行“惩办主义”政策，杨殷等广州起义的领导人均受到不公正的处分。虽然心里有看法，但他服从组织决定，不为个人申辩。他曾对自己的亲人说：“由于广州起义没有获得胜利，广州苏维埃政府被敌人破坏了。我受到撤职处分，但是，我对革命事业还是忠心耿耿的，今后仍像过去那样积极工作，绝不垂头丧气。”杨殷在被捕之后，面对国民党劝他投降，宁死不屈，临刑前昂然道：“朝闻道，夕死可矣。”

何孟雄在牺牲的时候，还是王明认定的“右派”。

大革命失败后，李立三和王明先后推行“左”倾冒险和盲动路线，何孟雄不同意他们的做法，并进行了旗帜鲜明的斗争。讲理论，何孟雄是北大政治系学生，水平比李立三高；讲实践，何孟雄很早从事工运实践，能力比王明强。李立三在事实面前尚能坦荡认错，王明心胸狭窄，讲理不过，就利用权力给何孟雄扣上“右派”“右倾机会主义代表”“反党”“反国际”等政治大帽子，甚至停发一切生活和工作经费。

1931 年 1 月 17 日下午，国民党上海公安局按叛徒提供的情报，会同租界巡捕房在东方旅社逮捕了林育南、柔石等 8 人。接着又闯入中山旅社，逮捕了蔡博真、欧阳立安等 4 人。然后分别留下探捕在这两个旅社守候。当日晚间在中山旅社逮捕了何孟雄等 3 人，次日清晨又在东方旅社逮捕了李求实等 3 人。这次抓捕行动，共有何孟雄、林育南、李求实、柔石、胡也频、殷夫、冯铿、欧阳立安等 36 名同志被捕，这就是轰动全国的“东方旅社事件”。至于他们为何被捕，至今仍疑窦重重。有人说是叛徒唐虞（王掘夫）告密，有人说告密的是康生，有人甚至认为是王明出卖了他们。且不论真正的告密者是谁，但据有关回忆，此前王明已得到消息，但却故意不去通知他们提防，至少是放任这一事件发生，致使这些同志全部被捕。何孟雄等被捕后，王明立刻停止了他们的组织关系，并指示中共龙华看守所秘密党支部拒绝接受何孟雄等人的党组织关系，不让他们参加支部活动，致使 20 多名党员在狱中不能接受党的领导，无法过组织生活。

何孟雄被捕后，在狱中依然坚持与米夫、王明的斗争。何孟雄、林育南、李求实三人同囚一室，经常讨论理论问题。1931 年 2 月 5 日，何孟雄将写好的一份意见书让邻室难友设法转出狱外，交给共产国际。信的主要内容是：“一、反国际代表不是反共产国际；二、国际代表处理问题，不合中国国情。米夫无视中国已有大批德才兼备的干部队伍，犯了教条主义和宗派主义的错误。”

但是，当敌人利用这一点对他利诱之时，他却表现了坚定的共产党员风骨。在审讯中，敌人劝降他说：“你反对立三路线，我也反对立三路线，我们可以联合起来……”没等对方把话说完，何孟雄就一口回绝：“我反对立三路线，就是要打倒你们！”

碰壁后的劝降者用嘲笑的口气对何孟雄说：“你死后，共产党给你什么处分？”

何孟雄义正词严地回答：“革命队伍内部出了叛徒固然可恨，但叛徒再多，不能影响革命。今天叛徒出卖了我，明天将有千百个革命的后来人！”

对林育南，蒋介石更是花了血本，派出国民党中央党部秘书长陈立夫出面劝降。陈立夫对林育南也是同样的说辞：“我知道，你们反对李立三、反对王明，我们也反对他们……”林育南打断他的话说：“我们反对他们，是党内路线之争，而我们反对你们，是道不同不相与谋。你们这些反动军阀叛变革命以后，工人阶级英勇斗争收回的汉口、九江、镇江的租界，都被你们国民党做了投降的礼物奉还了帝国主义……你们国民党政权两年的卖国成绩，已经超过以前北洋军阀政府十倍百倍以上！”

尽管面对狱外的误解打击和狱中的酷刑折磨，但他们丝毫没有动摇对党的忠诚。他们还在监狱的墙壁上画了一面迎风招展的红旗，将各自的名字工工整整地写在上面，以此宣示坚定的信念。

1931 年 2 月 7 日深夜，铁窗外飞舞着鹅毛大雪，狱中的通道呼啸着凛冽的寒风。看守所长带着大批宪兵打着手电涌进牢房，“何孟雄！”“林育南！”……一个一个点名，将他们带出号子。林育南等 24 位同志看到这情形，知道最后的时刻到了。他们整理了一下自己的衣服，将剩下的衣物分发给同狱的难友们，向他们挥手告别。

何孟雄、林育南、李求实、欧阳立安、龙大道、柔石、冯铿、胡也频、殷夫等 24 位同志拖着沉重的铁镣，走出看守所的弄堂。他们被押到看守所旁一块空地前边的小桥附近，预先在这里摆下了桌案的国民党法官，拿起照片一一对照每个人的面孔，然后向他们宣判死刑。林育南等24位同志大义凛然，视死如归，异口同声唱起了《国际歌》。

“起来，饥寒交迫的奴隶！起来，全世界受苦的人……”

“砰！砰！砰！”刽子手射出了罪恶的子弹。林育南和他的战友们壮烈地倒在雪地上。

林育南等24位烈士牺牲的当天，龙华监狱中的难友万分悲痛，举行了悼念活动。难友张恺帆在墙壁上题了一首纪念诗：

龙华千载仰高风，壮士身亡志未穷。
墙内桃花墙外血，一般鲜艳一样红。

林育南、何孟雄牺牲后，仍遭到王明的打击批判，长期戴着“右派”帽子。直到1945年4月，中央推翻了王明强加于何孟雄、林育南等不实之词，在《关于若干历史问题的决议》中对林育南等人作了客观、公正的结论，指出强加于林育南、何孟雄、李求实等所谓的“右派”，“主要是六届四中全会宗派主义的‘反右倾’斗争的产物……至于林育南、李求实、何孟雄等二十几个党的重要干部，他们为党和人民做过很多有益的工作，同群众有很好的联系，并且接着不久就被敌人逮捕，在敌人面前坚强不屈，慷慨就义”。

上海解放不久，有关部门经过反复调查，终于找到了龙华二十四烈士的就义地点，并在大坑内找到了烈士们的遗骨。上海烈士陵园建成后，林育南等烈士的遗骨被移葬在陵园墓区，并立碑纪念。

不怕牺牲　英勇斗争

对马克思主义的信仰，对社会主义和共产主义的信念，是共产党人的政治灵魂，也是共产党人经受住各种考验的精神支柱。理想信念不是拿来说、拿来唱的，更不是用来装点门面的，只有见诸行动才有说服力。真理不是圣旨，也不是教条，而是共产党人的思想武器和行动指南。我们说实践是检验真理的唯一标准，而在革命年代，实践就是斗争。始终保持斗争精神、顽强意志、优良作风，毫无畏惧地面对一切困难和挑战，坚定不移地开辟新天地，这是对中国共产党人精神风范和意志品质的集中表达。中国共产党是“无产阶级的先锋军，为无产阶级奋斗，和为无产阶级革命的党”，共产党员是“特殊材料制成的人”，不惧“为他所信仰的主义而死”。毛泽东同志说：“从古以来，中国没有一个集团，像共产党一样，不惜牺牲一切，牺牲多少人，干这样的大事。”习近平总书记指出：“在应对各种困难挑战中，我们党锤炼了不畏强敌、不惧风险、敢于斗争、勇于胜利的风骨和品质。”

共产党是用真理武装起来的政治集团，不同于此前和此后一切用利益维系的团体，他们忠于真理，不怕牺牲，坚持原则，勇于斗争。一百年前，面对中华民族的内忧外患，大批的共产党员，包括党的早期工运领导通过一次次探索、一次次试错、一次次失败，选择了马克思主义真理，从此之后，他们勇敢地站在革命斗争最前沿，为了理想奋斗终生。在斗争中，中国共产党人焕发出强大生机活力，始终走在时代前列，成为全国人民的主心骨，成为坚强领导核心。

砍头不要紧，只要主义真

在中国革命史上，为真理而斗争的场合无处不在，有的在高高在上的议会里，有的在门禁森森的衙门中，有的在监狱里、刑场上，当然更多的是在战场上。

前者的例证是项英。二七惨案后，项英做了一个惊人之举——向当时的国会作证，控诉吴佩孚的罪行。

1923 年 2 月下旬的一天，北京国会众议院会场里，议员们正在议论着胡鄂公、彭养光等议员提出的“为屠杀工人事件对吴佩孚、萧耀南弹劾案”。那时的国会议员中也有正义之士，能出此举殊为不易。但有的议员装聋作哑，不肯相信事实，说“传闻言过其实”“吴帅保护劳工，杀人恐怕有诈”。提案人胡鄂公愤然站起来说：“诸公出言蹊跷，莫非怀疑提案有假？鄙人等卷中所述，是一个从血尸中爬出的青年讲的，诸公不信，这人就在外边，可以叫他到会报告详情！”

经过议长同意，这位青年——项英，走进了国会大门。他可能是中国有国会以来，第一个到国会作报告的普通百姓。他用自己的亲身经历，控诉了吴佩孚、萧耀南屠杀铁路工人的罪行。尽管当年的“国会”不过装装样子，所谓“弹劾”也是走走过场，但是他的证词还是让议员们大为震惊，一时“朝野震动”。

后者的例证是中国工运早期领导人王荷波。

王荷波是福建人，据考证还是“开闽圣王”王审知的后代。不过他没有沾到祖宗什么光，自幼家贫，辗转四处打工，后到津浦机车厂当了工匠。他在厂里为人仗义，深受工人拥戴。因为他一脸络腮胡子，工人们亲切地称他为“王胡子大哥”。1921 年 3 月 14 日，在王荷波组织下，浦镇机车厂“中华工会”诞生了，王荷波当选为会长。王荷波时时关心工人的生活、处处维护工人利益，受到工人欢迎与拥护。这年冬天，由于货币贬值，物价暴涨，工人生活水平急剧下降。王荷波代表厂工会向铁路局提出增加工资、发给御寒棉衣等 11 条要求，但遭到铁路局的拒绝。王荷波为工人弟兄谋利益，不顾个人生命安危，带领 60 多名工人拦车请愿。他们趁津浦路特别快车进站之时，高举“饥寒交迫，无人问津；工人死活，有谁关照？”的大字标语，挡在铁轨之上。列车被迫停车，整条津浦路当即瘫痪。

津浦路大致相当于如今的京沪线，是重要的交通枢纽，铁路一断，工人们的举动顿时成为社会和国际舆论关注的焦点。铁路局官员火急火燎地赶来处理，谈判了一天，双方各不相让。铁路局官员找借口说：“你们提出的条件涉及的范围太广，铁路局做不了主，需要交通部出面。”

王荷波岂能不知他们的花招，不过为了工人弟兄的利益，他毅然决然地说：“既然铁路局有难处，我们就到北京，找交通部叶恭绰总长请愿去！”他毅然只身前往北京，找北洋政府交通部讲理。在北京交通部的衙门里，面对交通总长及其他官僚们，王荷波毫无惧色，据理力争，经过一番斗智斗勇的舌战，迫使北洋政府难得地“慈悲”了一回，答应了工人的合理要求。

当王荷波从北京乘车返回浦镇，《民国日报》和京津浦各报已经报道了王荷波只身进京为民请命的消息。工人们穿上王荷波争取来的崭新棉衣工装，敲锣打鼓，高举“热烈欢迎王荷波会长凯旋荣归”的大幅标语，迎接王荷波胜利返厂，把火车站挤得水泄不通。

斗争胜利了，工会在群众中的威信大增。王荷波抓住时机，发动工会督促资本家为工人修建浴室，为工人开办夜校、子弟学校和合作社等福利事业，使工会成了团结工人反抗压迫的坚强堡垒。由于王荷波大公无私为群众办事，深受工人的拥戴。在他 40 岁生日的那天，工友们送他一块大红匾，上书“品重柱石”四个金色大字。

上面所述，已经算是很“舒适”的斗争环境了，可是绝大多数情况下，敌人不会给他们这样的待遇，所以更多的时候是在战场上、法庭前、监狱中。中国共产党斗争环境之险恶，可谓举世无双，俄国革命时，列宁、斯大林等人被多次流放，而在国民党那里，对共产党流放的待遇都没有，只有两个结局，坐牢或者杀头。

党的一大之后，邓恩铭回到山东开展工人运动，先后三次被捕入狱，在狱中还坚持斗争，最终被敌人杀害。

邓恩铭是贵州荔波人，他的家乡如今是旅游胜地，当年是穷乡僻壤。1917 年 8 月，邓恩铭离开家乡去山东求学。临行时作诗明志：

南雁北飞，去不思归。
志在苍生，不顾安危。
生不足惜，死不足悲。
头颅热血，不朽永垂。

1919 年，五四运动爆发了。邓恩铭积极参加反对北洋军阀政府卖国行径的斗争，他结识了正在山东第一师范学校读书的王尽美。两人志同道合，一见如故，经常一起探讨救国救民的道路。1920 年 4 月，俄共代表维经斯基来华，同行的有山东旅俄华侨、俄共（布）党员杨明斋等人。在他们由北京去上海路经济南停留时，由杨明斋引见，邓恩铭、王尽美等人倾听了维经斯基对十月革命情况的介绍。通过这位亲历者的介绍，邓恩铭认识到，要救中国，必须走俄国十月革命的道路。从此，他认定真理，再不回头。

邓恩铭的叔父在山东当县长，邓恩铭到山东求学，就是得到了他的资助。叔父对他寄予很大期望。看到他参加革命非常不满，想尽办法迫使他改弦更张。最初是劝说，后以断绝经济供给威胁，最后竟把他的父亲从贵州请到济南来劝说儿子。然而邓父日夜规劝毫无效果，最后父亲竟被儿子说服，返回家乡。

1925 年 8 月，王尽美病逝之后，邓恩铭挑起了重任，成为新成立的中共山东地方执行委员会书记。他不顾严重的白色恐怖，努力恢复、整顿济南、青岛等地的党、团组织和工会，在全省开展工人运动。当年 11 月他被捕入狱，受到了酷刑，但是始终坚强不屈，在党组织和家庭的多方积极营救下，最终在 1926 年春保外就医。然而时隔不久，1926 年六七月间，邓恩铭又秘密回到青岛，主持市委工作。1928 年 12 月被叛徒王复元出卖，再次被捕。面对酷刑折磨，邓恩铭咬住牙关，在狱中还领导了两次绝食斗争，组织了两次越狱斗争。邓恩铭和狱中党支部其他 4 人一起，根据难友身体强弱搭配编了 3 支小队，制定了详细越狱方案。趁着警戒松懈，邓恩铭指挥 3 支小队逃出了监狱。当局马上调兵追捕，邓恩铭因身体虚弱，未跑出多远又被抓回来。

1931 年 4 月 5 日，邓恩铭慷慨就义，终年 30 岁。生前，他早已将生死置之度外，以《决心》为题赋诗云：

读书济世闻鸡舞，革命决心放胆尝。
为国牺牲殇是福，在山樗栎寿嫌长。

在大革命失败后，中共江苏省委是遭受破坏最严重的机关之一。从 1927 年 6 月成立至 1935 年初停止活动的七年半中，江苏省委先后重建、改组过 16 次，历任省委书记有陈延年、赵世炎、王若飞、邓中夏、项英、李富春、徐锡根、罗登贤、任弼时、李维汉、李立三、王明、陈云、王云程、章汉夫、袁孟超、赵立人、许包野、王明德等人。他们中许多人牺牲于这一时期。英勇的共产党人不为所惧，屡仆屡起。

第一任省委书记陈延年，1927年6月26日由于叛徒韩步先告密而遭逮捕，1927年7月4日牺牲，年仅29岁。陈延年的牺牲，和他当年的赴法留学资助人、陈独秀的同乡好友、后来的论敌吴稚晖大有关系。

1927年6月，中共中央任命陈延年为江苏省委书记。6月26日在开会时，省委机关被军警包围。当荷枪实弹的军警冲进屋子时，陈延年等以桌椅板凳为武器，奋不顾身与军警搏斗，最终寡不敌众，不幸被捕。陈延年被捕后，敌人并未查明他的身份。由于他素来衣着俭朴，体格健壮，皮肤粗黑，像个干粗活的人，在初审时化名陈友生，自称是伙夫。审讯者看他的形象装束，以为颇合其交代的身份，便草草结案，押往龙华看守所。

中共党组织为营救陈延年，通过关系找到有名的大律师吴凯声，请其设法买通关节保释陈延年出狱。吴凯声是上海法租界第一个能在会审公廨出庭的中国籍律师。接受请托后，吴凯声向警察作了打点，警察局也准备放人。然而，一件意想不到的事情却使整个营救计划落了空。

陈延年被捕后，给上海亚东图书馆经理汪孟邹写了一封信，潦潦草草的几行字："我某日在某处误被逮捕，关押在市警察局拘留所。我是正式工人，当然不会有什么大问题。不日可讯明释放。现在我的衫裤都破烂了，请先生替我买一套布衫裤送来。"此信署名陈友生，但汪孟邹从字迹上一眼认出，信是陈延年写的。

汪孟邹与陈独秀是世交，陈延年兄弟在上海期间，吃住都在他的图书馆中。他得知陈延年被捕，心急如焚，马上找到安徽同乡胡适帮忙。胡适和陈独秀同为新文化运动风云人物，也是惺惺相惜，转托老朋友吴稚晖出面疏通各方关系，哪知这一举动亲手把陈延年推进了火坑。吴稚晖与陈独秀、胡适曾经都是好友，还帮助过陈延年、陈乔年兄弟赴法勤工俭学，但现在时移势易，吴稚晖已与中共势不两立，并且与陈独秀反目成为论敌。陈延年、陈乔年兄弟在法国转而笃信马克思主义，吴稚晖很是不满，“四一二”反革命政变后又坚决反蒋，陈独秀也笔不留情，在论战中骂过吴稚晖。因此吴稚晖听到陈延年被捕消息后，竟欣喜若狂地大叫：“好了！好了！老陈没有用，小陈可怕；捉到小陈，天下从此太平了。”于是，一面报告蒋介石，另一面立即给上海警备司令杨虎发了一封“贺函”，恶毒地毁谤陈延年“恃智肆恶，过于其父百倍”，竭力怂恿对陈延年下毒手。

陈延年身份暴露后，被施以酷刑，但他宁死不屈。国民党无计可施，遂于 1927 年 7 月 4 日晚，残忍地将他乱刀砍死。陈延年身中数刀后，仍然跳起与刽子手抗争。

第二任书记赵世炎，在陈延年牺牲半个月后，同样由于叛徒出卖被捕。1927 年 5 月，赵世炎出席在武汉召开的中共五大，当选为中央委员。会后，他任中共江苏省委常委、代理书记、上海总工会委员长，回到白色恐怖笼罩下的上海，坚持领导革命斗争。他临危不惧，坚定表示：“共产党就是战斗的党，没有战斗就没有了党，党存在一天就必须战斗一天，不愿意参加斗争，还算什么共产党员！”他对干部进行革命教育，每次开会总是教育大家要坚定革命意志，不要泄气。“革命嘛，就是这样，要经过艰苦的斗争和流血牺牲，反动派的监狱再多，也不能把所有的共产党员全关起来。只要有一个人，我们的事业就会发展，最后胜利一定是我们的。”

1927 年 7 月 2 日晚，国民党警探根据被捕叛变的江苏省委秘书长韩步先的供词，在上海逮捕了赵世炎。

在淞沪警备司令部监狱里，赵世炎一口咬定自己名叫夏仁章，是湖北人，来上海做生意，在大陆银行当职员。大陆银行方面，地下党已做了工作，承认“夏仁章”为本行职员。口供严丝合缝，淞沪警备司令部军法处处长汪啸岩也不由起疑，是不是抓错人了？当时确实有许多湖南、湖北的地主豪绅携款逃往上海躲避农民运动，而面前此人衣着行止看上去又那么像是财主家的子弟。他们把叛徒韩步先带来进一步对证，韩步先又找了被捕的总工会会计，在两人的指证下，赵世炎的身份完全暴露。

敌人抓住了赵世炎，如获至宝，加紧审讯，想从他口中套出更多有用的情报。在狱中，敌人对他施尽各种酷刑，但他坚贞不屈，愤怒控诉蒋介石甘当帝国主义走狗、叛变革命的罪行。严厉斥责叛徒韩步先“可耻”，并向敌人宣告：你们只能抓到我一个，要想从我口里得到半点秘密，那是枉费心机。

敌人见硬的不行，就对他进行利诱，北伐军东路军政治部主任陈群专门“接见”了赵世炎，对他说：“先生这样的人才，只要肯为蒋总司令效力，一定会前途无量。”赵世炎说：“让我和你们一样，去屠杀工农？那是不可能的，我正是为了工农不受你们屠杀才起来斗争的！”陈群说：“识时务者为俊杰，先生你天纵英才，也得先活下来、有了自由才谈得上斗争吧？”赵世炎说：“要杀便杀，不必多言。不过我告诉你，共产党人是杀不完的！”

赵世炎知道自己再无活着出狱的希望，就写了张纸条托地下关系带给党组织：

> 我已经没有希望了，但要争取。你们一定要好好照顾失业的工人兄弟，这些人都是党的骨干力量……革命就是要流血，要改造社会就必须付出代价。

他在遗嘱中写道：“一生为共产主义奋斗，为中国无产阶级事业斗争，为中华民族反帝反军阀的解放运动而努力！”最后，他号召全体共产党员和中国无产阶级、全国革命民众，继续坚决奋斗，推翻帝国主义、国民党统治，争取中国革命最后胜利。

7月19日，牢房里早饭刚开过，敌人叫出赵世炎。赵世炎知道最后的时刻到了，他理了理穿在身上的一件半新西装，系好领带，扣好纽扣，从容得好像是去赴宴，走到牢门口，回过头来，扫视难友，点头告别。一出牢房，他就高呼“共产主义万岁！”“打倒新军阀蒋介石！”“工农兵联合起来！”的口号。刽子手们看到赵世炎在死亡的路上还是如此镇定，又听到赵世炎英勇的口号声，不禁为之战栗，连声狂叫：“砍，拿刀砍！”就这样，赵世炎为了革命、为了共产主义的事业，献出了宝贵的生命，年仅26岁。

安源铁矿工人俱乐部后期领导人黄静源，在险恶环境中不屈不挠，领导安源工人“二次罢工”。1925年五卅惨案后，安源路矿工人俱乐部成立了“青沪惨案雪耻会”，与安源理发工会、缝纫工会及安源市民联合举行了数千人的游行示威。一系列的工人运动逆势而上，成为湘赣地区一道亮丽风景。

1918年春，黄静源考入衡阳省立第三师范学校，入校不久，就结识了比他小两岁，却比他高一年级的蒋先云，两人都关心社会问题和国家命运，经常在一起讨论国家民族前途问题。1920年8月，毛泽东在长沙创办文化书社，黄静源和蒋先云等人随即在衡阳三师筹建了文化书社的经销部，联络进步学生，推销《共产党宣言》和《新青年》《每周评论》等进步刊物。同年冬天，黄静源和蒋先云在长沙见了毛泽东与何叔衡，并经他们介绍，加入了社会主义青年团。

1922年春天，蒋先云毕业，被中共湘区委员会派往长沙、安源等地从事工运工作，先后与李立三一起在安源路矿办学，领导了水口山矿工人大罢工，在罢工中，留在第三师范的黄静源积极组织衡阳各校力量进行援助，他给水口山矿送去了油印机，抄写罢工宣言，散发传单，还为罢工工人捐款捐物，有力地支援了水口山矿工人的罢工斗争。

1923年春，黄静源被中共湖南区委派到安源路矿从事工人运动，兼任工人俱乐部株洲办事处主任，同时担任中共安源地委委员。1925年初，黄静源被任命为安源路矿工人俱乐部副主任，领导了安源路矿“二次罢工”，迫使矿局发清了拖欠工人的工资。

工人的力量使路矿当局感到恐惧。1925 年 8 月，汉冶萍公司总经理盛恩颐勾结军阀，血腥镇压工人，将 5000 多名工人开除，由反动军队押解出境，对矿区进行军事管制。黄静源被押往萍乡赣西镇守使署，李鸿程此前在与安源工人的斗争中，多次领教过刘少奇、李立三、蒋先云、黄静源等工运领袖的厉害。此番见黄静源落到他手里，很是得意。李鸿程说：“只要你具结悔过，今后不再跟工人一起捣乱，我就可立即放你。”黄静源严词拒绝，他说：“办工会，是为了工人的利益。我黄静源是穷工人的兄弟，今天脱了牢笼，明天又要去搞工人运动。就是你们把我杀了，也还有人要搞，你阻止不了！”

李鸿程无计可施，下令用刑拷打，想从他身上找出安源地区党组织的线索，将共产党一网打尽。黄静源宁死不屈，没有吐露任何真相。20 多天过去，当局仍然一无所获，最后下了毒手。10 月 16 日下午，敌人将黄静源押回安源，在工人俱乐部门前将黄静源枪杀。临刑时，他不断高呼“打倒帝国主义！打倒军阀！打倒资本家！恢复工人俱乐部！”等口号。敌人气急败坏，下令开枪。黄静源饮弹倒地。当年的湘赣军阀不知是施虐成性，还是枪弹质量不过关，在枪杀革命者时常出现一枪不能杀死、延长痛苦的惨状。例如，杨开慧中枪后曾痛苦挣扎了数小时才牺牲。此番黄静源也是这样，辗转半小时，再补枪才牺牲。更为离奇的是任卓宣被抓去枪杀，竟从刑场上捡回一条命来。不过他被这经历吓破了胆，在二次被捕后直接叛变。

为了理想坚持奋斗、百折不挠，是早期工运领导人的工作常态。对于那个年代的共产党人来说，坐牢是家常便饭。很多革命先烈，进去就没能再出来，能够活着出来，那是难得的幸运。当年工运领导人被捕后能走出监狱的，也只有刘少奇、史文彬、邓发等少数人。

1929 年 11 月，邓发不幸被捕。面对严刑逼供，他铁骨铮铮，坚不吐实，被敌人打断一根肋骨。后经组织营救出狱，走出牢狱第二天，就要求分配工作。组织考虑他身体虚弱，让他休息，他说："党的事业是一刻也不能停止的，在监牢里，我已经休息过了。"

邓发是广东云浮人，幼年家贫，外出打工时结识了工运领导人苏兆征，从此跟随他走上革命道路，在香港海员大罢工、省港大罢工中表现英勇。他学历不高，但学习能力极强。参加革命的时候，只有初小文化，后来却成为中央党校校长。他主持创办了《中国工人》月刊，在中央机关刊物《新中华报》《解放日报》等上发表了上百篇理论文章。他主持中央职工委员会工作期间，贯彻党的以生产为中心的正确的工会工作方针，并参与领导边区工业生产。相继写了《论抗日根据地的劳动政策》《论抗日根据地职工会的基本任务》《中国工人阶级当前的任务》等文章，在牺牲之后，还有遗作《解放区职工会》在延安《新华日报》发表。邓发亲自发动和组织的赵占魁运动，是我国职工运动史上一个伟大的创举，是我党卓有成效地领导工业建设、群众运动的开端。从 1942 年至解放战争胜利，这一运动持续了六七年之久。

1946 年 4 月 8 日，他与王若飞、秦邦宪、叶挺等因飞机失事而牺牲后，毛泽东在悼念文章中评价道："数十年间，你们为人民事业做了轰轰烈烈的工作。今天，你们为人民事业而死，虽死犹荣。"周恩来说："邓发同志是工人队伍培养出来的领袖，为中国工人阶级联合战线，同时也为世界工人阶级联合战线建立了光辉的成绩。"毛泽东在延安各界追悼"四八烈士"大会的挽联中写道："天下正多艰，赖斗争前线，坚持民主，驱除反动，不屈不挠，惊听凶音哀砥柱；党中留永痛，念人民事业，惟将悲苦，化为力量，一心一德，誓将胜利慰英灵。"

何孟雄在一生革命生涯中，曾五次坐牢。1919 年 5 月 4 日，他随北京大学同学前往天安门游行集会，参加了火烧赵家楼的行动。6 月 3 日在街头演讲时被反动军警逮捕，经各方营救得以出狱。

1920 年 5 月 1 日，北京大学举行纪念国际劳动节大会，何孟雄响应李大钊的号召，带领七位同学，分乘两辆汽车，开往市区散发《北京劳工宣言》等传单，再次被反动军警逮捕，直到 5 月 17 日才经李大钊等出面营救获释。

1921 年 4 月，少共国际在莫斯科召开第二次代表大会，北京社会主义青年团推荐何孟雄为代表赴会，在赴俄途中由于北洋政府一名密探告发，在满洲里被捕，第三次入狱。6 月，经李大钊设法在黑龙江省督署联系，请北京大学校长蔡元培先生出面保释，何孟雄才获释出狱。

今天我们很难想象，当年的革命者是凭着怎样的决绝意志把监牢当作修炼之所。湖南劳工会领袖黄爱曾说过，现在的青年宜多过监狱的生活，进一次监狱，革命的心就紧一次。施洋在狱中写下有名的《伯高狱中七日记》，称“盖凡天将降大任于斯人也，必先苦其心志，劳其筋骨，饿其体肤，空乏其身，行拂乱其所为。所以动心忍性，增益其所不能，必先苦中苦，然后才能人上人。我今天坐牢，正修精养锐之机会，钻研锻炼之良辰。此我所以觉其乐而不觉其苦也。”在日记的最后，还作诗一首《监狱乐》：“人人都说监狱苦，我坐监狱反觉乐。不要钱的饭，给我吃个肚儿圆；不要钱的衣，给我穿个鼓囊囊。”表现了他的革命乐观主义精神。

陈独秀更是断言：“世界文明发源地有二，一是科学研究室，一是监狱。出了研究室就入监狱，出了监狱就入研究室，这才是人生最高尚的优美生活。这两处发生的文明才是真文明，才是人类有价值的文明。”他一生被捕五次，坐牢多年，但从未改变信仰。在国民党的法庭上，章士钊主动替他辩护，但陈独秀却并不领情。当听到章士钊替他开脱“托洛茨基派与国民党取掎角之势以清共”时，脸色大变，严词声明：“章律师之辩护，全系其个人意见，并未征求本人同意。至于本人之政治主张，应以本人文件为根据。”尽管陈独秀在党的历史上犯过严重错误，但他信念之坚定、意志之坚决，相比当时和后世那些软骨头叛徒，还是令人由衷地敬佩。

“砍头不要紧，只要主义真”，没有一大批忠于真理、不怕牺牲、英勇斗争的中华儿女，就没有中国共产党，也就没有新中国，更没有今天我国的发展进步。新中国是无数革命先烈用鲜血和生命铸就的，红色政权来之不易，新中国来之不易，中国特色社会主义来之不易。一代又一代共产党人英勇奋斗，成千上万烈士献出了宝贵的生命。“敌人只能砍下我们的头颅，绝不能动摇我们的信仰”，这些视死如归、大义凛然的誓言表达了共产党人对远大理想的坚贞。新中国成立后，牺牲生命、考验信仰的境况不多了，但是在建党百年之际、“两个一百年”奋斗目标的历史交汇点上，要把我国发展得更好，依然离不开理想信念的力量，更加需要发扬斗争精神。

知重负重，不屈不挠

人生最严峻的考验，莫过于生死，还有比这更严峻的，那就是时刻处在生死考验中，而不知道它哪一天会来临。

1934 年 10 月，中央主力红军被迫长征，项英和陈毅根据中央的决定，留下来领导南方红军游击队坚持斗争。项英担任中央苏区分局书记，陈毅担任中央苏区办事处主任。从此开始了艰苦的三年游击战争。

项英在搞工运时，就多次担当“收拾摊子”的角色。二七大罢工失败后，林祥谦、施洋遇害，史文彬、高斌被捕，张国焘化装逃离武汉，京汉铁路总工会委员长杨德甫叛变投敌，负责财务的张连光携款潜逃。只有项英坚持下来，克服千难万险，安顿林祥谦的孀妻幼女，到国会作证揭露吴佩孚的暴行，还编写了《二七工仇》，讴歌二七烈士的崇高革命气节。美国记者埃德加·斯诺评价道：“项英是从坟墓里爬出来的铁人。”

红军长征后，项英命令所有共产党员、革命军人都必须坚持斗争，不许任何人在党中央和主力红军还没有离开苏区前搞疏散。他要求机关工作人员正常对外办公，处理公务，以迷惑敌人，掩护红军主力转移。直到一个月之后，国民党才明白红军主力已经转移了。项英下令埋掉电台、烧掉密码，指挥部队分九路突围，开展游击战争。在国民党军持续发动军事“围剿”、经济封锁和实行政治瓦解、隔离政策的困境中，指挥红军游击队出生入死，进行了艰苦卓绝的斗争。

蒋介石攻入苏区后，实行了残酷的屠杀政策，叫嚣“房子要过火，石头要过刀，人要换种”。在艰苦的游击战争岁月，敌人采取搜山、烧山、移民、封坑包围等手段，进行最残酷的“围剿”。1936 年冬天，陈毅在梅山被围 20 余日，生命安危系于一发。“虑不得脱，得诗三首留衣底”，即为豪迈的《梅岭三章》。“断头今日意如何？创业艰难百战多。此去泉台招旧部，旌旗十万斩阎罗。”可谓壮怀激烈，气势磅礴，堪称共产党人的“正气歌”。陈毅、项英和战友们风餐露宿，昼伏夜行，依靠群众的支援和掩护，开展灵活的游击战争。他们制定了“依靠群众，坚持斗争，积蓄力量，创造条件，迎接革命高潮”的方针，以油山和北山为主要根据地，指挥全军与敌周旋。

不久后，原中央军区参谋长龚楚叛变，出任“剿共游击司令”，制造了袭击北山游击区、致使我军 50 多名游击队员和干部当场牺牲的“北山事件”。这时红军战士内部也有失败情绪。项英、陈毅对战士们进行气节教育说：“目前南方的游击战争非常艰苦，打死、病死、饿死随时都可能发生。身体弱的、跑不动的、不能坚持的，可以自愿回家，我们发给路费。不过出去了，要站稳立场，不要叛变，不要去当反革命，不要翻脸为仇。不要不辞而别，要握手告别，后会有期。出去了，待不住，愿意回来的可以回来。”

项英与陈毅领导赣粤边游击区军民，先后挫败了国民党五次大规模的“清剿”。在最困难的环境下，坚持了三年的游击战争，不仅巩固了原有的游击根据地，锻炼了 300 余名游击战士，保存了大批经过考验的干部。而且正是因为他们的存在，使人们始终意识到共产党还在、红军还在。国民党原定的三个月结束“清剿”的任务，不得不改为一年，最后改为无结束期的“长期清剿”。后来，中共中央政治局作出《对于南方游击区工作的决议》，肯定项英及南方各游击区同志“长期艰苦斗争精神与坚决为解放中国人民的意志，是全党的模范”。

疾风知劲草，板荡识诚臣。陈潭秋是知重负重、不屈不挠的典型代表。

周恩来曾说过，潭秋同志一生的革命经历有一个很大特点，经常受命于危难之时。他顾大局，不计较个人得失，每次都能在形势非常不利的情况下正确应对，挽救危局，避免和减少了党的损失。

1920 年春，陈潭秋和董必武、刘伯垂等 7 人创建武汉共产主义小组，组织马克思主义学说研究会，又创办了私立武汉中学。对他的学生说：“不懂得马克思主义，不懂得十月革命，就等于是聋子、瞎子，找不到路。”1921 年 7 月，他与董必武参加了中共一大。

在开展工人运动时，陈潭秋深入江岸铁路工人中，亲自找林祥谦等工人促膝谈心，启发他们的阶级觉悟。林祥谦有了阶级觉悟后，要求加入党组织，并和项英等出面组织建立工人俱乐部，担任了江岸分工会的委员长。在他周围团结了曾玉良、姜绍基等一批积极分子。由于陈潭秋、董必武等的推动，1921 年 9 月，粤汉铁路武长段工人首先进行罢工并取得斗争的胜利，由此引发了武汉地区一系列的工人罢工斗争，其中包括汉阳钢铁工人罢工、汉阳兵工厂工人罢工、汉口英美烟厂工人罢工等，直至 1923 年 2 月京汉铁路全线大罢工，掀起了武汉地区第一次工人运动的高潮。

在二七大罢工中，陈潭秋以新闻记者的身份出席了在郑州举行的京汉铁路总工会成立大会。2 月 4 日，京汉铁路全线大罢工。陈潭秋参加领导了武汉的罢工斗争。当罢工遭到反动当局血腥镇压时，陈潭秋临危不惧，始终战斗在江岸指挥部。二七惨案发生后，敌人公开缉拿追捕陈潭秋，陈潭秋被迫转入地下。

陈潭秋革命生涯中，除了在莫斯科待了 3 年多、在新疆待了 3 年多（含坐监）外，工作调动十分频繁，职务变动有上有下，经常是哪里艰苦哪里去，哪里险恶哪里去。每次他都是无条件地服从，并且以积极的态度投入工作。

1927 年，江西省的党组织存在严重问题，党派陈潭秋去整顿组织并任省委书记。李大钊牺牲后，中共北方区委遭到严重破坏，中央政治局常委会决定建立顺直省委，代号为“盛智僧”。1928 年 10 月，党中央决定由陈潭秋、刘少奇、韩连惠代行北方局的领导工作。从三人的名字中各抽一字，组成代号“潭少连”。在当时秘密环境下，党组织这种代号还有很多。例如上海中央局各机关部门，组织部叫“司徒博牙科医院”，宣传部叫“震旦大学”，秘书处叫“老太爷”，中央特科叫“新新”，交通站叫“信健”，招待处叫“萃芙学校”。1930 年，满洲省委被敌人破坏，党中央派陈潭秋前去收拾残局，出任满洲省委书记，重建党的组织。同年年底，他在哈尔滨被捕，在狱中仍坚持斗争，于 1932 年 7 月被党组织营救出狱。1933 年初，他来到中央苏区，先后担任中共中央党校党委委员、中共福建省委书记、中央苏区第一任粮食部部长。在第五次反“围剿”斗争十分艰难的境况下，在并不富庶的革命根据地筹足了红军和苏维埃政府急需的粮食，保障了红军长征的胜利。

1934 年 10 月，中央红军主力长征后，陈潭秋奉命留守江西，任中共中央苏区分局委员兼组织部部长，协助中央苏区分局书记项英领导南方各地游击战争。在武汉领导工运时，他是项英的领路人，如今项英成了他的上级，但他毫不介意，一心一意投入工作。1935 年 2 月，陈潭秋率红军翻越武夷山西进，不幸被国民党部队重重包围，在战斗中何叔衡受伤跳崖壮烈牺牲，瞿秋白不幸被俘英勇就义。陈潭秋沉着镇定地说：“共产党人是铁打钢铸的，即使遇到天大困难，也要杀出一条血路来。”他亲自持枪上阵，率领警卫班与敌血战，最后只剩下孤身一人。敌人蜂拥而上，他急中生智，把随身带的银圆就地撒出去，趁敌人哄抢之际，从山顶上逃走，他从山上滚到山脚下，右耳受伤，血流不止，最后找到一个山洞隐蔽了起来。敌人撤走后，成功突围的同志和当地群众在山洞里找到了已经昏迷的陈潭秋，用担架把他抬回营地。

后来，陈潭秋的伤口开始化脓，情况十分危急，党组织决定派人护送他离开闽西，前往汕头治伤，治疗一段时间后又将他转移到香港，在香港稍事停留后前往上海医治。伤势稍好，他便跟从长征途中来上海的中共中央政治局委员陈云以及瞿秋白夫人杨之华等一起前往苏联，出席共产国际第七次代表大会。此后，陈潭秋作为中国共产党驻共产国际代表团成员留在莫斯科。因为失去了右耳，此后他的照片多为左侧照。

1939 年，他临危受命，来到新疆与盛世才周旋。

正如他曾经说过："我是绝不怕死的。不过，这好像是命中注定了的。在东北，结束了满洲省委的工作；在莫斯科，清理了一个学校的摊子；看来，这次新疆的摊子，又轮到我来收了。"1939 年 5 月，陈潭秋从莫斯科列宁学院学习回国，途经迪化（乌鲁木齐）时，正逢中共中央驻新疆代表和八路军驻新疆办事处负责人邓发调回延安，他根据中共中央的指示留在新疆，化名徐杰，投入一场新的战斗。

此前，新疆军阀盛世才通过伪装，骗取苏联和中国共产党的支持。中国共产党从抗日的大局出发，应盛世才的邀请，陆续派出一批干部到新疆工作，使新疆的政治日益走向进步；经济文化建设得到较大的发展。苏德战争爆发后，盛世才观察风向，认为苏联必败，遂公开撕下了进步人士的伪装，全面倒向国民党。陈潭秋对此洞若观火，一方面和毛泽民、林基路一起，同盛世才展开有理、有利、有节的斗争，另一方面多次向延安和共产国际建议撤离。但由于共产国际误判形势，迟迟不作决策，等到情势败坏已不可收拾，才下令撤退。陈潭秋拟定了一份撤退名单，把一百多位中共人员及家属分成三批：第一批是高级干部和党在新疆培养的军事技术骨干；第二批是在新疆养病和从延安到莫斯科往返路过暂时停留的同志；他自已和八路军办事处的工作人员则列在最后一批。其他同志撤走后，他已来不及撤离。1942 年 9 月 17 日，盛世才派军警包围了八路军办事处，将陈潭秋、毛泽民、林基路等同志逮捕。1943 年 9 月 27 日，陈潭秋被秘密杀害于狱中，时年 47 岁。

他的夫人徐全直在 1933 年 6 月 20 日被国民党抓捕，1934 年 2 月 1 日在南京雨花台被杀害，年仅 31 岁。在中共一大代表中，夫妇皆为革命烈士的唯陈潭秋一人。

由于消息不通，延安方面只知陈潭秋被捕，不知他已经遇害。在后来的国共谈判中，还多次提出释放陈潭秋的要求。1945 年 4 月，中国共产党召开第七次全国代表大会，仍选举他为中央委员。这时，距党的一大召开已经过去了二十四年，在中共七大上当选的 44 名中央委员中，党的一大代表仅剩三位：一是毛泽东，得票第一；二是董必武，得票第七；三是陈潭秋，得票第十一。这名特殊的七大中央委员虽无缘见证中共七大召开的盛况，但他用自己的生命给“什么是共产党员”作了最生动的诠释。

著名的“刑场上的婚礼”的主角周文雍、陈铁军夫妇，本来可以避免一死的。然而他们为了神圣的使命，宁可带着组织的误解，再赴虎穴，向死而行。

他们牺牲的背景是这样的：

四一二政变之后，蒋介石、汪精卫相继背叛革命，对共产党人举起了屠刀，共产党被迫拿起武器拼死斗争。八七会议纠正了陈独秀的右倾路线，确立了武装斗争的道路，在与敌人拼杀中的共产党，表现出奋不顾身甚至是同归于尽的气概。但是，当时党毕竟处于幼年时期，尚未摸索到革命斗争的规律，南昌起义和秋收起义相继受挫之后，临时中央仍不肯承认革命处于低潮。对大革命失败负有重要责任的共产国际，此时不顾敌强我弱的形势，指令中共以城市为中心展开暴动。

广州起义就是在这样的背景下仓促发动。应该说，广东是当时革命基础最雄厚的地区，大革命在这里发生，许多工农群众加入了共产党和工会、农会组织。加之当时回到广东的北伐军将领张发奎需要利用工农力量，所以尚未公开反共。张发奎手下的教导团由叶剑英掌握，是一支重要的武装力量，这都是起义的有利条件。为此，中共中央政治局委员张太雷和共产国际代表纽曼认为这是暴动良机，遂于 11 月下旬决定发动广州起义。周文雍协助省委书记张太雷草拟起义政纲和口号，并被任命为广州武装起义总指挥部行动委员会委员，兼任工人赤卫队总指挥。

应该承认，这一计划并不成熟。且不说敌强我弱的大势，就军事准备而言，张太雷军事经验不足，另一位主要负责人广州市委书记黄平，也只是一介书生。他们只能听共产国际代表、德国人纽曼的命令。而纽曼简直是个“洋赵括”，生搬俄国革命模式，主张像十月革命那样举行总同盟罢工，进而发展为城市暴动，夺取政权，成立苏维埃，复制苏联的胜利模式。他们哪里知道，中国革命根本没有可以复制粘贴的经验。不知出于何种考虑，他们在策划暴动时，居然没有让叶挺、叶剑英等军事干部参与。叶挺在起义前几小时才被匆匆派往广州，这使得暴动从一开始就处于混乱和无计划状态。

12 月 11 日凌晨 3 时 30 分，在张太雷、叶挺、恽代英、叶剑英、杨殷、周文雍、聂荣臻等领导下，广州起义爆发了。周文雍率领的赤卫队员基本上是赤手空拳，尽管如此，大家还是勇敢地投入战斗。经过激烈战斗，赤卫队攻占了警察局，打开军械库，把枪发给参加起义的工人群众。叶剑英率领的教导团控制了观音山制高点，暴动成功了。

第二天，广州苏维埃政府诞生了。周文雍把一幅红布横额挂在公安局的门楼上，上面是他亲笔书写的七个大字：广州苏维埃政府。一面镰刀、铁锤的大红旗高高飘扬在总指挥部的顶楼上。

这时，反革命势力纠集力量向新生的苏维埃政权反扑。张发奎调动军队向广州市区开进，形势对起义军极为不利。叶挺、叶剑英主张趁国民党军主力没有包围广州之前，连夜撤向海陆丰，同南昌起义军余部会合。但纽曼认为起义只能以城市为中心，而且必须“进攻，进攻，再进攻”，退却就是“动摇”。在这样明显的敌强我弱的情势下，起义军陷入被动。在战斗中张太雷不幸牺牲。12 月 13 日，起义军总指挥部紧急命令撤出广州。周文雍带领一支赤卫队，奋勇死战杀出一条血路，撤离广州，到了香港。

广州起义失败后，共产国际面对严峻形势，不肯检讨自身的失误，而且仍不承认失败。李立三被任命为广东省委书记，赴港主持工作。李立三性格急躁，到任后挥舞惩办主义的大棒，严厉批评了黄平、恽代英、叶挺、陈郁、杨殷、周文雍等人，对广州暴动领导班子作出集体处分：周文雍被开除省委委员、广州市委委员职务；黄平、恽代英、叶挺、陈郁、杨殷等也都受到了撤职、留党察看等不同程度的处分。随后，李立三继续采取冒进态度，把周文雍等参加过广州暴动的幸存干部再次派回广州，让他们“戴罪立功”，重新组织暴动。

黄平对李立三的处分不服，去上海向中央申诉，没有返回广东，因而保住了性命。后来黄平被捕，变节脱党。周文雍等人明知回到敌巢后面临的是什么，然而他没有抱怨，而是以党的事业和革命利益为重，勇敢地冒着白色恐怖再度涉险。

1928 年 1 月，广州起义失败一个月后，周文雍打扮成南洋华侨商人，在海员的掩护下返回广州。周文雍和陈铁军假扮夫妻，按组织要求找寻失去联系的同志，周文雍还化装成苦力工人去找工会骨干，重新组织工人继续进行斗争。

1928 年 1 月 27 日，农历正月初五，因叛徒告密，国民党广州卫戍司令部抓捕了周文雍等人。就在他们不久前曾经攻占的公安局，警察局局长朱晖日亲自提审，对他们严刑拷打，但是他们始终坚贞不屈。周文雍痛快地承认了他是广州暴动三领袖之一，承担了一切责任，并强调陈铁军没有参与他的活动，是无罪的。但国民党当局“宁可错杀三千，不可放过一人”。法官宣布判处周文雍、陈铁军死刑，执行枪决。

临刑前，周文雍还在牢房的墙上写下了一首绝命诗：

头可断，肢可折，革命精神不可灭。

壮士头颅为党落，好汉身躯为群裂。

革命者知重负重的牺牲精神，还体现为一种明知山有虎偏向虎山行的勇敢与决绝。如果说他们被捕牺牲，还有几分意外成分的话——我们时常设想，假如没有叛徒出卖、假如他们当时再谨慎一些、假如敌人多耽搁一会儿……先烈们的结局、中国革命的结果会不会有所不同？那么在另外一种情况下，对于很多革命者来说，这种意外的可能性几乎不存在。他们中的很多人，对斗争的结果十分清楚，尽管明知前进一步就会迈向死亡，他们还是怀着必死的决心挺身而出。

1927 年 4 月 11 日，上海总工会委员长汪寿华接到了上海滩杜月笙的请帖，邀请他去赴宴。所有的人都看出，这是一场“鸿门宴”。

汪寿华给后人的印象，更像是一位仗剑冲锋、奋勇拼杀的斗士，然而他最初是一位地地道道的书生，出生于浙江诸暨一个旧知识分子家庭，1917 年秋考入浙江省立第一师范学校，这是中国建立最早的六大著名师范学校之一，也就是如今的杭州师范大学。入学之后，他成为《共产党宣言》的译者陈望道的学生。我们今天还能够看到他求学期间的日记，记载了他勤奋学习的情形。如果沿着这条路走下去，他一定会学有所成。但当时的社会放不下一张平静的书桌，他在尝试了一段时间的“工读互助”之后，远赴俄国探寻革命道路，俄国十月革命成功不久，汪寿华集合同志组织“留俄团”，到俄国考察政治经济社会情况。1921 年抵达海参崴，在伯力一带华工中创办工人补习学校，向他们宣传马克思主义。1923 年被选为赤塔远东职工会中国工人部主任，次年又被推为海参崴职工苏维埃委员。1924 年底，汪寿华奉命回国，赴上海参加中共四大。他先后担任中共江浙区委（上海区委）常委、农工部主任、职工运动委员会书记。在革命洪流中走上武装斗争的道路。先后参与指挥了上海工人三次武装起义，从一位负笈书生彻底变成了仗剑斗士。

在李立三、刘少奇被迫离沪，刘华牺牲后，汪寿华挑起了上海总工会代理委员长的重任。第二次武装起义失败后，党总结经验教训，积极准备第三次起义，汪寿华“专作政治活动，与小资产阶级周旋”。起义开始前，汪寿华曾请北伐军东路总指挥白崇禧派部队配合工人起义，内外夹攻，消灭军阀。但白崇禧已接到蒋介石密令，按兵不动。汪寿华知道后十分气愤地说：“他们不来，我们自己干！”

1927 年 3 月 21 日，上海工人第三次武装起义爆发。战斗打响后，汪寿华亲临战斗最激烈的闸北，与周恩来、罗亦农、赵世炎等并肩指挥。经过 36 小时的激战，终于取得了武装起义的胜利，解放了除租界外的上海市区。

起义胜利的当天，在上海南市召开了有 4000 多人参加的第二次市民代表会议，汪寿华当选为临时市政府委员。此后，上海工人运动发展迅速，至 3 月底，加入总工会的工会即达到 502 个，会员 82 万人；工人纠察队 14 个大队共 2700 人，拥有机枪 20 多挺、步枪 4000 余支。这是一支令各方反动势力忌惮的力量。

蒋介石和帝国主义、大资产阶级和帮会流氓互相勾结，策划反革命政变之时，上海工人武装是他们的眼中钉。黄金荣、杜月笙能盘踞上海多年，其狡猾程度非一般常人可比。当胜负尚未见到分晓时，他们采用江湖上“刀切豆腐两面光”的手法，保持中立，观望等待。当看到共产党势大，工人起义竟然攻占了上海，又提出愿意保护工会，向共产党靠拢。现在，他们看到蒋介石得势，马上又见风使舵，站到了国民党反动派一边。其中杜月笙反共最为坚决，他对黄金荣说：“共产党胜利了，我们绝不会在这个‘共产’的政权中得到好处。与其这样，还不如全力与国民党合作反共，使国民党取胜，才有前途。”于是，上海帮会决定投靠国民党。

当年上海工人中加入各类帮会的比例很高，所以作为工人领袖的汪寿华与帮会势力颇为熟悉，此前与杜月笙也确实有过“交情”，甚至据传在青帮内还有一定的辈分。接到请帖后，汪寿华即向组织上作了汇报。罗亦农等人劝汪寿华不要去。徐梅坤是上海地下党“四大金刚”的老大，自愿代他前去赴会。汪寿华也知道危险，但他认为自己不亲自去，流氓帮会在工人群众中会嗤笑我们。工人纠察队总队长顾顺章这时还没有叛变，他提议即使去也至少要带一个排的人去。汪寿华泰然表示：“我过去常和青洪帮流氓打交道，为了党和工人阶级的利益，宁愿牺牲一切。”

为安全起见，组织上决定由李泊之陪同前往。两人到达杜宅时，汪寿华要李泊之在杜宅附近等他，如果两小时他还不出来，即有意外，要李泊之立即报告组织。进入杜宅后，汪寿华即被杜月笙指使手下流氓芮庆荣、高鑫宝、马祥生和叶焯山等人打昏后装入麻袋，残忍活埋于沪西枫林桥。牺牲时年仅26岁。

第二天，蒋介石悍然发动四一二反革命政变，工人运动遭到血腥镇压。

在汪寿华赴难之前一个月，1927年3月6日，赣州总工会委员长陈赞贤同样接到了国民党赣县县长郭巩的“请帖”——是一张开会通知。他也自知赴会即是赴死，但还是毅然决然地前往。

在此之前，陈赞贤与国民党反动军阀已有过多次交锋，敌人对他软的硬的已来过多次。

1926年10月，陈赞贤担任中共赣州特别支部书记、赣南十七县工农运动指导员，负责筹建赣州总工会。他深入各行各业工人群众中去，宣传组织工会的意义和作用，创办了“赣南工农干部训练班”和“青年干社”，发动工人参加工会。在陈赞贤策动下，赣州工人运动迅速发展，不到一个月就成立了56个基层工会，会员达1800人。1926年11月，召开了赣州工人第一次代表大会，成立赣州总工会，陈赞贤被选为赣州总工会委员长。

1926年11月7日，陈赞贤领导赣州钱业店员300多人举行罢工，给资本家以沉重打击。这是赣州工人运动史上第一次有领导、有组织的罢工斗争。

资本家采取软硬兼施的阴谋手段，千方百计破坏罢工。他们一方面造谣中伤陈赞贤，另一方面又企图拉拢腐蚀他。陈赞贤不为谩骂所吓倒，也不为收买所动摇。资本家接二连三送来请帖，他起初批下“敬谢”二字退回。后来干脆在报纸上发表启事：“近因工作繁忙，各界请酒应酬一律谢绝心领。”资本家又来劝陈赞贤：“你要办工会请到别处去办吧！只要你离开赣州，商会方面愿以四万元相赠。”陈赞贤答复道：“我来赣州办工会是奉全国总工会的指派，革命者不是为钱。”最后迫使资本家接受工人提出的条件，罢工取得完全胜利。

资本家把陈赞贤看作眼中钉、肉中刺，必欲除之而后快。他们派代表赴南昌向蒋介石告状。蒋介石遂以这些诬告为借口，调新编第一师“绥靖赣南”。新一师的党代表倪弼到赣州后，蓄意制造摩擦，寻衅肇事。

1926 年 12 月 30 日晚，洋货业的学徒张虎前往二女师观看文明戏，被拒之门外。张虎气愤之下，拾起土块在墙外面写了“打倒二女师！”等口号。二女师校长欧阳魁添油加醋地向倪弼汇报，倪弼指使欧阳魁小题大做、制造事端，然后以解决纠纷为借口，妄图胁迫解散赣州总工会。陈赞贤拒绝出席会议，倪弼亲自带领 20 多个士兵包围和搜查了赣州总工会，由于陈赞贤避居在外，幸免于难。

针对倪弼的倒行逆施，陈赞贤组织赣州工人代表团到南昌向国民革命军总政治部请愿。总政治部副主任郭沫若三次呈报蒋介石，要求撤换倪弼。全国总工会也多次函请总司令部查办倪弼。蒋介石表面答应将倪弼调开，可暗地里却给其手令，命他杀害陈赞贤。

鉴于赣州形势紧张，国民革命军第二军政治部主任李富春关心陈赞贤的安全，准备调他去别县工作。陈赞贤坦然地说：“革命就会有牺牲，我陈赞贤死了，还有第二、第三个陈赞贤，必定会有无数的工人领袖出现。”

倪弼对陈赞贤恨得咬牙切齿。他指示县长郭巩以开会为名，在会上捉拿陈赞贤。陈赞贤接到开会通知后，党组织劝他不要去。陈赞贤说："我既然回到赣州来了，就不打算躲避他们！"

1927年3月6日晚，赣县政府西花厅的两厢布满了荷枪实弹的士兵，倪弼、郭巩早已凶神恶煞地坐在花厅之上。陈赞贤踏进西花厅，傲然屹立。倪弼威胁陈赞贤，要他签字解散赣州总工会。陈赞贤轻蔑道："头可断，血可流，解散总工会的字我不签。"倪弼出示了蒋介石密令，恶狠狠地说："蒋总司令有令在此，今晚要枪毙你。"话音刚落，新一师秘书胡启儒、反动军官陆剑鸣迫不及待地朝陈赞贤开了两枪。陈赞贤怒目圆睁，中弹不倒，朝倪弼扑过去。倪弼、郭巩等大为惊恐，又纷纷朝陈赞贤开枪。陈赞贤身中18弹，倒在血泊中。

这是蒋介石公开反共打出的第一枪，也是后来四一二反革命政变的先声。

陈赞贤倒下了，姚有光站了出来。姚有光，1906年10月24日出生。1924年8月加入社会主义青年团。1926年3月加入中国共产党，任中共新干县支部委员，新干县农民协会青年部部长。1927年担任新建、新干、峡江3县农运特派员。在陈赞贤牺牲后的第二天，姚有光亲自主持召开新干县总工会追悼陈赞贤烈士的筹备会议。20日，冲破国民党右派的种种阻挠，各地工会代表在县城准时举行陈赞贤烈士的追悼大会，会后组织示威游行。姚有光走在游行队伍的最前面，并高喊着："陈赞贤烈士的鲜血洗亮了我们的眼睛，血债要用血来还！革命洪流汹涌澎湃、势不可当！"

四一二反革命政变后，姚有光奉命调省农协工作，为安全出境，他巧妙地躲在辣椒麻袋里乘坐木排下南昌，躲过国民党的搜捕。8月1日，姚有光参加了南昌起义，后服从组织决定，留在南昌进行地下革命活动。在地下斗争岁月里，他写过一首充满革命乐观主义的打油诗：

我是新干姚有光，轻摇竹筏往南昌。

多谢你们有心送，到处设卡和站岗。

11 月初，姚有光不幸被国民党搜捕，11 月 21 日被秘密枪杀。临刑前，他慷慨高呼："吾为共产主义而死，死吾一人，便有千百万个共产党人出现！"

在江西这片充满红色记忆的热土上，这样为了理想、为了信念，知重负重、不屈不挠的烈士，又何止陈赞贤、姚有光，这里到处传颂着革命先烈可歌可泣的英雄事迹，刘仁堪烈士就义前，敌人残忍地割下他的舌头，他仍然用脚蘸着流下的鲜血写下"革命成功万岁"。方志敏在狱中写下《可爱的中国》。江善忠烈士留下血书"死到阴间不反水，保护共产党万万年"。他们为了理想信念慷慨赴死，靠的是坚定的信仰。今天，像过去战争年代那种血与火、生与死的考验少了，但是新的考验仍在继续。没有坚定的理想信念，很容易在乱云飞渡的复杂环境中迷失方向，在泰山压顶的巨大压力下退缩逃避，在糖衣炮弹的进攻下缴械投降。在新时代，我们必须从红色基因中汲取强大的信仰力量，做共产主义远大理想和中国特色社会主义共同理想的坚定信仰者和忠诚实践者。

坚持原则，敢于斗争

马克思主义正是在与其他错误的思想理论斗争中成长成熟起来的。毛泽东认为：“马克思主义必须在斗争中才能发展，不但过去是这样，现在是这样，将来也必然还是这样。正确的东西总是在同错误的东西作斗争的过程中发展起来的，这是真理发展的规律，当然也是马克思主义发展的规律。”当年革命者们忠于真理，坚持原则，不仅体现在面对敌人屠刀的时候，而且体现在面对党内错误路线的时候。相比之下，后者更为难能可贵。

在对敌斗争中，最坏的结果不过一死，而在党内坚持原则，有时却要面临比死亡更为痛苦的精神压力。

中华全国总工会委员长苏兆征，一生磊落，不仅在对敌斗争中英勇顽强，在党内大是大非问题面前也是不畏强权、坚持真理，敢于“亮剑”。大革命失败后，他在中共六大发言中，曾针对陈独秀存在家长制作风的错误进行了批评。在党的全国代表大会上公开点名批评党的领导人，批评党内的错误，表明了他对党的忠诚。如果说陈独秀当时已经失势，可以大胆批评的话，那么他在苏联工作期间，王明正炙手可热，苏兆征同样敢于坚持党性原则，坚决同王明的错误开展斗争。当时王明在党内大搞宗派活动，假借“江浙同乡会”之名打压反对他的中国留学生，开除了12名留苏学生的党籍团籍，逮捕4人，一时气势汹汹。苏兆征以中共代表团代表的身份，参与了联合审查委员会的重新审理工作，他调查了事件真相，据理力争，平反了这一冤假错案。

以苏兆征的威望和革命资历，对王明提出批评，他虽不高兴，亦无可奈何。但是对其他人，王明却施以无情打击。何孟雄的最后一次入狱，某种程度上和他的三次反“左”有直接的关系。

1927 年之后，党内曾经有过三次“左”倾路线错误，分别是瞿秋白的“左”倾盲动路线，李立三的“左”倾冒险路线和王明的“左”倾教条路线。何孟雄与之进行了不妥协的斗争。

何孟雄重视理论，更重视实践。他在大革命失败以后，被调任江苏省委委员、农委秘书和省委巡视员，分管农民运动。他通过对农村的实际调查，认识到土地革命是中国革命的中心问题。在工作实践中，他最早提出了“农村包围城市”的斗争策略。于 1930 年以周子敬为笔名，给《红旗》写了一封《子敬来信》，提出了农村“联合起来包围城市，封锁城市，用广大的农村革命势力以向城市进攻，必然可以得着胜利”的中国式革命道路的主张。与毛泽东的“农村包围城市，武装夺取政权”的实践互为印证，被证明为一条正确的道路。

而当时中央领导人李立三却不这么想，他把乡村比喻为统治阶级的四肢，而城市为统治阶级的头脑与心腹，只有斩断他的头脑，炸裂他的心腹，才能最后致他于死命。头脑发热的李立三认为革命形势正在走向高潮，党的策略应该是“准备进攻”，要发动全国总暴动，实现“会师武汉、饮马长江”的宏愿。为了实现这一目标，李立三把党的组织和共青团、工会等组织统统合并为“行动委员会”，一心一意要搞大的行动。结果使得在蒋介石屠杀之后剩下的为数不多的党员和工会会员再次遭受巨大的挫折和损失。最低潮的时候，赤色工会会员人数比党员还要少。针对李立三的“左”倾主张，何孟雄从实际经验出发，认为这条路线“再执行下去会葬送中国革命”，为此进行了有理有据的反驳。在此之后的两年多时间里，何孟雄接二连三地受到排挤打击，被扣上“调和派”的帽子，职务一贬再贬。

1928年11月，中共中央指示江苏省委合并党、团和工会的组织，成立“行动委员会”。何孟雄不同意用“行委”来代替党、团组织，于是被从江苏省委调到上海沪西区委工作，后又担任沪东、沪中区委书记。1930年6月11日，中共中央政治局通过了《新的革命高潮与一省或几省首先胜利》的决议，标志着“左”倾冒险主义路线占了统治地位。何孟雄心急如焚，向党中央反复阐述自己的政治观点。就在此时，各地相继传来武装暴动和进攻中心城市失败的消息。由于暴动，很多党组织暴露，大批党员被杀害，仅上海地区，秘密党员就由2000余人减少到600余人。红军力量和革命根据地也遭到严重损失。李立三的错误路线只实施了半年左右时间，1930年9月24日，中共中央召开六届三中全会，结束了“立三路线”在中央的统治。在事实面前，李立三开始认识到自己的错误，接着离开了中央领导岗位。中央政治局作出《关于何孟雄同志的决议》，指出“何孟雄同志政治意见一般是正确的”。

但何孟雄的境况并未因此好转。1931年1月，在中共六届四中全会上，共产国际代表米夫扶持王明等掌握了中央领导权。王明上台后，表现出比李立三更“左”的教条主义路线，而且王明以“理论家”面目出现，据说他可以将马列著作倒背如流，因而他的路线表现得更系统化、理论化，对革命的危害也更大。何孟雄再次挺身反对，不仅向共产国际写信控告，还和罗章龙等出席党的六届四中全会的16位代表发表《反四中全会代表告同志书》，发动了一场反对王明上台的斗争。

李立三虽然性格火暴，但还是个坦诚讲理的人，在事实面前能够勇于承认错误。1930年12月，李立三在共产国际执行委员会主席团会议上检讨时也提到了何孟雄，并且以敬佩和歉意的语气说：“党内只有他一个人公开来反对我的错误，根据这一点来责备他右倾是没有理由的。”王明则没有李立三那样的态度，他利用权力，给何孟雄扣上“右派”“右倾机会主义代表”“反党”“反国际”等政治大帽子，批判数度升级，停发何孟雄一切生活和工作经费。甚至何孟雄牺牲后，仍遭到王明的批判，戴着“右派”的帽子。直到1945年4月20日中共六届七中全会通过《关于若干历史问题的决议》，才对他作出了公正的评价。毛泽东后来赞扬何孟雄两次挺身而出反对“左”倾错误时说：“谁敢反？立三有权的，王明还有个米夫，反他们是不容易的。”

林育南也是带着苦闷入狱的。李立三执行“左”倾冒险路线，不顾敌强我弱的现实，指示各级工会组织政治罢工、同盟罢工，农村要组织暴动，夺取乡村政权。林育南不同意李立三的看法，多次与他谈话。可是李立三根本听不进林育南的意见，还多次召开会议，对林育南的正确意见进行批判。中共六届三中全会结束了“立三路线”，结果，六届四中全会换上来的王明比李立三还要“左”。林育南又与王明错误路线展开斗争，受到王明的排斥和打击。

林育南等被捕后，先拘禁于老闸捕房，两天后引渡给国民党上海市政府公安局。国民党江苏省高等法院第二分院法庭迫不及待地开庭审讯。法庭上，林育南等人乘敌人暂时还没有摸清情况之机，各自编好了一套假口供用以欺骗敌人。法庭从他的口里得不到任何有用的东西，遂于1月23日将他们解送到龙华警备司令部看守所。

国民党当局通过叛徒很快搞清了林育南、何孟雄等人的身份，先是派人劝降，劝降失败后便露出了狰狞的面孔，妄图用酷刑使林育南等同志屈服。在严刑拷打面前，他们宁死不屈，坚持斗争。林育南等人软硬不吃，气得蒋介石骂道：“对这类顽固不化的家伙，杀！”

林育南、何孟雄等“龙华二十四烈士”以死全节。

林育南被捕后，用铅笔在一张破烂的白蒲纸上给恋人陆若冰写了一封信。

若冰女士：兹接友函，谓贵同乡李君于十七日被累，二十三日转龙华司令部，现在生活平安，请勿念。戚妹如要见他，可于每星期三十二

点至三点以戚妹名义到龙华司令部看守所，要求会晤湖北黄陂人李少堂（广告商人）即可。如第一次不允见，送来之物（他要小说书）定可交到，且第二次必可接见也。案关政治，女戚接见较便，请戚友放心可也。知注特闻。

信没有落款。陆若冰认出了林育南的字迹，顿时热泪盈眶。陆若冰收到林育南的信后，1 月 28 日一大早就赶到龙华警备司令部看守所，直到下午 3 点，一个看守跑出来说："李少堂是政治犯，不准见，但可送东西进去。"陆若冰将身上仅有的 5 块钱交给看守。过了一会儿，这个看守带回了林育南亲笔写的一张收条。

收到大洋五元。谢谢，请下次送点小说诗歌等书及食物为荷。

李少堂一月二十八日

陆若冰强忍着泪水，收下这张便条离开了看守所。没有料到，林育南不久后即被杀害，这张便条即成了林育南的最后遗墨。在这里我们不仅看到了英雄气壮，也看到了革命者的儿女情长。

忠于真理、坚持原则不仅体现在对敌不屈，也体现在对同志之间敢进诤言。在党的五大上，陈独秀、陈延年、陈乔年父子三人同时当选中央委员，传为党内一时之盛。不过这并不代表他们立场一致，父子三人日常通信，互以同志相称，在意见不一致的时候，还毫不客气地互相批评。

"中山舰事件"发生后，陈延年和毛泽东都坚决主张对蒋介石给予反击，但陈独秀与张国焘不同意。这时候，陈延年站出来坚决地与陈独秀斗争。他生气地说："我一开始便同意毛润之意见，对蒋介石来一个回击。但是他们不相信工农群众的力量，对蒋介石破坏国共合作、排斥共产党人的阴谋视而不见，不敢同国民党右派斗争，将会把革命断送。”时隔两月，蒋介石又抛出了“整理党务案”。当时陈延年和广东区委都极力反对，但又是陈独秀与张国焘都主张妥协。对陈独秀的错误主张，陈延年说：“我是共产党员，坚决站在党的立场，反对右倾机会主义的妥协退让政策！”当黄埔军校的中共组织请示广东区委要不要将校内共产党员名单交出时，陈延年说：“一个都不要向国民党表态，尤其是没有暴露共产党员身份的人，更应保持常态，不要理睬国民党右派的无理要求。”

陈独秀为了消除误会，专门给陈延年写了一封家书，引用“千里修书只为墙，让他三尺又何妨”的典故，劝儿子顾全国共合作“大局”。陈延年收到信后说：“当初在去苏联求学问题上，我们不听老头子的，事实证明我们错了，但这次我想是他错了。”大革命失败后，中共中央召开八七会议，陈乔年在会上发言，也对自己父亲的错误思想进行了严肃的批评。

后来，毛泽东曾深有感触地说：“在中国，本来各种人才都很缺乏，特别是共产党党内。因为共产党成立还没有几年，所以人才就更缺乏。像陈延年，的确是不可多得的人才，在许多地方，我看出了他的天才。”

多少年后，共产党成了执政党，与蒋介石那样的外敌斗争不如过去那样激烈了，但与张国焘那样的分裂行径、与王明那样的错误路线斗争并不曾停止。新中国成立后，我党粉碎了“四人帮”。党的十八大以来，清除了层出不穷的“老虎”“苍蝇”，在反腐败斗争道路中取得了压倒性的胜利。但时至今日，依然不可放松警惕。刀刃向内的反腐败斗争比起枪口向外的敌我斗争难度一点也不小，甚至更为艰难复杂。在新时代，更加需要坚持发扬斗争精神，增强全党全国各族人民的志气、骨气、底气，不信邪、不怕鬼、不怕压，知难而进、迎难而上，战胜前进道路上各种困难和挑战，依靠顽强斗争打开事业发展新天地。

灵活机动，善于斗争

斗争讲原则，原则是实事求是；斗争也讲艺术，艺术体现为灵活机动。“坚定正确的政治方向，艰苦奋斗的工作作风，灵活机动的战略战术”，是毛泽东在抗日战争期间对“一个抗日的革命的军人”提出的三条基本要求。这一原则对工人运动同样适用。早期工运先驱在领导工人运动中，经常智计百出，体现出高超的斗争艺术，至今令人叹为观止。

1929 年 11 月 7 日至 11 日，第五次全国劳动大会在上海秘密召开。为了在白色恐怖的上海物色一处合适的会场，全国总工会在英租界内租了两栋三层楼房，前有院墙和铁门，进门后是一片树木花草遮掩着的小楼，另有后门和通道，既气派又安全。此处会址现已不存，但从留下的照片还可以看出，这是一处闹中取静的理想之地。

在这里，全总秘书长林育南化装成侨商“赵老板”，张文秋（刘思齐、邵华的母亲）化装成“赵太太”，他们“夫妻”二人，精心设计，把里外修葺一新，陈设富丽堂皇，俨然一个大资本家的豪宅。与此同时，还“雇”有“厨师”“用人”，出门坐小汽车。大会召开期间，军警从房前屋后巡逻经过，但不敢上门查问。

1930 年 5 月 20 日，“全国苏维埃区域代表大会”也在此处秘密召开。周恩来等设计了非常巧妙的伪装办法：由“赵老板”和“赵太太”对外宣称要为“老太爷”过八十大寿，海内外赵氏子孙、亲友将前来拜寿。他们营造了一个颇有排场的“寿堂”，还特意请了一位老同志扮作“赵老太爷”，全体与会人员都统一了口径，一口咬定是来“庆贺老太爷八十寿辰”。第一个最高红色政权的筹备会议，就这样在反动派的白色恐怖中顺利召开了。

这只是共产党人、工运先驱斗争艺术的牛刀小试，共产党人在工运斗争中的高超表现数不胜数。

李启汉领导上海烟草工人罢工之时，资本家轮番使出“饥饿政策”“棍棒政策”，企图破坏罢工，他们先是从浦西雇用工人数十名，企图进厂开工，但受到罢工工人的阻挡，又拿出 500 块大洋，买通了工头王凤山，叫他“自动上工”。王凤山是个青帮小头目，在这次罢工的领头人中，他的徒弟也在内。他利用师徒关系，诱骗一些工人进厂复工。李启汉连夜在青帮下层中做工作，指出：工人应和工人讲义气，团结一致跟资本家斗争；如果王凤山投靠外国资本家，不跟工人讲义气，那就是犯了帮规，莫怪工人对他不客气。第二天一早，当王凤山擅自带领一些人准备进厂复工时，大批工人便赶到厂门口去拦阻，双方话不投机打在一起。争斗中，工人汪有才等人被打伤。事情闹到警察厅，警察厅把汪有才等人抓起来问罪，却把工头王凤山放了。

李启汉决定组织示威游行，向军阀政府提出强烈抗议，要求释放汪有才等工人。8 月 5 日，罢工工人高举“争取工人人格”等标语，到淞沪警察厅请愿。淞沪警察厅见势不妙，不得不释放了汪有才等代表。

李启汉认为，王凤山这个工头本来也是工人，无非是一时糊涂、拿人的手软罢了。对于这样的人，还是要争取。于是对王凤山开展攻心战，经过工人的教育，王凤山也意识到自己的错误，加入罢工的行列。李启汉在《劳动周刊》专门发表《欢迎王凤山君的反悔》一文，肯定了王凤山的行为，李启汉说：“我们对于王凤山这种反悔是非常欢迎的！还希望王君今后同工人同走，大家紧紧地结合，以谋大家自己的幸福！更希望别的工头先生们，赶紧觉悟起来，以王君为模样，急与工人携手，共谋幸福。”

招数用尽，资本家再无计可施，外埠催货的电报一封接一封，每停工一天都仿佛看到白花花的银子在流走。在强大的压力下，资方不得不答应和工人谈判。双方唇枪舌剑、你来我往，最后资方基本上接受了工人提出的条件。

在组织领导上海纺织工人罢工期间，刘华、杨之华等人表现出高超的斗争艺术。工人每天在厂区外面的潭子湾集中，刘华、杨之华等轮流向工人群众宣传罢工的意义，号召大家团结一致、斗争到底，争取最后的胜利。刘华演讲水平很高，工人都喜欢听他讲话。有一次刘华讲一个女工遭受资本家虐待的故事，讲得有声有色，不少工人落下了眼泪。又有一次，刘华讲述某工厂洋人监工如何辱骂工人、毒打工人，把工人不当人看待，一位听讲工人当场怒不可遏，高声喊道："我们去打死这个狗腿子！"许多工人连忙说："对！对！"

为了防止资本家制造借口破坏罢工，工会成立纠察队维持工人秩序，如遇工厂老板指使流氓混入工人队伍进行破坏活动，立即加以制裁；遇到个别工人私自复工，便上前加以劝阻，对他们说："大家要讲义气，你们若去上工，对得住捕房中工友吗？"私自复工的工人都接受了劝告，决心团结一致，共同奋斗到底。罢工以后，少数工人因为没有收入，生活困难。刘华发动上海大学学生向各界募捐筹集救济款。适值上海各界组织国民大会促成会之际，工会派刘贯之参加会议，刘贯之在大会发言后，引起广泛同情，连在座的资本家也认为刘贯之说得有道理。上海各界成立了罢工后援会，捐募了一笔钱款。工会获得捐款后，对生活困难的罢工工人每天每人发给生活救济费，对稳定群众情绪起了重要作用。

罢工工人集中在潭子湾，因为没有进入租界，租界巡捕不能进入闸北镇压。资本家就指使淞沪警察厅故意发难，几次派大队警察包围潭子湾，试图冲入工人集结地区。刘华、项英等看到了警察厅的软弱卖国行为和警察多数具有爱国心、民族自尊心的矛盾，派代表同警察交涉，同时组织工人群众向警察做思想政治工作："我们罢工是反对东洋人压迫中国人，中国人应该帮助中国人，上海警察是爱国的，是有良心的，是会同情和支持我们工人的。"警察见此情形，始终不敢对工人动手。还有一些警察被工人感动，对工人说"我们虽然奉命而来，但绝不愿意危害工人"。

资本家一计未成又施一计，收买工贼、青洪帮、流氓、把头和社会渣滓，挑拨工人群众反对工会，唆使工人打架破坏秩序。工会则见招拆招，约请青洪帮头目饮酒吃饭，同他们讲义气、交朋友，向他们讲道理、讲交情。许多头目受了感动，表示愿意约束他们的徒弟不再施行破坏活动，有的还由破坏转为支持。对于少数流氓分子继续进行破坏的情况，工会采取强力手段，命令纠察队驱逐。

从前毫无组织的工人，一旦组织起来，就显出革命性与团结性。工潮不断扩大，资本家意想不到工人有如此的组织纪律和行动能力，不得不改变了态度，表示愿意进行谈判。双方互相来往商谈了许多次，资本家最终不得不答应了工人的大部分要求。

1922 年 10 月，罗章龙、王尽美、邓培等人领导开滦五矿 5 万多名工人大罢工，遇上了最狡猾、最凶悍的资本家对手。开滦煤矿大罢工是在英国资本家管辖下的"独立王国"中进行的，英方又有一百多年积累的对付工人罢工的经验，这就决定了他们的斗争比起其他地方更为艰难。罢工迹象刚刚出现时，开滦煤矿总经理杨嘉立就写信给秦皇岛经理处寇伯理，说："你必须记住，他们（工人）的心理非常像小孩，就应当以对待小孩的方法来对待他们。我们的策略要让他们看到，一手拿棍棒，一手拿糖果。当你要使用棍子时，必须强硬，当你使用糖时，可以柔软而友好。"

开滦矿务局先是绝不承认工人俱乐部有代表工人的权利。当八位工人代表去向总矿师杜克茹递交增加工资的呈文时，杜克茹表示"没有开滦五矿工人俱乐部"这个组织，不同俱乐部打交道。接下来，他们开始追捕罢工领导人。杜克茹给杨嘉立发电报说："罢工真正的首领，是唐山铁路工厂的广东机器匠邓培。我认为你应该通知警察局，让他们监视这个人。"杨嘉立马上找到杨以德，要求逮捕邓培，杨以德答应了。可是十多天过去，他们连邓培的影子都没有见到。邓培在工人的掩护下，来去无踪。警方得到情报，说邓培在北京活动，布置了人手前去打探，却一无所获。后来才知道，邓培一直在唐山，就在他们的眼皮底下领导工人罢工。

这期间还发生了一桩"铁牛事件"。矿上有一批季节性工人，叫短牌工——类似于后来的农民轮换工，人数不少，势力较大。平时奉一个绰号为铁牛的工人为首领，秘密结社，反对矿局官府。起初罢工时没有把他们吸收进工会，致使他们对工会有了怨言，与工人纠察队有过几次小冲突。有人建议狠狠教训他们一顿。罗章龙认为，他们也是工人兄弟，还是要争取过来。他们派人把铁牛请来说理。罗章龙对他晓以大义道："关于短牌工问题，罢工条件中已经提出，不分长牌短牌，工人俱是一样。前一阵子工会事务繁多，一时顾不过来，可能照料不周。天下工人是一家，请兄弟们多多体谅。"铁牛看到了书记部的工作后十分感动，对他的手下说："书记部自老罗、老邓起，账目公开，不沾分文，带头与大伙儿一道喝稀粥、睡冷炕，我们如果再有歪心，那就不是人了。"在事实面前，铁牛被说服了，他的队伍也被编入纠察队，与大家一道参加罢工。罗章龙回忆："有一次，我和邓培等正在新街开会，偶然被少数侦缉人员发现，冲进屋内，当场逮捕了几个人。出门后适遇'铁牛'领纠察队巡查路过，他们人多势众，见状立即上前动武，驱散侦缉队，夺回被捕人员。"

杜克茹下令给各矿包工头立即解散集体伙食，致使工人无处就餐。工人俱乐部就开办了粥厂，解决罢工工人的吃饭问题。工人们在每天只有两餐粥的困难情况下，不气馁、不叫苦，没有一人私自上工。罗章龙、邓培也和工人共喝一锅粥，坚持斗争。后来邓培牺牲后，罗章龙作诗悼念，有"开滦竟赴敌，同饮大锅粥”之句。

坚持到 25 天，矿务局支撑不住了。杜克茹使出“一手拿糖”的手段，请当地驻军和滦州知县出面调停，答应“每月工资在 15 元以下的工人加 10%”等三项条件。这条件与工人要求相距甚远，但由于罢工旷日持久，工人生活亦难以为继，只好忍痛答应复工。这次罢工虽然没有完全达到目标，但沉重打击了帝国主义和军阀政府。开滦五矿的同盟罢工被邓中夏称为“中国第一次罢工高潮中最重要的罢工之一”。

在汉阳钢铁厂大罢工时，生产全部停止，只有最大的化铁炉还在生火。化铁炉是全厂生产的核心，只要它不停产，工厂就可以继续运转。若化铁炉一个星期不生火，整个炉膛就会凝结成一堆废铁。原来是厂方收买了化铁炉工头韩老三，所以化铁炉还在运行。林育南、许白昊召集罢工委员会紧急商量，有的主张豁出去，把化铁炉毁掉，有的则主张让它开着，免得以后失业。许白昊认为，既不毁掉化铁炉，又能使其停下来，迫使厂方答应罢工条件才是上策。许白昊说，最坏的是工贼韩老三，不是化铁炉的全体工友，所以他提出一个口号：“打死工贼韩老三”，把工头和工友区分开来，大家一听，全都同意。

会后大家分头行动，很快厂里厂外，到处贴满了“打死工贼韩老三”的刺目标语，一直贴到了化铁炉车间。韩老三成了众矢之的，吓得不敢露面，化铁炉便熄火了。眼看铁厂马上要停止运转，厂主终于坐不住了，不得不赶紧请出武汉各工团领袖再做调停，接受了罢工工人开出的条件：承认工人组织工会；照给停工期间的工资，并给予一定幅度的增加；俱乐部一切还原，被开除的工人一律复职。

广州起义之前，周文雍在组织工人运动时不幸被捕，当时的广东省委领导人黄平等为营救周文雍，制定了一个大胆的方案，由陈铁军以“妻子”身份探监时，偷偷送进许多红辣椒。周文雍按照密令的要求，咬着牙把饭菜吃完，坚持不喝茶水，导致面红耳赤，如同发高烧一样不停地呻吟、说胡话。见此情况，同牢犯人趁势鼓噪，叫嚷："他是患伤寒病呀！会传染的，我们都要陪死啦！"党组织又做通了狱医的工作，把他诊断为传染病人，要求立即送进医院。狱警听到周文雍得重病，害怕他死了无法得到共产党的重要情报，也害怕他真的传染了整个牢房无法交代，无奈只得表示同意。周文雍被送进市立医院犯人留医处。党组织布置了一个同志假装病人，在紧挨着周文雍的病房住下，又派一些人装作病人家属去医院探望，与周文雍定好逃走计划。一天中午，当警卫正在换班的时候，一个扮作普通探望病人模样的同志接近了哨位，抽出腋下藏着的手枪，以迅雷不及掩耳的敏捷动作，对准哨兵大喝一声："不准动。"门警乖乖地缴了枪。预先埋伏在医院附近的同志立即闻声而动，闯进医院，跑进病房，用白布单把周文雍裹好，背出大门，坐上事先停留在医院门前的一辆无牌小汽车，飞驰而去。

翌日，广州和香港的报纸在头版报道："无牌小汽车劫走共产党人周文雍。"一时传遍全市。获救后周文雍一刻也没有休息，为准备广州起义投入紧张的工作之中。起义失败后，周文雍第二次被捕，这次好运气没有发生，他坚强不屈，英勇牺牲。在牺牲之前，与陈铁军举行了"刑场上的婚礼"。

陈寿昌在中央特科工作时，在白色恐怖的环境中，经常穿着一件旧灰布长衫，戴着一副近视眼镜，扮作一个小学教员，或以电料行老板或者其他身份进行情报工作，与同志进行秘密联络。他带着秘密文件、资料走在路上，曾几次碰到巡捕"抄靶子"，临危不惧，镇定自若，一次又一次地化险为夷。有一次他去党的地下联络点，不料联络点被敌破坏，几名国民党特务在联络点附近游动。在进退两难情况下，他毫不畏缩，若无其事地从临近一家住户的前门进去、后门出来。还有一次，陈寿昌被军警拦住进行盘问，他故意用家乡话与军警交谈。对方听他是宁波口音，手里又夹着裁缝布包，打开一看，全是剪裁衣服用的尺、剪刀、划粉和各种各样的布，真以为他是裁缝，便很快将他放行。回家后陈寿昌风趣地对妻子讲："我这个'宁波裁缝'，在上海很吃香呢。"

1925年春，郭亮在家乡铜官一带发动农民，开展工农运动。一天，郭亮正在田间和农民谈话，突然来了两个形迹可疑的人，说是听闻郭亮家养了猪，想去他家买猪。当时，郭亮一眼看出这两个人是官府派来抓他的，于是灵机一动，主动自我介绍说，他和郭亮是邻居，愿意带他们去找郭亮。

郭亮带着这两条汉子来到自家门外，见二嫂和母亲正站在门口，怕露了马脚，老远就喊道："二嫂，你家郭亮在家没有？这两位客人从乡里来，说是郭亮的朋友，专程来找郭亮的。"二嫂是个机灵人，听郭亮这么一说，就明白了是怎么回事，急忙答道："郭亮在后头山上，请你帮忙去喊声吧。"接着就把两个"猪贩子"让进屋里，又泡茶又让座，稳住了他们。郭亮爬到山上后，喊道："嫂子，你让客人坐下，郭亮马上就回来了！"喊罢，自己吹着口哨走了。从此，铜官一带便传开了"郭亮带兵抓郭亮，买猪的人就是猪"的故事。

红岩烈士盛超群被捕后，面对敌人的大刑，不仅坚强不屈，而且智谋多端，巧妙地与敌人周旋，让狡猾的特务上了一个大当。他假作受刑不过，招供自己是云阳县的中共地下党负责人，在云阳准备武装暴动，预定某时起事，并"供出"了"地下党员"名单、"地下党组织"的计划以及开会情况。徐远举拿着盛超群的"招供"名单，马上命令特务吕世琨、雷天元前往万县，会同万县区行政督察专员李鸿焘，率领保安部队，开了一艘专轮直下云阳，将盛超群所供的周璞等十余人一并逮捕，押解到重庆。等到人抓回来才发现闹了大笑话。这些被捕的人，有的是县警察局局长，有的是县财务委员会委员长，有的是县参议员。总之，都是反动党团分子及云阳地方豪绅，是欺压人民的人物，是反动统治的支柱，与中共地下党没有一丝一毫关系。敌人不得不将被捕的人全部释放，又请重庆警察局刑警处处长、云阳籍的军统特务头子许乾刚出面安抚他们，招待他们吃酒致歉。

盛超群从此在渣滓洞监狱里成了有名的“智星”，也让敌人恨得牙根发痒。徐远举欲给自己挽回面子，便亲自审问，重刑对付盛超群，问他为什么这么干？盛超群理直气壮地回答说：“我说没有共产党的组织关系，你们不相信，你们的人撬断了我的腿，我只得编套交出来。”敌人恼羞成怒，将他杀害于渣滓洞。

1928 年 8 月，湖南军阀何键派重兵进剿安源，指名道姓抓共产党人“林仲丹”（林育英的化名），在群众的掩护下，他四处躲避。不久因叛徒出卖，省委机关无法在安源立足，被迫转移上海。林育英留下坚持斗争，为躲过敌人耳目，他一度削发为僧，进庙当了“革命和尚”，在险恶的环境中坚持斗争达 3 个月之久。后来因被敌人发觉，庙宇也无法存身，他不得不以僧人身份化缘、乞讨为生，跋涉一个多月来到上海。后来全面抗战爆发，国共合作，八路军改编时，许多干部战士都想不通，特别对身穿国民党军队的服装、头戴青天白日帽徽的帽子非常反感，有的将领到的衣服、帽子都摔在地上。林育英对干部战士做工作说：“咱们共产党闹革命，穿什么服装不重要。我还当过和尚，穿过僧袍呢。”这么一说，很多人就想通了。

廉洁自律，甘守清贫

清清白白做人、干干净净干事是马克思主义政党性质和宗旨的内在要求，也是共产党员的精神品质。在我国历史上，注重修身立德、为官廉洁，是许多思想家倡导的政治主张，也是一些正直的士大夫终身恪守的为官准则。早在先秦时期，我们的祖先就有为政以廉的劝诫。管子讲，礼、义、廉、耻，国之四维，“四维不张，国乃灭亡”。孔子说：“政者，正也。”“其身正，不令而行；其身不正，虽令不从”，他把“欲而不贪”作为为政的必备条件。南宋吕本中在他所著的《官箴》中说：“当官之法，惟有三事，曰清、曰慎、曰勤。”其中的“清”，指的就是清廉，即清清白白、干干净净。这些思想今天读来仍对我们有很大的启迪。而共产党员的清白与干净，因其出发点与归宿是为百姓谋幸福，为民族谋复兴，境界更超越了历史上的“清官”，将清廉提升到新的历史高度。

习近平总书记曾讲过这样一个故事：长征过雪山途中，有个同志穿着单薄的旧衣服被冻死，指挥员让把军需处处长叫来，想问问他为什么不给这个被冻死的同志发棉衣，队伍里的同志含泪告诉他，被冻死的这个同志就是军需处处长。管被装的宁可自己冻死也没有自己先穿暖和一点，这是多么崇高的思想境界。我们党就是靠着千千万万具有高度政治觉悟、清廉作风的先进分子的无私奉献，才赢得了一场场艰苦卓绝的斗争。

中国共产党是中国工人阶级的先锋队，同时是中国人民和中华民族的先锋队，党的性质和宗旨决定了领导干部必须干干净净为国家和人民工作。早在延安时期，毛泽东在《为人民服务》《纪念白求恩》等著名讲话中，就要求共产党人保持思想和行为上的纯洁，做“一个高尚的人，一个纯粹的人，一个有道德的人，一个脱离了低级趣味的人，一个有益于人民的人”，也就是要做一个“干干净净干事”的人。

早期工运领导人的廉洁作风给后人留下了光辉的榜样。中华全国总工会委员长苏兆征，一生严于律己、清正廉洁，是一个干干净净的人。苏兆征有一手精湛的珠算技艺，是一位会计高手，在他的革命生涯中，多次身兼财政部门要职，经手的财产数以百万计，但他一直过着极为俭朴甚至清贫的生活。作为党的高级干部，他们一家的生活待遇与普通工人一样，住在广州榨粉街一间小屋子里。因为生活拮据，妻子钟荣胜每隔一段时间就返回家乡淇澳村，带回一些咸鱼杂粮贴补家用。作为工人运动的杰出领袖，他在香港海员大罢工、省港大罢工和担任中央政治局常委期间领导财经工作，表现出“一如既往地严守制度，坚持原则，廉洁自律，一丝不苟”，坚持会务公开，财务公开，自觉接受监督，受到了大家的称赞。

苏兆征在领导香港海员大罢工期间，主持制定了罢工财务工作制度，把每一笔筹款登记造册，对各项费用支出精打细算，从不浪费，并将收支情况详细记录，定期在海员代表大会上报告，接受海员工人的监督。苏兆征经常对人说，财务工作是一项十分重要的工作，搞好这项工作，实际上掌握了罢工的经济命脉。他说，管理钱财要用好“公平、廉洁和严肃”这三个法宝。在省港大罢工期间，他主管财政工作认真负责，一丝不苟。据当时在会计部工作的同事回忆：苏兆征在财政问题上认真负责，要求会计部的工作人员一定要把各项账目处理得分毫不差，严格实行财经制度和纪律。在他的影响教育下，会计部的全体工作人员勤勤恳恳、有条不紊地工作，取得很大的成绩。

有学者将苏兆征的这种品质概括为“不忘初心、矢志不渝的理想追求，胸怀全局、赤胆忠心的政治品格，实事求是、自我革命的担当底色，心系群众、依靠群众的人民立场，严于律己、清正廉洁的优良作风，舍生忘死、鞠躬尽瘁的奉献精神”。邓中夏有这样一段评价：“兆征一生都身兼财政，在海员工会中，在省港罢工中，以至于后来在共产党的中央中，都是如此。在海员工会他管财政，每月必开会报告账目一次，收据总拿来听凭到会者查阅；并将账目在会刊上按月登载。在省港罢工时，两日向代表大会报告账目一次，又发行账目专刊，送各工会审阅。省港罢工委员会每日进出动辄数万元，有时甚至数十万元，若不如此，何以能招大信。”

在省港大罢工期间，敌人为了破坏罢工，制造种种流言蜚语中伤苏兆征，说什么“苏兆征肥了”。工贼梁子光一伙也捏造事实，诬蔑苏兆征接受奸商贿赂，企图将苏兆征赶下台。他们以小人之心度君子之腹，认为苏兆征手里掌握这么多钱，没有不“沾油”的道理。在他们看来，哪个猫儿不吃腥，何况此前有过先例，海员工会副会长翟汉奇就这么干过，因为海员工会有个规定，入会满三年的会员，如果去世，可由工会买棺安葬，翟汉奇就钻这个空子，开了个棺材铺，利用职权做死人生意。海员工人私下议论纷纷，说翟汉奇盼我们早死。但是他们没想到的是，苏兆征竟然真的是一个廉洁奉公、坚持原则、一丝不苟的人，始终得到广大罢工工人信任。

污蔑不成，帝国主义者指使一小撮反动分子制造了一起火烧省港罢工委员会所在地东园建筑物的事件，罢工委员会会计部的保险柜遗失。事件发生后，谣言四起，说苏兆征与会计部的人平日有贪污行为，这场大火就是他们互相勾结放的，为的是毁灭贪污痕迹。面对恶毒的攻击、诽谤，苏兆征头脑清醒，镇定自若，相信身正不怕影子斜。他鼓励大家要沉着冷静，继续坚持本职工作。他说：“大家千万不要慌乱，如果我们都乱了，罢工工人兄弟就会更加混乱起来。”他带领罢工工人重建了罢工委员会，找回了丢失的保险柜。同时召开罢工工人代表大会，成立“审查财政损失委员会”清点账目，结果是分毫不差。这一事件进一步提高了苏兆征在工人群众中的威信，无论反动派如何造谣污蔑，工人群众没有一个相信的。此后，苏兆征在群众中的威信更高了。

八七会议后，苏兆征以党中央政治局常委的身份主持中央财务小组的工作。这期间，由于党中央在上海秘密活动，将财务工作交由苏兆征一人全权管理。那时苏兆征家中缺粮少食，但他公私分明、清正廉洁。一次因家中无米下锅，有的同志建议他先用公款买米救急，他坚持再困难也不动用公家的钱。

杨匏安在国共合作时，身任要职数年，每月有三百块大洋薪俸，除了生活费外，他全数上交给党。他常常说，做人要脚踏实地，光明磊落；他告诉儿女，不许贪小便宜、做不干不净的事情。有一年中秋节，有人送来几盒月饼就走了。他回家看到后，十分生气，一定要家里人查明来处，把礼物送回去。还有一次，省港罢工委员会在杨家祠发放一笔捐款，事后草袋（那时装银毫都用草袋）里剩下一个两毛钱的银币，被儿女捡到了。他发现后严肃地对他们说："这是公家的钱，一分一文都不能要。"1930 年，杨匏安担任中共中央农民运动委员会农民部副部长时，已患上肺病，家境枯竭，生活极为艰难，7 个孩子中有 2 个在贫病交加中夭折，全家生活困顿到极点。杨匏安在被捕时，国民党反动派从他身上只搜到 5 元纸币一张，1 元纸币两张，眼镜 1 副，而这 7 元纸币是他一家数口仅有的生活费。周恩来多次盛赞他"为官廉洁、家境清贫"，在杨匏安牺牲多年后还一再提及，以教育同志。

陈延年也是清廉的模范。陈延年从小苦惯了，在广州担任区委书记时，生活非常简朴，有很长一段时间他是在区委机关打地铺住宿的。一张旧条桌用来办公和放文件，一个堆满书报的衣架，一把已渍得发黑的旧藤椅，一张铺着草席和补了一大块粗布的蓝被单的木板床，除此之外空空如也。陈延年的生活条件和装束形象，与其说是党的重要领导人，不如说更像一个干重体力劳动的工人。他经常和黄包车夫一起拉车，了解他们的困难，把赚到的钱送给车夫。人力车夫都把他当作自己人，称呼他为“老陈”。他的形象甚至一度迷惑了敌人，在上海被捕后，国民党起初真的相信他就是个伙夫，差点把他给放了。

许多国民党高官以发财为荣耀，而共产党员却以清贫为操守。正如方志敏在《清贫》中所说：“清贫，洁白朴素的生活，正是我们革命者能够战胜许多困难的地方！”他被俘时，国民党士兵想从他身上发点洋财，结果一无所获，除了一块旧表和一支自来水笔之外，一个铜板都没有搜出。他身任党内要职，“经手的款项，总在数百万元”，但他素以清廉自持，“为革命而筹集的金钱，是一点一滴地用之于革命事业”，从没有奢侈过。习近平总书记曾深情地说：“我多次读方志敏烈士在狱中写下的《清贫》。那里面表达了老一辈共产党人的爱和憎，回答了什么是真正的穷和富，什么是人生最大的快乐，什么是革命者的伟大信仰，人到底怎样活着才有价值，每次读都受到启示、受到教育、受到鼓舞。”

早期工运领导人许白昊，曾先后担任中共武汉地委、中共湖北区委、湖北省总工会、中共江苏省委、上海市总工会等组织的重要负责人。1927 年 4 月，在中共五大上，他高票当选为首届中央监察委员会委员。由于他在国共合作时曾担任过国民党汉口特别市党部监察委员，因此，他成为我党历史上曾在国共两党中都担任过监察委员职务的唯一一人。

无论担任何种职务，许白昊都洁身律己，清廉自守。1927 年，原本担任湖北省总工会财政部部长的许白昊调至上海工作，临行前他将工会经费和详细账单一并交给接任者。不久后，听湖北的同志说这笔经费在使用中发生了问题，他心急如焚，马上和项英、刘少奇联名给中央写信，请求中央清查这笔款项的下落，一定要给全省工人同志一个清楚的交代。他在信里说，此事“决不能疏忽！”“该款必须清楚保存。”“如该款开支账目不明及用途不清不正，需湖北省委负责人绝对负责。”这斩钉截铁的话语，体现出许白昊公私分明、清正廉洁的风范。

1924年4月，安源路矿工人俱乐部最高代表会议推选刘昌炎担任第三届经济委员会委员，参与保管财物和审查俱乐部的经济工作。刘昌炎对工作极端负责任，严以律己，不徇私情。他作风廉洁，不嗜烟酒，从不乱花一文钱。这年秋天，刘昌炎的父亲想买四亩水田耕种，维持全家生活，七拼八凑，买田的钱仍然不够，大哥刘昌学到安源找刘昌炎筹措资金。刘昌学见他掌管的银圆一篓篓地放在仓库里，便叫他设法给家里搞点银圆买田，哪怕是先借一点。他严肃地对大哥说：“穷要穷得有志气，公家的钱物一丝一毫也不能动用。”大哥只好空手而归。

对共产党而言，廉洁不仅是一种操守，更是一种制度。在安源路矿工人俱乐部，曾开展过我党最早的廉政建设。

大罢工胜利后，俱乐部迅速壮大，成员从700多人增长到1.3万多人，上缴的部员费急剧增加，俱乐部规模日渐庞大，常设办事机构主任团的权力也越来越大，一度发生了管理失职混乱、侵吞挪用公款等腐败现象。

一方面，针对这些乱象，安源路矿工人俱乐部在刘少奇、朱少连等领导的主持下，开展了一系列整顿与惩处相结合的反腐倡廉工作。合作社服务股经理陈梅生挪用公款1000元，受到“房屋用具被封存，追缴所欠款项，辞退服务股经理”的处罚。合作社第二任总经理易礼容借得公款1000余元，以到湖南长沙等地购物为由，挥霍一空。俱乐部得知后，组织专人将其缉拿回安源，关押在俱乐部讲演大厅的暗室中，以儆效尤。易礼容1919年加入新民学会，1920年与毛泽东一起创办文化书社，1921年加入中国共产党，是毛泽东和何叔衡之后的湖南第三名共产党员。但不论是谁，犯了错误之后，处理起来同样毫不手软。

另一方面，他们加强制度建设，制定《安源路矿工人俱乐部总章》《安源路矿工人消费合作社办事公约》《安源路矿工人俱乐部办事细则》等，俱乐部的工作实行报告制和公开制，俱乐部换届、大会的工作报告等重要文件，不但全面公开，还编辑成册在全国主要工会发行和传播。对严重违反俱乐部章程和纪律的人员，经教育仍无悔改者，作出开除部籍处理，形成震慑效应。

所以，安源工人在二七大罢工失败后，不但保留了已得的利益，还争得不少新的权益。各种示威运动仍然得以公开举行，如五一纪念、黄庞纪念、十月革命纪念，都有成千上万名工人参加。每次游行集会，群众精神振作、秩序井然，成为当时一道亮丽风景。

相比之下，许多叛徒的变节，往往都是从贪欲开始的。

如果一个人手中掌握大量的金钱，而又没有制度约束，是很容易受到诱惑的。参加过安源路矿工人罢工的朱锦棠正是在这样的诱惑之下，从贪图物质享受，发展到贪污直至卷款潜逃，走上叛党的道路。

朱锦棠是安源矿工出身，是李立三在安源发展的第一批党员之一。罢工胜利之后，在中共四大上被选为中央委员。后被派到北方工作，曾任顺直省委书记。

他虽然是工人出身，可是到后来已基本没有工人的味道。据和他一起工作的同志回忆，他白白的面庞，上唇留着一撮法国式短须，身着华贵的狐皮袍，套上黑色的马褂，手里拿着手杖，俨然一个时髦的漂亮官僚政客的形象。

他在顺直省委工作期间，把中央从上海带去的经费放在自己卧室的保险箱里，好像是他个人的私产一样，自己保管，随便取用，既没有账目，也不向顺直省委报告用途。后来中央调他到上海做交通工作，为了掩护身份的需要，拿出一笔款项来开设一家木器家具店，派朱锦棠为该店的经理。经过了一个时期之后，他秘密地把木器店连同房屋一起卖掉，卷款潜逃，从此再无踪迹，不知去向。

王复元是1922年入党的老党员，同时也是个“老”腐败分子。1926年

10月他被任命为中共山东区委执行委员，实际上成为共产党在青岛的主要负责人。他掌权后，贪婪和私欲逐渐占了上风，开始悄悄贪污腐化。1927年4月27日，他去武汉出席中共五大。散会后，党中央让他带回拨给山东党组织的活动经费1000块大洋。他回山东后，将经费贪污，出入餐馆、妓院，同时将部分钱藏到亲戚家里，留作以后挥霍，他对青岛的其他同志谎称“上级拨给的经费在路上遭到偷窃被偷走了”。事隔一年后，1928年4月，王复元来到集成石印书局，说要去上海党中央，并编造了一个军委准备买枪弹的故事，要拿2000元钱。集成石印书局是山东省委机关的印刷单位，书局的负责人不知详情，赶紧筹资，很快凑了2000元给他。他拿了这些钱后，跑了一趟上海。一部分吃喝玩乐，一部分与人合伙做生意了。结果，生意没有做成，赔了本。时隔不久，集成石印书局因经济困难被迫停业，负责人向山东省委书记、一大代表邓恩铭汇报工作，说出了王复元来书局拿2000元经费去上海的事情。邓恩铭亲自去上海与党中央联系，知道此事是子虚乌有。随即，他派人秘密调查，证实王复元虚领、挥霍公款的事情。

邓恩铭冒着危险亲自到青岛找到王复元，严肃地批评了他的错误，督促他退款。王复元得知贪腐之事暴露，面红耳赤地辩解说是因为做生意暂时借用，很快归还。此后，青岛党组织多次找王复元催款。不想，王复元刚开始还见面，后来便到处躲藏，面都难见了。青岛党组织将这一情况汇报给山东省委，在此情况下，省委研究决定将王复元开除出党。由此，王复元成为中国共产党历史上第一个因为贪污腐化被开除党籍的党员。

王复元被开除党籍后怀恨在心，竟然投降了敌人，成了叛徒。他叛变后，和他的兄弟、另一名中共叛徒王用章一起参加了军阀韩复榘的“捕共队”，还担任队长，带领敌人搜捕共产党的地下组织，四处抓捕共产党员，给山东的地下党组织造成了很大的损失。仅潍坊一个地区，就有几十名共产党员被抓。后来，邓恩铭也是因他的告密而被捕牺牲。

1928年夏天，邓恩铭来到上海租界找到了时任中央军委书记的周恩来，汇报了王复元贪污腐败被开除党籍并且叛变的严重情况。周恩来决定，中央特科派出人员赴山东，铲除叛徒。随即周恩来与特科负责人顾顺章、陈赓进行了研究，决定派特科得力人员张英带队去青岛，完成这项任务。1929年8月16日，“红队”清脆的枪响震动了青岛中山路，王复元被中央特科处决。

如今，共产党成为执政党，作为党员干部基本没有了生死考验，但是金钱、名誉、地位、财富的考验却比革命战争年代更为严峻。新中国成立之初，刘青山、张子善就是这种情况。他们自恃革命有功，肆无忌惮地利用职权盗用飞机场建筑款，克扣地方粮、干部家属救济粮、民工供应粮等；勾结奸商从事倒买倒卖的非法活动；而且生活腐化堕落，刘青山还吸毒成瘾；另外还从事投机活动，盘剥民工。这无疑是党和人民不能容忍的。毛泽东下决心处决他们时，沉痛地说：“正因为他们两个人的地位高、功劳大、影响大，所以才下决心处决他们。只有处决他们，才可能挽救20个、200个、2000个犯有不同程度错误的干部。”事实证明，枪毙刘青山、张子善，犹如两声惊雷，向全党敲响了拒腐防变的警钟。

对党忠诚　不负人民

党的一大纲领明确规定党员的条件是：“凡承认本党纲领和政策，并愿成为忠实党员的人”。1927 年 10 月，毛泽东亲自撰写了“牺牲个人，努力革命，阶级斗争，服从组织，严守秘密，永不叛党”的入党誓词。“对党忠诚”“永不叛党”，是每个党员对党组织的宣誓。对党忠诚，体现为思想上坚如磐石，行动上不可动摇。无条件地对党的信仰忠诚、对党组织忠诚、对党的理论和路线方针政策忠诚，始终坚持全心全意为人民服务的根本宗旨。这是对中国共产党人政治担当和人民立场的集中表达。

中国共产党始终代表最广大人民根本利益，没有任何自己特殊的利益。习近平总书记指出：“全国广大共产党员要始终在党爱党、在党为党，心系人民、情系人民，忠诚一辈子，奉献一辈子。”马克思主义政党是以共同理想信念而组织起来的政党。共产党从成立的那天起，就以人民利益为最高利益，从来没有自己的私利。中国共产党始终与人民休戚与共、生死相依，从来不代表任何利益集团、任何权势团体、任何特权阶层的利益。这一点，让共产党超越了其他所有党派，中国共产党也因此实现了由小到大、由弱到强的发展壮大，团结带领人民根本改变了中国人民和中华民族的前途和命运。本书所述的工运先烈，用行动诠释了对党的忠诚，对人民的赤诚，这种忠诚如壁立千仞，让后人高山仰止。

把人民群众放在最高地位

中国共产党人的初心和使命，就是为中国人民谋幸福，为中华民族谋复兴。中国共产党成立的那一天起，就把人民群众放在心中最高的地位。

马克思、恩格斯在《共产党宣言》中庄严宣告："过去的一切运动都是少数人的，或者为少数人谋利益的运动。无产阶级的运动是绝大多数人的，为绝大多数人谋利益的独立的运动。"中国共产党是用马克思主义武装起来的政党。以毛泽东为代表的中国共产党人，认识到真正的铜墙铁壁是"千百万真心实意地拥护革命的群众"，共产党只有关心群众的一切实际生活问题，群众才会"真正围绕在我们的周围，热烈地拥护我们"。为此，需要始终把为中国人民谋幸福、为中华民族谋复兴的初心和使命，一以贯之体现到党的全部奋斗之中。

习近平总书记在 2016 年 10 月 21 日纪念红军长征胜利 80 周年大会上的讲话中，讲了这样一个故事：长征途中，在湖南省汝城县沙洲村，3 名女红军借宿徐解秀老人家中，临走时，把自己仅有的一床被子剪下一半给老人留下了。老人说，什么是共产党？共产党就是自己有一条被子，也要剪下半条给老百姓的人。

习近平总书记说，一部红军长征史，就是一部反映军民鱼水情深的历史。同人民风雨同舟、血脉相通、生死与共，是中国共产党和红军取得长征胜利的根本保证，也是我们战胜一切困难和风险的根本保证。中国共产党之所以能够发展壮大，中国特色社会主义之所以能够不断前进，正是因为依靠了人民。中国共产党之所以能够得到人民拥护，也正是因为造福了人民。

正因为共产党是自己有一条被子，也要剪下半条给老百姓的人，正因为他们把人民群众放在最高位置，所以，老百姓也把共产党视为亲人。在革命战争年代，根据地的人民把最后一碗米拿去做军粮、最后一尺布拿去做军装、最后一个儿子送去上战场。

从建党之初到改革深入推进的今天，中国共产党的建立和发展壮大的历史都是实践“人民至上”的过程。中共一大通过的党纲，明确指出其根本的政治目的是实行社会革命，要把中国最广大的劳苦大众，即工人、农民和士兵组织起来，建立工农兵苏维埃政权。在1922年中共二大通过的《中国共产党章程》和《关于共产党的组织章程决议案》等文献中，明确提出了开展党的活动的第一个重大原则就是“党的一切活动都必须深入到广大的群众里面去”。1930年，在井冈山斗争极其艰难的岁月中，毛泽东写下了《星星之火，可以燎原》一文，充满信心地指出：“什么党派都是不能和共产党争群众的。”这是因为我们党真心实意地站在人民一边，才能使星星之火形成燎原之势。在淮海战役战场上，共产党投入的兵力其实少于国民党，但共产党背后是无数的老百姓，几十万支前民工，硬是用小车推出了战斗的胜利。据说黄维被俘以后，起初输得很不服气，但当他看到一路上川流不息的担架队、运输队，方才找到共产党的制胜秘诀，恍然大悟，心服口服。新中国成立之后，毛泽东曾指出：“我们的解放战争，主要就是靠这一亿六千万人民打胜的。有了土地改革这个胜利，才有了打倒蒋介石的胜利。”

列宁曾指出：“只有相信人民的人，只有投入人民生气勃勃的创造力泉源中去的人，才能获得胜利并保持政权。”中国共产党自成立之日起，就像神话故事中的英雄安泰，从大地母亲——人民群众中汲取革命营养，推动中国革命向前发展。从北伐战争到土地革命，从抗日战争到解放战争，党投身人民群众、联系人民群众、团结人民群众，积极投身于革命事业，终于推翻了帝国主义、封建主义、官僚资本主义三座大山。中国共产党之所以在与中国国民党的较量中胜出，根本原因在于人心向背。

回顾党的历史，为什么我们党在那么弱小的情况下能够逐步发展壮大起来，在腥风血雨中能够一次次绝境重生，在攻坚克难中能够不断从胜利走向胜利？根本原因就在于我们党始终不忘初心、牢记使命，从而赢得人民的衷心拥护和大力支持。习近平总书记强调："人民立场是中国共产党的根本政治立场，是马克思主义政党区别于其他政党的显著标志。党与人民风雨同舟、生死与共，始终保持血肉联系，是党战胜一切困难和风险的根本保证。"只要不忘初心、牢记使命，我们党就能永远与人民风雨同舟。

党的早期领导人、工运先驱在"发初心"的时候，想的就是救国家于水火、解民众于倒悬。李大钊在传播马克思主义、谋划建党的过程中，因目睹了当时国家危亡的局势和黑暗的社会现状，而将为人民谋幸福、救民众于水火之中作为自己的历史重任。他在《庶民的胜利》中写道：我们劳苦的民众，在二重乃至数重压迫之下，忽然听到十月革命喊出的"颠覆世界的资本主义""颠覆世界的帝国主义"的呼声，这种声音在我们的耳骨里格外沉痛，格外沉重，格外有意义。他认为俄国十月革命的胜利是一次人民的胜利，"夫圣智之与凡民，其间知能相去不远。彼其超群轶类者，非由时会之因缘，即在众庶之信仰"。

李大钊明白，人民群众是历史的创造者。"离于众庶，则无英雄。离于众意总积，则英雄无势力焉。"他认为，中国广大的人民群众是中国革命的主力军。"苟吾四亿同胞之心力，稍有活泼之机，创造改造之业，姑且莫论，但能顺应此环境而利用之，已足以雄视五洲威震欧亚矣"，"国家前途，实利赖之矣"。李大钊建党思想的基础，就是坚定地相信民众、依靠民众，为民众谋幸福。这可谓是中国共产党最早的群众观，也是最初的初心。

1943 年，毛泽东在中央党校开学典礼上说："我们自己就是人民的一部分，我们的党是人民的代表，我们要使人民觉悟，使人民团结起来。”1945年，毛泽东在党的七大上作政治报告时说：“我们共产党人区别于其他任何政党的又一个显著的标志，就是和最广大的人民群众取得最密切的联系。全心全意地为人民服务，一刻也不脱离群众；一切从人民的利益出发，而不是从个人或小集团的利益出发；向人民负责和向党的领导机关负责的一致性；这些就是我们的出发点。”他在《关于重庆谈判》里曾经形象地把共产党人比作种子、人民比喻为土地，强调共产党人无论到了哪里都要同那里的人民结合起来，并且要在人民中间生根、开花。

其实早在共产党成立之初，毛泽东就是这样做的。1921年秋，党的一大之后不久，毛泽东就到安源路矿工人中开展调查研究工作。他亲自走进工人宿舍，下到矿井深处，详细了解矿工的生活、工作情形。在改造黄爱、庞人铨的湖南劳工会的同时，他又与湖南劳工会的张理全等人一道赴安源，找到在煤矿工作的同学、同乡、亲戚等，传播革命道理，在工人中交了不少朋友。在安源，毛泽东考察了矿井西平巷、东平巷煤台，炼焦处和工人住宿处。西平巷掌子面工人最集中、环境最恶劣，没有任何安全设施，经常发生事故。陪同人劝他不要去掌子面，毛泽东说：“你们天天在那里干活，我去一次怕什么？”掌子面通风不良，气温38摄氏度左右，工人称为“火焰山”，地面积水成河，又称“水牢”。毛泽东看到工人赤身裸体挖煤，关心地问：你们为什么不穿衣服？工人们回答：“我们穷得没有衣服穿，只有一块‘三尺布’，在井下包着头当矿帽，出井时围着腰当遮羞布。”毛泽东还在锅炉房接过锅炉工人的撬火棍帮助工人加煤。到了餐宿处，他爬上三层床，看看工人油渣似的破棉被，尝尝工人吃的霉米饭、没油菜。在一个星期的考察过程中，他向工人热心请教，亲切交谈，并向他们传播革命道理，从大道理讲到小道理，使工人懂得“有组织团体之必要”。在矿上，那些鹑衣百结、食不果腹的“炭古佬”们，看到居然有省里来的先生走到他们中间，向他们问长问短，心中十分感动。老工人还记得毛泽东向他们说的生动比喻：一颗小石子一脚可以踢开，但是如果是一块大石头，很多人也难搬动。工人团结起来，就像一颗颗的沙子，结成了三合土，结成了大石山，资本家不但搬不动，而且可以把他们砸扁、砸死。听到毛泽东讲的道理，工人们十分认同。这为后来的安源罢工打下了群众基础。

周恩来是热爱人民、勤政为民的杰出楷模。周恩来说过一句很形象的话："下山不忘山，进城不忘乡"，"如果忘了，就是忘本"。周恩来说的这个本就是人民群众。他说："我们是从人民中来的，我们过去的胜利都是在人民的支援下取得的，不能忘本。""脱离我们的基本阶级群众，就会丧失党的基础。"周恩来把自己看成是人民的"总服务员"，坚持人民利益高于一切，心系人民，对人民群众保持高度热爱，急群众之所急，忧群众之所忧。只要是关系群众安危冷暖之事，他总是关怀备至、体贴入微，做到了同人民群众同甘苦、共命运、共忧乐、共奋进。周恩来用自己的实际行动，为全党树立了全心全意为人民服务的光辉榜样。"人民总理爱人民，人民总理人民爱"，人民群众用朴素的语言表达了对周恩来最真挚的感情。

2019 年 6 月 24 日，习近平总书记在十九届中央政治局第十五次集体学习讲话中指出："回顾党的历史，为什么我们党在那么弱小的情况下能够逐步发展壮大起来，在腥风血雨中能够一次次绝境重生，在攻坚克难中能够不断从胜利走向胜利，根本原因就在于不管是处于顺境还是逆境，我们党始终坚守为中国人民谋幸福、为中华民族谋复兴这个初心和使命，义无反顾向着这个目标前进，从而赢得了人民衷心拥护和坚定支持。"他还说过，得民心者得天下，失民心者失天下，人民拥护和支持是党执政的最牢固根基。人心向背关系党的生死存亡。党只有始终与人民心连心、同呼吸、共命运，始终依靠人民推动历史前进，才能做到哪怕"黑云压城城欲摧"，"我自岿然不动"，安如泰山、坚如磐石。

一百年后自信的宣示，来自一百年前生动的实践。

蒋先云到安源领导工人运动之时，也是放下行李便深入矿井、工棚，广泛接触工人群众，和矿工交朋友，取得了广大工友的信赖。他仿照毛泽东在长沙创办工人夜校的模式，在安源建起了第一所工人夜校，向工人们传授文化知识，灌输马列主义和阶级斗争学说，因此获得了“游学先生”的绰号。蒋先云的教育宣传通俗易懂，他给矿工们讲课解释帝国主义，没有照搬书本上的理论，而是说“那些既克扣本国工人，又侵略别国、克扣别国工人的洋鬼子老板，就叫帝国主义者”。他和李立三编的工人夜校教材，都是取材自工人身边的事物，例如国文课本：

> 我的祖父一世打铁，现在是精疲力竭。
> 我爸爸做着机器，身首轧成三截。
> 我叔叔帮人种田，后来又是吐血。
> 我呢，来到安源做工，
> 受了重重压迫，无休歇，
> 挣得饭来衣又缺。

这样的课文内容，工人们自是入脑入心。一个矿监对此深有感触：“过去六七年前的安源工人都是土头土脑，不知怎样开会……自共产党前往安源俱乐部后，从前不说话的，公然能在大会场中演讲起来！”通过与工人的接触，共产党人在安源树立了极高的威望。刘少奇、李立三在安源领导罢工时，振臂一呼，工人应者云集。当资本家气急败坏，收买杀手企图暗杀李立三时，俱乐部工友闻讯加强保卫，李立三每逢外出，必有数十名精壮工人围护左右，工人们宣称“谁敢动我们李主任一根毫毛，必让路矿局全体职员不得生离安源”。刘少奇等代表工人在与资本家的谈判中，戒严司令李鸿程板起面孔恐吓道："如果坚持作乱，就把你们代表先行正法。"刘少奇说："我们代表的是上万名工人的要求，你就是把代表砍成肉泥，也不能解决问题。"李司令说："我对付万余人，也有法子制裁，我有万余军队在这儿。"刘少奇愤然道："那就请你下令试试看！"时间久了，忽听外面喧声如雷，原来是工人们见刘少奇等久去不回，生怕有失，立时有数千工人把司令部围了起来。他们高声喝道："放我们代表出来！有事请到俱乐部商量！若是刘代表有个三长两短，定打得路矿两局片甲不留！"正因为共产党全心全意为工人谋利益，工人们才愿意用生命来保护共产党。共产党人与工人群众的这种生死感情、血肉联系，至今读来仍令人为之一叹。

安源路矿工人俱乐部后期领导人黄静源，在领导安源工人"二次罢工"时，李鸿程有了前次吃亏的教训，再不肯出兵到安源"戒严"，而是换了花招，"请"俱乐部领导人去萍乡谈判。工友们考虑到反动派可能会加害于他，都不同意他去。他说："不要紧，咱们有理在手，怕什么！"他离开安源后，工人们生怕有失，就在从安源到萍乡的路上，半里路设一个岗哨，一直布置到萍乡，如果对方敢对黄静源下毒手，就马上接力传回消息，在安源发动暴动。工人的力量，让黄静源进入镇守使衙门后底气十足，义正词严，据理力争，迫使李鸿程同意调解，促使矿局发清了拖欠工人的工资。

早期工运先驱从事工人运动之时，出发点是工人群众，目的也是为了工人群众。哪怕多苦多难，始终不屈不挠，初心不改。书生搞工运，注定开头难。邓中夏在最初搞工运时，把事情想得很简单，天真地到街上动员洋车夫集合拦路，要求增加待遇，他以为振臂一呼，工人莫不跟从，谁知应者寥寥，仅有少数人跟他走。不仅没达到加薪的目的，警察来后还砸了车。洋车夫们不干了，迁怒于邓中夏，扯住他索赔。他拿出身上所有的钱，还抵不上损失费。回到学校，有人见面就讽刺："工运搞得怎么样了？"

工人运动要如此容易，也不会有无数先烈付出鲜血与生命了。但邓中夏并未气馁，也没有埋怨工人的觉悟。他总结教训后认识到，洋车夫属于比较散漫的个体劳动者，不易组织，搞工人运动还应先到有组织的产业工人中去。于是他改弦更张，以“平民教育讲演团”的名义，与张太雷等四人到长辛店，筹办劳动补习学校。思路一换，天地开阔，这次走对了路子，受到工人们的热烈欢迎，并且成功地发动了长辛店“八月罢工”以及后来的二七大罢工等壮烈的工人运动。

为了融入工人群众，他们先从改变自己做起。邓中夏原名邓隆勃，字仲澥，正是在长辛店更名为中夏。他解释道，名字这么复杂、难识难写，怎么好融入工人群众中呢。李立三也是这样，原名李隆郅，为了方便工人认识，改名为笔画简单的李立三，有人附会地理解，这是“立德立言立功”的意思，甚至说他“立志信仰三民主义”，其实真实原因没那么复杂——仅仅是当时他看到对面站立着三个人。邓中夏最早的时候一口湘音，别人不容易听懂，为了更好地与工人群众打交道，他就立志学习方言，在北京就学北方话，在上海学上海话，到广州学粤语，而且一学就会。后来他在离开多年再返回上海的时候，用流利的上海话对工人演讲，一位老工人听了以后对他说：“我看你特别像当年的邓中夏先生，就是他比你年轻一些，口音也不太一样。”

列宁说过：“我们如果愿意仍然成为社会主义者，就应该到更下层和更低层中间，即到真正群众中间去。”深入基层，深入群众，本身就是为人民服务的一种最直接的办法。深入工人群众，与工人打成一片，是当年工运先驱的日常功课。那种深入，是结结实实地、全心全意地投入。当年的工运先驱放到今天，哪个也是高级干部，但他们却完全没有今天一些干部那么大的架子，他们本身即来自群众，他们的初心即为了群众，所以走到群众之中，他们视同回家，觉得再自然不过。

李启汉在上海小沙渡开办工人半日学校时，同样是放下知识分子身段，与工人们坐在一起谈家常，耐心地解答工人的问题，启发工人阶级的觉悟。

为更好地与工人交流，李启汉和邓中夏一样，下功夫改掉湖南方言口音，努力学习上海方言，以拉近与工人群众的距离。起初，学校人数很少，工人劳累一天，实在没有时间与精力来学校学习，后来，李启汉改进办学方法，开办上海工人游艺会，办起工人俱乐部，增设留声机等设备，通过文娱活动吸引更多工人。他同工人一起聊天，一起玩球，一起喝茶。即便来看热闹的工人，他也欢迎。来的工人多了，再借机会向大家宣传学习知识文化的种种好处。慢慢地，到学校的人多了起来。

李启汉口才好，是一个办教育的高手。年轻时有一天去镇上赶集，碰上两个商贩为生意而吵架，遂上前劝解，一席话把两个人劝得心平气和。这般“教育水平”恰被正在该镇察看乡情的知事看见，赞赏之下，资助他到县立高等小学堂读书，后转长沙岳云中学，继而求学于湖南省立第三师范。如果不是去闹革命，他一定会成为教育大师。但他最终选择了走进工人中间，先当工人的学生，后当工人的先生。在小沙渡，他将学校办得有声有色，贫苦的工人们在学到文化知识的同时，受到革命思想的启蒙教育。他一方面教工人学习文化，另一方面深入浅出地宣传马克思主义，让他们认识到社会制度的不公，明白要解决贫穷的问题，必须要打破旧的社会制度。当时资本家蒙蔽工人说：“工字不出头，出头便入‘土’。”李启汉针锋相对地写下“工人”二字说：“工人要团结，结合在一起就是‘天’，就有天大的力量。”在李启汉的教育引导下，慢慢地，工人半日学校成为“在上海的共产党人开展工人运动的起点”。李启汉的工作得到广大工人群众的认可，工人们亲切地称他为“小李先生”。到 1921 年 8 月，在工人半日学校学习的工人增至 200 多人。

当年的中国工人阶级，在资本家的残酷剥削下，处于水深火热之中。正如马克思所说：“资本家由于无限度地盲目追逐剩余劳动，不仅突破了工作日的道德极限，而且突破了工作日的纯粹身体的极限。它侵占人体成长、发育和维持健康所需要的时间。它掠夺工人呼吸新鲜空气和接触阳光所需要的时间。它克扣吃饭时间，尽量把吃饭时间并入生产过程，因此对待工人就像对待单纯的生产资料那样，给他饭吃，就如同给锅炉加煤、给机器上油一样。资本把积蓄、更新和恢复生命力所需要的正常睡眠，变成了恢复筋疲力尽的肌体所必不可少的几小时麻木状态。在这里，不是劳动力的正常状态的维持决定工作日的界限，相反的，是劳动力每天尽量的耗费（不论这是多么强制和多么痛苦）决定工人休息时间的界限。”如此恶劣的生活，堪称世所罕见，在这样严酷的生存环境下，他们革命的愿望也空前强烈。

1922年底，邓恩铭受命赴青岛创建党组织。到青岛后，邓恩铭深入工厂调查研究，深入了解工人生活状况，清楚地看到了马克思所说的一切。他在《青岛劳动概况》中写道：

我们想知道大多数的工人生活之困苦，必先知道在青岛每日每人的必需的最低生活费。锅饼是下苦力人中最普遍的食品，他们每人每日至少要吃三斤，而每斤卖十八个铜子，三斤就合一吊一百文，再吃点菜，每天非一吊三百文不够。但他们每天至多不过赚三毛五分钱，仅仅够吃，所以一切最低的必要费用如住房子、剃头等还得从每日极力节省下来，至于想添些衣服鞋袜，那简直是不可能。

他们的住处是极黑暗、污秽的窝棚，光线不足与空气之臭腐，足以使他们康健上受影响，常常生病。但是他们生病是没有人管的，必须向工友分借，借债的结果更使他们处于不足自给的恐慌，悲惨的命运就跟随他们了。

这种悲惨的生活的工人最多，恐怕要占百分之九十九以上，尤其是柔弱的女工和童工，中国妇女因缠足的缘故，身体异常软弱，六小时的工作她们已经不能胜任了，何况十二小时以外还继续添作夜工，她们的健康就好似秋风扫落叶一样，病魔就立刻来缠绕她们了。

这样的女工大半是纱厂和丝厂居多。再说纱厂童工，童工的痛苦比女工要厉害百倍，他们大概是不满十八岁的小孩子，从乡间被人骗了来的，他们到厂后过的完全是小牛马的生活，每天赚至多一角八分钱，做十二个点以上不能胜任的工作，分两班，从早到晚，从晚到早，尽站在不见日光、不通空气的污秽屋子里，呼吸棉絮，一点空气也没有，因此说不上休息，他们吃的是窝窝头，喝的是白开水。物质上的营养不良，精神不舒畅，又加以沉重的工作，已经把一群可爱的小孩都养成乞儿不如的小病夫了。

童工的生活几年来都是如此的悲惨，直到现在还是那样。嗟！万恶的资本家！

邓恩铭以四方机厂和纱厂为中心，开办工人夜校，传播马克思主义。为了启发工人阶级觉悟，他教育工人说："我们为什么终年劳动，一班军阀、官僚、政客、资本家终年安乐？为什么我们就穷得没吃没穿，妻离子散？军阀、官僚、政客、资本家就坐汽车，打麻鹊牌，吃花酒呢？他们的衣食住行都是他们的吗？不是，是我们一班苦同胞的，是我们一班苦同胞的血汗。那么我们就应该永远受他们的支配吗？要知道，若是再不设法子来对待他们这一班豺狼似的军阀、官僚、政客、资本家，以后就没我们苦人过的日子了。"在邓恩铭的启发之下，工人的觉悟迅速提高，也开始团结起来。

邓恩铭在当时青岛最大的机械厂四方机厂了解到，那里有一个自发组织的"圣诞会"——和西方的圣诞节没有关系，它是由部分铁匠、木匠、油漆匠等组成的一个行会团体，"圣诞日"被规定为每年农历二月十五，各行匠人纪念始祖生日。其宗旨是"崇敬祖师，互敬互助，提高工人人格，辅助路务进行"。当时铁路工人中这样的组织不少，如陇海铁路有"老君会"——当地各铁匠炉均奉太上老君为祖师，在铁路工人心中，大概铁路也算铁工之一种，火车头也属火性，想必和太上老君炼丹有同工之缘。这个“老君会”后来在陇海铁路大罢工中，被罗章龙改造成了工会。

这些行会虽有一定的迷信色彩，但也具有初步的反抗意识。如同毛泽东在湖南改造劳工会、罗章龙改造“老君会”一样，邓恩铭也决定对圣诞会进行改造。他在与圣诞会的交往过程中，将会长郭恒祥发展为共产党员，圣诞会也由一个带有迷信色彩的行会组织逐步变为现代工会性质的组织，开始为争取政治权利而斗争。圣诞会的变化引起了资方恐慌，被强行封闭，郭恒祥等人被厂方除名。资本家封了圣诞会，邓恩铭干脆开始着手组织工会。他对工人们说：“学生有学会，商人有商会，我们工人也应当有工会。工人如果不组织起来，就是一盘散沙，受人欺侮，组织起来就有力量。”1924 年 10 月，青岛第一个新型工会组织在四方机厂成立。1925 年初，工会会员发展到 800 多人，占该厂工人总数的 60% 以上。工会成立之后，工人运动迅速开展起来。

李慰农是邓恩铭的得力助手，在他的协助下，青岛工人运动屡掀高潮，其中以日商纱厂三次罢工最为著名。

李慰农最早是想通过农业救国的，他幼年读过《农政全书》《天工开物》等书籍，目睹农民的疾苦，想通过振兴农业，改变家乡贫穷落后的面貌。在 1912 年考取芜湖省立第二甲种农业学校，遂把自己的名字“尔珍”更名为“慰农”。五四运动期间，他积极参加学生运动，后又到法国勤工俭学，认识并认同了马克思主义，最后走上了工人运动的道路。这一时期，他依然注重研究农民问题，认为农民是反帝反封建斗争的主力军之一，“我们最后的目的是要做到工会农会联成一气，如此则革命根基方建筑得稳固”。为此，同志们就送了他一个绰号“农民博士”。

李慰农是建党初期为数不多的领导过学生运动、对工人运动和农民运动两个领域都有研究并有建树的英才，假以时日，在任何一个领域都会做出大成就。可惜的是，他以 30 岁的大好年华为革命献身。

日本在青岛所创办的纱厂共六个，有大康、内外棉、隆兴、钟渊、宝来、富士，有工人一万二千余人。六大纱厂的中国工人，长期遭受着日本资本家的压榨和虐待。他们工资低廉，同时要受“押薪制”（每月发薪时，厂主扣除20%作为押金，3至5年后发还；其间如果工人离厂或被开除，押金则被没收）的盘剥；他们劳动时间长，劳动强度高，劳动条件极端恶劣，几乎没有任何劳动保障，如病假超过十天即行除名，女工经期不准休息、结婚生孩子不再雇佣；等等。他们更要忍受日本人的种族歧视，钟渊纱厂规定：中国工人不能与日本职员同走一个大门，为此专为中国工人挖了一条地下隧道，隧道上下各有9级台阶，被中国工人称为“十八层地狱”。

1925年初，大康纱厂的厂主在济南招募了一班见习生到厂内工作。这班见习生内感资本家苛待压迫的痛苦，外受胶济铁路工人同盟罢工的影响，于是暗中联络工人，组织工会。资本家察觉后，马上搜查没收工会名册，开除参加工会的工人，并逮捕工会组织者。工人们在邓恩铭、李慰农等人组织下，于1925年4月19日宣布罢工。在大康附近的内外棉及隆兴两厂工人，听到大康工人罢工后，也于两天之内相继罢工。罢工的工人达到了1万余人。资本家用了许多收买、利诱、威吓、离间、压迫等手段，工人则坚持到底，不为所惑。在斗争22天后，日本厂主不得不同意接受“调停”，接受了工人提出的承认工会、加薪、因公致伤工资照发、日本人不得打骂华人、不得借故开除工会代表等条件。

第一次同盟罢工胜利结束后，资本家恨透了邓恩铭，唆使警察局将其驱逐出青岛。邓恩铭离开后，李慰农接任中共青岛市委书记，继续指导工人斗争。

工人复工后，日本厂主出尔反尔，以种种借口拖延履行复工条件，并策划对工人进行报复。内外棉和隆兴纱厂工人闻讯后自行停工，自发形成了纱厂工人第二次同盟罢工。在日本人收买之下，1925年5月29日，山东军阀张宗昌向工人举起了屠刀，出动军警2000余人，对赤手空拳的工人进行血腥镇压，当场死 8 人，重伤 17 人，75 人被捕，数百人被通缉，3000 多名工人被遣送回原籍，制造了震惊中外的“五二九惨案”。第二天，上海发生震惊世界的五卅惨案，与青岛的“五二九惨案”合称为“青沪惨案”。

工人群众愈挫愈奋，青岛各界民众也组成统一战线，连续掀起反抗高潮。在不到 2 个月的时间里，全市各界组织了上百个民众团体，举行集会数十次，掀起了青岛纱厂工人的第三次同盟罢工浪潮，狠狠打击了日本帝国主义和反动军阀的嚣张气焰。日渐高涨的抗争浪潮让资本家和军阀气急败坏，7 月 26 日，李慰农被反动军警逮捕，押往青岛警察厅监狱。在敌军审讯室里，他一面揭露日本帝国主义和奉系军阀的滔天罪行，一面公开宣称“希望打倒帝国主义，先从青岛开始”。敌人逼他说出在青岛的其他同志，李慰农坦然地说：“青岛的工人全是我的同党 !”1925 年 7 月 29 日，李慰农壮烈牺牲。

李慰农未竟的事业，由郭隆真接着完成。1930 年，党中央把郭隆真派往山东任省委委员，到青岛重建党组织，开展工人运动。她很快和青岛的陈少敏、董汝勤等同志接上了关系。郭隆真先后化名为“张李氏”和“张马氏”，扮成普通工人去上班做工。在工厂里，她深入了解工人生活，启发工人觉悟，发动工人斗争。工人们见这位“大姐”热情诚恳，都愿意和她接近。郭隆真白天和工人们一块做工，晚上则走家串户，宣传革命道理，很快就把一批工人中的先进分子团结到党的周围。正因为她和工人打成一片，工人感受到她是在真正为工人说话办事，才愿意听她话，跟她干。在郭隆真的领导下，青岛不仅恢复和健全了党的组织，创办了《红旗报》《海光报》等革命刊物，还连续发动了纺织女工、烟厂工人等罢工斗争，成为当时全国工人运动最活跃的城市之一。

郭隆真出身于士绅家庭，本可以做大家闺秀的，但她却毅然投身革命，“自讨苦吃”，非要往工人堆里钻。在到青岛前一年，即 1929 年春，她被派到东北从事职工运动，以家庭妇女的身份进入哈尔滨中东铁路三十六棚总厂，在工厂门口摆起一台缝纫机，给工人缝补衣服，与工人接触交流，开展宣传。郭隆真虚心向工人学习，熟悉当地的风俗习惯，了解他们的疾苦，很快取得了工人们的信任。她秘密组织联络工人，掀起了一次又一次罢工斗争。为了革命，郭隆真曾先后6次被捕、5次入狱，是坐牢次数较多的工运领导人之一。在1931年她和邓恩铭一起被敌人杀害，年仅37岁。

早在中共一大召开之前，王尽美就与王荷波成立了津浦铁路济南大槐树机厂工人俱乐部，这也是山东历史上第一个工会组织。他们开办了工人补习学校，提高工人的认识水平，培养工人骨干。在厂里，王尽美用工人的语言启发工人：世界上什么人应该享有幸福呢？是至高贵的人。什么人是至高贵的呢？是至有用的人。可是至有用的人是谁呢？是总统督军吗？是乡下的绅士、商店的头家、工厂的东主吗？不是。我们吃的东西、穿的衣服、住的房子，都是我们农民和工人做出来的。所以，只有做工的人是最有用的人，是最高贵的人。在现世的制度里，我们看见的只有总统、官僚、绅士、财主是享福快活的，住的是高楼大厦、穿的是锦绣绫罗、食的是山珍海味。我们至有用至高贵的工人，偏偏是种田的吃不到半饱，纺织的没有蔽体的衣裳，建造的没得房子可住，机器厂里的机工，不是使用人工制品的人。为什么会这样？因为我们个人的力量弱小，所以，只有团结起来，才是我们工人自救的唯一途径。

王尽美幼年聪慧，但他的求学生涯很是坎坷曲折，到了上学的年龄，因家贫无钱读书。刚好村里一户地主打算为自己的儿子找个年龄相近的陪读，就找到了他。不到一年，地主的儿子突然患病死掉了，王尽美也就失学。又过了一年，另一位地主也想为自己的儿子找个陪读，又找到了他头上。谁知半年以后，这个地主的儿子又暴病身亡，王尽美再次失去读书机会。直到1912年成立了新式的初等小学，王尽美才有了读书机会，因为学习特别优秀，校长免除了他的全部学费。1918年，王尽美考到了省城济南的省立第一师范读书。入校不久即与邓恩铭结识，并迅速接受了马克思主义思想，成为积极的马克思主义传播者。早期的共产党存在一种“师范现象”，他们二人，还有毛泽东、陈潭秋等人，都是师范出身。

王尽美受过教师职业训练，口才又好，做“职工思想政治工作”是一把好手。据他的同学回忆，王尽美还在师范读书时，就经常到伙房与炊事员聊天。伙夫老王因家里负担重，生活贫困，终日愁眉苦脸。王尽美得知之后，就给老王讲俄国穷人翻身的道理，他还在老王的扇子上题了一首诗：

为何贫困并非命，乃因世事太不公。
如把脑筋肯放开，天下大事无不成。

在他的影响下，老王后来到博山煤矿当了工人，还加入了共产党。他改名为王开成——乃是取了诗中第三、第四句中的最后一字，意为脑筋一“开”，万事皆“成”。

1922 年 6 月，在王尽美的领导下，建立起了津浦铁路机厂工会。工会成立后，向厂方提出了增加工资、增加休息日和年终发放双薪的三项要求，并经过 7 天的斗争取得最终胜利。

邓中夏在北方没有发动起来的人力车工人，由林育南和施洋在武汉组织起来了，而且显示出了团结的力量。一方面是因为林育南、施洋等人已有了一定的工运经验和动员能力，另一方面是因为汉口的人力车夫受的压迫太重了。

人力车是汉口开埠后出现的交通工具，起初由日本传入，俗称“东洋车”。20 世纪 20 年代，人力车相当于出租车，是汉口租界的主要交通工具，在租界正式登记的人力车有 1000 多辆，有工人 6000 余人。人力车夫经常受到外国领事、巡捕及资本家、包头等的侮辱压迫。当时的车行实行包工制，每天要交“份子钱”。车夫差了车费，他们便暴力催收，私刑吊打，至于各种名目的罚钱，更是家常便饭。

1921年5月1日，租界车行老板宣布加租。原租金每日每乘800文，此次加租钱100文。车夫以生活艰难为由，群起罢工反抗。车行老板见车夫势大，不得不暂时取消了加租之议，车夫即恢复工作。谁知过了半年，利通车行大资本家刘子敬提议，再次宣布加租，每日每乘由800文增加到1000文，比5月宣布的加租还多出100文，车夫的生活更是雪上加霜。人力车夫纷纷表示：罢工，不干了！

人力车夫的代表名叫樊一狗，找到劳动组合书记部武汉分部，对林育南诉苦。林育南说："劳动组合书记部就是帮工人说话的，我们一定帮助你们。第一步，你们可以向老板直接交涉，向他说理。第二步，可以到工部局去告他们。我替你们找一个律师，先作合法斗争。"

工人们经林育南介绍找到施洋，请求他免费代理官司。施洋说："穷人应该帮助穷人，使穷人都团结起来。这样的事，就是贴几个钱，我施洋也不在乎！"

林育南、施洋召集车夫代表开秘密会议，决定组织汉口租界人力车夫工会，对车行提出三条要求：

（一）不得干涉车夫成立工会；

（二）取消加租议案；

（三）原租价减为600文。

罢工之后，利通车行老板使出破坏招数，命人在各马路打锣召集车夫，并说明"每乘车子，只加租60文（加成后为860文），要他们一律上工。车夫也出来四处打锣"，"非恢复800文原价，否则绝不上工"。结果没有一名车夫上工。利通等车行又生一计，自雇车夫百余名，拉车出行，被罢工车夫拦阻。

一计不成，资本家又唆使租界巡捕抓捕带头闹事的林育南和施洋，但他们不为所惧。施洋冒着危险混入车夫群中，向车夫讲演：“诸位不要慌乱，我们要从忍耐痛苦中取得利益，压迫我们的车行主，我们不给他们打击创痛，他们就不知道我们的厉害。你们生活固然很困难，但车行老板的损失也很大，他们也很着急呢！大家齐心努力，坚持到底，我们必能得最后的胜利！”

林育南、施洋为扩大社会影响，争取各界同情和声援，指导工人组织了“车夫讨饭团”，结队向租界游行。12 月 7 日，车夫五六千人在汉口大智门集合，手持“租界人力车夫乞讨团”“死中求生、敬求援助”等白旗，以沿途“行乞”的方式游行示威。行经英法租界，法国巡捕鸣枪示威。工人们也不是好惹的，与法国巡捕及军队奋勇战斗两三个小时之久。

与邓中夏遇到的车夫情况不同，这一次武汉的人力车夫认识到了团结的力量。在工人的坚决斗争和社会舆论的强大压力下，法国租界和武汉当局不得不低下了头。结果是由法国领事向中国官厅道歉，允许成立人力车夫工会，车租暂时不加，免租钱三日，并恢复上工。

罢工胜利后，施洋和林育南立即指导工人组织工会，建造会所。施洋为工会起草了章程和宣言，还制定了工会的组织法。在施洋、林育南的指导下，武汉第一个工会组织——汉口人力车夫工会正式建立。施洋被人力车夫工会聘为最高法律顾问及对外全权代表。邓中夏在《中国职工运动简史》一书中特别评价说：武汉因铁路工人与人力车工人两大罢工，开了当地一个新纪元，职工运动从此有了一个顺利的发展。

在领导罢工中，林育南、施洋树立了极高的威望。后来，施洋在二七惨案中遇害，军阀萧耀南下令不准收尸，是林育南带领人力车夫冒着危险，当晚抢回了他的遗体，收敛在武昌城外江神庙中。其时，各界人士致祭于江神庙者来往不绝。同年农历七月十五日，在严重的白色恐怖环境下，汉口人力车夫工人趁盂兰盆会的机会，在各码头设祭，数千车夫跪地痛哭，并扶施洋神位游行，景象极为悲壮。

除了策动人力车夫，林育南、施洋还领导了英美烟草公司的工人运动。英美烟草公司是一家英美合资的企业，从 1902 年成立即大力开拓中国市场，到抗战爆发前，先后在上海、汉口、香港、沈阳、哈尔滨、天津、青岛、营口建立了 11 家烟厂、6 家印刷厂、6 家复烤厂、1 家烟机厂和 1 家包装材料厂，工人达 25000 人。司徒雷登曾说过："在中国有三个伟大的机构：教会、英美烟公司和美孚油公司。"

汉口香烟厂即是其中较大的一家烟厂，有 4300 名工人，其中女工人数占四分之三。这家公司对工人十分苛刻，打骂、体罚、扣工钱是家常便饭。1921 年 12 月 27 日，上海《民国日报》载：

记者曾亲身探往，得知公司虐待女工之事实甚详，此种事实，若道路传闻，无论何人当以为不确，岂知天地间竟有此惨无人道、绝无道德之事。

公司中人，真可恶极了。女工亲口对我说："伊们常常受罚，罚是因为那卷烟的纸破了，或者是因为烟丝稍多装了一些，或者是因为包皮粘得不整齐，出现这些都要受一种奇异而可耻的刑罚，这种刑罚，是工头（外国人）或是工程师独创的，他们要罚哪个，就把那人叫到一个矮木台上跪着，脸上随意擦些红墨或蓝墨，嘴上画两撇胡子，朝众人跪一个钟头，或半个钟头，若是不愿意这样罚，就痛痛快快地挨打，打的时候，也要先在木台上跪着，工头一只手将受罚者下颚托起，一只手打嘴巴，洋人的手又粗又大，打两个嘴巴就打肿了，打完之后，还要向他作揖道谢，才准下台去做工。"

他们每日放工的时候，又恐怕工人们偷了烟，门首必有人搜查，常常任意将工人们中十余岁的姑娘们的裤子脱下，若是那姑娘好看些，他们就暗藏些烟丝在他们自己手里，把这姑娘的裤子脱下时假装搜出，搜出后就任意到处摸索，或是禁止回家吃饭，对人说监禁几小时，其实是做些不堪的事。

1922 年 10 月 17 日，不堪忍受的女工们派了几名代表，找施洋请教如何同英国老板斗争。施洋与林育南等商议后，决定发动罢工。

在施洋的组织下，工人们向资方提出八项交涉条件，内容包括惩处虐待工人的厂管和工头，增加工人工资，取消站台戴枷、打人等虐待方式，不得因罢工开除工人或克扣工人工资等。英国资本家拒不答应。10 月 19 日下午，在湖北工团联合会领导下，3000 多名女工全面罢工。10 月 30 日，资本家最终被迫接受工人提出的条件。

谁知两个月之后，资本家单方毁约，并无故开除女工代表。1923 年 1 月 4 日，汉口烟厂工人发动第二次大罢工。半个月后，资方不得不再次服软，接受了工人的条件，承认工会代表与厂方有直接交涉权，添加工人应由工会介绍、开除工人应征得工会同意等条件。

这次罢工，成为一个月后二七大罢工的前奏。

工人运动由工人唱主角，也必须时刻把工人群众放在至高位置。邓中夏在领导省港大罢工时，对安排好工人的生活问题非常重视。他说："这次罢工，回来了这么多工人，生活问题非常重要，这不仅是个繁重的事务工作，也是一件复杂的政治工作……真把这件事办好了，就等于对帝国主义打了一个很大的胜仗。"

省港罢工爆发以后，香港各业工人陆续离开香港回到广州，经常聚集在广州地区的罢工工人就有七八万人。如何妥善地解决他们的衣食住行，是一项十分繁重的工作。从罢工一开始，苏兆征就预料到这场罢工将会是一次旷日持久的斗争，在天气炎热的时候便与李森（李启汉）商量，要及早准备好御寒用的衣服被盖，保证罢工工人吃饱穿暖。他亲自与慈善机构联系，筹措御寒衣物款项。同年10月中旬，罢工委员会筹到一笔捐款后，“议决购制棉被二万张，每张重四斤，长五尺二寸，阔三尺四寸，开投底银价每张一元八角，以低价者承领制造”。罢工委员会还购回大批布料、棉花等物，雇请广州车衣行业以及罢工工人家属参加缝制工作。由于居留广州的罢工工人人数较多，第一批购制的棉衣棉被远不能满足需要。罢工委员会继续努力奔波，缝制了棉衣4万件、棉被2万条。罢工工人及时领到了御寒衣物，感到十分温暖，激动地称这些棉衣为“万岁衣”。

罢工期间，邓中夏、苏兆征、林伟民等人每天都花很大精力帮助解决罢工工人生活上的各种问题。苏兆征十分重视罢工工人伙食，与干事局长李森深入了解情况，制定了各区饭堂“用膳条例”，经过不断努力改进，伙食越办越好。为安排好罢工工人的住宿问题，他们努力争取到了广东革命政府的大力支持，征用了一批赌馆、祠堂、空屋等作为罢工工人宿舍之用。1926年4月间，连日狂风骤雨，一些罢工工人所住宿舍破旧漏雨。苏兆征嘱咐庶务部立即采取措施，“召匠修理，务使各工友得安住无患，庶尽维护之意”。苏兆征十分关心工人家属的身体健康问题。罢工伊始，苏兆征等领导人就决定建立一间工人医院，此外还设有卫生队、救护队等，实行各罢工工人宿舍巡回医疗，全部经费都由罢工委员会解决。经过苏兆征等人的宣传发动，市内一些医院在反帝爱国精神感召下，也提出为罢工工人看病时减免医疗费用。

省港大罢工历时16个月，前后共25万工人参与，震惊中外。邓中夏在其中作了大量出谋划策的工作，被工人们称为“东园诸葛”，他和苏兆征被称为省港大罢工中的“两盏明灯”。

许白昊被派到汉阳铁厂开展工运之时，亦把自己视为工人之一员，与工人打成一片。汉阳铁厂是中国近代钢铁工业的发祥地，东半球首屈一指的钢铁基地，下设6个大厂、4个小厂，其规模仅次于德国费尔克林根钢铁厂，居世界第二位，产业工人达6000余人。许白昊把自己打扮成普通的机械工人，到钢铁厂与工人一道劳动，与工人谈心交朋友，并发现、培养了一批工运积极分子。白天，他深入工厂、铁路码头、学校及各劳工团体调查情况；晚上，他还要到工人识字班、工人夜校宣讲革命道理。项英曾这样描述：“白昊同志当此工作紧张之际，每天差不多只能吃一次饭，真是枵腹从公、废寝忘食。”

王荷波在浦镇机车厂从事工人运动时，更是时时处处维护工人权益。浦镇机车厂是 1908 年中英合资建起的一家机车车辆修理厂，名为中英合资，实际大权为英帝国主义独揽，厂长和总监工都是英国人。英籍厂长奥斯顿和总监工布拉克等在厂内为所欲为，压榨职工。他们在厂里罗织爪牙，横行霸道，耀武扬威，欺压工人，惩办、开除工人的条款多如牛毛，极端苛刻，也十分荒唐。1920 年 5 月，英籍总监工布拉克竟下令拆除厕所，不许工人上班时间大小便。这奇葩的过分之举，激起工人的强烈反抗。王荷波说：“英国鬼子把我们当牛马，我们是人，是中国人，绝不能任他们摆布。”他代表工人们向厂方严正提出：取消所有罚款制度、重建厕所、加薪一成和责令布拉克赔礼道歉等四项条件；在厂方未答复前，全厂实行罢工。英国人起初不以为然，态度还颇强横。王荷波决定给他们看看工人的力量。第二天，全厂没有一个工人去上班。布拉克这才慌了，急电铁路局机务处，派人与工人代表谈判。在罢工的压力下，厂方被迫答应了工人的要求。

1920 年年关将近，厂里工头张裕把工人们的“花红”（年终双薪）悄悄扣下，企图私吞。王荷波找他理论：“俺们工人一年到头辛辛苦苦，年关时节发一点花红，完全是大家的劳动所得；而你们衣食富足，不干活、不流汗，还想刮工人的油水，这是什么道理？”张裕抵赖不过，表面上满口答应，但一再拖延。王荷波识破了他的诡计，在工人中间进行了串联、鼓动，把工人团结起来与工头作斗争，他带领着七八十个青壮工人冲进他的院内，再次提出要求。张裕见势不妙，不得不把钱退还给工人。

百年风云，倏忽而过。到今天，我们重温历史，提出“不忘初心，牢记使命”，就是要牢记全心全意为人民服务的根本宗旨，以坚定的理想信念坚守初心，牢记人民对美好生活的向往就是我们的奋斗目标；以真挚的人民情怀滋养初心，时刻不忘我们党来自人民、根植人民，人民群众的支持和拥护是我们胜利前进的不竭力量源泉；以牢固的公仆意识践行初心，永远铭记人民是共产党人的衣食父母，共产党人是人民的勤务员，永远不能脱离群众、轻视群众、漠视群众疾苦。

为国者，得民则治，失之则乱。2016 年，习近平总书记在江西考察时指出，井冈山精神，其中重要的一条就是“依靠群众求胜利”。紧紧团结群众、依靠群众，是井冈山革命根据地创建和发展的重要法宝。井冈山时期，党和红军就把“做群众工作”作为红军的三大任务之一，通过多种方式激发群众参加革命、支持革命的热情和行动，形成了鱼水相依、血肉相连的党群关系、军民关系。正是有了群众这“真正的铜墙铁壁”，党和红军才多次创造了以少胜多，以弱胜强的奇迹。工人运动也是这样，从建党之初，我党就注重团结、发动工人阶级，全心全意依靠工人阶级，在工人运动中发展壮大。工人阶级在中国革命、建设、改革开放的各个历史时期，都作出了重要的历史贡献，不愧为我国的领导阶级，不愧为我们党最坚实最可靠的阶级基础，不愧为国家政权的重要支柱，不愧为推进改革开放和社会主义现代化建设的主力军。

人民是历史的创造者，是决定党和国家前途命运的根本力量。我们党来自人民、植根人民、服务人民，人民群众的拥护和支持是我们党最可靠的力量源泉。一旦脱离群众，就会失去生命力。当年，“唤起工农千百万，同心干”，为我们党依靠人民赢得革命胜利凝聚了强大力量。

今天，中国共产党成了世界上最大的执政党，我们党最大的政治优势是密切联系群众，党执政最大的危险是脱离群众。为此，我们仍然有必要用人民群众新期待“透视”，同先辈先烈、先进典型“对照”，不断叩问初心、守护初心，不断坚守使命、担当使命，始终做到初心如磐、使命在肩。

纪律观念，规矩意识

对党忠诚，体现为严格遵守党的纪律和规矩。中国共产党作为马克思主义执政党，有其完善的组织制度和组织纪律，这也是其能完成自身所担当的历史使命和崇高追求的前提保证。

1964年10月，周恩来在音乐舞蹈史诗《东方红》演出人员大会上作报告时说，毛泽东同志说我们党是“一个有纪律的，有马克思列宁主义的理论武装的，采取自我批评方法的，联系人民群众的党”，“毛泽东同志特别把有纪律放在最前面，这不是偶然的。因为这是决定党能否坚持革命、战胜敌人、争取胜利的首要条件”。

中国共产党从成立之日起，就高度重视党的纪律和权力监督问题。中共一大制定的党纲中明确规定：“地方委员会的财务、活动和政策，应受中央执行委员会的监督。”1922年7月，中共二大专门作出《关于议会行动的决案》，明确了党员参加议会活动的监督制度。从中共二大通过的第一个党章，到中共四大通过的党章，均专设“纪律”一章作为规范共产党员行为的准则。1926年4月，中共广东区委成立监察委员会，林伟民任书记，这是中国共产党第一个地方纪律检查机关。1927年召开的中国共产党第五次全国代表大会，成立了第一个中央纪律检查机构——中央监察委员会，由7名委员及3名候补委员组成，王荷波任主席，杨匏安为副主席。根据中共五大精神，1927年6月1日，中央政治局通过《中国共产党第三次修正章程议案》，首次设立

“监察委员会”章节，将纪律检查机关的职能写入党章，标志着中国共产党党内监督制度的初步形成。

在中央苏区、延安时期，党探索了一套对苏维埃政府、边区政府和革命根据地人民政权组织及其工作人员的监督办法。在延安整风时，毛泽东曾提到“季米特洛夫讲的四条”，即季米特洛夫在1935年8月共产国际第七次代表大会上所作的《工人阶级统一起来反对法西斯》报告中提出的正确选择干部的四项条件：

一、要无条件地献身于工人阶级的事业，忠实于党，并且在敌人面前——在战斗中，在监狱中，在法庭中——受过考验的；

二、要极密切地接近群众；

三、要能独立地自觉方向，不怕担负决策的责任；

四、不但在对一切违背布尔什维克路线的现象作不调和的对抗时，而且在对阶级敌人作斗争时，都要守纪律，受布尔什维克的锻炼。

在延安整风时，这四项条件在党内得到了广泛的普及教育。毛泽东曾说：“你是不是无限忠心，要用客观的标准来衡量。季米特洛夫讲得好，这要在战斗中，在监狱中，在法庭上经受考验的。他还说：革命者要讲革命道德，其中，不能光听其言，也不能在某一时间观其行，而要永久奋斗。这个永久奋斗是非常要紧的，如要讲道德就应该讲这一条道德。”

早期的中共党员，有的无视党的纪律要求、不守规矩，如陈公博公然支持叛变的陈炯明，违反党纪，在遭到组织批评后，竟然发表声明不再履行党的任务，离党而去。但是更多的党的早期领导人，特别是工运领导人，都是遵守纪律、严守规矩的模范。

苏兆征在党内的威望和在共产国际中的地位很高，但他依然展现出一个

“平凡而伟大的共产主义战士的形象”。邓中夏这样评述道：“他未加入共产党前，在社会上便已有很大的名望，照常理推测，这种人是不习惯于守共产党铁的纪律的；但兆征同志却完全不然，他加入共产党的第一天，便过党团的生活，完全依照党的政策去活动。”并说：“党命令他做什么，他立刻就去做……他爱党比世界上什么都厉害。”

苏兆征曾经是同盟会员、国民党员，有着很老的革命资格。但他参加共产党后，一直以党员的标准要求自己，模范遵守党的纪律。在省港大罢工中，苏兆征等领导人带领20万罢工工人英勇地坚持斗争。他严格执行党的决定，任劳任怨，克己勤勉，罢工开始的两三个月，从早上6点到半夜12点，几无片刻闲暇，而党团必到12点之后才能开会，往往开到两三点甚至到天亮。每每人都散了，他还在灯下办公。

苏兆征以出色的组织领导才能，赢得了工人的信任。省港大罢工坚持了一年零四个月，其间约有7000罢工工人加入了中国共产党。邓发、陈郁等不少由苏兆征发展入党的人，后来成为革命的骨干力量。一位参加过省港大罢工的工友回忆：“他在工人群众的集会上，就像个呼风唤雨的魔术师，他的每句话都为工人所倾心乐意地接受，并在内心里鼓舞起斗争的热情。他的讲话和号召不啻成为工人行动的指令”；“为工友们谋福利，为工人群众尽忠服务，成为兆征同志工作活动的最大特色与目的。工人群众之所以始终紧密团结在他的周围，可知并非偶然！”

艰苦严峻的斗争环境和长期忘我地工作，使苏兆征积劳成疾。在苏联出席会议期间，因他的身体虚弱，医生建议他休养一段时间再施行手术。但苏兆征心系祖国，不顾医生和同志们的劝阻，于1929年2月初毅然抱病回国。回到上海后，他主持召开了中华全国总工会第二次扩大会议。会议结束后，他盲肠炎发作，被家人送往医院。1929年2月25日，当周恩来、李立三、邓颖超等同志闻讯赶往医院看望时，他已处于弥留状态。他看见大家来了，用十分微弱的声音断断续续地说：“广大人民已无法生活下去，要革命，等待我们去组织起来，希望大家共同努力奋斗……大家同心合力，达到革命的最后成功！”我们至今还能看到他留下的寥寥几行遗嘱。这份遗嘱是由苏兆征口述，邓颖超记录，周恩来在遗嘱旁边加了注释。这是一张不足A4纸大小的纸片，纸张已经泛黄。

当天，苏兆征不幸与世长辞，年仅44岁。

第二天，中共中央政治局向全党发出了关于悼念苏兆征逝世的通告，号召全党同志要牢记苏兆征的遗言，通告指出：苏兆征同志在工作中，充分表现了无产阶级的艰苦卓绝精神和坚决的政治意识，他的革命精神，是全党的模范，全党要学习苏兆征的革命精神，向前奋斗。

陈延年担任广东区委书记时，给自己立了一个“六不”的规矩：

一不照相。至今为止，我们只发现他的两张相片，其中一张是单人照，是他的护照中的照片；第二张是苏联派人来拍摄省港大罢工纪录片，给他和杨匏安、刘尔崧和冯菊坡四人拍了一张合影。

二不脱离工农群众。陈延年任区委书记后，还到兵工厂车间劳动，到各地了解工人农民的被剥削情况，与工人群众打成一片，他走上街头，帮助人力车夫拉车，还把挣到的钱交给车夫。

三不谈恋爱。陈延年到广州时，年过24岁，正是大好年华，也不是没有少女倾心，但陈延年不为所动，理由是革命尚未成功，不能为家事所累。

四不滥交名人。陈延年在广州工作，尽量避免在大庭广众中出现，即使出现也是以普通人自居，更不愿与权贵名人结交。数年中，他只结交了廖仲恺一人。

五不铺张浪费。当时，党的经费全靠党团员每月上缴的月费维持，故一张纸、一支毛笔都是同志们的血汗钱，陈延年领导下的区委能省就省，每次示威游行所用的横额和标语，都由负责人出钱买红布和纸张，自行解决。

六不大吃大喝。广东区委的伙食每月七元，每天两餐，月底有剩余，才与同志们加餐加菜。他从不追求口腹之欲，从不下馆子吃喝。

在广州工作期间，他严格做到了这六条。在他领导下，广东区委所属党员人数由 1922 年 6 月的 32 人发展到 1927 年 3 月的 9000 多名，是当时全国党员人数最多、组织机构最健全、具有高度凝聚力和战斗力的地方党组织之一。他的行为也感染了众多的同志。在广东党员干部队伍里，出现了杨殷这样毁家纾难的同志，彭湃这样舍弃家产闹革命的同志，杨匏安这样甘守清贫、严守纪律、一心奉献的同志，并不是偶然的。

许多共产党员的组织纪律性，除了体现于日常工作外，更体现于生死关头——监狱之中，刑场之上。我们前面提及的王孝和，因为党组织要求不能暴露共产党员身份，所以直到英勇就义之际，都忍着没有喊出“中国共产党万岁”的口号——对一个忠诚的党员来说，这也许是比面对死亡更难受的事。

何孟雄、林育南等人被捕后，最痛苦的不是敌人的酷刑，也不是敌人的利诱，而是王明在背后对他们继续排斥打击，通知狱中支部不准他们参加组织生活。即使入狱，他们也没有放弃与米夫、王明的斗争。但与此同时，他们仍然严守组织纪律，没有像罗章龙那样走向另一个极端。罗章龙反对党的四中全会决议，后来却走过了头，成立“非委”，实施分裂党的行为。他还曾写信给苏区的张国焘、毛泽东等，要求他们支持自己。毛泽东在当年以“二十八画生”名义征友时，征到的“三个半朋友”一个是罗章龙，半个是李立三，一度与罗章龙被称作“管鲍之交”，但此时此刻，毛泽东却严守党的纪律规矩，不认同罗章龙这种行为，未予理睬。后来罗章龙等人因此被开除党籍，实在是咎由自取。罗章龙晚年有两个愿望，一个是希望死后能陪伴李大钊先生，这一条后来办到了。另一个是希望能改变他“分裂党”的结论，这一条至今未能改变，因为事实俱在，证据清楚。

何孟雄、林育南等人闻知罗章龙等人的行为后，从狱中传出意见表示坚决反对，劝说他们在党的组织原则内行事。在劝告无效后，宣布脱离罗章龙一派的活动，坚持在党内斗争。当罗章龙等人走向分裂党的道路时，何孟雄虽已被捕入狱半个月，但他很明确地表示："告诉徐锡根，说我反对成立非常委员会。"

对许多工运领导人而言，纪律甚至比生命更为重要。1923年2月7日，京汉铁路工人罢工遭到镇压，江岸分工会委员长林祥谦被捕。敌人把林祥谦绑在江岸车站站台的木桩上，逼迫林祥谦下令复工，遭到林祥谦断然拒绝。刽子手恶狠狠举刀砍向林祥谦左肩："上不上工？"林祥谦斩钉截铁地说："此事乃全路3万工人生死存亡所系，我分工会非得总工会命令不能开工。我头可断，血可流，工不可复！"屠刀砍向林祥谦右肩，他血流如注，昏死过去。醒过来，敌人再次恶狠狠地问他："现在怎么样了？"林祥谦拼尽最后的力气怒斥敌人："现在还有什么话可说？可怜一个好好的中国，就断送在你们手里了！"林祥谦壮烈牺牲，时年31岁。

很多人提到这一段时，把注意的重点放在"头可断，血可流，工不可复"的豪言壮语——这当然表现了林祥谦的英勇不屈、视死如归。然而前面那半句话同样重要："此事乃全路3万工人生死存亡所系，我分工会非得总工会命令不能开工。"——非得总工会命令不能开工，体现的是他坚强的组织纪律性。

林祥谦以生命书写了中国共产党人的英雄本色——纪律观念亦是其重要组成部分。不久后，毛泽东对安源工人说："林祥谦是个坚强的工人领袖，为了革命，牺牲了自己。"邓中夏在1930年著的《中国职工运动简史》中称颂林祥谦烈士："如此至死不屈，从容就义，纪律严肃，也只有无产阶级的先锋战士才能如此。"

1925年初，黄静源被中共湖南区委派到安源路矿从事工人运动时，由于二七大罢工失败的影响，中国工人运动转入退守期。安源路矿虽说仍能立于不败，但毕竟面临许多困难，不复当年高潮。俱乐部个别成员和极少数工友意志涣散，生活散漫，对前途缺乏信心。黄静源到任后，全力支撑和发展局面。他所在的株洲办事处，辖路矿两地段，相距190余里，370多名工人分布在机务段6个码头和10多个矿。黄静源到任后，制定了纪律，整顿了组织，加强了对工人的教育。他首先严格要求自己，处处以身作则，平时住在代表大会会议室里，白天将铺盖一卷，在这里办公、开会，晚上接待工友和俱乐部的办事职员，还常常与他们同卧一床，长谈到深更半夜。在他的影响带动下，株洲办事处职员的工作积极性与纪律性迅速提高。

1925年9月21日凌晨，反动派下手镇压安源工人运动。黄静源看到工人俱乐部被军警包围，马上意识到问题的严重性，命令大家迅速撤出，自己留下来应付一切。大家让他先走，他说："我是主任，留下来是我的责任，你们快走吧！"把大家劝走后，他烧毁了重要文件，掩盖了众人撤走的脚印，最后不幸被捕牺牲。

中共五大产生的中央监察委员会，是党的历史上第一个中央纪律检查机构，由7名委员及3名候补委员组成，由王荷波担任主席，杨匏安为副主席。值得一提的是，这10名监察委员会委员，在此后的革命生涯中，无一叛变投敌。

王荷波是中央监察委员会首任主席，也是遵守纪律的模范。1927年10月18日，王荷波在去北京法政大学参加活动分子会议时不幸被捕。在狱中，他受尽酷刑、坚贞不屈，至死没有暴露党组织。临难前的唯一嘱托是，请求党组织对他的子女加强革命教育，千万别走和他相反的道路。1927年11月11日夜，王荷波等18位同志壮烈牺牲。

1927年12月26日出版的《布尔什维克》载有《悼王荷波及其他十八同志》一文，称："王荷波同志是中国工人中觉悟最早奋斗最有力的一人。王荷波同志是中国革命的工人领袖之模范，王同志之死使中国工人阶级失去一有力而忠实的领袖，使中国共产党失去一勇敢而努力的战士；然而中国工人阶级及中国共产党，是誓必继王同志之志，完成中国的革命，以慰王同志及同时死难之十八同志的！”

中央监察委员会副主席杨匏安，也是模范遵守纪律与规矩的典型。他在担任监察委员会副主席后不久，因与谭平山的关系，被怀疑为“第三党”成员，撤销了中央监察委员职务，并给予留党察看处分。尽管这是一桩冤案，但他以大局为重，毫无怨言，接受组织安排，前往新加坡、吉隆坡等地从事革命工作。后来回到上海，过着三餐难继的清苦生活，仍然任劳任怨，完成组织交给的任务。

相反，倒是他的另一位广东同乡罗绮园，违反生活纪律，因与手下工作人员发生不正当关系而被告发，被捕后直接出卖了杨匏安。1931 年 7 月 25 日，杨匏安被捕，蒋介石派出淞沪警备司令部司令熊式辉、吴铁城以及国民党中央监察委员吴稚晖等向他劝降，要他回到国民党，并许以高官厚禄，但杨匏安断然拒绝：“我是为了寻求真理才加入共产党的，既已选定，就不能动摇。”国民党又以死亡相威胁，杨匏安轻轻一笑：“我从参加革命开始，就已经把生死置之度外了。死可以，变节是不可能的！”1931 年 8 月 4 日，杨匏安被国民党反动派秘密枪杀在淞沪警备司令部。

早期工运领导人陈寿昌的革命生涯，可以分为公开和地下两个阶段。公开时期，他领导过苏区工人运动；地下时期，他在周恩来领导下参与中央特科工作。在两个时期，他都能模范地遵守党的纪律。

陈寿昌早年就读上海商务印书馆函授和电报传习所，熟稔电报技术。1922 年到武汉考进了电报局。1923 年京汉铁路工人二七大罢工期间，积极参加组织电报局职工声援铁路工人的斗争。二七惨案发生后，陈寿昌转到武汉电报局从事工人运动，坚持革命斗争。在蒋介石叛变革命，国内外形势异常紧张的情况下，1927 年 6 月 20 日，陈寿昌参加了在武汉召开的第四次全国劳动大会，当选为中华全国总工会执行委员、常委。7 月 15 日，汪精卫公开反共，白色恐怖笼罩武汉三镇，陈寿昌与党组织失去了联系，他从电报局自动辞职，去上海打听党组织的下落。陈寿昌到上海后，先后担任中共中央机关秘书、中共上海市政总工会党团书记、中共江苏省委委员、中共上海沪西区委书记。

1931 年 12 月，党中央为加强中央苏区的工会工作，决定调陈寿昌赴中央苏区领导工会工作，他被任命为中华苏维埃全国总工会苏区执行局主任和全总巡视员。他在主持全总苏区执行局工作期间，制订了苏区工会组织和工作大纲，组织各行业工人成立工会，创办《苏区工人报》，指导苏区工会工作和工人运动。同时，动员和组织工人参加红军，有力地支持了苏区的政权、经济建设和反对国民党的经济封锁、军事“围剿”的斗争。1933 年，全总苏区执行局与迁入中央苏区的中华全国总工会机关合称全总苏区中央执行局，陈寿昌任中共党团书记、委员长。

1928 年，陈寿昌调到中共中央特科从事情报工作。1929 年被派到苏联学习，不久回国继续从事情报工作，先在二科（情报科）工作，后接任第四科科长，负责领导电台和交通工作，成为周恩来领导的“三陈”（陈赓、陈寿昌、陈养山）之一。在白色恐怖的环境中，陈寿昌经常与同志进行秘密联络。他带着秘密文件、资料走在路上，曾几次碰到巡捕“抄靶子”，临危不惧，镇定自若，多次化险为夷。

地下工作中，纪律极为重要，稍有不慎便有可能酿成祸端，造成损失。陈寿昌从入党那天起，就以党的事业、革命大局为重，严守党的组织纪律。在特科时，他的妻子常为他放风送信，但他连情同手足的“常客”陈赓的姓名也不讲给她听，只以绰号相称。

他的上级周恩来更是严守纪律的模范。不论是革命年代，还是新中国成立后，周恩来一直严守一条家规，对于党的重要文件，即使邓颖超也不能看、不能打听。共产党的纪律之所以叫“铁的纪律”，是因为有一批“铁的党员”在模范遵守纪律，严格执行纪律。在秋收起义之后，毛泽东曾无端受到纪律处分，被撤销中央委员职务，上井冈山传达文件的人误传成了“开除党籍”。面对这雪上加霜的委屈，毛泽东仍然忠心耿耿，以“待罪之身”在井冈山坚持斗争。

同一时期，党内不讲规矩、不守纪律的教训也不少。甚至许多人的叛变，也是先从违纪违规开始的。

担任过党的总书记的向忠发，曾经是工运早期重要领导人。向忠发虽然文化水平不高，但讲话口才比较好，而且有时也比较幽默。他坚持让毛泽东留在中央苏区，把张国焘派往鄂豫皖苏区。原本安排中，毛、张二人是对调的，如果真的调换了，中国革命的前途可能是另外的情形。当毛泽东在井冈山“红米饭、南瓜汤”艰苦奋斗的时候，在上海的向忠发却渐渐把纪律规矩抛之脑后。他在上海装扮成有钱的古董商人，住洋房，颇为阔绰，又向组织提出要有一位“太太”陪同，才显得“相称”。经顾顺章筹划，找了一个舞女杨秀贞，以夫妻身份同居。

在顾顺章叛变之时，向忠发接到周恩来的通知马上搬了家，中央决定把向忠发转移到江西中央苏区去，但向忠发舍不得杨秀贞，迟迟不愿离沪。周恩来把向忠发安排在自己的住处，告诫他：“你千万不能出去！”并安排地下交通员尽早护送向忠发去江西中央苏区。可是，向忠发却坚持离沪前无论如何也要见杨秀贞一面，为此甚至不惜半夜擅离住所。这一去，就落入了国民党特务设好的陷阱。

向忠发被捕后迅速叛变，变节之快，连巡捕都有些怀疑，问他：“你真的是共产党的领导？我们平时抓住那些小共产党，哪个不是把我们骂得狗血淋头。没见过像你这样的。”

顾顺章是周恩来领导下的中央特科负责人，确实本领高强，也曾做了不少工作。叛徒白鑫、何家兴就是他铲除的。不过顾顺章虽然身居高位，但人品低下，政治水平不高。当时在上海中共中央工作，熟悉顾顺章情况的杨之华曾说："顾顺章所担任的工作很重要，然而他平日不看文件。虽然他是一个老党员，但他的一切工作是没有革命意识的内容。正因为没有革命意识的内容，不能为整个无产阶级利益而斗争到底，甚至做了无产阶级的叛徒。"作为顾顺章的同事，陈赓曾对周恩来有过预言："我们二人如果不死，准能见到顾顺章叛变。"

1931 年 4 月下旬，顾顺章从上海护送张国焘、陈昌浩去鄂豫皖根据地后，取道武汉回上海，顾顺章借口搞交通线，滞留在武汉不走。名义上是搞交通线，实际上却在武汉享受起来。4 月 24 日下午，顾顺章以"化广奇"大魔术师的化名，在汉口新市场魔术馆内表演魔术。在表演的过程中被与他一同工作过的叛徒尤崇新认出，当日被捕，落入国民党武汉警察局局长蔡孟坚手中，随即叛变，供出了向忠发、周恩来、瞿秋白的住处及中央秘书处、特科机关所在地。顾顺章清楚知道南京潜伏有中共的卧底。因此，被捕后的他立即要求直接面见蒋介石，并告诫特务们不要事先向南京发报。但汉口方面按捺不住兴奋，还是将消息电告给了南京。在南京接收这封电报的，正是打入国民党中统内部的钱壮飞。当顾顺章得知电报已发往南京时，顿足长叹道："抓不住周恩来了！"

钱壮飞通过李克农抢先通知了特科，周恩来两天两夜没有合眼，紧急安排中央机关撤退转移。等到国民党下手之时，顾顺章掌握的情报价值大减。但由于顾顺章所处的地位与工作性质，中共地下组织还是遭到了极大的破坏，先后被捕的有 800 多人，致使上海等地的地下党机构几乎完全被摧毁。

顾顺章被押解到南京的第二天，就向特务机关出卖了恽代英。其时，恽代英正被关押于南京中央军人监狱，化名王作霖，身份尚未暴露。经党组织多方营救，眼看即将出狱脱险，却在顾顺章指认之下，被敌人杀害于南京雨花台。1931 年 6 月，顾顺章亲自带人到香港，抓获了中共政治局常委蔡和森。蔡和森被捕后，被引渡到广州，惨遭杀害，年仅 36 岁。1933 年，陈赓在上海治好腿伤即将返回苏区前夕，也在上海落入了顾顺章布下的“罗网”。只因陈赓早年对蒋介石有救命之恩，在宋庆龄等各界人士营救之下，蒋介石网开一面，他才躲过一劫。

对于顾顺章的叛变，毛泽东亲自签发《通缉令——为通缉革命叛徒顾顺章事》，通缉令历数顾顺章的种种罪行，并称：“要严防国民党反革命的阴谋诡计，要一体缉拿顾顺章叛徒，在苏维埃区域，要遇到这一叛徒，应将他拿获交革命法庭审判；在白色恐怖区域，要遇到这一叛徒，每一革命战士，每一工农贫民分子有责任将他扑灭。缉拿和扑灭顾顺章叛徒，是每一个革命战士和工农群众自觉的光荣责任。”

在中共历史上，由中央政府对一个叛徒特别发下这种通缉令，可谓极为罕见。

正反两个方面的教训，不可谓不深刻。习近平总书记多次指出：制定纪律就是要执行的。“不以规矩，不能成方圆”，“木受绳则直，金就砺则利”，讲的就是这个道理。党的规矩，党组织和党员、干部必须遵照执行，不能搞特殊、有例外。执行党的纪律不能有任何含糊，不能让党纪党规成为“纸老虎”“稻草人”，造成“破窗效应”。凡是违反党章和党的纪律特别是政治纪律、组织纪律、财经纪律的行为，都不能放过，更不能放纵。

说起来，党的每一条纪律规矩，其实都有着深刻的历史渊源，包含着血的教训。历史事实证明，纪律严明的时候，党就有战斗力，纪律松弛的时候，党的战斗力就会受到损害。历史的教训，至今仍有重要的启示意义。

艰苦奋斗，勤俭作风

1951年7月，毛泽东同湖南第一师范的老同学周世钊、蒋竹如谈话时，说到1912年在湖南图书馆自学的经历，坦言当时最大的收获是第一次看到世界地图，震撼之余不禁感叹广大人民的痛苦生活，产生了通过革命来改变社会的责任感，从而“下定这样的决心：我将以一生的力量为痛苦的人民服务，将革命事业奋斗到底”。在革命和建设的各个时期，毛泽东反复强调奋斗精神的重要性，要求全党同志坚持奋斗、艰苦奋斗、永久奋斗。“自力更生，艰苦奋斗”成为流传至今的口号，鼓舞了一代又一代的中国人民。

毛泽东在学生时代，就展现出奋斗者的风采。他在日记里写下了后来十分著名的话：“与天奋斗，其乐无穷；与地奋斗，其乐无穷；与人奋斗，其乐无穷。”

在毛泽东眼中，奋斗是一个方法，更是一种姿态，必须坚定不移、始终如一。1939年5月30日，他在西北青年救国会举行的模范青年授奖大会上说：“什么是模范青年？就是要有永久奋斗这一条……奋斗到什么程度呢？要奋斗到五年，十年，四十年，五十年，甚至到六十年，七十年，总之一句话，要奋斗到死，没有死就还没有达到永久奋斗的目标。”1956年11月15日，他在党的八届二中全会上明确提出“艰苦奋斗是我们的政治本色”的重要论断。1957年3月18日，他在山东省级机关处以上党员干部会议上发表讲话，明确提出：“共产党就是要奋斗，就是要全心全意为人民服务，不要半心半意或者三分之二的心三分之二的意为人民服务。”

正如习近平总书记在2018年春节团拜会上的讲话所指出的，只有奋斗的人生才称得上幸福的人生。奋斗是艰辛的，艰难困苦、玉汝于成，没有艰辛就不是真正的奋斗，我们要勇于在艰苦奋斗中净化灵魂、磨砺意志、坚定信念。奋斗是长期的，前人栽树、后人乘凉，伟大事业需要几代人、十几代人、几十代人持续奋斗。奋斗是曲折的，“为有牺牲多壮志，敢教日月换新天”，要奋斗就会有牺牲，我们要始终发扬大无畏精神和无私奉献精神。奋斗者是精神最为富足的人，也是最懂得幸福、最享受幸福的人。

共产党成立一百年来，始终保持着坚定的理想和必胜的信念，保持着不畏艰辛、励精图治的精神状态和艰苦奋斗、顽强拼搏的作风，不断克服前进道路上的重重困难，战胜前进道路上的风险和挑战，最终建立了新中国、建设了社会主义、实行了改革开放、迎来了中国特色社会主义新时代。

艰难困苦、玉汝于成。艰苦奋斗、勤俭节约是中华民族的传统美德，是国家发展、社会进步的精神需求和实际需要，是社会主义核心价值观的重要内容，也是中国共产党人的本色和优良传统，是我们党密切联系人民群众的重要法宝。无数经验教训告诉我们，艰苦奋斗才能成就河清海晏之业，骄奢淫逸必遭荆棘铜驼之悲。从中国共产党的发展历史上看，无论是革命战争年代，还是社会主义建设和改革开放时期，我们党能够得到人民群众真心拥护，从胜利走向新的胜利，都与艰苦奋斗的优良作风密不可分。毛泽东说过，“艰苦奋斗是我们的政治本色”。我们的党史和工运史，乃是一部艰苦奋斗史。习近平总书记总结“井冈山精神”时，提出的重要一条即是“艰苦奋斗攻难关”，艰苦奋斗是党的优良传统和政治本色，井冈山时期，斗争条件十分艰苦，国民党军队反复进攻和严密封锁，军民处境极为困难，就是在这样的艰苦条件下，井冈山军民不畏强敌，不畏艰险，开辟了第一个农村革命根据地，取得了多次反“进剿”、反“会剿”的胜利。

苏兆征的儿子苏河清是一位电影工作者，他曾回忆自己拍摄党的七届二中全会的情形：1949 年 3 月的一天，晋察冀军区政治部电影队的队长王洋通知苏河清有紧急任务，要求他立即前往平山县西柏坡。他和两个助手从电影队所在地石家庄动身，由于条件很艰苦，电影队甚至连马车都没有，他们走了整整一天半的时间才来到西柏坡村。苏河清说，当时领导并没有交代是什么任务，只说是去拍一个会议，他看到的是，由于没有大礼堂，会议就在食堂举行，那里摆满了临时凑起来的小凳子、马扎、椅子等，规格不一，而且没有座位签，谁先来谁往主席台前边就座。毛主席在主席台上讲话，讲完了就坐在主席台右边。完成了拍摄任务之后，回来才知道，这是一个即将夺取全国政权的大党，在革命胜利前夕举行的一次历史性的重要会议。就是在这次会议上，毛泽东提出了“两个务必”——务必使同志们继续地保持谦虚、谨慎、不骄、不躁的作风，务必使同志们继续地保持艰苦奋斗的作风。

也是在这次会议上，毛泽东提出了“全心全意依靠工人阶级”的方针。

一个即将夺取全国政权的大党，在重要历史时刻召开的一次重要大会，竟然如此简单，甚至有些寒酸，至今令人感慨万千、肃然起敬。住进这个小村时，刘少奇带着那只跟随了他多年的文件箱，如农家常用的小躺柜一般，粗粗笨笨，一盖上盖子就可以坐人。如今按原样放在刘少奇房间的右角，而左角则是一张只有二尺宽、齐膝高的小桌，这是当时从老乡家借来的。刘少奇就是伏在这张小桌上起草了《中国土地法大纲》。如今的会场里还保留着原来主席台上的样子，说是主席台，其实没有台，就是墙上挂一面党旗，旗下摆一张长方桌，后面放一把旧藤椅。台两侧各有一张桌子是记录席。出席会议的共三十四名中央委员，十九名候补中央委员，毛泽东坐在长桌后面，其余的人都坐在台下。台下也没有固定的椅子，开会时每个人就从自己的家里或办公室带个凳子。轮到谁发言时就走到那张长桌旁面向大家站着讲话，讲完后又回到自己的凳子上。毛泽东亲自记录，不时插话。领袖与代表咫尺之近，寸许之间。

在这间简陋的会议室里，共产党通过了自己的“陋室铭”。毛泽东说：“夺取全国胜利，这只是万里长征走完了第一步。”本来会议开始时主席台上并排挂着马恩列斯毛的像，到闭幕时就不这样挂了。会议过程中渐渐形成了一个共识，并通过五项决定：不以人名命名；不祝寿；中国同志不与马恩列斯并列；少拍巴掌；少敬酒。

艰苦奋斗，乃是共产党人的精神本色。罗亦农每次对新党员谈话，都会提出希望和要求：“参加共产党不是来享福的，乃是要来受苦的。”我们所述及的工运先烈，大多担任过党内高级领导职务，有中央委员、政治局委员，有省委书记、市委书记，当年任命这样一个职务，相应而来的不是待遇，而是危险，那个岗位，乃是牺牲的岗位。

共产党是穷人的党，在“起家”之时，艰苦奋斗的本色就渗入了基因之中。党的创始人之一李大钊是信仰坚定、对党忠诚的表率，是坚守初心、为民造福的表率，是勇于担当、敢为人先的表率，是敢于斗争、善于斗争的表率，是坚持真理、实事求是的表率，也是清正廉洁、品德高尚的表率。他对自己要求极严，把物质享受降到最低限度。在他看来，腐败是因为“以有限之精力，有限之物质，应过度之要求，肩过度之负担”，而导致虚伪、夸张、奢侈、贪婪等种种罪恶。他一生简朴，“黄卷青灯，茹苦食淡，冬一絮衣，夏一布衫”，并倡导简易之生活——“衣食宜俭其享用，戚友宜俭其酬应，物质宜俭其销耗，精神宜俭其劳役”。

李大钊在北京大学任教授期间，还在其他多所大学兼课，其每月收入约300元。这在当时是一笔可观的薪水，但他从不追求物质享受，而是拿出大部分用于接济贫困青年，帮助困难群众；用于党的活动经费，支持革命事业。罗章龙回忆道：“守常同志自奉俭约，非常刻苦。他居室简陋，食不兼味，服饰简单”，“平时一如北方人的简单生活，一个大饼，一根葱，粗茶淡饭就满足了”。李大钊在北京十年，没有购置过房产，曾经七次迁居，皆为租房。当时，李大钊在东城上班，却在西城租房子，因为西城的房租便宜。中午不能回家吃饭，他就自带干粮，有时一块大饼，有时两个窝头就白开水下肚。

李大钊不仅崇尚简易的物质生活，更加注重修炼自己一尘不染的道德品质。1916 年以前，北京大学的校风奢靡，师生中风行打麻将、捧戏子。如今我们在胡适日记中还可以看到有关他们当年打麻将、“打茶围”的记录。蔡元培于 1916 年冬到北大任校长后，发起成立进德会，以不嫖、不赌、不娶妾为基本戒条，遵守这三个戒条而加入的称为甲种会员。李大钊一入北大即加入进德会成为甲种会员。入会后，李大钊严守戒条，言行统一，克己待人，被师生称道。1919 年 6 月，他被选为进德会的纠察员。

李大钊牺牲后，北京《晨报》《顺天时报》分别载文报道：“李氏私德尚醇，如冬不衣皮袄，常年不乘洋车，尽散收入，以助贫困学生”，“李大钊平昔不事储蓄，身后极为萧条。李夫人回家后，仅一元生活费，室中空无家具，即有亦甚破烂”。李大钊牺牲后，他的灵柩停放在宣武门外的一个庙宇内，整整 6 年后，才由其夫人赵纫兰带着儿女寻求北大同人的帮助，蒋梦麟、沈尹默等 13 位北大教授冒着巨大风险，在北平地下党组织的秘密安排下，为李大钊发起公葬。因他家中无积蓄，公葬所有相关事宜均由朋友帮助办理。

中央苏区时期，中央领导机关“每天节约二两米，使前方红军吃饱饭，好打胜仗”，群众传唱“苏区干部好作风，自带干粮去办公；日着草鞋干革命，夜走山路访贫农”，体现了共产党人的优良作风艰苦奋斗精神。毛泽东时任临时中央政府主席，按当时的规定，晚上工作可点三根灯芯，但为了节约灯油，他从来只点一根灯芯，而且他有夜晚工作的习惯，常常第二天早上早饭未吃就行军，警卫员行军时给他带饭包，待行军空隙，他才把冷饭冷菜吃掉。瑞金中央革命根据地纪念馆珍藏的记账本清晰地记载了毛泽东带头廉洁奉公的事实：1933 年 7 月，毛泽东在江西省军区参谋长陈奇涵陪同下，到宁都县铲田区调查研究并在区政府住宿一晚。临走时，毛泽东交代警卫员吴吉清向区财政部部长结账，可是区财政部部长说什么也不肯收钱。毛泽东闻之，转而让陈奇涵事后补交食宿费一元八角，并记载在记账本上。该记账本遂成一件记载着毛泽东带头廉洁奉公的珍贵文物。

周恩来时任中央革命军事委员会副主席。在第四次反“围剿”时，周恩来和朱德一起战斗在前线，战斗激烈时常通宵工作，然而生活上却十分朴素。当年的警卫员郭应春回忆说：“周副主席在建宁，生活很朴素。睡的是门板床，再铺上几把稻草……我们常常想用打仗缴来的战利品多照顾一下周副主席的生活，他都不要，都说‘归公，给我干什么？’”苏区时期，食盐是一种非常重要的生活用品，周恩来和其他人一样每个月只吃三钱食盐，过着“有盐同咸，无盐同淡”的清苦生活，由于长期劳累和缺少食盐，周恩来身体虚弱，司务长意识到是食盐摄入过少，于是在他菜中多加了一点食盐，周恩来发现之后，立即予以纠正。

杨匏安是党内艰苦朴素的优秀代表。大革命时期，杨匏安曾在国共两党内都担任过高级职务，掌握或管理过大量钱财却两袖清风、一尘不染。即使是省港罢工委员会发放捐款后留在杨家祠的一两毛钱硬币，他也坚持让孩子们送回罢工委员会。在上海工作期间，家庭生活非常困难，但杨匏安从来不向党组织伸手。他白天在党报秘密机关做编辑，晚上写作或翻译书赚稿费补贴家用。据当年参加逮捕杨匏安行动的中统特务黄凯在新中国成立后交代，他们当时闯进杨匏安家中时，杨匏安贫病交迫，杨妻正预备去火柴厂做工，一群儿女都是营养不足，还有一位七旬老母，统统跪在警备车车轮下要与杨匏安同死，其状惨痛，令人动容。据当时上海巡捕房记载，杨匏安被捕时“身带五元票一张，一元票两张，眼镜一副和被查抄的共产党传单”。这是杨匏安的全部家产，也是他清贫生活的真实写照。

牺牲之前，杨匏安曾给家人留下遗嘱：一是“熟人”们（国民党反动派）

送的一切东西都不能收；二是玄儿（杨匏安的大儿子）不可顽皮；三是家里唯一的一台缝纫机不能卖掉，那是家里谋生的工具，如果家人在上海待不下去了，就回到广州去。周恩来曾用“为官廉洁，家境清贫”来概括杨匏安的品德并以此教育党员同志。

国民党也曾经有过远大理想和纪律要求，黄埔军校的大门上曾贴着一副对联：“升官发财请往他处，贪生怕死勿入斯门”，横批“革命者来”。可惜的是，除了国共合作时期坚定的共产党员之外，相当多的一部分最终变成了利益集团。能把这初心坚守始终的，只有共产党人。

项英出身贫苦，勤俭一生，对铺张浪费行为深恶痛绝。在中央苏区工作时，对于苏维埃机关中出现的浪费现象，他一旦发现，立即严肃批评教育。一段时间，江西省保卫分局负责同志为了显示保卫局的威风，用 9 块多大洋做了一面旗子，花 1 元 2 角 4 分钱买了两根手枪系带，用 3 块多大洋买了 10 本日历，1 个月点洋烛 30 包。项英得知后十分气愤，立即找保卫分局负责人谈话，严肃批评了他摆阔气的败家子作风，并在《红色中华》报上发表《好阔气的江西政治保卫分局》予以公开揭露。石城县革命委员会的主席迁家讲排场，大搞铺张浪费放了很多的鞭炮，还收了群众的贺礼。项英知道后很生气，在《红色中华》报上发表的文章《好个石城县主席迁家大喜》中说：“现在是苏维埃政权，主席是代表工农群众来办政府的事，对于封建县长式的主席，就要请他出苏维埃。”

邓培是中国工人阶级的优秀代表、共产党人的楷模，一生保持工人阶级的本色。他不追求名利，也不谋求特权。到北京和广州工作以后，他的家属仍然住在唐山印度房头条胡同那三间破旧的房子里，病弱的妻子带着 6 个尚未成年的子女过着清贫的生活。年迈的老母依然居住在三水故里，以务农为生。

李启汉始终严于律己，艰苦朴素。在省港罢工中，他是工人公认的最辛苦、最忙碌的人。他经常深入罢工工人群众中了解情况，及时处理各种问题。平常他就穿一套三个口袋的蓝色工人服，脚上一双旧胶鞋，不抽烟不喝酒，全部家当就是一张席子、一顶破蚊帐和一条旧裤子。李启汉作为干事局长和财政委员，掌握着整个罢工的财政大权，要置办一套衣装和家私是再容易不过的事了，但他依然严格遵守纪律，不计较个人得失，勤勤恳恳地开展工作。他往往是工作到哪里，就在哪里吃住，和各部门职员及罢工工人生活在一起，了解罢工工人的生活情况，帮助他们解决生活困难。邓中夏赞扬他"乃是无产阶级的先锋，劳动运动的健将"。

方志敏在《清贫》中写道："我从事革命斗争，已经十余年了。在这长期的奋斗中，我一向是过着朴素的生活，从没有奢侈过。经手的款项，总在数百万元；但为革命而筹集的金钱，是一点一滴地用之于革命事业。这在国方的伟人们看来，颇似奇迹，或认为夸张；而矜持不苟，舍己为公，却是每个共产党员具备的美德。"共产党是穷惯了，党的最高层是穷惯了。不是他爱穷，而是他坚守一个原则，只要中国的老百姓还穷，党就耻于高过百姓；只要党还穷，第一线还穷，中央机关、党的领袖就绝不肯优于他们。这种生活的清贫，工作条件的清苦，清澈见底地表示着他们的一片心，这就是只有解放全人类才能最后解放自己。九百年前北宋范仲淹就提出"先天下之忧而忧，后天下之乐而乐"，但真正实现了这句名言的只有共产党。

我们党是靠自力更生、艰苦奋斗起家的。新中国成立后，毛泽东在一次讲话中说："我是历来主张军队要艰苦奋斗，要成为模范的。我们有一位将军主张军队要加薪水，有许多同志赞成，我就反对。他举的例子是资本家吃饭五个碗，解放军吃饭是盐水加一点酸菜，他说这不行。我说这恰恰是好事。你是五个碗，我们吃酸菜。这个酸菜里面就出政治，就出模范。解放军得人心就是这个酸菜。我们要提倡艰苦奋斗，艰苦奋斗是我们的本色。锦州那个地方出苹果，我们战士一个都不去拿。我看了那个消息很感动。在这个问题上，战士们自觉地认为，不吃是高尚的，而吃了是很卑鄙的，因为这是人民的苹果。人是要有一点精神的，无产阶级的革命精神就是由这里头出来的。一个苹果不吃，饿死人没有呢？没有饿死。还有小米加酸菜。在必要的时候，在座的同志们要住棚子。在过草地的时候，没有棚子都可以住，现在有棚子为什么不可以住？”毛泽东这一段话娓娓道来，通俗易懂，用浅显的表达，讲通了艰苦奋斗的“大道理”。

当前虽然我国已经成为世界第二大经济体，各方面实力大为增强，但是自力更生、艰苦奋斗的传家宝永远不能丢。这是我们共产党人的品质，是我们立党立国的根基，也是党员干部立身立业的根基。

实事求是，善作善成

实事求是是马克思主义的根本观点，是中国共产党人认识世界、把握规律、追求真理、改造世界的强大思想武器，是我们党的基本思想方法、工作方法、领导方法。

马克思主义是经过实践检验的真理，但并非给所有的问题以现成的方法。它提供解题的思路，并非给所有问题以直接答案。它提供种子，需要根据各地不同环境生长，至于收获之后加工出来的成品，更是多种多样。中国革命的过程，也是马克思主义中国化的过程，在这一过程中，共产党人进行了不屈不挠的斗争，同时根据中国的实际，按照实事求是的原则，进行了丰富多彩的实践。

“井冈山精神”最重要的一条，就是实事求是闯新路。井冈山时期，毛泽东通过对斗争形势的深刻分析，并在总结革命根据地斗争实践的基础上，把马克思主义普遍真理与中国革命具体实践相结合，提出了“以农村为中心”的革命道路思想，以及“党指挥枪”“支部建在连上”等建党建军思想，先后发表包括《中国的红色政权为什么能够存在》《井冈山的斗争》《星星之火，可以燎原》等重要文章，说明了农村革命根据地能够在敌人包围的情况下存活下来并得到发展的多方面原因，提出了工农武装割据的重要思想。“农村包围城市，武装夺取政权”的实践，可以说是中国的独创。从马克思到列宁、斯大林，未有过农村革命的理论，也未有过工农联盟的实践，因而不能对中国具体的实际情况作出指导。国际共产主义运动没有现成的经验，是毛泽东等党的领导人在革命实践中，在党内“左”倾路线和教条主义的不断干扰打压之下，找到了这样一条道路，殊为不易。从井冈山开始，探索出一条中国革命胜利的道路。

李慰农是最早注意到工农联盟问题的人之一。这位工运领导人出身农家，上过农业学校，在旅欧勤工俭学期间，便下功夫钻研马克思主义，并且十分注重研究农民问题，认为农民是反帝反封建斗争的主力军之一，组织农民要从组织农会和教育农民入手，“我们最后的目的是要做到工会农会联成一气，如此则革命根基方建筑得稳固”。他的思想与毛泽东的主张不谋而合。

何孟雄是最早提出“农村包围城市”斗争策略的人之一。他于 1930 年以周子敬为笔名，给《红旗》写了一封《子敬来信》，提出了“农村包围城市，武装夺取政权”的思想。信中指出了城乡形势发展的不平衡问题，提出了农村“联合起来包围城市，封锁城市，用广大的农村革命势力以向城市进攻，必然可以得着胜利”的中国式革命道路。当时党内领导李立三想的是照抄俄国十月革命城市暴动的模板，急盼着冬宫一声炮响，革命水到渠成。不仅不认同他的这一正确主张，还组织过对他批判，他为此吃了不少苦头。但这一思想通过毛泽东的实践，被证明是中国革命的正确的道路。

最后把“农村包围城市，武装夺取政权”道路实践成功的，毛泽东是不二人选。他出身农村，熟悉农民，对中国革命的根本问题——土地问题有着比别人更为深刻的理解。他这一思想的产生，并非头脑中灵光乍现，而是经过长期思考和深入的调查研究形成。他说：没有调查研究，就没有发言权。在早期严酷革命战争环境下，毛泽东做了大量调查研究工作，写下了多篇调查报告。一些调查报告在战斗中遗失了，他还十分痛心，像丢失了孩子一样，他说：“失掉别的任何东西，我不着急，失掉这些调查（特别是衡山、永新两个），使我时常念及，永久也不会忘记。”仅在大革命时期，至少有七篇调查报告存世，分别是：《中国佃农生活举例》（1926年）、《寻乌调查》（1930年5月）、《兴国调查》（1930年10月）、《东塘等处调查》（1930年11月）、《木口村调查》（1930年11月）、《长冈乡调查》（1933年11月）、《才溪乡调查》（1933年11月）。

1930年5月，毛泽东在寻乌开展社会调查，除写下8万多字的《寻乌调查》，还写下了3000余字的《调查工作》。尽管战火连连，他仍把《寻乌调查》《调查工作》等材料捆好，一直带在身边。遗憾的是，《调查工作》在转战中不幸遗失。毛泽东非常惋惜，多次与人谈起它，说想念这篇文章就像想念自己的孩子一样。当27年后，《调查工作》重现于世时，他的激动之情溢于言表。原来，福建省上杭县农民赖茂基在20世纪30年代就为红军送信送物。红军长征后，赖茂基把一本中共闽西特委翻印的《调查工作》石印本及当时党组织和苏维埃政府发的一些文件用油纸包好，装在一个小木盒子里，在家里墙壁上凿开一个洞，把小木盒子藏匿在洞里，然后把洞封好。后来国民党民团对赖茂基的家进行过全面搜查，但因藏匿得巧妙，小木盒子没有被发现。1955年4月，中共中央办公厅发出了在全国范围内征集革命历史资料的通知。1957年2月，赖茂基把小木盒子及藏在里面的《调查工作》作为重要革命文物捐献出来。1961年1月，田家英把《调查工作》送交给毛泽东。当这本纸张已发黄的小册子送到毛泽东面前时，他高兴地说，失散多年的"孩子"终于找回来了。1964年，在《毛泽东著作选读》甲种本公开出版前文稿审定时，毛泽东把它的题目改成了《反对本本主义》。

毛泽东在调查期间都是亲自做记录，结束后又亲手撰写调查报告。他认为："要自己做记录，把调查的结果记下来，假手于人是不行的。"《寻乌调查》记录了毛泽东早期"最大规模"的一次调查活动，主要是了解城镇商业。毛泽东说在这之前"我对于商业状况是完全的门外汉"。自开始从事调查研究活动以来，他认为："我做的调查以这次为最大规模。"《兴国调查》使毛泽东开始有了“农村的基础概念”。了解中国农村，历来是毛泽东调查研究的重点，因此他在江西省兴国县永丰区农村作了一次“较之我历次调查要深入些”的农村调查。“没有这种调查，就没有农村的基础概念。”这些调查报告，为当时党和红军了解农村与城镇的情况、研究革命斗争中存在的突出问题、制定正确的方针政策提供了丰富、翔实的第一手材料和重要依据。

只有实事求是，方能善作善成。安源路矿工人大罢工就是实事求是思想的一次成功实践。在罢工之前，毛泽东、刘少奇、李立三等人分析了客观形势，认为工人被欠薪已久，罢工时机成熟。在讨论罢工策略时，他们没有采取冒险蛮干的办法，而是根据当时安源的实际情况，提出了“哀而动人”的斗争策略。对于罢工口号，也没有追求“高大上”，而是从工人实际出发，以工人听得懂、群众能接受、社会能理解为原则，提出“从前是牛马，现在要做人”，这话一下就说到了工人的心坎里，不仅得到了工人全力拥护，也得到了社会极大同情。

罢工令发出后，一声汽笛响过，先是安源火车站开往株洲的火车停驶，工人们将车头各种重要机件卸下，并通知工务处工友停止行车信号。接着矿井东平巷断电，运煤车不能行走，工人们如潮水一般涌出矿井，大呼“罢工”，出坑后又用树枝把井口堵上，在井口竖起一面大旗，写上“罢工”两个大字，并派人在井口守候。随后，洗煤台、制造处、修理厂、炼焦处的工人也纷纷放下工作，各自回家。同时，他们特地留下锅炉房、电机处等地，奉俱乐部命令正常运转，因为这里是给井下抽水、送风之用，如完全停工，井下恐将有水火之灾——工运领导人已经考虑到罢工胜利、复工之后，给工人保留安全生产的环境与条件。

工人们举着写有“从前是牛马，现在要做人”的横幅，高呼口号从大街上浩荡而过。俱乐部以“全体工人”的名义，发布了《罢工宣言》：

各界的父老兄弟姊妹们呵！请你们看，我们的工作何等的苦呵！我们的工钱何等的少呵！我们时时受人家的打骂，是何等的丧失人格呵！我们所受的压迫，已经到了极点，所以我们要改良待遇、增加工资、组织团体——俱乐部。现在我们的团体被人造谣破坏，我们的工钱被当局积欠不发，我们已再三向当局要求，迄今没有圆满答复。社会上简直没有我们说话的地方呵！我们要命，我们要饭吃！现在我们饿着了，我们的命要不成了！我们于死中求活，迫不得已以罢工为后的手段。我们要求的条件是极正当的，我们死也要达到目的。我们不作工，不过是死，我们照从前一样作工，做人家的牛马，比死还要痛苦些。我们誓以死力对待，大家严守秩序，坚持到底。各界的父老兄弟姊妹们呵！请你们一致援助！我们两万多人饿着肚子在这里等着呵！

《罢工宣言》语气确实哀而动人，同时又坚贞不屈。他们提出了组织团体、增加工资、改良待遇等 17 条要求，用公函送交路矿当局。

路矿当局得知罢工消息，大为惊恐。先是派出包工头王鸿卿出面破坏罢工，王鸿卿召集全体工头商议，决定由工头各去请自家亲属等工人，许诺只要下井，不干活也发工钱。有少数工人为亲谊及金钱所惑，准备自行下井。但工人监察十分严密，不许入井，有几个强行下井的，纠察队把他们堵在井下，不准出来。那几人在井下饥饿一夜，次日下午才由俱乐部下令放出，并对他们详加劝导，那些工人深为后悔，于是第二天再无一人敢自行上工。

路矿当局见此情形，只好亲自登场，向赣西镇守使发出电报，并出价每人二元一天，请来数百人的军队，强行占领了俱乐部。谁知工人们不仅不为所惧，反而冒死冲入俱乐部，与军警对峙。工人们对士兵宣传道："你们本是农家子弟，为生活所迫才吃粮当兵。你们若不发饷，又当如何生活？将心比心，我们做工人，也是为追讨欠饷，才死里求活，不得已罢工。人心都是肉长的，穷人何苦为难穷人。”那些士兵见工人们说得有理，反过来开始同情工人，对工人说：“我们都是别地人，谁愿意来干涉你们这种事，我们不过是王老爷两块钱一天请来的呀！”

罢工之后，比当局还急的是当地商家，他们一看工人起来闹事，大为恐慌，生怕发生抢劫，所以天尚未黑即纷纷闭市，市面上一到天黑即无人行走。没有想到的是，这次罢工的秩序良好，平时街上有抽大烟的、赌钱的、逛窑子的，此时竟完全绝迹。各处工作场所也在纠察队严密看守之下，除非有俱乐部的条子才能入内，连路矿两局及戒严司令的人及兵士都不得随意通行。这样一来就出现了一个奇特的现象：路矿两局及戒严司令部都到俱乐部申请发放通行证章。见此情况，戒严司令李鸿程也是长叹一声，说他部下的军队也没有这样的纪律。随后声明：工人不妨碍秩序，军队亦绝不干涉工人。

软硬两招都不奏效，路矿当局只好派出代表，放下身段与俱乐部认真谈判。9 月 17 日下午 4 时，路矿两局全权代表与俱乐部全权代表李立三开始谈判，地方商绅代表出席调停。经过激烈争辩谈判，直到 18 日凌晨 2 时才签订草约，路矿两局承认了工人俱乐部 17 条要求中的 13 条。18 日上午，三方代表正式签订协定。至此，这次历时五天的罢工取得了近乎完全的胜利。

安源路矿罢工的胜利，显示了中国工人阶级的伟大力量。后来，刘少奇在回忆安源罢工时说：这一次大罢工，共计罢工五日，秩序极好、组织极严，工友很能服从命令。俱乐部共用费计 120 余元，未伤一人、未败一事而得到完全胜利，这实在是中国劳动运动中绝无而仅有的事。

安源罢工的胜利影响，一直波及多年之后。在二七惨案之后，工人运动处于低潮，安源工人俱乐部还能够硕果仅存，各种示威运动仍然得以公开举行。如五一纪念、黄庞纪念、十月革命纪念，都有成千上万名工人参加。每次游行集会，群众精神振作、秩序井然，成为当时一道亮丽风景。不仅给处于沉寂状态的全国各地工会以极大的力量和鼓舞，而且为我党领导工人运动提供了宝贵的经验。

实事求是的原则在工人运动中体现为机动灵活、适时进退。该坚持的时候，坚定不移；该妥协的时候，游刃有余。在香港海员大罢工中，港英当局收走了海员工会的牌子，在工人斗争压力下，资本家不得不同意工人的谈判条件，但又不甘失败，为找回最后一点面子，提出恢复工会可以，但要改变招牌，需要添多或减少几个字。因为“香港政府煌煌文告宣布封禁，你们是知道的，这是政府的威信所在”。苏兆征不为所动，坚决“护牌”，他说：“这工会名称是孙中山先生给起的，牌子由孙中山亲自题写，也是我们海员工会的威信所在，所以工会招牌——‘中华海员工业联合总会’一字也不能增，一字也不能减，而且要还给原有招牌”。最后逼得当局不得不宣布取消海员工会的禁令，并且派出原来摘下工会招牌的警员，把“中华海员工业联合总会”招牌恭恭敬敬地还给海员。

然而到了 1923 年，邓恩铭在山海关领导工人运动时，由于全国革命形势恶化，工人运动走入低潮。面对反动当局对工会组织的打压，王尽美提出主动“摘牌”。他和党的秘密小组商量，让工人暂时把工会牌子摘下来，工会组织秘密存在，工会可以作为工人娱乐活动的场所。王尽美组织山海关一带的工会因此进行了有组织的撤退，这样，资本家想对工人下手却找不到借口，工会避免了无谓的损失。邓恩铭在领导胶济铁路工人罢工时，经过九天的斗争，厂方最终基本同意了工人的要求，但在一些问题上始终不肯让步。尽管没有达到全部目的，但邓恩铭认为，斗争不是一次就可以解决问题的，只要实现百分之六十的条件就是胜利，就鼓舞了工人的斗志。在这场斗争中，工会进退自如，显示了自己的力量，得到了广大工人的认同，同时也极大地鼓舞了青岛工人的斗志。

在五卅运动中，工人阶级坚定地站在斗争最前列，给了帝国主义以沉重的打击。随着斗争的旷日持久，原本不坚定的上海总商会不顾民族利益，宣布于6月26日开市，退出“三罢”斗争。中小资产阶级参加的各马路商界联合会也跟着总商会步伐，同意开市。鉴于这一形势，上海市总工会于6月19日召开代表大会，在刘少奇主持下，大会一致通过决议：“商界开市与否，工界绝不依赖，工界要坚持到底，绝不上工。”又坚持了一段时间之后，鉴于敌人势力强大，形势日趋恶化，刘少奇向中共中央提出逐步收缩罢工以保存革命力量的方针。刘少奇和李立三、刘华耐心说服工人，在取得厂方一定承诺的条件下，自动有秩序地复工。他们告诉工人：“只要工会存在，我们可以慢慢地解决问题，因为我们的痛苦是不能一次解除的。”在上海总工会的领导下，在争取到部分经济要求的条件后，工人们于8月25日首先实现了日商纱厂的复工，8月28日实现了日轮海员的复工，9月4日达成了租界工部局电气处工人复工条件。最后，最顽固的英资企业也于9月26日接受了工人的复工条件。总工会实事求是的斗争策略，最大限度地保存了工人力量和胜利成果，为两年后的上海工人武装起义奠定了基础。

早期工运先驱十分注重从实际出发解决问题，实事求是地开展工作。在长期领导工人运动的革命斗争实践中，苏兆征一向表现出实事求是的作风，根据客观实际及时调整斗争策略和工作思路。在领导省港大罢工期间，斗争形势错综复杂，罢工工人怀着强烈的复仇心理，在罢工伊始便打出“反对一切帝国主义”的口号，苏兆征最初对此是完全赞同的。然而他们很快发现，这种“四面树敌”的斗争策略使罢工在制约敌人的同时，也给自己造成了很大困难，并且使广州革命政府陷于困境。面对斗争现实，苏兆征等人意识到，有必要利用各帝国主义之间的矛盾，集中力量打击主要敌人——英帝国主义。为此，苏兆征、邓中夏与中共广东区委书记陈延年等商量后，在省港罢工工人代表大会第七次会议上提出“单独对英”的策略，凡不是英国货、英国船及经过香港者，可准其直来广州。苏兆征提出的这一正确策略，分化了当时各个帝国主义国家，拆散了帝国主义的联合战线，实施后很快就收到了明显效果。大批设在香港的外籍商行纷纷迁入广州，各地轮船公司也纷纷与广州直接通航。这一策略不仅打击了英帝国主义，还促进了广东经济的发展，特别是广州航运业呈现出欣欣向荣的局面。广东革命政府的税收也迅速增加，经济状况获得明显改善。对香港的封锁，使香港殖民当局在经济、政治上受到空前打击。香港经济损失严重，导致香港总督史塔士被撤职。

省港大罢工在中国共产党的领导和广州革命政府的有力支持下，从 1925 年 6 月开始，至 1926 年 10 月停止封锁，共坚持了 16 个月之久，是中国和世界罢工史上坚持时间最长的罢工。它给当时的英帝国主义以沉重打击，并在中国工人运动史上留下了扬眉吐气的豪迈纪录。其组织之严密，制度之健全，规模之巨大，持续时间之长，影响之深远，在中国工人运动史和国际工人运动史上都是罕见的。此次罢工在经济上、政治上给了英帝国主义以沉重打击，过去从不把广州革命政府放在眼里的港英当局，也被迫不得不承认它是一个独立的政治实体，而以平等地位与它举行谈判。日、美、葡等帝国主义国家，也不得不表示服从罢工委员会的规定，遵守广州革命政府的法令，继续往来广州进行贸易。

幼年的共产党不可能不犯错误，但善于在实践中纠正错误。秋收起义后，毛泽东没有按原定计划攻打长沙，而是根据变化了的形势，开辟了井冈山革命根据地，井冈山的斗争，显示了实事求是思想路线的伟大力量，遵义会议之后的长征进军，更是实事求是路线的最成功实践，四渡赤水、飞夺泸定桥等的背后，是从实际出发、实事求是的思想光芒。

坚持实事求是的思想路线，方能制定灵活机动的战略战术。1933 年敌人发起第四次“围剿”以前，蒋介石倚仗其各方面的优势，轻视红军，固守其老一套的战法，结果招致了失败。国民党将军柳维垣和戴岳在这个问题上提出新意见，被蒋介石采纳了，在庐山军官训练团及第五次“围剿”中施行了反动的“新军事原则”。然而当敌人改变其军事原则，使之适合于同红军作战的情况的时候，我们队伍中却出现了回到“老套”的人们。他们主张回到一般情况的方面去，拒绝了解任何的特殊情况，拒绝红军血战史的经验，轻视帝国主义和国民党的力量，对敌人采用的反动新原则视若无睹。书生博古和洋顾问李德在面对敌人进攻时，采用的办法是“御敌于国门之外”“先发制人”“不打烂坛坛罐罐”“不丧失寸土”“六路分兵”；是短促突击、是堡垒战、是消耗战；并且谁不承认这些，就给予惩办，加之以机会主义的头衔。结果丧失了除陕甘边区以外的一切革命根据地，在国民党区域的党组织几乎全部丧失。最后被迫进行长征。

在长征中，国民党调集上百万军队进行前堵后追，企图置中国共产党和红军于死地。但党和红军在失败中总结了经验教训，确立了毛泽东的正确路线，在毛泽东等革命家的正确领导和指挥下，以非凡的智慧和大无畏的气度，运用灵活机动的战略战术，进行重要战役战斗 600 余次，终于粉碎敌军的围追堵截，取得了长征的伟大胜利。

回顾我们党百年的历史可以清楚地看到，什么时候坚持实事求是的思想路线，什么时候革命形势就顺利发展；什么时候背离这一思想路线，什么时候革命就会受到挫折。正因为吃过不实事求是的亏，工运先驱才对实事求是格外看重。大革命失败后，年轻的共产党人和工运领导人，凭着一腔热血和不肯认输的血性，全然不顾敌强我弱的形势，组织工人群众与国民党反动派进行搏斗。现在看来，像“飞行集会”这样的行动，很多是不切实际的，但当时他们的确是血气方刚，感性战胜了理性，以至于不顾理智，奋不顾身，以自己的珠玉之身，一次次冲撞敌人的屠刀，不惜与敌人同归于尽。在这种情况下，连续发生“左”的路线错误，给中国革命带来了巨大损失。在“左”倾路线影响下，工会也认为“革命高潮就要到来”，并制订了一个全国中心城市武装起义和集中全国红军攻打大城市的计划，要求以铁路、兵工厂、矿山等产业和上海、武汉、天津、香港、广州、青岛、无锡、南通、南京和满洲几大城市为重点，加紧领导工人斗争，发展工会和武装纠察队的组织。“要在上海、武汉、香港、天津成立各种产业工会”，“要恢复湖北全省总工会、广州工人代表会的组织，建立哈尔滨市总工会，强大上海工联和香港工代会的群众基础”，“在全国要发展有组织的纠察队员 1 万人，实际进行各种军事训练”。这显然是一个不可能完成的任务，结果是造成工人革命力量的严重损失，工会组织被破坏，工会干部被捕被杀。导致大革命失败后幸存下来的工人的有生力量，受到了几乎倾覆性的打击。全国工会由 734 个锐减到 81 个，工会会员人数很少，而且不能公开活动。到 1930 年 10 月，在中国工人最集中的上海，赤色工会的会员已不到 300 人，工会的会员比党员还少。

血的教训使共产党和工会领导人开始清醒。在进入苏区、转战延安之后，工运斗争策略日趋成熟。在苏区，刘少奇、陈云等领导人纠正了不合实际的《劳动法》部分条款，停止了沿用过去按照大城市工人阶级的状况和要求制定的关于劳动时间、休息、工资、劳动保护、社会保险等方面的过高过“左”的规定，使苏区工人运动走上良性发展轨道。在延安时期，党和工会的工作面临复杂的局面。工会工作要面对三种地区的不同情况：抗日根据地、国统区和沦陷区。党对三种不同地区的工人运动都作出了明确指示。1938 年 2 月，刘少奇发表了《工会工作大纲》，根据中共中央全面抗战的指导路线，阐述了工人阶级在抗战中的地位和作用，全面论述了在抗日根据地、国统区和沦陷区这三种不同地区发展工会组织的形式和工作任务等问题。国统区工运工作方针，即在有理、有利、有节的原则下，利用国民党一切可以利用的法律、命令和社会习惯所许可的活动机会，稳扎稳打地进行斗争和积蓄力量。对沦陷区的工人运动明确地提出了“十六字方针”，即隐蔽精干，长期埋伏，积蓄力量，以待时机。在正确方针的指导下，沦陷区和国统区工人运动转向深入，在极其不利的环境下，仍然得到了发展。

在根据地，党中央对工会建设和工作发出了一系列指示，提出了“发展生产，繁荣经济，公私兼顾，劳资两利”的根据地工运方针政策。规定了根据地工会工作的方向和任务：动员工人参战，争取抗战胜利；积极参加根据地一切建设，使工人成为统一战线的模范，成为团结根据地人民的中心；组织城市及乡村工人到工会中来，使工会成为有广大工人群众基础和有广泛民主的团体；以马列主义教育工人。在这一方针指导下，工人运动进入良性发展阶段，开展得如火如荼。

事实证明，正是由于坚持实事求是的思想路线，我们党才创造性地解决了在中国这种特殊的社会历史条件下建设马克思主义政党的一系列重大问题；创造性地提出和实施了一系列正确的战略策略，及时解决了中国革命进程中一道道极为复杂的难题；创造性地完成了由新民主主义革命向社会主义革命的转变，成功实现了中国历史上最深刻最伟大的社会变革；创造性地积累起在中国这样一个社会生产力水平十分落后的东方大国进行社会主义建设的重要经验，为我们党和人民事业胜利发展、为中华民族阔步赶上时代发展潮流创造了根本前提，奠定了坚实的理论和实践基础。

新中国成立后，实事求是作为中央党校的校训，刻在校门口的花岗岩上，也刻在每个党员干部心上，成为中国共产党人世界观、方法论的基石。习近平总书记指出：“敢不敢坚持实事求是，考验着我们的政治立场，考验着我们的道德品质，始终是领导干部党性纯不纯、强不强的一个重要体现。”这段重要论述深刻阐述了坚持实事求是的重要性，对于我们坚定不移地坚持党的思想路线，推动中国特色社会主义事业不断前进，具有很强的指导意义。

1941 年，毛泽东在延安干部会上所作的报告《改造我们的学习》中对实事求是进行了阐释：“‘实事’就是客观存在着的一切事物，‘是’就是客观事物的内部联系，即规律性，‘求’就是我们去研究。”实事求是作为党的思想路线的核心，始终是马克思主义中国化理论成果的灵魂，始终是中国共产党人认识世界和改造世界的有力思想武器，始终是我们党的基本思想方法、工作方法和领导方法。在全面建设社会主义现代化国家的今天，实事求是有着更加重要的意义。

党的二十大报告指出，我们坚持以马克思主义为指导，是要运用其科学的世界观和方法论解决中国的问题，而不是要背诵和重复其具体结论和词句，更不能把马克思主义当成一成不变的教条。我们必须坚持解放思想、实事求是、与时俱进、求真务实，一切从实际出发，着眼解决新时代改革开放和社会主义现代化建设的实际问题，不断回答中国之问、世界之问、人民之问、时代之问，作出符合中国实际和时代要求的正确回答，得出符合客观规律的科学认识，形成与时俱进的理论成果，更好指导中国实践。当前，世情、国情、党情继续发生深刻变化，前进中还会遇到各种可以预见和难以预见的矛盾和问题。我们需要继续解放思想、坚持实事求是，始终坚持真理、修正错误，勇于变革、勇于创新，永不僵化、永不停滞，不为任何风险所惧，不被任何干扰所惑，在不断解决新问题的实践中努力开创各项工作新局面。

反贪惩腐，疾恶如仇

共产党和国民党最大的区别之一，就是如何看待私利，如何处理腐败现象。

从蒋介石以下，国民党很多高级官员把部队视为私产，把工作视为生意，把腐败视为寻常。这也是国民党失败的根本原因所在。

1948 年 8 月，国民政府、行政院宣布实施所谓币制改革，发行金圆券，将物价限制在 1948 年 8 月 19 日价格的政策，不允许涨价，否则就是对抗政府，要予以严惩。于是，商人们纷纷把不许涨价的物资隐藏起来，囤积居奇，造成有价无市的局面。经济告急，促使蒋经国到上海担任经济督导员，目标直指那些掌握大量物资的奸商和资本家。蒋经国上任短短几天，便踌躇满志，言出必行，先后出动六万军警进行全市大搜查，命令“凡违背法令及触犯财经紧急措施条文者，商店吊销执照，负责人送刑庭法办，货物没收”。蒋经国把扰乱金融市场的责任归结到大资本家和大商人的身上，下定决心严惩这些“坏头”，就连对待青帮大亨杜月笙的儿子杜维屏都毫不留情。当时，市面上的物资越少，抢购风就越厉害，甚至棺材都被抢购一空，导致购买棺材时竟还要实行实名制。市场上商品奇缺，就连放了几十年卖不出去的三寸绣花鞋都没有了。物资的严重匮乏，在更大程度上加剧了社会的动荡与不安。不久，上海稽查大队在突击搜查一家仓库时，发现内有大批囤积物资，连同药品、汽车，林林总总、应有尽有。查封者决定封存仓库，而仓库的后台老板正是蒋经国的表弟——孔祥熙的大公子孔令侃。蒋经国决心执法如山、铁面无私，下令扣押了孔令侃，封存了他的违禁物资。宋美龄闻讯，急忙给正在北平主持对东北作战的蒋介石打电话，蒋介石撂下电话立即启程赶往飞机场。蒋介石到上海后，宋美龄从外滩中央银行二楼孔令侃被关押的地方强行破门而入，径直将孔令侃领走。同年 11 月 1 日，南京国民政府的币制改革宣布破产，物价放开，不再限制。至此，国统区的经济开始迅速走向崩溃。

蒋介石自己尚且如此，下面各级军官情况就可想而知。彼时彼地，国统区物价飞腾，金圆券形同废纸。军官无论军衔大小，若不喝“兵血”、不克扣军饷、不兼做生意，日常开销便常常难以为继。因此，国民党的军官普遍经商。淮海战役爆发时，徐州“剿总”总司令刘峙准备让海州的部队撤往徐州，部队还没有接到命令，他却将这一绝密命令先通知自己在海州的商店经理，指示他准备撤离，结果闹得满城风雨，部下大哗。

在淮海战场上缴获的一本《企大日记》记录了当时国民党军队的情形。这是国民党军黄百韬兵团第 25 军第 148 师副师长钱卓俨（字企大）的私人日记，他的日记遗失在宿县战场上，其人不知所终。《企大日记》以私人的视角记录了混乱的时局，为国民党败退大陆的原因提供了独特的佐证。其日记中记载：

十一月一日 晴 星期一

自限价政策实施以来，造成物资隐藏，抢购风炽，社会情形极为不安。行政院乃于昨晚下令自今日起开放限价，粮食准予自由买卖，其他各主要生活必需品及原料由各地方政府核议本价。呜呼，限价防线果被完全突破矣！商人又将为其胜利而庆祝。

……

自限价政策取消后，物价无不在上升，尤以日用品及菜蔬为最，货价比例，为金圆券发行初之五倍矣。

十一月十一日 晴 星期四

剿总原拟令本师开徐州守备飞机场，经查明本师全部士兵不足一个团，且武器不足编制数十分之二，随后准予免去，复令本师接替宿县城防，殊不知本师仅有之二三百支步枪，每支只有子弹十五粒，如何打仗？高级指挥部如此糊涂，空有胜算……

由此可见，国民党军吃空饷的程度已经相当严重。钱卓伦所辖第 148 师编制万余，而实际却只有几百人。因战力不足，实在无法接受军令去守备徐州机场，只得转而接替宿县城防。此外，据相关资料，国防部军米局在下拨军粮时，也经常大肆克扣。他们往大米中掺沙掺土，皆习以为常。在那个年代，几百号人领几千号人的军米，当官的再一倒卖，便可大赚一笔；枪支子弹同样也可以倒卖。另外，军饷数量更是一大黑洞。

一叶而知秋。此段日记所载，既是国民党军队的痼疾，也是国民政府结构性的腐败。这样处处黑暗的军界，腐败丛生。如此低下的战斗力，如何不打败仗？

相比之下，中国共产党成立之初，就十分重视纪律监督与反腐倡廉工作，并在领导工人运动中进行了早期实践。安源罢工胜利后，随着工会组织的不断壮大，工人俱乐部的一些领导者逐渐掌握了经济等各种权力，一段时期工会作风涣散，出现了贪污现象。针对这些问题，1926 年 12 月，时任中华全国总工会秘书长的刘少奇撰写了《工会基本组织》《工会代表会》和《工会经济问题》三篇论著，疾呼加强工会组织的纯洁工作，并在安源开展了最早的反腐倡廉建设。

在大革命洪流中，中国共产党党员数量迅速增加，但有些党员理想信念不够坚定，党性不强，纪律观念淡薄，不能适应迅速高涨的大革命形势发展的需要。国民党的高薪与大额的活动经费，使一些共产党员乐在其中，势利之徒闻风而来，鱼龙混杂之事在所难免，“雇佣劳动倾向”，“形式主义、机关主义的流弊”出现，特别是发生贪官污吏化问题。在残酷的斗争面前，一些投机分子、动摇分子甚至包括一些意志薄弱分子，经不起考验而脱离组织、蜕化变质甚至叛变投敌。为此，中共中央扩大会议于 1926 年 8 月 4 日发出《中央扩大会议通告——坚决清洗贪污腐化分子》的文件，号召全党抵制、清洗贪污腐化的投机分子。这是迄今发现的中共第一个反对贪污腐化的文件，文件明确要求对腐化分子混入党内的现象必须高度警惕，并旗帜鲜明地指出：“应该很坚决地洗清这些不良分子，和这些不良倾向奋斗，才能坚固我们的营垒，才能树立党在群众中的威望！”

早期工会领导人对工作中发现的违法腐败现象进行了不妥协的斗争。广州油业工会的曾西盛是刘尔崧的连襟，当时油业工会准备建造办公楼，选出一个执行委员会来执行监督建筑事宜，曾西盛和刘尔崧参加了执行监管。曾西盛私欲膨胀，暗地里找建筑商人索要建筑材料回扣，又在承建工头中虚开工人数，从中谋利贪污，中饱私囊，甚至还到工会所属各分会将工人的会费放入自己的腰包，据为己有。刘尔崧在检查工作时，发现曾西盛的贪腐行径后，迅即找他核实，曾西盛矢口否认。他自以为刘尔崧是他的连襟，不会更不敢揭发他的贪污行为。让曾西盛意想不到的是，刘尔崧连夜向广州区委汇报了这一重大案情。第二天，杨匏安代表党组织到油业工会调查核实，杨匏安亲自找人核对揭发材料，逐项与曾西盛核对，但曾西盛却采取拒不承认的顽固态度，甚至在事实面前也推得一干二净。为此，杨匏安在杨家祠召开了党团全体联席会议，公开全部揭发、调查核实材料证据，讨论“油业工会财务与曾西盛同志的贪污错误行为”。可是曾西盛破罐子破摔，不但不赔退，反而提出退党。他的表现激起了全体出席人员的怒火，出席人员齐声决定，开除曾西盛党籍，由广州油业工会聘请律师，通过法律手段追回其贪污款项。曾西盛被清除出共产党后，不久投靠了国民党，成为破坏工人运动的帮凶。1927 年 4 月 15 日，广州反动派发动“四一五”反革命政变，对共产党人进行大屠杀。曾西盛带着反动军警冲进刘尔崧家中，当着妻妹的面抓走了自己的连襟。

苏维埃政府建立之初，也存在一些贪污和浪费现象，主要表现在各级政府工作人员可以随便使用、截留公款，私分公物，浪费现象尤其突出。各级政府的办公费用呈阶梯上涨之势：乡级可达数百，区级可达数千，县级则上万元。针对这种现象，毛泽东指出：应该使一切苏维埃人员明白贪污浪费是极大的犯罪，苏维埃制度之下则绝对不容许出现此种现象。从 1932 年初到 1934 年红军长征前夕，苏区政府开展了一场轰轰烈烈的反贪污浪费专项斗争。项英在 1932 年 3 月 2 日发表在《红色中华》报上的《反对浪费严惩贪污》一文中严肃指出：“贪污是苏维埃政权下绝对不允许的事，如有发生，即是苏维埃政府的羞耻。”又说，在领导人民革命斗争过程中，政府工作人员中发生吞没公款、营私舞弊等贪污行为，“简直是反革命的行为”，“非用革命的纪律制裁不可”。1932 年 9 月，毛泽东签署了《关于继续改造地方苏维埃政府问题》的训令，直陈应重视腐败现象，主张通过选举等方式，清除政府内部的腐败分子。1932 年 12 月，苏区政府组建临时检举委员会，动员群众对腐败分子进行检举。

1933 年 12 月，中央政府发布《惩治贪污浪费行为》训令，对贪污浪费现象依据其严重程度，分别处以死刑、监禁、强迫劳动等不同的惩罚。同时，工农检察部发布了《怎样检举贪污浪费》的指示，提出要时刻警惕贪污浪费现象、发挥群众在打击贪污浪费现象中的主体作用、打击贪污浪费行为应以机关为重点等要求。1934 年春，反贪污浪费斗争进入高潮阶段，毛泽东要求工作人员加倍地同贪污浪费作最坚决的斗争。《红色中华》报发出了“开展反贪污浪费的全线进攻”的号召，苏区政府处决了一批贪污腐败分子、处分了一批违法违纪分子。

当时，国民党的经济封锁给革命战争和人民生活带来极大的困难。为了打破敌人的经济封锁，临时中央政府通过各种渠道，采取各种方式，发展对白区的贸易。一方面鼓励商人到根据地做生意，另一方面组织政府经济部门工作人员深入白区，秘密建立对外贸易局、转运局或采购站，从事对外贸易业务，出口粮食、纸张、钨砂、茶叶等换回急需的食盐、药材、布匹、煤油等。许多共产党员和革命群众冒着生命危险，忘我工作，源源不断地将各种物资运回苏区，为打破国民党的经济封锁作出了贡献，但也有少数意志薄弱、思想不坚定的共产党员和政府工作人员企图从中渔利。有鉴于此，毛泽东、项英、张国焘于1933年12月15日联名发出了《中央执行委员会第二十六号训令》，对苏维埃机关、国营企业及公共团体的工作人员利用自己地位贪污公款以图私利者，根据款数多少判以死刑、监禁、强迫劳动、撤职等处分。

1932年春，中央政府派人到兴国、万太、赣县等县检查财政，发现兴国县主席和财政科科长、鼎龙区财政科科长以及兴国县所办的国营商店经理等人不同程度地有吞没公款、伪造账目、扯旧账造新账等贪污舞弊行为；还有许多地方将存款打埋伏，隐藏不报。项英对这些行为极为愤慨，他强调指出，必须将贪污分子从各级苏维埃政府中驱逐出去，严加惩办。他以中央政府的名义，命令江西省苏维埃政府将兴国县主席和财政科科长、鼎龙区财政科科长、兴国商店经理一律撤职查办，并提交法庭审判。他说：“这样处理是非常之必要的，不如此，不能树立苏维埃政权的威信、有力地领导人民群众巩固和发展革命根据地。”

苏维埃政府从上到下，始终坚持对腐败现象的“零容忍”态度。毛泽东强调，各级政府里的贪污腐败分子，一旦查出“必须给以严厉的纪律上的制裁”。苏区政府始终坚持腐败现象露头就打，腐败分子发现一个查处一个。1932 年 5 月在中央苏区，因贪污公款、谋财害命等严重罪行，瑞金县叶坪村苏维埃政府主席谢步升被判处死刑，这也是中华苏维埃共和国临时中央政府打响的惩治腐败“第一枪”。针对查处此案时面对的某些阻力，毛泽东明确指出：“这样的人必须调查处理。腐败不清除，苏维埃旗帜就打不下去，共产党就会失去威望和民心！与贪污腐化作斗争，是我们共产党人的天职，谁也阻挡不了！”

此后，还有胜利县委书记钟圣谅、政府主席钟铁青贪污公款、生活腐化被判处死刑；瑞金县委组织部部长陈景魁贪污公款、欺压百姓被判处死刑……很多大案要案都是由中央领导人亲自参与，例如，何叔衡查处瑞金县委组织部部长陈景魁案，项英查处于都县委书记、县苏维埃主席以权谋私案，董必武亲自公开审判“熊仙壁渎职贪污案”，等等。

1934 年春，项英代表中央党务委员会与中央工农检查委员会到于都检查工作，发现县委书记刘洪清为图个人舒适生活，竟置县委领导工作于不顾，弃政从商，领导少数党员干部做投机生意。县苏维埃主席熊仙壁包庇贪污，到财政部强拿公款充作资本，交给弟弟贩卖食盐。在他们的影响下，于都县的部分党员和苏维埃工作人员争相做投机买卖。项英在《于都检查的情形与经过》一文中说：“使于都城内的党与苏维埃机关形成了商人联合的集团。”一段时期，全县利用职权经商的党员和苏维埃工作人员达 60 多人，贩卖谷子 1263 担，致使奸商富农操纵市价，谷价大涨，直接影响了临时政府粮食征购计划的完成和根据地人民群众的生活。

针对上述严重情况，项英为中央党务委员会、中央工农检察委员会起草了《对于党员和苏维埃工作人员私自经商图利的决议》（以下简称《决议》），并于 1934 年 2 月 13 日颁布。在《决议》中严肃指出：党员和苏维埃工作人员利用党的经济政策，“放弃革命工作不做而去经商，甚至有些工作人员私拿公家的金钱或假借机关的名义去做生意，这种行为与党的目的背道而驰，是共产党员绝不应有的行动”。《决议》要求各级党务委员会、各级工农检察委员会在全党和苏维埃机关中开展斗争，使那些“因谋私利而擅离职守的工作人员受到国家行政的处罚，对于那些挪用公款或假借公共机关名义做买卖的人员，应予法律制裁”。

为了加强廉政建设、严肃党纪，项英秉公执法，审查各个案子，针对民愤极大、影响极坏的几个贪污要犯，组织全县公审并予以处决。3 月 20 日，毛泽东、项英、张国焘联名发出中央执行委员会第五号命令：“前任于都县苏维埃主席熊仙壁领导和包庇贪污、私用公款做生意谋利，熊系中央执行委员，交最高法院治罪。”项英出席最高法院特别法庭对熊仙壁的审判会，判处熊仙壁有期徒刑一年。对其他的违纪党员干部和苏维埃工作人员，也都一一给予了应有的惩处。从而狠刹了弃政经商歪风，促进了廉政建设。

陈潭秋在担任中央苏区粮食部部长时，特别强调防止贪污，保障粮食工作的胜利成果。中央苏区曾一度因为粮食供应紧张而谷价飞涨，一些从事粮食生意的不法商人乘机大捞一把，一些政府工作人员也参与其中。据资料记载，当时在中央苏区的胜利县、于都县、赣县、会昌县都曾出现过工作人员贪污国家粮食的情况。《红色中华》多次曝光贪污事件，提出“保证每一分钱每一升米为着革命战争，严厉打击贪污浪费分子”的口号，登载《检举这些贪污的坏蛋》等文章，曝光各地贪污钱米的事件。陈潭秋领导的粮食委员会制定了具体的防贪反贪规章制度，如建立了粮食收缴、入库、发放的台账制度，建立了相应的惩戒制度等。陈潭秋要求：各级粮食部须印发节省收据与存根，随时检查经手人的登记和账目，随时将节省者的姓名和节省数目在各村各屋悬榜公布，发动群众来核对检查，如有贪污事件，必须严厉地给予制裁。这些措施有力地打击了贪污腐败现象，在极其困难的条件下，保障了苏区的粮食供给。

红岩烈士著名的“狱中八条”更是对反腐败提出了血的警示。在罗广斌执笔的这份报告中，详细记载了新中国成立前重庆地下党组织被破坏的基本情况以及渣滓洞、白公馆监狱里发生的真实事情，分为案情发展、叛徒群像、狱中情形、狱中意见等七个章节（其中第五、第六章节以及第四章节的部分内容已经遗失）。

罗广斌所写的报告，是一份用生命和鲜血换来的教训，也是对革命事业最深切的嘱托。其中最后一章“狱中意见”是报告的核心所在，罗广斌将烈士们生前强烈的要求、希望写成意见，总结成八条嘱托，交给了上级党组织：

（一）防止领导成员的腐化；

（二）加强党内教育和实际斗争锻炼；

（三）不要理想主义，对上级也不要迷信；

（四）注意路线问题，不要从“右”跳到“左”；

（五）切勿轻视敌人；

（六）注意党员，特别是领导干部的经济、恋爱和生活作风问题；

（七）严格整党整风；

（八）严惩叛徒特务。

“从所有叛徒、烈士中加以比较，经济问题，恋爱问题，私生活，这三个个人问题处理得好坏，必然决定了他的工作态度和对革命是否忠贞。”

“没有学习，没有积极地要求自己进步，没有经常的组织教育”，这是个别领导人蜕化成叛徒的一个重要原因。因为“毒刑、拷打，单凭个人的勇气和肉体的忍耐，是没有法子忍受的。没有坚强的革命意识，没有牺牲个人、贡献革命的思想准备，便不能通过考验”。

地下党重庆市委书记刘国定在党内取得一定地位后，私欲膨胀。据一位狱中同志揭发，他曾想利用职务之便，要求掌管组织活动经费的同志借些钱给他做生意，被拒绝后就想方设法打击那位同志，叛变之后更是第一时间出卖了那位同志。市委副书记冉益智，平常大讲革命理论气节。在为曾紫霞举行入党宣誓仪式时，刘国志领誓，冉益智监誓。宣誓结束后，冉益智着重对他们进行了革命气节教育。但只过了半个月，时任中共地下党重庆市委副书记的冉益智在被捕后就立马叛变了，他的叛变，如同推倒了多米诺骨牌，导致重庆秘密党组织几乎全军覆没。冉益智是一个很善于伪装的人，平时在党内他留给别人的印象是“经常表现出革命的坚定”，而背后却是自私自利。他在劝降罗广斌时，说出了自己的真心话：“共产党员在群众中起的领导作用、以身作则的态度是装出来给群众看的。”罗广斌后来评论说：“在组织中残留这种不纯的、非布尔什维克的思想观念，永远是最危险的事！”

狱中同志在意见中，强烈要求加强党的自身建设，特别注意防止领导成员腐化。“眼看着革命组织被破坏，每个被捕的同志都希望组织上能够提高政治水平，严格地进行整风、整党，把一切非党的意识、作风洗刷干净，不能允许任何细菌残留在我们组织里面。”

“希望组织上能够切实研究，深入发现问题的根源。经常整党、整风，清除非无产阶级意识和作风，保持党的纯洁性。”这是许晓轩烈士的临终之言。

时至今日，这些血泪嘱托依然发人深省，在今天仍然意义重大，历久弥新。

贪如火，不遏则燎原；欲如水，不遏则滔天。正反两方面的教训，值得每个党员干部深思。只有从思想上提升境界，从纪律上加强约束，才能永远保持党的先进性纯洁性，永葆党的生命力战斗力。

历史启示　继往开来

“暗淡了刀光剑影，远去了鼓角争鸣。”百年前的硝烟战火已离我们远去，浴血奋战百年后，历史翻过了新的一页。中国共产党成了世界第一大党，取得了执政地位。然而，初心与使命却从未走远。处在新的历史方位的中国共产党，不能忘了革命年代的共产党是从哪里出发、是从怎样艰苦卓绝的环境中走出来、打出来、站起来的。党的“初心”告诫我们，向前走不能忘记走过的路，走得再远也不能忘记过去、忘记我们为什么出发。

习近平总书记说过，以史为鉴可以知兴替。功成名就时做到居安思危、保持创业初期那种励精图治的精神状态不容易，执掌政权后做到节俭内敛、敬终如始不容易，承平时期严以治吏、防腐戒奢不容易，重大变革关头顺乎潮流、顺应民心不容易。我们党要始终成为时代先锋、民族脊梁，始终成为马克思主义执政党，自身必须始终过硬。中国共产党已走过百年奋斗历程。习近平总书记告诫全党同志，务必不忘初心、牢记使命，务必谦虚谨慎、艰苦奋斗，务必敢于斗争、善于斗争，坚定历史自信，增强历史主动，谱写新时代中国特色社会主义更加绚丽的华章。

中国共产党的历史就是一部“以初心换民心，以民心赢得胜利的历史”。工运事业是党的事业重要组成部分，我国现代工人运动是在党的直接领导下发展壮大起来的。各级工会以党的纲领为自己的纲领，以党的奋斗目标为自己的奋斗目标，始终紧紧围绕党的中心任务和工作大局，始终在忠诚党的事业、竭诚服务职工中践行初心和使命。

在新民主主义时期，组织工人群众积极投身反帝国主义、反封建主义、反官僚资本主义的斗争，为夺取新民主主义革命的胜利建立了不朽的历史功勋。在社会主义革命和建设时期，团结广大职工积极响应党的号召，奋发图强、艰苦创业，为建立和巩固人民当家作主的新政权、迅速医治战争创伤、恢复和发展国民经济付出了艰辛的努力。在改革开放和社会主义现代化建设新时期，紧紧围绕党确定的目标任务，引导职工坚持和发展中国特色社会主义，开拓进取、锐意创新，大力支持改革，积极投身社会主义现代化建设，在推动经济发展和社会进步中充分发挥了主力军作用。走进新时代，围绕全面建设社会主义现代化国家，实现中华民族伟大复兴，组织动员广大职工辛勤劳动、诚实劳动、创造性劳动，为党和国家事业取得历史性成就、发生历史性变革作出了重大贡献。

列宁说过，忘记过去就意味着背叛。回顾历史是为了从中获取有益的启示，更好地面向未来。在新的征程上，我们更加坚定、更加自觉地牢记初心使命、开创美好未来。

初心使命不可忘

时光如电，岁月如流。转眼间，中国共产党已经成立一百年了，中华全国总工会也将在一年后迎来百年诞辰。在百年风云激荡之后，中国特色社会主义迎来了新时代。

当年的英烈已经走入历史深处，但是那一个个血染的姓名至今还在提醒着后人：当年的初心还记在心里吗？当初的使命还扛在肩上吗？

近代历史上，中华民族的苦难和抗争孕育了中国共产党人的初心和使命，百年奋斗征程印证了中国共产党人的初心和使命。中国共产党人的初心和使命向世人昭示了我们党的性质宗旨、理想信念、奋斗目标，体现了我们党的先进性和纯洁性。中华民族的昨天，可以说是“雄关漫道真如铁”。近代以后，中华民族遭受的苦难之重、付出的牺牲之大，在世界历史上都是罕见的。中华民族的今天，正可谓“人间正道是沧桑”。改革开放以来，我们总结历史经验，不断艰辛探索，终于找到了实现中华民族伟大复兴的正确道路，取得了举世瞩目的成果。中华民族的明天，可以说是“长风破浪会有时”。经过鸦片战争以来180多年的持续奋斗，中华民族伟大复兴展现出光明的前景。现在，我们比历史上任何时期都更接近中华民族伟大复兴的目标，比历史上任何时期都更有信心、有能力实现这个目标。

习近平总书记指出：“建成社会主义现代化强国，实现中华民族伟大复兴，是一场接力跑，我们要一棒接着一棒跑下去，每一代人都要为下一代人跑出一个好成绩。”而初心与使命，就是手中那根接力棒。

中国共产党从成立以来，“无论是弱小还是强大，无论是顺境还是逆境，都初心不改、矢志不渝，团结带领人民经历千难万险，付出巨大牺牲，敢于面对曲折，勇于修正错误，攻克了一个又一个看似不可攻破的难关”。然而也应该看到，初心不是供奉在温室之内，而是成长于风雨之中，不会自然保质保鲜，稍不注意就可能蒙尘褪色，久不滋养就会干涸枯萎，很容易走着走着就忘记了为什么要出发、要到哪里去，很容易走散了、走丢了。

当年，革命前辈为了社会主义、共产主义理想可以抛头颅、洒热血，随时经历着血与火、生与死的考验。在风雨如磐的长征路上，红军将士用顽强意志征服了人类生存极限，“风雨浸衣骨更硬，野菜充饥志更坚；官兵一致同甘苦，革命理想高于天。”在红一方面军二万五千里的征途上，平均每三百米就有一名红军牺牲，有道是“寸土千滴红军血，一步一尊英雄躯”。长征这条红飘带，是无数红军的鲜血染成的。在抗日战争中，一大批有志之士投奔延安之时，怀着“打断骨头连着筋，扒了皮肉还有心，只要还有一口气，爬也要爬到延安城”的决心，追寻自己的理想。艰难可以摧残人的肉体，死亡可以夺走人的生命，但是，没有任何力量能够动摇中国共产党人的理想信念。

在百年后的今天，在党长期执政条件下，铸就理想信念的方式与过去有很大不同，冲击和干扰理想信念的因素也有很大差异，各种弱化党的先进性、损害党的纯洁性的因素无时不有，各种违背初心和使命、动摇党的根基的危险无处不在。当今世情、国情的变化对党的建设提出了许多新的挑战。党面临着四大考验和四大危险：执政的考验、市场经济的考验、改革开放的考验、外部环境的考验；精神懈怠的危险、脱离群众的危险、能力不足的危险、消极腐败的危险。能不能成功地经受这“四种考验”，战胜这“四种危险”，关键在于我们这个党能不能坚守初心。

1957 年 3 月 18 日，毛泽东在济南党员干部会议上的讲话中，批评有一部分同志，革命意志有些衰退，革命热情有些不足，全心全意为人民服务的精神少了，过去跟敌人打仗时的那种拼命精神少了，而闹地位，闹名誉，讲究吃，讲究穿，比薪水高低，争名夺利，这些东西多起来了。这个风也要整一下。共产党就是要奋斗，就是要全心全意为人民服务。革命意志衰退的人，要经过整风使之重新振作起来。

习近平总书记在庆祝中国共产党成立100周年大会上向全党郑重发出号召：全体中国共产党员！党中央号召你们，牢记初心使命，坚定理想信念，践行党的宗旨，永远保持同人民群众的血肉联系，始终同人民想在一起、干在一起，风雨同舟、同甘共苦，继续为实现人民对美好生活的向往不懈努力，努力为党和人民争取更大光荣！

在党的十九大上，“不忘初心、牢记使命”成为大会的主题。党的十九届四中全会进一步提出建立不忘初心、牢记使命的制度，这是思想建党、理论强党、制度治党的长远之计，是坚持和发展中国特色社会主义、为国家治理体系和治理能力现代化筑基把舵、补钙聚力的战略之举。

党的二十大提出，我们要落实新时代党的建设总要求，健全全面从严治党体系，全面推进党的自我净化、自我完善、自我革新、自我提高，使我们党坚守初心使命，始终成为中国特色社会主义事业的坚强领导核心。

“不忘初心、牢记使命”的重要论述同我们党提出的“跳出历史周期率”“两个务必”“进京赶考”等重大论述一脉相承、一以贯之，是我们党在新时代发出的伟大号召。不忘初心、牢记使命，是面对新形势新任务的必然选择，是党员、干部为实现民族复兴不懈奋斗的根本动力。

如何认知不忘初心、牢记使命的制度，如何创建不忘初心、牢记使命的制度？这些都是当下需要解答的紧迫性问题。古人云：生于忧患，死于安乐。当初在烽火岁月里，初心要经受战斗考验。如今在执政条件下，初心正经受利益考验。在新形势下，少数党员干部自我革命精神淡化，远离了人民，淡忘了使命，弱化了斗争精神，出现了这样那样的问题。工会也是这样，如今不再需要面临险恶的斗争环境，搞工运不再有生命危险，然而无形之中，一些工会组织与职工群众渐行渐远，慢慢地出现了机关化、行政化、娱乐化的苗头，政治性、先进性、群众性减退的问题不同程度存在。究其原因，皆是初心出了问题。古人说："天下之难持者莫如心，天下之易染者莫如欲。"一旦有了"心中贼"，自我革命意志就会衰退，不仅成不了事，而且注定坏事、贻误大事，突破纪律底线，甚至违法犯罪。

一个忘记来路的民族是没有出路的民族，一个忘记初心的政党是没有未来的政党，一个忘记使命的工会也将是没有生机的工会。为此，习近平总书记指出，初心易得，始终难守。他要求党员干部要经常重温党章，重温自己的入党誓言，重温革命烈士的家书。党章要放在床头，经常对照检查，看看自己做到了没有，看看自己有没有违背初心的行为，房间要经常打扫，镜子要经常擦拭。具体到工会工作而言，亦有必要时常回顾光荣历史，对照当下职责，锤炼初心、体悟使命，把初心和使命变成锐意进取、开拓创新的精气神和埋头苦干、真抓实干的原动力。

凡是过往，皆为序章。当今世界正经历百年未有之大变局，我国正处于实现中华民族伟大复兴关键时期，我们党正带领人民进行具有许多新的历史特点的伟大斗争，形势环境变化之快、改革发展稳定任务之重、矛盾风险挑战之多、对我们党治国理政考验之大前所未有。我们党作为百年大党，要始终得到人民拥护和支持，书写中华民族千秋伟业，必须始终牢记初心和使命。工会事业是党的事业的重要组成部分，初心与使命体现于工会工作之中，就是要忠诚党的事业，服务职工群众，努力把"初心"转化为团结带领职工群众决胜全面建成小康社会的决心和意志，把"使命"转化为同心共筑中国梦的力量和行动，推动党的路线方针政策和重大决策部署在工会系统全面贯彻落实，为开创新时代党的工运事业和工会工作新局面不懈奋斗。

不忘初心、牢记使命，就要坚守党的宗旨。一个人也好，一个政党也好，最难得的就是历经沧桑而初心不改、饱经风霜而本色依旧。党的初心和使命是党的性质宗旨、理想信念、奋斗目标的集中体现，激励着我们党永远坚守，砥砺着我们党坚毅前行。我们党一百年来所付出的一切努力、进行的一切斗争、作出的一切牺牲，都是为了人民幸福和民族复兴。正是由于始终坚守这个初心和使命，我们党才能在极端困境中发展壮大，才能在濒临绝境中突出重围，才能在困顿逆境中毅然奋起。忘记初心和使命，我们党就会改变性质、改变颜色，就会失去人民、失去未来。

不忘初心、牢记使命，就要高举马克思主义旗帜。十月革命一声炮响，给中国送来了马克思列宁主义。实践证明，马克思主义为中国革命、建设、改革提供了强大思想武器。旗帜就是方向，旗帜就是形象，旗帜凝聚意志，旗帜彰显力量。中国革命、建设、改革一刻也不能离开马克思主义的指导，新时代全面建设社会主义现代化强国、实现中华民族伟大复兴，一刻也不能离开马克思主义的指导。毛泽东曾说过："掌握思想教育，是团结全党进行伟大政治斗争的中心环节。"共产党人的初心，不仅来自对人民的朴素感情、对真理的执着追求，更建立在马克思主义的科学理论之上。只有坚持思想建党、理论强党，不忘初心才能更加自觉，担当使命才能更加坚定。

不忘初心、牢记使命，必须开辟马克思主义中国化时代化新境界。拥有马克思主义科学理论指导是我们党坚定信仰信念、把握历史主动的根本所在。推进马克思主义中国化时代化是一个追求真理、揭示真理、笃行真理的过程。只有把马克思主义基本原理同中国具体实际相结合、同中华优秀传统文化相结合，坚持运用辩证唯物主义和历史唯物主义，才能正确回答时代和实践提出的重大问题，才能始终保持马克思主义的蓬勃生机和旺盛活力。在新的形势下，必须用马克思主义中国化时代化最新成果统一思想、统一意志、统一行动，坚持用马克思主义观察时代、解读时代、引领时代，坚持解放思想、实事求是、与时俱进、求真务实，一切从实际出发，着眼解决新时代改革开放和社会主义现代化建设的实际问题，不断回答中国之问、世界之问、人民之问、时代之问，作出符合中国实际和时代要求的正确回答，得出符合客观规律的科学认识，形成与时俱进的理论成果，更好指导中国实践。必须坚定历史自信、文化自信，坚持古为今用、推陈出新，把马克思主义思想精髓同中华优秀传统文化精华贯通起来、不断夯实马克思主义中国化时代化的历史基础和群众基础，让马克思主义在中国牢牢扎根。对工会干部而言，就是要深入学习贯彻习近平总书记关于工人阶级和工会工作的重要论述，以“学懂”促深化，以“弄通”促消化，以“做实”促转化。扎实做好职工群众思想引领工作，坚持以社会主义核心价值观引领职工群众，最广泛地把职工群众团结凝聚在党的周围。

不忘初心、牢记使命，必须以正视问题的勇气不断推进党的自我革命。“君子之过也，如日月之食焉：过也，人皆见之；更也，人皆仰之。”敢于直面问题、勇于修正错误，是我们党的显著特点和优势。列宁说过：“公开承认错误，揭露犯错误的原因，分析产生错误的环境，仔细讨论改正错误的方法——这才是一个郑重的党的标志。”强大的政党是在自我革命中锻造出来的。回顾党的历史，我们党总是在推动社会革命的同时，勇于推动自我革命，始终坚持真理、修正错误，敢于正视问题、克服缺点，勇于刮骨疗毒、去腐生肌。正因为我们党始终坚持这样做，才能够在危难之际绝处逢生、失误之后拨乱反正，成为永远打不倒、压不垮的马克思主义政党。对工会来说，就是要努力增强“三性”、去除“四化”，努力“强基层、补短板、增活力”，不断提高工会组织的凝聚力、吸引力、战斗力。

不忘初心、牢记使命，必须发扬斗争精神，勇于担当作为。我们党诞生于国家内忧外患、民族危难之时，一出生就铭刻着斗争的烙印，一路走来就是在斗争中求得生存、获得发展、赢得胜利。越是接近民族复兴越不会一帆风顺，越充满风险挑战乃至惊涛骇浪。不忘初心、牢记使命，必须安不忘危、存不忘亡、乐不忘忧，时刻保持警醒，不断振奋精神，勇于进行具有许多新的历史特点的伟大斗争。回顾历史，工人阶级在我国发展历史的每个关键节点都发挥着至关重要的作用。战争年代，工人阶级点燃了中华民族站起来的革命火种；社会主义建设和改革开放时期，工人阶级搭建起中华民族富起来的根基框架；现在，工人阶级也势必担当起中华民族强起来的历史使命。作为党领导下的工人阶级群众组织，工会组织将以习近平新时代中国特色社会主义思想为引领，统一思想，凝聚力量，不忘初心、牢记使命，团结带领广大职工，奋力谱写新时代中国特色社会主义的新篇章。

回溯历史，我们可以清楚地看到，正是依靠我们党带领全国各族人民埋头苦干、真抓实干，中华民族才迎来了从站起来、富起来到强起来的伟大飞跃。展望未来，我们依然笃信，中国人民的幸福生活、中华民族的伟大复兴，只能靠脚踏实地、真抓实干来实现。只要我们不忘初心、牢记使命，发展中的一切难题都会通过实干来破解，我们的一切梦想都会通过实干来实现。

党的十九大庄严宣告中国特色社会主义进入了新时代。党的二十大庄严宣示，实现中华民族伟大复兴进入了不可逆转的历史进程。新时代标志着我国发展新的历史方位。新时代面临新形势，新时代需要完成新任务。当前，实现中华民族伟大复兴正处于关键时期，机遇与挑战并存。我国社会主要矛盾的变化，对党和国家工作提出了许多新要求，工会工作也面临着前所未有的机遇和挑战。世界正面临百年未有之大变局，不稳定性、不确定性突出，中华民族伟大复兴所面临的外部环境日益复杂多变。严峻的挑战和有利的机遇、巨大的困难和克服困难的有利条件往往会同时出现，关键看我们怎么把握和应对。无论是统筹推进“五位一体”总体布局，还是协调推进“四个全面”战略布局，都迫切需要我们党不忘初心、牢记使命，保持战略定力，团结带领人民不断开创中国特色社会主义事业新局面。在新时代，我们要发扬革命战争时期的那样一股劲，那样一股革命热情，那样一种拼命精神；特别要弘扬以伟大建党精神为源头的中国共产党人精神谱系。毛泽东说：人是要有一点精神的。一个人是这样，一个民族是这样，一个国家、一个政党也是这样，在重大历史机遇期尤其是这样。精神在、魂魄在，力量就在、生机就在。一个由健康向上、旺盛饱满、昂扬奋发、充沛磅礴的伟大精神武装起来的党，一个由这样的党领导的伟大国家和伟大民族，必定无往而不胜。

回顾历史，工人阶级使命光荣；展望未来，工人阶级责任重大。中华民族伟大复兴，绝不是轻轻松松、敲锣打鼓就能实现的。全党必须准备付出更为艰巨、更为艰苦的努力。在实现伟大复兴的征程上，只有不忘初心、牢记使命，才能面对胜利不骄傲、面对成就不懈怠、面对风险不大意，始终坚定信仰、信念、信心，面对风险挑战愈挫愈奋、愈战愈勇。各级工会干部要进一步提高政治站位，深刻领悟“两个确立”的决定性意义，增强“四个意识”、坚定“四个自信”、做到“两个维护”，始终在思想上、政治上、行动上同以习近平同志为核心的党中央保持高度一致。进一步凝聚奋进力量，组织引导广大职工坚定不移听党话、跟党走。牢牢把握为实现中国梦而奋斗的工人运动时代主题，团结动员广大职工为实现中华民族伟大复兴不懈奋斗。

理想信念不可缺

列宁说过，无产阶级政党是两个系统：一是组织系统；二是信念系统。从前者来说，共产党员要在组织上入党；从后者来说，共产党员还要在思想上入党。理想信念不仅是一种共同的政治信仰，更是每个共产党人的世界观。

一百年前，我们的先辈选择了马克思主义，从此树立了共产主义理想信念。

中国共产党人的理想信念，建立在马克思主义科学理论的基础之上，建立在马克思主义揭示的人类社会发展规律的基础之上，建立在为最广大人民谋利益的崇高价值的基础之上。认识真理，掌握真理，信仰真理，捍卫真理，是坚定理想信念的精神前提。我们坚定，是因为我们追求的是真理。我们坚定，是因为我们遵循的是规律。我们坚定，是因为我们代表的是最广大人民的根本利益。历史经验表明：党之所以能够成为领导中国革命、建设、改革事业的核心力量，之所以能够承担起中国人民和中华民族的历史重托，之所以能够在剧烈变动的国际国内环境中始终立于不败之地，根本原因是我们始终坚持了共产主义的理想信念。

为了理想信念，无数的先烈付出了生命。我们书中的工运先驱都没能看到理想的实现，但他们是带着必胜的信心面对死亡的。“志之所趋，无远弗届。穷山距海，不能限也。志之所向，无坚不入，锐兵精甲，不能御也。”方志敏烈士就义前在遗著《可爱的中国》中写道：“敌人只能砍下我们的头颅，绝不能动摇我们的信仰！因为我们信仰的主义，乃是宇宙的真理！为着共产主义牺牲，为着苏维埃流血，那是我们十分情愿的啊！”

列宁还有一句名言：“共产主义者的心，至少有一半生活在未来。”对每个共产党员而言，理想信念蕴含着强筋壮骨、攻坚克难的强大力量，是一个人的立身之本、正气之魂；对一个政党而言，理想信念凝结着初心和使命，是一个党的力量之源。邓小平强调指出：“我们的信念理想就是要搞共产主义”，“共产主义的理想是我们的精神支柱”。中国共产党能够历经挫折而不断前进，历尽苦难而百炼成钢，归根到底在于千千万万共产党人心中的远大理想和革命信念始终坚定执着，始终闪耀着火热的光芒。

中国共产党的历史上至少有过三次信仰的考验，每一次我党都从挫折中前进。

第一次是在大革命失败之后，工人运动受到重创，本书中所述的工运先烈牺牲的高峰正是在这一时期，这一时期也是共产党员脱党和叛变的高峰。有资料表明，大革命失败后，共产党员的数量从 6 万人减少至 1 万人，其中有 2 万余人被杀害，大约有同样数量的人脱离了共产党。当时的报纸上，三天两头刊出脱党声明。但是，真正的共产党人没有被吓倒，他们擦干身上的血迹，掩埋好同伴的遗体，又投入了前仆后继的战斗。

第二次是在长征前后，由于当时“左”倾路线的影响，中央苏区革命力量损失殆尽，红军越打越少，被迫进行战略转移。长征出发时 8 万多人的中央红军，到达陕北已不足 1 万。在长征路上不仅面对敌人的围追堵截，还要面对不少人信念动摇，一些党的高级干部也发出了“红旗还能打多久”的疑问。在长征途中不少意志薄弱者脱离了队伍，掉队的人数不少于牺牲的人数。但是，英勇的共产党人没有放下武器，没有放弃斗争，他们经过雪山草地，历尽千难万险，终于打出个柳暗花明，迎来中国革命的新局面。

第三次是在“文革”时期，在当时特定的历史环境下，党走过了一段艰难的弯路，这一时期，许多人也面临着信仰的考验，而且这考验不亚于前两次。但是坚贞的共产党人没有放弃理想，没有背叛信念，他们经过艰难探索，最终带着中国这艘“航船”驶出了激流险滩。即使在最灰暗的日子里，还取得了“两弹一星”等建设成就，以及粉碎林彪与“四人帮”集团的重大胜利。

回顾中国共产党百年历史，我们党之所以能够成功化解这些危局困境，带领中华民族迎来从站起来到富起来、从富起来到强起来的伟大飞跃，归根结底在于坚持理想信念，坚守初心使命。我们党凭着千百万党员忠贞的信仰，经受住了各种考验，并且一次又一次证明了马克思主义真理的力量，充分展现了中国共产党强大的政治领导力、思想引领力、群众组织力、社会号召力。

习近平总书记在总结“井冈山精神”时，提出的第一条就是“坚定执着追理想”。“仁者不以盛衰改节，义者不以存亡易心。”对马克思主义的坚定信仰，是井冈山精神的灵魂，也是共产党人立身、处世、干事的精神支柱。面对大革命失败、南昌起义失败、秋收起义受挫，面对“红旗还能打多久”的迷茫和质疑，尽管有人悲观失望，有人不辞而别，有人叛变投敌，但坚定的共产党人依然高擎火炬前行，坚信星星之火，可以燎原，毅然决然团结战斗在井冈山红旗下。井冈山时期，近五万名烈士献出宝贵生命。他们抛头颅洒热血为的是什么？为的就是坚定执着的理想信念。

百年风雨，世纪沧桑。今天，中国共产党已经成为世界最大的执政党，党员有 9500 万之众。党面临的环境与过去相比，也有了根本的不同，再也没有过去那样的血火环境、生死关头。但是，世界并不太平，考验依然存在。直到现在，我们还需要面对一个个的问号：

——我们的信仰还那么坚定吗？

——我们的信念还那么崇高吗？

——我们的理想还那么纯洁吗？

——如今，真理的味道还像百年前那么甜吗？

话剧《从湘江到遵义》中有一段发人深省的“烈士之问”：

> 我们当年那些梦想实现了吗？
>
> 人民当家做主了吗？
>
> 老百姓都过上好日子了吗？
>
> 还有贪官污吏吗？
>
> 还有人骑在人民的头上作威作福吗？
>
> 我们还在受外国人的欺辱吗？
>
> 中国人真正站起来了吗？
>
> 我们的党还记得我们对人民的承诺吗？
>
> 还有纠正错误的勇气吗？
>
> 需要有人站出来的时候，还有人站出来吗？
>
> 还有人像我们一样，愿意为信仰而生，为信仰而死吗？
>
> 长征并没有结束，我们这个民族还有很长很长的路要走！

对绝大多数党员来说，答案无疑是肯定的。但这并不是全部，否则我们就无法解释那么多层出不穷、打而复生的“老虎”“苍蝇”。党中央也清醒地认识到了这一点，坦率地承认党在实现全国执政、建立社会主义的条件下，面临着“四大考验”“四种危险”，并且给出了解决问题的方案——“不忘初心、牢记使命”，并使之制度化。

习近平总书记指出，理想信念是共产党人的精神之“钙”，是共产党人的政治灵魂，是共产党人初心的本质要求。共产党人只有树立了崇高而坚定的理想信念，才能做到不忘初心、牢记使命。要始终把不忘初心、牢记使命作为必修课、常修课，时常叩问和守护初心，及时修枝剪叶、补钙壮骨，把牢理想信念“总开关”，在大是大非面前旗帜鲜明，在风浪考验面前无所畏惧，在各种诱惑面前立场坚定，在关键时刻让党信得过、靠得住、能放心。

当年，入党本身即是生死考验。革命战争年代，生死面前，高下立判，检验一个干部理想信念坚定不坚定，就看他能不能为党和人民的事业舍生忘死，能不能冲锋号一响立即冲上去，这样的检验很直接。

如今，入党没有生死之虞，却已成为利益考验。和平建设时期，检验一个干部理想信念是否坚定确实比较难。多数时候只有一种方法，就是看他如何对待直接间接的、看得见和看不见的利益，看他是否能在重大政治考验面前有政治定力，是否能树立牢固的宗旨意识，是否能对工作极端负责，是否能做到吃苦在前、享受在后，是否能在急难险重任务面前勇挑重担，是否能经得起权力、金钱、美色的诱惑。

生死考验顷刻之间就可以看出结果，而利益检验则需要一个过程，“试玉要烧七日满，辨材须看十年期”，不是一下子、经历一两件事、听几句口号就能解决的，要看长期表现，甚至看一辈子。

《共产党宣言》的译者陈望道后来当了复旦大学的校长。在他翻译《共产党宣言》一百年后，习近平总书记给复旦大学《共产党宣言》展示馆党员志愿服务队全体队员的回信中说，中国共产党人的理想信念，是马克思主义真理信仰、共产主义远大理想和中国特色社会主义共同理想，这是共产党人的精神支柱和政治灵魂。坚定的理想信念来源于对真理的不懈追求，来自理论上的清醒与自觉。当前，面对世界百年未有之大变局和中华民族伟大复兴战略全局，要应对重大挑战、抵御重大风险、克服重大阻力、化解重大矛盾，进行具有许多新的历史特点的伟大斗争，更加需要党员干部通过学思践悟，在真学真信中坚定理想信念，永葆政治本色。

要经受住真理的考验，首先在于坚信真理的价值。政治信仰的确立有两个维度，一是“信以为真”，二是“信以为值”。理想信念是有价值的，主要体现为历史价值、理论价值、现实价值。第一，历史价值。马克思主义的理想信念是世界优秀文化的集大成者，推动创立了马克思主义哲学、英国古典政治经济学、科学社会主义。第二，理论价值。马克思主义理想信念指导中国完成了新民主主义革命和社会主义革命，也涵养了毛泽东思想、邓小平理论、“三个代表”重要思想、科学发展观、习近平新时代中国特色社会主义思想的理论。第三，现实价值。马克思主义理想信念的恒久生命力在于其现实性。马克思主义的世界观和方法论不是经验主义的教条，而是为解决现实问题提供了科学的思想武器。

历史经验告诉我们，崇高的理想信念是激励共产党人奋力前行、前赴后继的精神动力。中国共产党从拥有 50 多名党员的党组织，发展成为拥有 9500 多万党员、领导 14 亿多人口大国的执政党，靠的就是坚定不移的理想、矢志不渝的信念。正是一代代中国共产党人坚信“社会主义必将胜利、共产主义终将实现”，才在暴风骤雨般的革命浪潮中不怕牺牲、敢于胜利，在建设与改革的洪流中不畏艰险、迎难而上，在风险考验面前坚如磐石、愈挫愈勇，成功开辟了一条国家富强、民族振兴、人民幸福的宽广道路，引领中国大踏步赶上时代前进步伐，引领中国人民实现从站起来、富起来到强起来。同时，对马克思主义的信仰，对社会主义和共产主义的信念，也在美好理想转化成生动现实的过程中，凝铸成中国共产党人的政治灵魂。

同时，理想信念也是需要涵养的。理想信念并非一经树立就一成不变，树立理想信念不容易，保持理想信念更不容易。宗教算是比较坚定的信仰了，但历史上并不乏改宗叛教者。革命更是如此，革命者在探索中找到了理想信念，坚守着理想信念，也有人在革命的艰难行进中放弃、背叛了理想信念，在革命成功之后的今天，还有人在各种思潮和诱惑面前放松，失去了理想信念。也有人口头上宣称信仰共产主义，在组织上入了党，但在内心深处却是用来谋私。

当前国际国内形势急剧变化，意识形态领域的斗争日益激烈。在市场经济大潮冲击下，一部分党员干部出现了理想信念淡漠、信仰发生危机的现象。有的受东欧剧变后世界社会主义陷入低潮的影响，对社会主义前途命运悲观失望；有的被西方社会假象所惑，对西方文明和西方价值观顶礼膜拜，散播西方文明优越论、西方价值“普世”论，不知不觉沦为西方话语的俘虏。出现这些不正常现象，说到底是他们的政治信仰出了问题。

理想信念是坚强的，有人可以用一生来坚守，理想信念同时也是脆弱的，有人可以在一念之间放弃。理想信念就是我们心中的“菩提树”和“明镜台”，需要“时时常拂拭，莫使染尘埃”。

实现共产主义是我们共产党人的最高理想，而这个最高理想是需要一代又一代人接力奋斗的。如果大家都觉得这是看不见摸不着的东西，没有必要为之奋斗和牺牲，那共产主义就真的永远实现不了了。我们现在坚持和发展中国特色社会主义，就是向着最高理想所进行实实在在的努力。中国共产党人追求的远大理想，只有在社会主义社会充分发展和高度发达的基础上才能实现。同时也要看到，我们现在的努力以及将来多少代人的持续努力，最终都是朝着实现共产主义这个大目标前进的，如果丢失了我们共产党人的远大目标，就会迷失方向，变成功利主义、实用主义。

理想信念动摇是最危险的动摇，理想信念滑坡是最危险的滑坡。我们党是否坚强有力，既要看全党在理想信念上是否坚定不移，更要看每一位党员在理想信念上是否坚定不移。邓小平曾感慨：“为什么我们过去能在非常困难的情况下奋斗出来，战胜千难万险使革命胜利呢？就是因为我们有理想，有马克思主义信念，有共产主义信念。”习近平总书记也曾说过，历史和现实都告诫我们：全党理想信念坚定，党就拥有无比强大力量；全党理想信念淡薄，党就会成为乌合之众，风一吹就散。没有理想信念，或者理想信念不坚定，精神上就会“缺钙”，就会得“软骨病”。党员干部如果理想信念不坚定，就容易出现政治上变质、经济上贪婪、道德上堕落、生活上腐化等一系列问题。党的十八大以来查处的违纪违法党员领导干部，绝大多数是因为思想根源出了问题，丧失理想信念，背弃初心使命。如果进一步分析，更可怕的在于这些理想信念早已荡然无存的人，还在打着共产主义的旗号，干着污损共产名声的事情。今天的党内混入了一些异己分子，口言善、身行恶，在被查处之前都是一副“正面”形象、“高尚”面孔，被查处之后才露出“皮袍下面的小”和一身龌龊，这些人的言行，严重损害了党的形象。

习近平总书记说过，我们党是世界上最大的政党，大就要有大的样子，同时大也有大的难处。把这么大的一个党管好很不容易，把这么大的一个党建设成为坚强的马克思主义执政党更不容易。建设坚强的马克思主义执政党，首先要从理想信念做起。对马克思主义的信仰，对社会主义和共产主义的信念，是共产党人的政治灵魂，是共产党人经受任何考验的精神支柱。我们常说，基础不牢，地动山摇，信念不牢也是要地动山摇的。苏联解体、东欧剧变不就是这个逻辑吗？苏共拥有 20 万党员时夺取了政权，拥有 200 万党员时打败了希特勒，而拥有近 2000 万党员时却失去了政权。在那场动荡中，竟无一人出来抗争。什么原因？就是理想信念已经荡然无存了。

人民有信仰，民族有希望，国家有力量。正是在理想信念的引领下，一代又一代共产党人前赴后继、顽强拼搏，取得了一个又一个伟大胜利。虽然不同历史时期理想信念的表现各有侧重，但坚定的信念、忠诚的信仰、崇高的追求，始终是流淌在共产党人血液里的“红色基因”。坚定理想信念是我们党立根铸魂、固本培元的基础性工程。只有每一位党员在理想信念上坚定不移，我们党才会更加先进纯洁、更加坚强有力，才能经受住各种风险考验，始终立于不败之地。在新时代，必须加强理想信念教育，引导全党牢记党的宗旨，解决好世界观、人生观、价值观这个总开关问题，自觉做共产主义远大理想和中国特色社会主义共同理想的坚定信仰者和忠实实践者。坚持学思用贯通、知信行统一，把习近平新时代中国特色社会主义思想转化为坚定理想、锤炼党性和指导实践、推动工作的强大力量。

理想信念的培植涵养，需要从以下几个方面入手。

第一是培育政治忠诚。政治忠诚是对党员干部的基本政治要求。习近平总书记明确指出："衡量干部是否有理想信念关键看是否对党忠诚。领导干部要忠诚干净担当，忠诚始终是第一位的。"忠诚不是抽象的而是具体的，体现在忠诚于党的信仰、忠诚于党的组织、忠诚于党的理论和路线方针政策等各方面。全体党员必须强化党的意识，牢记第一身份是共产党员、第一职责是为党工作。要自觉同党中央保持高度一致，自觉维护党中央权威，党中央提倡的坚决响应，党中央决定的坚决照办，党中央禁止的坚决杜绝。对党忠诚，就要把牢理想信念"总开关"，深刻领悟"两个确立"的决定性意义，增强"四个意识"、坚定"四个自信"、做到"两个维护"，严守党的政治纪律和政治规矩，始终在政治立场、政治方向、政治原则、政治道路上同党中央保持高度一致。要经常对照党章党规党纪，检视自己的理想信念和思想言行，不断掸去思想上的灰尘，永葆政治本色。在大是大非面前旗帜鲜明，在风浪考验面前无所畏惧，在各种诱惑面前立场坚定。

第二是增强奋斗精神。习近平总书记强调"新时代是奋斗者的时代""幸福是奋斗出来的""奋斗本身就是一种幸福"。奋斗精神是对中国共产党新时代精神风貌的科学概括，是新时代中国共产党人本质的集中体现，是新时代中国共产党人自觉履行初心和使命的强大动力。历史从不等待一切犹豫者、观望者、懈怠者、软弱者。在新的历史征程中，要永葆奋斗精神，永怀赤子之心，切实为理想而奋不顾身去拼搏、去奋斗。理想信念不是拿来说、拿来唱的，更不是用来装点门面的，只有通过奋斗、见诸行动才有说服力。奋斗就要吃苦，曾有人问毛泽东：共产党员到底什么样？他用手指着桌面说：

“假如这里有三副担子，一副八十斤、一副一百斤、一副一百二十斤，谁选一百二十斤的担子挑，谁就是共产党人！”吃苦在前、享受在后，同甘共苦、身先士卒，这就是共产党员的底色和特质。

第三是保持清廉作风。习近平总书记在谈到干事和做人时曾指出，兢兢业业干事，就是要确立献身党和人民事业的崇高情怀，聚精会神履行党和人民赋予的神圣职责，实干苦干，不务虚功，夙兴夜寐，勤奋工作，以一流业绩回报党和人民的信任和重托。清清白白做人，就是要一身正气、两袖清风，自觉遵守廉洁自律准则，自觉遵守中央八项规定，自觉接受监督，敬畏人民、敬畏组织、敬畏法纪，公正用权、依法用权、廉洁用权，拒腐蚀、永不沾，绝不搞特权，绝不以权谋私，做一个堂堂正正的共产党人。党员干部成长无捷径可走，经风雨、见世面才能壮筋骨、长才干。要做起而行之的行动者，不做坐而论道的清谈客，当攻坚克难的奋斗者，不当怕见风雨的泥菩萨，在摸爬滚打中增长才干，在层层历练中积累经验。党员干部要想行得端、走得正，就必须涵养道德操守，明礼诚信，怀德自重，保持严肃的生活作风，培养健康的生活情趣。一个人廉洁自律不过关，做人就没有骨气。要牢记清廉是福、贪欲是祸的道理，树立正确的权力观、地位观、利益观，任何时候都要稳得住心神、管得住行为、守得住清白。

第四是不断改革创新。改革创新是民族复兴的灵魂，是国家昌盛的动力，是新时代共产党人保持先进性的路径。中国共产党用改革的思路解决社会主要矛盾，以创新的理论攻坚破难，引领全国各民族人民踏上了现代化的共同富裕之路。共产党人敢于解放思想、更新观念，勇于突破传统思维定式，不断探索和发展符合中国独特国情的建党、强党理论。共产党人把改革、创新的思路付诸具体实践中，把理想信念与客观实际有机融合，在物质的积累、文化的沉淀、制度的完善以及精神的涵养等层面为现代化建设奠定了坚实基础。当前，中国特色社会主义进入新时代，新时代需要新理念、新思想、新战略，党员干部必须具备坚定的理想信念，要始终坚持不忘初心、牢记使命，坚持全心全意为人民服务，为决胜全面建成小康社会，实现中华民族伟大复兴的中国梦，建设中国特色社会主义以及实现共产主义不懈努力奋斗。

第五是理论联系实际。坚定理想信念是理论的，更是实践的，最终要靠工作实践来检验。没有远大理想，不是合格的共产党员；离开现实工作而空谈远大理想，也不是合格的共产党员。共产党员的理想信念不是空中楼阁，不能靠口头上说大话、喊口号，而是要在具体工作实践中体现出来。衡量一名共产党员、一名领导干部的理想信念是否坚定，主要看他“能否坚持全心全意为人民服务的根本宗旨，能否吃苦在前、享受在后，能否勤奋工作、廉洁奉公，能否为理想而奋不顾身去拼搏、去奋斗、去献出自己的全部精力乃至生命”“是否能在重大政治考验面前有政治定力，是否能树立牢固的宗旨意识，是否能对工作极端负责”“是否能在急难险重任务面前勇挑重担，是否能经得起权力、金钱、美色的诱惑”。

正如习近平总书记在庆祝中国共产党成立 100 周年大会上强调的：“初心易得，始终难守。以史为鉴，可以知兴替。我们要用历史映照现实、远观未来，从中国共产党的百年奋斗中看清楚过去我们为什么能够成功、弄明白未来我们怎样才能继续成功，从而在新的征程上更加坚定、更加自觉地牢记初心使命、开创美好未来。”当前，面对世界百年未有之大变局和中华民族伟大复兴战略全局，要应对重大挑战、抵御重大风险、克服重大阻力、化解重大矛盾，进行具有许多新的历史特点的伟大斗争，更加需要党员干部通过学思践悟，在真学真信中坚定理想信念，永葆政治本色。今后，在前进的道路上，我们还会遇到更难啃的骨头，会面临更艰巨的挑战，会存在更难破解的课题。需要全党更加坚定政治信仰、站稳政治立场、把准政治方向，增强党的凝聚力、号召力、战斗力，把党建设成为始终走在时代前列、人民衷心拥护、勇于自我革命、经得起各种风浪考验、朝气蓬勃的马克思主义执政党，建设成为不断夺取新时代伟大胜利、实现中华民族伟大复兴的坚强领导核心。

心有所信，方能行远。面向未来，走好新时代的长征路，我们更需要坚定理想信念，矢志拼搏奋斗，践行初心使命，努力为实现中华民族伟大复兴贡献智慧和力量。

人民立场不能丢

习近平总书记在党的二十大报告中指出：江山就是人民，人民就是江山。中国共产党领导人民打江山、守江山，守的是人民的心。治国有常，利民为本。为民造福是立党为公、执政为民的本质要求。必须坚持在发展中保障和改善民生，鼓励共同奋斗创造美好生活，不断实现人民对美好生活的向往。

马克思主义是人民的理论，第一次创立了人民实现自身解放的思想体系。马克思主义博大精深，归根到底就是一句话：为人类求解放。在马克思之前，社会上占统治地位的理论都是为统治阶级服务的。马克思主义第一次站在人民的立场探求人类自由解放的道路，以科学的理论为最终建立一个没有压迫、没有剥削、人人平等、人人自由的理想社会指明了方向。马克思主义之所以具有跨越国度、跨越时代的影响力，就是因为它植根人民之中，指明了依靠人民推动历史前进的人间正道。

《共产党宣言》毫不掩饰马克思主义政党的阶级性，旗帜鲜明地站在无产阶级和广大人民一边，热情讴歌人民群众在推动历史前进中的伟大作用，把无产阶级看作先进生产力的代表者、资本主义制度的掘墓人、新社会制度的创造者，强调过去的一切运动都是少数人的或者为少数人谋利益的运动，无产阶级的运动是绝大多数人的、为绝大多数人谋利益的独立的运动。这一鲜明的政治立场，充分肯定了人民的历史主体地位，充分体现了马克思主义政党的根本性质和宗旨。

“国以民为本，社稷亦为民而立。”中国特色社会主义事业是党和人民的事业，我们只有坚持人民主体地位，尊重人民首创精神，善于从人民的实践创造和发展要求中完善政策主张，才能完成中国特色社会主义伟大事业。习近平总书记高度重视人民群众在中国特色社会主义建设事业中的主体作用，指出：“人民是我们力量的源泉。只要与人民同甘共苦，与人民团结奋斗，就没有克服不了的困难，就没有完成不了的任务。”2018 年 3 月 7 日，习近平总书记在参加十三届全国人大一次会议广东代表团审议时的讲话中指出：“共产党就是为人民谋幸福的，人民群众什么方面感觉不幸福、不快乐、不满意，我们就在哪方面下功夫，千方百计为群众排忧解难。”2016 年 10 月 21 日，习近平总书记在纪念红军长征胜利 80 周年大会上发表重要讲话，告诫全党必须牢记“水能载舟，亦能覆舟”的道理。“老百姓是天，老百姓是地。”习近平总书记说，“忘记了人民，脱离了人民，我们就会成为无源之水、无本之木，就会一事无成。”

伟大的事业需要伟大的精神，伟大的精神来自伟大的人民。习近平总书记曾颂扬中国人民：中国人民是具有伟大创造精神的人民。在几千年历史长河中，中国人民始终辛勤劳作、发明创造，我国产生了老子、孔子、庄子、孟子、墨子、孙子、韩非子等闻名于世的伟大思想巨匠，发明了造纸术、火药、印刷术、指南针等深刻影响人类文明进程的伟大科技成果，创作了诗经、楚辞、汉赋、唐诗、宋词、元曲、明清小说等伟大文艺作品，传承了格萨尔王、玛纳斯、江格尔等震撼人心的伟大史诗，建设了万里长城、都江堰、大运河、故宫、布达拉宫等气势恢宏的伟大工程。

中国人民是具有伟大奋斗精神的人民。在几千年历史长河中，中国人民始终革故鼎新、自强不息，开发和建设了祖国辽阔秀丽的大好河山，开拓了波涛万顷的辽阔海疆，开垦了物产丰富的广袤粮田，治理了“桀骜不驯”的千百条大江大河，战胜了数不清的自然灾害，建设了星罗棋布的城镇乡村，发展了门类齐全的产业，形成了多姿多彩的生活。中国人民自古就明白，世界上没有坐享其成的好事，要幸福就要奋斗。今天，中国人民拥有的一切，凝聚着中国人的聪明才智，浸透着中国人的辛勤汗水，蕴含着中国人的巨大牺牲。

中国人民是具有伟大团结精神的人民。在几千年历史长河中，中国人民始终团结一心、同舟共济，建立了统一的多民族国家，发展了56个民族多元一体、交织交融的融洽民族关系，形成了守望相助的中华民族大家庭。特别是近代以后，在外来侵略寇急祸重的严峻形势下，我国各族人民手挽着手、肩并着肩，英勇奋斗，浴血奋战，打败了一切穷凶极恶的侵略者，捍卫了民族独立和自由，共同书写了中华民族保卫祖国、抵御外侮的壮丽史诗。今天，中国取得的令世人瞩目的发展成就，更是全国各族人民同心同德、同心同向努力的结果。

中国人民是具有伟大梦想精神的人民。在几千年历史长河中，中国人民始终心怀梦想、不懈追求，不仅形成了小康生活的理念，而且秉持天下为公的情怀，盘古开天、女娲补天、伏羲画卦、神农尝草、夸父追日、精卫填海、愚公移山等我国古代神话深刻反映了中国人民勇于追求和实现梦想的执着精神。中国人民相信，山再高，往上攀，总能登顶；路再长，走下去，定能到达。近代以来，实现中华民族伟大复兴成为中华民族最伟大的梦想，中国人民百折不挠、坚韧不拔，以同敌人血战到底的气概、在自力更生的基础上光复旧物的决心、自立于世界民族之林的能力，为实现这个伟大梦想进行了持续奋斗。

我们党是在人民群众中成长和发展起来的。一切向前走，都不能忘记走过的路；走得再远、走到再光辉的未来，也不能忘记过去，不能忘记为什么出发。新时代是中华民族迎来强起来的伟大时代，伟大时代从来不会风平浪静。正如习近平总书记谆谆告诫的，“中华民族伟大复兴，绝不是轻轻松松、敲锣打鼓就能实现的。全党必须准备付出更为艰巨、更为艰苦的努力”。特别重要的是，在新时代新使命新征程面前，全党同志一定不能忘了人民。不忘初心，归根到底是不能忘了我们党全心全意为人民服务的根本宗旨。

中国工会也是在职工群众中产生、成长、发展、壮大起来的。百年前的工运先驱为了唤起民众，脱下长衫走入工人中间，向工人学习，为工人谋利，同时也向工人传播革命道理，组织工人起来斗争。他们的行动赢得了工人的信任，在一次次的工人运动中，工运先驱对工人群众可以生死相托，工人群众对工运领袖也可以生死捍卫。安源罢工时，工人对刘少奇、李立三十分拥戴，在他们去和资本家谈判时，工人生怕有闪失，放出狠话，“谁要动我们的代表一根毫毛，定打得路矿两局片甲不留”。刘华在领导上海纺织工人罢工时，资本家悬出赏金，声言要买刘华的人头。百余名工人歃血为盟，誓言保卫刘华，出入不离左右，敌人终无机可乘。纺织女工见刘华舍身忘己，衣衫破烂，硬是在自己罢工后失去收入、生活难以为继的困境下，众人集资为刘华买了几件衫裤。刘华被军阀逮捕后，工人屡次发动罢工，必提释放刘华的谈判条件。每次读史及此，我们都为当年工运先驱与工人群众的血肉联系而感动。

为什么人、靠什么人的问题，是检验一个政党、一个政权性质的试金石。历史唯物主义认为，人民是历史的真正创造者，是推动历史前进的真正动力。我们党来自人民、植根人民、服务人民，党的根基在人民、血脉在人民、力量在人民。人民是历史的创造者，是决定党和国家前途命运的根本力量。坚持以人民为中心，是中国共产党治国理政的逻辑遵循和价值追求。我们要始终把人民立场作为根本立场，把为人民谋幸福作为根本使命，坚持全心全意为人民服务的根本宗旨，贯彻群众路线，尊重人民主体地位和首创精神，始终保持同人民群众的血肉联系，凝聚起众志成城的磅礴力量，团结带领人民共同创造历史伟业。这是共产党人不忘初心、牢记使命的自觉担当。

李立三在安源罢工胜利后请辞工人俱乐部主任的信中说："群众终有力量，团结终有力量，个人绝没有力量。""只要认识了社会主义，就不要认识哪个人了。"中国共产党成立以来，始终相信人民是真正的英雄，人民是决定党和国家前途命运的根本力量；始终坚信党的根基在人民、血脉在人民、力量在人民，把人民立场作为根本立场；始终把人民放在心中最高位置，坚持为人民谋幸福；始终尊重人民的主体地位和首创精神；始终代表中国最广大人民的根本利益；始终坚持以人民为中心的发展思想，把人民对美好生活的向往作为奋斗目标，才有了中国革命从胜利走向新的胜利。

时代在发展，社会在进步，人民群众的利益需求也在发展。实现人民群众的利益，是一个不断发展的过程。新的历史时期，必须始终抓住人民最关心、最直接、最现实的利益问题，在更高水平上实现幼有所育、学有所教、劳有所得、病有所医、老有所养、住有所居、弱有所扶，让发展成果更多更公平惠及全体人民，不断提高人民的获得感、幸福感、安全感；始终保持党同人民群众的血肉联系；始终把群众路线作为党的生命线和根本工作路线，坚持一切为了群众、一切依靠群众，从群众中来、到群众中去，把党的群众路线贯彻到治国理政的全部活动中；始终坚持自觉拜人民为师，自觉接受人民监督；始终把人民拥护不拥护、赞成不赞成、高兴不高兴、答应不答应作为衡量一切工作得失的根本标准；始终把人民群众作为力量源泉和胜利之本。正如习近平总书记在党的十九大报告中指出的："党的一切工作必须以最广大人民根本利益为最高标准。要坚持把人民群众的小事当作自己的大事，从人民群众关心的事情做起，从让人民群众满意的事情做起，带领人民不断创造美好生活。"以及在党的二十大报告中所指出的："坚持以人民为中心的发展思想。维护人民根本利益，增进民生福祉，不断实现发展为了人民、发展依靠人民、发展成果由人民共享，让现代化建设成果更多更公平惠及全体人民。"

人民性是马克思主义最鲜明的品格。人民是我们党执政的最大底气，是我们强党兴国的根本所在。我们党来自人民，为人民而生，因人民而兴，全心全意为人民服务是我们的根本宗旨，必须始终与人民心心相印、与人民同甘共苦、与人民团结奋斗。党的一切工作都是为了实现好、维护好、发展好最广大人民的根本利益。我们要始终把人民立场作为根本政治立场，把人民利益摆在至高无上的地位，不断把为人民造福事业推向前进。必须保持同人民群众的血肉联系，坚持全心全意为人民服务的根本宗旨，贯彻群众路线，尊重人民主体地位和首创精神，团结带领人民共同创造历史伟业。工会工作也是这样，要坚持以职工为中心的工作导向，深入群众、深入基层，抓住职工群众最关心、最直接、最现实的利益问题，认真履行维护职工合法权益、竭诚服务职工群众的基本职责，通过维权服务不断增强职工群众获得感、幸福感、安全感。

邓小平曾经说过，反动统治的屠杀不足以打散我们的队伍，无数次的挫折不足以损害共产党员和革命人民对于革命必然胜利的信心。即使在白色恐怖最严重的年代里，无数的共产党员和革命人民的血也流在一起，凝结成牢不可破的联系。正是这种血肉的联系，赋予中国革命以无限的生命力。我们的党史证明，只要我们不脱离群众，和群众始终保持着紧密的联系，我们就会无往而不胜。一个时代有一个时代的问题，一代人有一代人的使命。虽然我们已走过万水千山，但仍需要不断跋山涉水。今天，中国人民比历史上任何时期都更接近、更有信心和能力实现中华民族伟大复兴。只要我们不忘初心、牢记使命，永远同人民在一起，永远与人民同呼吸、共命运、心连心，永远为人民利益而奋斗，我们就什么风险都能战胜、什么困难都能克服、什么高峰都能攀登。只要 14 亿多中国人民团结奋斗，我们就一定能够实现中华民族伟大复兴。

学习教育不可少

马克思主义问世已超过170年，至今仍闪耀着真理的光辉。中国共产党成立百年，至今仍展示着朝气蓬勃的生命力。中国共产党创造百年辉煌的“密码”就在于学习，中国共产党是一个在学习中成长、壮大的政党，学习是中国共产党与生俱来的鲜明品质。中国特色社会主义进入新时代，学习的重要性比过去更为突显。正如习近平总书记所说，中国共产党人依靠学习走到今天，也必然要依靠学习走向未来。党的十八大以来，习近平总书记多次“劝学”，他说，党员、干部学习不仅仅是自己的事情，更关乎党和国家事业发展。他说，“事业发展没有止境，学习就没有止境”，强调要“坚持学习、学习、再学习”。在当前深入开展的学习贯彻习近平新时代中国特色社会主义思想主题教育中，他再次强调：“这次主题教育要牢牢把握‘学思想、强党性、重实践、建新功’的总要求。”

一百年前，共产党人在探索、学习中掌握了马克思主义理论武器，并且正确运用这件武器取得了中国革命的胜利。中国工人运动也是在学习中发展壮大，许多工运先驱都是在学习中成长进步，开创了工人运动的胜利局面。中国劳动组合书记部在成立之初，山东分部主任王尽美对北方分部主任罗章龙说，自己没有经验，想跟着罗章龙去学习一段时间。罗章龙说，这是一项开天辟地的事业，谁也没有经验。他自己到北方分部之前也有过犹豫，曾向陈独秀说北方工人运动范围甚广，工作繁难，最好由中央另选派经验较丰富的同志前往负责，他本人目前无此能力。陈独秀笑道：“你说谁有经验？大家不都是一样！你不做谁做？”几句话把他说得无词可对。中国工人运动，就是在没有经验处创造经验，在没有路的地方开出路来。在他们的努力开创下，北方的长辛店、唐山，山东的大槐树机车厂、淄博矿区工人运动风起云涌，传为一时之盛。在工运史上，许多先驱都是学习的模范。担任过中华全国总工会南方代表、中央职工运动委员会书记的邓发只有小学四年级学历，后来他硬是凭着超人的学习能力一直当到中央党校校长。延安时期，他主持创办了《中国工人》月刊，在中央机关刊物《新中华报》《解放日报》等刊物上发表了上百篇具有相当理论水平的文章。他主持中央职工委员会工作期间，坚决贯彻党的以生产为中心的正确的工会工作方针，并参与领导边区工业生产。相继写了《论抗日根据地的劳动政策》《论抗日根据地职工会的基本任务》《中国工人阶级当前的任务》等文章，在牺牲之后，还有遗作《解放区职工会》在延安《新华日报》发表。

共产党人的学习不仅在于提高文化，更在于汲取历史经验，提升理论水平，增强文化自信。

一百年前，共产党人如饥似渴地学习研读马克思主义，因为他们深切地感受到了真理的力量，就像陈望道翻译《共产党宣言》时经历的那样，“真理的味道非常甜”。

一百年以来，共产党人通过学习，在甘甜的真理中汲取养分。井冈山时期、瑞金时期，戎马倥偬，无法拿出整块的学习时间，中国革命也因此走过一段弯路。到了延安时期，初步具备了学习的条件，在党中央的统一领导下，全党开展了轰轰烈烈的学习运动，全党特别是高级干部的理论水平大大提高。1938 年秋，中共六届六中全会提出了马克思主义在中国具体化的任务。会后，在党的高级干部中就开始了学习运动。1941 年 5 月，毛泽东在延安高级干部会议上作了《改造我们的学习》的报告，对学习理论的基本原则做了论述。

在学习运动中，许多高级干部从战火纷飞的前线调回延安参加学习。通过学习，为迎接中国革命胜利的高潮做了充分的准备。

一百年后，真理的味道和力量依旧，但是也应该承认，一些党员的学习动力和学习能力有所欠缺。其中有着多方面复杂的原因，经历革命战争洗礼的人，容易从实战经验和革命意志上认同马克思主义。而且实践证明，只要掌握这一武器，就可以用来指导打胜仗。许多老同志回忆，在抗日战争最艰难的日子里，读到《论持久战》，马上增添了胜利的信心。今天长期和平与不断扩大的对外开放，中国共产党自身的历史方位发生重大转变，国际局势风云变幻，经济全球化和科学技术迅猛发展，世界政治格局趋于多元化，利益多元化，社会阶层分化，各种思潮泛滥，“乱花渐欲迷人眼”，也导致一些人看不清主流，以至于偏离了方向，甚至陷入错误思潮。

老一辈无产阶级革命家高度重视学习。毛泽东到晚年还手不释卷。在延安时期，他就告诫党员干部加强学习，他说：我们的队伍里有一种恐慌，不是经济恐慌，也不是政治恐慌，而是本领恐慌。过去学的本领只有一点点，今天用一些，明天用一些，渐渐告罄了。好像开铺子，本来东西不多，一卖就完，空空如也，再想开铺子，就要进货。干部的“进货”就是学习本领。在新的形势和任务面前，需要学习的内容很多。大的是两个方面，一个是学习马克思主义理论，一个是学习社会，学习人民群众的实践。

2013 年，习近平总书记在中央党校建校 80 周年庆祝大会上曾再次引用毛泽东的这一段讲话，再次要求全党加强学习。习近平总书记指出，与今天我们党和国家事业发展的要求相比，我们的本领有适应的一面，也有不适应的一面。特别是随着形势和任务不断发展，我们适应的一面正在下降，不适应的一面正在上升。很多同志有做好工作的真诚愿望，也有干劲，但缺乏新形势下做好工作的本领，面对新情况新问题，由于不懂规律、不懂门道、缺乏知识、缺乏本领，还是习惯于用老思路老套路来应对，蛮干盲干，结果是虽然做了工作，有时做得还很辛苦，但不是不对路子，就是事与愿违，甚至搞出一些南辕北辙的事情来。这就叫新办法不会用，老办法不管用，硬办法不敢用，软办法不顶用。这种状态在党内相当一个范围、相当一个时期都是存在的。因此，全党同志特别是各级领导干部都要有本领不够的危机感，都要努力增强本领，都要一刻不停地增强本领。只有全党本领不断增强了，“两个一百年”的奋斗目标才能实现，中华民族伟大复兴的中国梦才能梦想成真。

本领不是天生的，是要通过学习和实践来获得的。当今时代，知识更新周期大大缩短，各种新知识、新情况、新事物层出不穷。现代人才学中有一个理论叫作“蓄电池理论”，认为人的一生只充一次电的时代已经过去，只有成为一块高效蓄电池，进行不间断的、持续的充电，才能不间断地、持续地释放能量。有人研究过，18 世纪以前，知识更新速度为 90 年左右翻一番；20 世纪 90 年代以来，知识更新加速到 3 至 5 年翻一番。近 50 年来，人类社会创造的知识比过去 3000 年的总和还要多。还有人说，在农耕时代，一个人读几年书，就可以用一辈子；在工业经济时代，一个人读十几年书，才够用一辈子；到了知识经济时代，一个人必须学习一辈子，才能跟上时代前进的脚步。在习近平总书记看来，增强本领的途径就是学习和实践。习近平总书记语重心长地说：“知识经济时代，一个人必须学习一辈子，才能跟上时代前进的脚步。”如果不能主动加快知识更新、优化知识结构、拓宽眼界和视野，就无法赢得主动、赢得优势、赢得未来。

正是从这样的战略高度出发，党的十八大提出了建设学习型、服务型、创新型马克思主义执政党的重大任务。党的二十大提出，全面加强党的思想建设，坚持用习近平新时代中国特色社会主义思想统一思想、统一意志、统一行动，组织实施党的创新理论学习教育计划，建设马克思主义学习型政党。正是在这样的思想主导下，习近平总书记主持的中央政治局集体学习，主题涵盖了改革、法治、经济、国防、外交、从严治党、生态文明等方方面面。

读书学习是加强党性修养、坚定理想信念、提升精神境界的一个重要途径。在新的时代条件下，党员干部要不断提高自己、完善自己，经受住各种考验，就要坚持在读书学习中坚定理想信念、提高政治素养、锤炼道德操守、提升思想境界，坚持在读书学习中把握人生道理、领悟人生真谛、体会人生价值、实践人生追求，努力使自己成为一个高尚的人，一个纯粹的人，一个有道德的人，一个脱离了低级趣味的人，一个有益于人民的人。习近平总书记强调，我们的学习应该是全面的、系统的、富有探索精神的，既要抓住学习重点，也要注意拓宽学习领域；既要向书本学习，也要向实践学习；既要向人民群众学习，向专家学者学习，也要向国外有益经验学习。学习有理论知识的学习，也有实践知识的学习。

首先要认真学习马克思主义理论，这是我们做好一切工作的看家本领。学习马克思主义基本理论是共产党人的必修课。毛泽东曾经提出："如果我们党有一百个至二百个系统地而不是零碎地、实际地而不是空洞地学会了马克思列宁主义的同志，就会大大提高我们党的战斗力量。"只有学懂了马克思列宁主义、毛泽东思想、邓小平理论、"三个代表"重要思想、科学发展观、习近平新时代中国特色社会主义思想，特别是领会了贯穿其中的马克思主义立场、观点、方法，才能心明眼亮，才能深刻认识和准确把握共产党执政规律、社会主义建设规律、人类社会发展规律，才能始终坚定理想信念，才能在纷繁复杂的形势下坚持科学指导思想和正确前进方向，把中国特色社会主义不断推向前进。习近平总书记指出："必须用科学理论武装头脑，不断培植我们的精神家园。"党员干部要坚定马克思主义理论信仰，通过读经典、悟原理、学原文，把握其理论精髓。运用马克思主义的立场、观点、方法认识客观世界，改造主观世界，使自己成为坚定的马克思主义者。理论上坚定成熟，什么力量也不能动摇我们。正所谓"土能浊河，而不能浊海；风能拔木，而不能拔山"。理论修养是干部综合素质的核心，理论上的成熟是政治上成熟的基础，政治上的坚定源于理论上的清醒。从一定意义上说，掌握马克思主义理论的深度，决定着政治敏感的程度、思维视野的广度、思想境界的高度。

要学习中华优秀传统文化，以学益智，以学修身。中华优秀传统文化源远流长、博大精深，是中华文明的智慧结晶，其中蕴含的天下为公、民为邦本、为政以德、革故鼎新、任人唯贤、天人合一、自强不息、厚德载物、讲信修睦、亲仁善邻等，是中国人民在长期生产生活中积累的宇宙观、天下观、社会观、道德观的重要体现，同科学社会主义价值观主张具有高度契合性。学习掌握其中的思想精华，对树立正确的世界观、人生观、价值观很有益处。古人所说的“先天下之忧而忧，后天下之乐而乐”的政治抱负，“位卑未敢忘忧国”“苟利国家生死以，岂因祸福避趋之”的报国情怀，“富贵不能淫，贫贱不能移，威武不能屈”的浩然正气，“人生自古谁无死，留取丹心照汗青”“鞠躬尽瘁，死而后已”的献身精神等，都体现了中华民族优秀的民族精神，我们都应该继承和发扬。要认真汲取中华优秀传统文化的思想精华和道德精髓，大力弘扬以爱国主义为核心的民族精神和以改革创新为核心的时代精神，深入挖掘和阐发中华优秀传统文化讲仁爱、重民本、守诚信、崇正义、尚和合、求大同的时代价值，使中华优秀传统文化成为涵养社会主义核心价值观的重要源泉。

要学习历史。历史是最好的教科书，也是最好的清醒剂。2019 年 11 月，习近平总书记考察上海时强调，要“引导广大党员、干部深入学习党史、新中国史、改革开放史，让初心薪火相传，把使命永担在肩，切实在实现‘两个一百年’奋斗目标、实现中华民族伟大复兴的中国梦进程中奋勇争先、走在前列”。作为工会组织和工会干部，在党史学习教育活动中，应当加强中国工运史的研究与学习。中国工会是中国共产党领导下的工人阶级群众组织，中国工运事业是党领导下工人阶级的壮丽事业，中国工运史是党史的重要组成部分。党中央高度重视历史研究工作，习近平总书记在全国劳动模范和先进工作者表彰大会上指出，工会要总结95年来的成就和经验。加强工运史研究，是深入贯彻落实习近平总书记关于工人阶级和工会工作的重要论述，以党的创新理论武装头脑指导实践的内在要求，是传承中国工运红色基因，涵养初心使命的重要途径，是推动新时代工运事业和工会工作创新发展的基础性工作，对于站在“两个一百年”的历史交汇点上，着眼中华民族伟大复兴战略全局和世界百年未有之大变局，回顾工人阶级百年奋斗历程，汲取历史经验，感悟马克思主义的真理力量，团结动员工人阶级为全面建设社会主义现代化国家建功立业，具有十分重要的历史意义和现实意义。在制定实施“十四五”时期工运事业和工会工作发展规划之际，把加强工运史纳入全局统筹谋划，对于弘扬工人阶级伟大品格，发扬工人运动光荣传统，传承中国工会红色基因，推动工会工作创新发展，有着重要的学术理论价值和基础支撑作用。

在工运史学习研究中，应当坚持以习近平新时代中国特色社会主义思想为指导，深入贯彻落实习近平总书记关于工人阶级和工会工作的重要论述，深刻领悟“两个确立”的决定性意义，切实增强“四个意识”、坚定“四个自信”、做到“两个维护”，紧紧围绕党和国家工作大局和工会工作全局，研究总结百年来党领导下的中国工人运动的卓越成就和历史经验，运用历史眼光、历史思维认识工运发展规律，继承和发扬中国工人阶级和工会的光荣传统，不断推出高质量研究成果，着力培养高素质研究人才，充分发挥存史育人资政作用，把握工会工作前进方向，推进工运理论创新、制度创新和实践创新，推动新时代工会工作开创新局面，迈上新台阶。

加强工运史学习研究应把握以下原则。

——坚持党性原则，保持正确政治方向。始终坚持党的领导，牢固树立马克思主义在意识形态领域的指导地位，准确把握、深刻阐释党领导下的工运事业和工会工作的主题主线、主流本质，正确认识、科学评价工运史上的重大事件、重要会议和重要人物，旗帜鲜明反对历史虚无主义，加强思想引导、理论辨析，做到正本清源、固本培元。

——坚持唯物史观，秉持人民主体立场。牢记人民是历史的创造者，群众是真正的英雄，树立大历史观，尊重职工群众在中国工人运动的实践中的主体地位，充分体现我国工人阶级和广大职工群众的先进阶级属性、鲜明政治品格、重大历史作用和卓越贡献。赓续红色精神血脉，汲取历史智慧经验，与时俱进开拓创新，不断提高工会组织的政治性、先进性、群众性。

——坚持求真务实，不断提高研究水平。坚持实事求是的思想路线，尊重历史、遵循规律，史论结合，论从史出，运用马克思主义立场观点方法，准确分析历史大势，把握历史脉络，拓展学理高度和学术深度，坚持历史与现实相统一，理论和实践相统一，守正与创新相统一，不断提高工运史研究的科学性、厚重感。

在此基础上，加强顶层设计，统筹规划，形成多层级、全覆盖的工运史研究体系。把工运史研究作为工运事业特别是工会思想理论建设的重要内容，加强领导，建立健全研究机构，制定工运史研究长远规划，编制具体工作计划，调动全国工会系统积极性，结合本地工运实践，形成各具特色、百花齐放的工运史研究新局面。不断推出高水平研究成果，充分利用报刊、广播、电视、网络等媒体，开展多种形式的工运史宣传活动，形成浓厚的工运史研究学习氛围，讲好中国工运故事、中国工人故事、中国工会故事。

学习有四种境界。首先，要有“望尽天涯路”那样志存高远的追求，耐得住“昨夜西风凋碧树”的清冷和“独上高楼”的寂寞，静下心来通读苦读；其次，要勤奋努力，刻苦钻研，舍得付出，百折不挠，下真功夫、苦功夫、细功夫，即使是“衣带渐宽”也“终不悔”，“人憔悴”也心甘情愿；再次，贵在独立思考，学用结合，学有所悟，用有所得，要在学习和实践中“众里寻他千百度”；最后，“蓦然回首”，在“灯火阑珊处”领悟真谛。

习近平总书记强调，既要向书本学习，也要向实践学习；既要向人民群众学习，向专家学者学习，也要向国外有益经验学习。五个方面的学习不是孤立的，而是相辅相成、相互促进的。要坚持学习对象多样化，一是向书本学习。在学习党的基本理论的同时，广泛学习哲学、历史、优秀传统文化，学习现代市场经济、现代国际关系、现代管理等方面知识，学习做好本职工作所必需的各种新知识、新技能，切实提高战略思维、创新思维、辩证思维能力。二是向实践学习。要把改革发展的主战场、维护稳定的第一线、服务群众的最前沿作为砥砺品质、增长才干、提高本领、开拓创业的最好课堂和广阔舞台，在实践中掌握新知识，积累新经验，增长新本领。三是向群众学习。要带着感情、带着责任深入群众当中，倾听群众呼声，体察群众疾苦，始终把人民群众的安危冷暖放在心上，虚心向群众请教，真正做到问政于民、问需于民、问计于民。

要牢固树立问题意识。习近平总书记强调："要把研究和解决重大现实问题作为学习的根本出发点，使认认真真学习成为理论联系实际、学以致用，不断提高工作原则性、系统性、预见性和创造性的过程。"学习的目的全在于运用。读书是学习，使用也是学习，并且是更重要的学习。领导干部要发扬理论联系实际的马克思主义学风，带着问题学，拜人民为师，做到干中学、学中干，学以致用、用以促学、学用相长，千万不能夸夸其谈。习近平总书记指出："你脑子里装着问题了，想解决问题了，想把问题解决好了，就会去学习，就会自觉去学习。"党员干部抓学习，要带着问题学，坚持问题导向，增强问题意识，把解决问题贯穿于学习的全过程。

"学习的目的全在于应用。"要注重把学到的知识运用到工作中，这是最终目的和归宿。习近平总书记强调："一切学习都不是为学而学，学习的目的全在于应用"，"领导干部加强学习，根本目的是增强工作本领、提高解决实际问题的水平"。学习和运用是密不可分的两个方面。毛泽东指出："读书是学习，使用也是学习，而且是更重要的学习。”学习的目的在于实践，如果只是明白道理而不去做，那么学与不学就没有什么区别了。能否运用所学的理论知识指导自己的思想和行动，是检验党员干部学习成效的基本标志。正如习近平总书记所指出的：“一个人如果不注重把学到的知识运用到工作中、落实在行动上，即使他‘学富五车、才高八斗’，也不能说达到了学习的最终目的。”

事业发展没有止境，学习就没有止境。新时代新征程，面对错综复杂的国际国内形势、艰巨繁重的改革发展稳定任务、各种不确定难预料的风险挑战，要实现党的二十大确定的战略目标，迫切需要广大党员、干部特别是各级领导干部进一步深入学习贯彻习近平新时代中国特色社会主义思想。在当前深入开展的学习贯彻习近平新时代中国特色社会主义思想主题教育中，要牢牢把握“学思想、强党性、重实践、建新功”的总要求，深入领会其重要意义，全面把握其丰富内涵，切实将其贯穿主题教育全过程。

广大党员干部要大力弘扬理论联系实际的马克思主义学风，正确处理好学习与应用的关系，学以致用、用以促学，以学铸魂、以学增智、以学正风、以学促干，把党的创新理论学习、党性修养、实践锻炼、开创新局统一起来，树立正确的权力观、政绩观、事业观，增强责任感和使命感，不断提高推动高质量发展本领、服务群众本领、防范化解风险本领。

学思想，就是要全面学习领会习近平新时代中国特色社会主义思想。既要做到全面系统掌握这一重要思想的基本观点、科学体系，把握好这一重要思想的世界观、方法论，坚持好、运用好贯穿其中的立场观点方法，又要做到把学习领会习近平新时代中国特色社会主义思想同学习马克思主义基本原理贯通起来，同学习党史、新中国史、改革开放史、社会主义发展史贯通起来，同新时代进行伟大斗争、建设伟大工程、推进伟大事业、实现伟大梦想的丰富实践贯通起来，准确把握这一重要思想的理论逻辑、历史逻辑、实践逻辑，从而不断增进对党的创新理论的政治认同、思想认同、理论认同、情感认同，自觉用习近平新时代中国特色社会主义思想指导各项工作。

强党性，就是要自觉用习近平新时代中国特色社会主义思想改造主观世界。深刻领会这一重要思想关于坚定理想信念、提升思想境界、加强党性锻炼等一系列要求，把悟原理、求真理、明事理统一起来，筑牢信仰之基、补足精神之钙、把稳思想之舵，始终保持共产党人的政治本色。

重实践，就是要自觉践行习近平新时代中国特色社会主义思想。坚持理论联系实际的学风，坚持问题导向、实践导向、需求导向，真正把这一重要思想的世界观、方法论和贯穿其中的立场观点方法转化为自己的思想武器。要紧密结合新时代新实践新要求，紧密结合思想和工作实际，更加自觉用这一重要思想指导解决实际问题，改造客观世界、推动事业发展。

建新功，就是要从习近平新时代中国特色社会主义思想中汲取奋发进取的智慧和力量。熟练掌握其中蕴含的领导方法、思想方法、工作方法，不断提高履职尽责的能力和水平，不断提高运用这一重要思想指导我们应对重大挑战、抵御重大风险、克服重大阻力、化解重大矛盾、解决重大问题的能力。

在主题教育中，要坚持做到“三个统一”。

——坚持把全面系统掌握习近平新时代中国特色社会主义思想的基本观点、科学体系与把握这一重要思想的世界观、方法论和贯穿其中的立场观点方法统一起来。真正学深悟透习近平新时代中国特色社会主义思想，要在全面掌握这一重要思想基本观点和整体把握这一重要思想科学体系上融会贯通，通过准确把握这一重要思想的世界观、方法论和贯穿其中的立场观点方法，更好领会其精髓要义。

——坚持把用习近平新时代中国特色社会主义思想改造主观世界与改造客观世界统一起来。把习近平新时代中国特色社会主义思想变成改造主观世界和客观世界的强大思想武器。将习近平新时代中国特色社会主义思想的世界观、方法论和贯穿其中的立场观点方法内化于心、外化于行。

——坚持把学习贯彻习近平新时代中国特色社会主义思想与贯彻落实党的二十大提出的重大战略部署统一起来。更加善于运用习近平新时代中国特色社会主义思想观察时代、把握时代、引领时代，善于运用这一重要思想推进中国式现代化取得新进展、新突破，善于运用这一重要思想解决经济社会发展中的各种矛盾和问题，善于运用这一重要思想防范化解重大风险，善于运用这一重要思想深入推进全面从严治党。确保全党在习近平新时代中国特色社会主义思想的科学指引下，为实现党的二十大确定的目标任务而团结奋斗。

纪律规矩不可废

任何现代意义上的组织、政党都有符合其自身成长规律的规矩和纪律。很多年前，邓小平说过一句名言：一靠理想二靠纪律才能团结起来。今天读来，仍然可以给予我们诸多深刻启示。邓小平指出，纪律和自由是对立统一的关系，两者是不可分的，缺一不可。共产党员一定要严格遵守党的纪律，遵守纪律的最高标准，是真正维护和坚决执行党的政策、国家的政策。

组织的基本功能之一，就是通过内部规约，把各种无序的、分散的力量排列、组合、配置，成为一种有序的整体力量。任何组织都会强调内部纪律，如果没有严格的纪律，那就会涣散无力。一般来说，当一个组织成立之初人数不多的时候，或许靠共同的追求和志趣就可以促成团结，例如，刘备集团在起家的时候，桃园三结义就够了。党的早期组织，各地的马克思主义研究会、共产主义小组亦是由一群持有共同的理想志向的人结合而成。这一阶段还谈不到纪律约束，等到组织发展人数增多到一定程度，也许靠个人魅力或者权谋尚可维系，梁山好汉就是这样，是先靠晁盖、后靠宋江的威望与影响力组织起来的。但如果继续发展壮大，并想进一步发展壮大的话，那就必须要有纪律约束了。所以我们看到，中共一大通过了党的纲领，尚未制定党的章程。因而一些党员包括中共一大代表都不同程度存在“来去自由”的观念，有的后来退出了共产党。到了中共二大，开始认识到定纪律、立规矩的重要性。党的第一个正式章程是中共二大通过的党章。这个章程全文不到 2400

字，却单独设“纪律”一章，有700多字，占整部党章的近三分之一。其中规定“下级机关须完全执行上级机关之命令；不执行时，上级机关得取消或改组之”。同时明确党员犯有六种情形之一者，“该地方执行委员会必须开除之”。从此之后，中国共产党在革命过程中，始终坚守崇高的革命理想，执行严格的组织纪律，最终锻造成一支有着铁的纪律的马克思主义政党。

军队是世界上纪律性最强的组织。有道是军令如山，没有铁的纪律，军队别说打胜仗，恐怕能不能成军都是一个问题。军纪严明，孙武能把一队宫女训练得随令进退毫不含糊；军纪松弛，一支部队草木皆兵、望风而逃的例子也比比皆是，我们只需要看看抗日战争初期国民党军队一触即溃的情形就够了。

工人阶级是有着高度纪律性的阶级。我们从马克思主义经典著作中知道，工人阶级的特点是代表着先进的生产力、最大公无私、最富有革命彻底性和组织纪律性。这种组织纪律性，体现于历次工人运动之中，亦体现于我们述及的工运先烈事迹之中。在革命年代，刘少奇、李立三在武汉、上海组织工人运动，当地报纸称，只要刘少奇、李立三一声令下，武汉三十万工人要进可进、要退可退。从当年实际看，此话当非虚言。上海能够连续发动三次工人武装起义，可见工人阶级的纪律性已不亚于军队。李立三后来搞“左”倾冒险主义，除了头脑发热之外，与他在工人运动全盛时期的那份自信也不无关系。

比军队组织纪律性还要强的是中国共产党。因为我们党除了严明的纪律之外，还有一个强有力的约束手段叫规矩。正如习近平总书记所说，党章是全党必须遵循的总章程，也是总规矩。党的纪律是刚性约束，政治纪律更是全党在政治方向、政治立场、政治言论、政治行动方面必须遵守的刚性约束。国家法律是党员、干部必须遵守的规矩。党在长期实践中形成的优良传统和工作惯例也是重要的党内规矩。纪律是成文的规矩，一些未明文列入纪律的规矩是不成文的纪律；纪律是刚性的规矩，一些未明文列入纪律的规矩是自我约束的纪律。我们党在长期实践中形成的优良传统和工作惯例，经过实践检验，约定俗成、行之有效，需要全党长期坚持并自觉遵循。

中国共产党历来重视纪律与规矩。早在1929年12月，毛泽东就强调要“严格地执行纪律，废止对纪律的敷衍现象”。1938年召开的中共六届六中全会上，毛泽东所作的政治报告中指出：“纪律是执行路线的保证，没有纪律，党就无法率领群众与军队进行胜利的斗争。”1945年召开的中共七届二中全会更是一个“立规矩”的会议，会上除提出了“两个务必”之外，还根据毛泽东的提议通过“六条规定”：一不做寿、二不送礼、三少敬酒、四少拍掌、五不以人名作地名、六不要把中国同志与马恩列斯平列。西柏坡时期如此加强纪律教育，就是要打造一支廉洁自律、遵守纪律的革命队伍，以良好的面貌“进京赶考”，考出一个好成绩。

党的十八大以来，以习近平同志为核心的党中央高度重视纪律规矩建设，把纪律和规矩挺在前面，把思想建党和制度治党统一起来。习近平总书记曾引用古语：“欲知平直，则必准绳；欲知方圆，则必规矩。”以此来强调党内规矩和纪律的重要性。没有规矩不成其为政党，更不成其为马克思主义政党。中国共产党铁的纪律、统一的意志，是维护党的团结统一、增强党的凝聚力和战斗力、提高党的领导能力和执行能力的制度保障。在新的历史条件下，更要加强纪律建设，把守纪律、讲规矩摆在更加重要的位置，为此才能应对复杂局面，战胜各种风险挑战。

党之所以高度重视纪律与规矩，是因为历史上有过教训和前车之鉴。有着90多年历史的苏共，正是因为放弃了崇高的理想和严明的纪律，搞所谓没有纪律约束的民主，致使党员与党组织唱对台戏，地方组织与中央分庭抗礼，最终造成苏共分崩离析、苏联解体的悲剧。一个有着光荣历史的大党老党，在倒下时竟悄无声息，悲剧性的事实深刻表明，纪律和规矩遭到严重破坏的后果不堪设想。相比之下，中国共产党历史上曾有过多次危急时刻，但由于具有坚定的理想、严明的纪律而从未走向分裂。在中国共产党的历史上，尽管有过路线斗争，甚至是严峻的斗争，却一次也没有发生分裂状况。正是由于已经浸入共产党员血液中、灵魂里的这种铁的纪律观念，共产党才能从失败走向胜利，从胜利走向更大的胜利。

李立三曾经有过安源罢工的辉煌，有过南昌起义的果敢，也曾有过权倾一时的高光时刻，但他推行的“立三路线”曾经几乎断送中国革命。然而，李立三终究是一个坦荡的人，在中共六届三中全会纠正了他的错误后，1930年底，李立三到莫斯科向共产国际汇报，接受批判并作自我检查。从此去他国十六年，在苏联受尽磨难。1938 年 2 月 23 日，还曾因“日特嫌疑”被苏联内务部逮捕。尽管身处逆境，他始终心系国内革命斗争，多次要求回国“到抗日斗争第一线去”，均遭到苏联内务部拒绝。1945 年，在党的七大上，他再次当选为中央委员。苏联方面也最终批准了他回国。回国之后，即筹备召开了第六次全国劳动大会，恢复了中华全国总工会。新中国成立后，李立三历任中共中央工委书记，中华全国总工会副主席、党组书记，劳动部部长兼党组书记，中共中央工业交通工作部副部长等职，职务越做越小，但他不以为意，仍以饱满的工作态度和热情全力投入工作。他主持制定了《中华人民共和国工会法》，1958 年亲自下工厂调查研究，提出干部参加生产，工人参加管理，领导干部、工人、技术人员三结合管理工业的思想，后被毛泽东归纳为“两参一改三结合”，定为“鞍钢宪法”。在“文革”中，李立三受到错误批判，但他始终忠于理想、遵守纪律。1967 年 6 月 22 日，在北京逝世。

百年风雨，大浪淘沙。共产党靠理想信念、纪律规矩成为执政党，在执政后也遇到过破坏纪律、企图分裂党的行为。尽管这些行为都注定不能得逞，但还是给我党留下了深刻的警示。

进入新时代，严峻的考验依然存在。

改革开放以来，中国取得了举世公认的发展成就，为我们实现中华民族伟大复兴奠定了坚实基础。但也要清醒地看到，摆在我们面前的，并不是一条笔直平坦的大道，而是充满了各种风险和考验的新征程。党面临的长期执政考验、改革开放考验、市场经济考验、外部环境考验具有长期性和复杂性，党面临的精神懈怠危险、能力不足危险、脱离群众危险、消极腐败危险具有尖锐性和严峻性。一些党员、领导干部腐化堕落、动摇变质都与缺乏纪律和规矩约束有着直接关系。2014 年 5 月，习近平总书记在参加河南省兰考县委常委班子专题民主生活会时指出：“我们这么大一个政党，靠什么来管好自己的队伍？靠什么来战胜风险挑战？除了正确理论和路线方针政策外，必须靠严明规范和纪律。我们提出那么多要求，要多管齐下、标本兼治来落实，光靠觉悟不够，必须有刚性约束、强制推动，这就是纪律。”在十八届中纪委五次全会上，他再次指出：“讲规矩是对党员、干部党性的重要考验，是对党员、干部对党忠诚度的重要检验。在所有党的纪律和规矩中，第一位的是政治纪律和政治规矩。”

在这次会议上，习近平总书记对于纪律和规矩有过长长的一段论述：党章等党内规章制度、党的纪律、国家法律是全党必须遵守的规矩，这个大家比较好理解。为什么说党在长期实践中形成的优良传统和工作惯例也是十分重要的党内规矩呢？这是因为，对我们这么一个大党来讲，不仅要靠党章和纪律，还得靠党的优良传统和工作惯例。这些规矩看着没有白纸黑字的规定，但都是一种传统、一种范式、一种要求。纪律是成文的规矩，一些未明文列入纪律的规矩是不成文的纪律；纪律是刚性的规矩，一些未明文列入纪律的规矩是自我约束的纪律。党内很多规矩是我们党在长期实践中形成的优良传统和工作惯例，经过实践检验，约定俗成、行之有效，反映了我们党对一些问题的深刻思考和科学总结，需要全党长期坚持并自觉遵循。比如，党内绝不允许搞团团伙伙、结党营私、拉帮结派，搞了就是违反政治纪律。如何防微杜渐？要从规矩抓起，要有这个意识。有些干部聚在一起，搞个同乡会、同学会，一段时间聚一下，黄埔一期二期三期的这么论，看着好像漫无目的，其实醉翁之意不在酒，是要结交情谊，将来好相互提携、互通款曲，这就不符合规矩了。比如，在一些干部中，乱评乱议、口无遮拦现象比较突出。如果造谣生事那是违反党纪甚至违反国法，但这些人就是在那儿调侃，传播小道消息，东家长西家短乱发议论，热衷于转发网上不良信息，甚至一些所谓“铁杆朋友”聚在一起妄议中央大政方针。有的人热衷于打探消息，四处寻问，八方打听，不该问的偏要问，不该知道的特想知道，捉到一些所谓内幕消息就到处私下传播。虽然这只是不负责任地传播消息、发表议论，也不是在正式场合说的，但其腐蚀性、涣散性也是非常严重的。还比如，有的干部脱岗离岗了，不向组织汇报，借口说有些是私事，应该有“自由空间”。当领导干部就要有强烈的责任感，节假日尤其要自觉坚守岗位。没有说不让休息，但关键是如何休息、在哪儿休息，有没有考虑到自己肩负的职责。大部分领导干部在这个问题上做得是好的，节假日都能自觉坚守岗位。这不也是一种规矩吗？

再比如，有些领导干部个人重大问题不报告。不是说非要家里出了命案才需要报告。有的同志有重病不报，对所有人都隐瞒了，最后病危了组织还不知道，场面上的工作都干不了了，但就是不说，最后命都给耽误没了。有的子女家属长期在国外也不报告，在国外定居的按规定要报告，但他们也不是正式定居，就觉得可以不报告。有的家庭发生重大变故不向组织报告，离婚、结婚多少年了，组织都不知道。有的弄了很多证件，护照好几本，还有假身份证。这些事情不要报告吗？懂规矩就应该报告，隐情不报的，一是不懂规矩，二是这里面怕有不可告人的隐情。有的党的高级干部编了一套暗语，家里人、身边人相互说话都用暗语，这正常吗？又比如，跑风漏气、说情风、打招呼的问题。对组织有关内部决定和考虑，有的人通过隐喻、暗示等方式向相关人员通风报信，说没有还就是有，要查吧还查不出来。组织决定提拔某个干部，只要说“过了”“行了”两个字就够了。组织决定审查某个人，只要说“注意一点”就够了。还有说情风，有的人对担任过领导岗位的地方、有影响的地方，对那里的干部问题递一句话，也不直接说要提拔，就说某某还不错啊、某某还可以啊。意思尽在不言中，但抓还抓不住。已经离开那里了，还插手那里的人事安排。还有，选举的时候，一些人打招呼、拉票、助选，有时不用明着干，说者无意、听者有心，最后踏雪无痕。这些事情该做吗？这属不属于规矩问题？

人不以规矩则废，党不以规矩则乱。以上这些问题如不下大气力整治，就会像传染病一样蔓延开来，最终严重危害党的肌体。党内规矩有的有明文规定，有的没有，但作为一个党的干部特别是高级干部是应该懂的。不懂的话，那就不具备当干部特别是高级干部的觉悟和水平。没有明文规定一定要报的事项，报还是不报，关键看党的观念强不强、党性强不强。领导干部违纪往往是从破坏规矩开始的。规矩不能立起来、严起来，很多问题就会慢慢产生出来。很多事实都证明了这一点。讲规矩是对党员、干部党性的重要考验，是对党员、干部对党忠诚度的重要检验。

当前，遵守政治纪律和政治规矩，重点要做到以下 5 个方面。一是必须维护党中央权威，绝不允许背离党中央要求另搞一套，全党同志特别是各级领导干部在任何时候任何情况下都必须在思想上、政治上、行动上同党中央保持高度一致，听从党中央指挥，不得阳奉阴违、自行其是，不得对党中央的大政方针说三道四，不得公开发表同中央精神相违背的言论。二是必须维护党的团结，绝不允许在党内培植私人势力，要坚持五湖四海，团结一切忠实于党的同志，团结大多数，不得以人划线，不得搞任何形式的派别活动。三是必须遵循组织程序，绝不允许擅作主张、我行我素，重大问题该请示的请示，该汇报的汇报，不允许超越权限办事，不能先斩后奏。四是必须服从组织决定，绝不允许搞非组织活动，不得跟组织讨价还价，不得违背组织决定，遇到问题要找组织、依靠组织，不得欺骗组织、对抗组织。五是必须管好亲属和身边工作人员，绝不允许他们擅权干政、谋取私利，不得纵容他们影响政策制定和人事安排、干预正常工作运行，不得默许他们利用特殊身份谋取非法利益。

在所有党的纪律和规矩中，第一位的是政治纪律和政治规矩。从近年来查处的高级干部严重违纪违法案件看，破坏党的政治纪律和政治规矩问题非常严重，务必引起重视。这些人权力越大、位置越重要，越不拿党的政治纪律和政治规矩当回事儿，甚至到了肆无忌惮、胆大包天的地步！有的政治野心膨胀，为了一己私利或者小团体的利益，背着党组织搞政治阴谋活动，搞破坏分裂党的政治勾当！有的领导干部把自己凌驾于组织之上，老子天下第一，把党派他去主政的地方当成了自己的“独立王国”，用干部、作决策不按规定向中央报告，搞小山头、小团伙、小圈子。他们热衷干的事目的都是包装自己，找人抬轿子、吹喇叭，为个人营造声势，政治野心很大。有的人发展到目空一切的地步，对中央工作部署搞软抵制，甚至冲着党的理论和路线方针政策大放厥词，散布对中央领导同志的恶毒谣言，压制、打击同自己意见不合的同志，一心以为鸿鹄将至，谁挡他的道就要把谁搬开。胆大妄为到了何等程度！这在我们党内是绝对不允许的。干这种事，最后都会搬起石头砸自己的脚，机关算尽反而误了卿卿性命。

明制度于前，重威刑于后。各级党组织要把严守纪律、严明规矩放到重要位置来抓，努力在全党营造守纪律、讲规矩的氛围。对政治纪律和政治规矩，要十分明确地强调、十分坚定地执行，不要语焉不详、闪烁其词。各级领导干部特别是高级干部要牢固树立纪律和规矩意识，在守纪律、讲规矩上作表率，自觉做政治上的明白人。特别是要加强对年轻干部的教育引导，让他们从进入干部队伍起就知道守纪律、讲规矩的重要性和严肃性，明白在党内不守纪律、不讲规矩，跟组织玩小聪明，权欲膨胀、利欲熏心，不择手段往上爬，为了自己什么事都敢干，总有一天是会自己毁了自己的。各级党委要加强监督检查，对不守纪律的行为要严肃处理。

习近平总书记语重心长地告诫，对纪律和规矩的重要性做了充分的概括，对处理违纪违规现象作了明确的指示。严格的组织、严明的纪律是中国共产党的优良传统，也是中国共产党不断发展壮大、不断开创各项事业新局面的重要原因。加强纪律建设，严守政治纪律和政治规矩，不论是对于坚定不移推进全面从严治党，还是着力防范化解重大风险，都具有极其重要的作用。

1859 年 5 月 18 日，马克思在写给恩格斯的信中讲道："我们现在必须绝对保持党的纪律，否则将一事无成。"恩格斯曾指出："如果建立一个没有纲领的党，一个谁都可以参加的党，那么这就不成其为党了。"列宁在论述政治纪律对政权和政治建设重要性时指出："如果我们党没有极严格的真正铁的纪律……那么布尔什维克别说把政权保持两年半，就是两个半月也保持不住。"毛泽东曾说："没有严明的纪律，就不可能有严谨的工作作风，没有严谨的工作作风，就没有组织的权威。"只有讲规矩守纪律，才能保持对大是大非的洞察力；只有讲规矩守纪律，才能保持对路线方针的执行力；只有讲规矩守纪律，才能保持对利益诱惑的抵御力；只有讲规矩守纪律，才能保持对艰难困苦的耐受力。党的纪律和规矩遭到损害破坏，其恶果不可轻视小觑。党性党纪不纯，必然丧失政治原则；政治纪律不彰，必然失守政治防线；政治规矩不扬，必然异化党内政治生活；党纪失去了刚性，规矩没有了底线，必然会形成"破窗效应"，最终败坏党风政风，恶化党的政治生态，危及党的执政根基。

加强纪律建设是全面从严治党的治本之策，必须把纪律建设摆在更加突出位置。革命战争年代，我们党团结带领人民打败穷凶极恶的敌人、夺取中国革命胜利，靠的是铁的纪律保证。新的历史条件下，我们党要团结带领人民全面建设社会主义现代化国家，同样要靠铁的纪律保证。党面临的形势越复杂、肩负的任务越艰巨，就越要加强纪律建设，越要维护党的团结统一，确保全党统一意志、统一行动、步调一致前进。

党的纪律和规矩包含了对党员政治、组织、廉洁、工作、生活和处理党群关系等各方面的要求。在这些纪律要求中，政治纪律是党最根本、最重要的纪律，是对党员政治信仰、政治立场、政治态度等方面的要求，是维护党的团结统一的根本保证。党员干部守纪律、守规矩、守底线，应该从以下几个方面着手。

尊崇党章，坚定立场。恪守政治纪律和政治规矩，必须自觉学习党章，维护党章权威。要形成尊崇党章、遵守规矩的理念，自觉维护党中央权威和集中统一领导，提高政治站位，坚决维护中央权威，在思想上、政治上、行动上与党中央保持高度一致，做政治上的明白人。要自觉维护党内团结，坚决防范和杜绝“七个有之”，搞表面一套、背后一套，嘴上一套、行为一套。讲政治规矩重在讲，要通过各种学习形式，让党员干部明白哪些事情是可做的，哪些是不可做的，哪些事情是按什么规矩做的。要通过学习严肃党内政治生活，营造严明政治规矩的良好氛围。

修身律己，锤炼品格。提高党性修养，增强执行纪律规矩的自觉性。正如陈云所说“坚定的革命者视纪律为自由”，纪律规矩不仅是外在要求，更应该是党员党性修养的主动追求，要通过党性修养提高遵守纪律规矩的自觉性。古人提倡修身，就是要做到慎欲、慎权、慎独、慎微。党员干部应该经常躬身自省，对标道德高线、不触纪律红线、守住法律底线，时刻保持清醒警觉，经得起诱惑、耐得住寂寞、守得住清贫。要谨言慎行，坚守党性原则和做人操守，做到台上台下一个样、人前人后一个样，尤其是在私底下、无人时、细微处更要如履薄冰、如临深渊，始终不放纵、不越轨、不逾矩，不做“两面人”，不做“稻草人”，真正做到“诚于中”“形于外”。

立“明规矩”破“潜规则”。这是习近平总书记在十八届中纪委六次全会讲话中提出的明确要求。近年来党内政治生态被破坏的一个原因是潜规则大行其道，潜规则虽然提不到台面上来，但很多人心知肚明，成为他们行事做人的一般规则。例如：在意识形态上，“三观”不正，功利主义严重，毫无理想信念；在决策执行上，一些党员干部对党的政策选择性执行；在选人用人上，违反干部选拔原则，任人唯亲，搞团团伙伙、宗派主义；在党内组织生活上，实行“家长制、一言堂”，台上台下不一致，做“两面人”。这些潜规则相沿成习，积弊长久，败坏党风政风。如果任其发展，则必然侵蚀正气的肌体，破坏党内政治生态。破除潜规则的根本方式就是要把明规矩立起来、用起来，制定和完善各种规章制度并使之真正落实到位，让明规矩的普照之光照亮每一个角落，使潜规则无路可走。

严格执纪，让规矩“长牙”，纪律“带电”。无数案例证明，党员“破法”，无不始于“破纪”。遵守党的纪律要说到做到，让铁规发力、让禁令生威，确保各项法规制度落地生根，而不能合意的就执行，不合意的就不执行，不能把纪律作为一个软约束或是束之高阁的一纸空文。执行党的纪律不能有任何含糊，不能让党纪党规成为“纸老虎”“稻草人”，造成“破窗效应”。党组织和党员、干部必须遵照执行党的各项纪律，把他律要求转化为内在追求，自觉维护纪律的严肃性和权威性，坚持执行制度没有例外。

守纪律、讲规矩是共产党人的政治基因和“作风名片”。我们党自诞生之日起，就把纪律写在了自己的旗帜上。毛泽东说过：“孙行者头上套的箍是金的，共产党的纪律是铁的，比孙行者的金箍还厉害。”毛泽东还说，路线是“王道”，纪律是“霸道”，这两者都不可少。严明党的纪律规矩，是全面从严治党的治本之策，就要用“雷霆手段”确保党的先进性和纯洁性，确保“风雨不动安如山”。

反贪惩腐不能停

在井冈山，流传着一个“毛委员砸缸”的故事，说的是当年在进军井冈山的路上，毛泽东曾经对秋收起义的部队说过这样一段话：“别看我们现在的队伍人数还很少，力量还很小，但并不是没有希望的。我们现在就像一块‘小石头’，只要我们团结一心，在共产党的领导下，努力奋斗，壮大我们的队伍，我们就一定能够砸破蒋介石这个‘大水缸’！”

毛委员为什么要砸缸？因为这口缸里的水当时已经很臭了。老百姓生活在水深火热之中。为人民谋幸福、为民族谋复兴，是共产党人的初心和使命。当时的共产党，是一支朝气蓬勃的、充满了崇高信念和斗志的队伍，他们为了信仰，可以付出一切。而他们所面对的国民党，曾经也是支强有力的队伍。为了推翻满清统治亦曾抛头颅、洒热血，只是在革命洪流中迅速蜕变为一个充斥着腐败的利益集团、分赃集团。

那么，有没有别的办法，不砸缸而救出里面的人民？事实上，毛委员他们也不是没有尝试过别的办法，包括跳进缸里，把百姓救出来。国共合作时期，许多共产党员以个人身份加入国民党，试图给这个集团注入活力。可是很快发现，这条路子走不通。胡适曾经说，他加入国民党是想“跳进泥潭，把这个党拉上来”。结果却发现这个泥潭只能让他陷得更深。所以，共产党人只好拿起石头——枪杆子，就这么不停地砸下去，直到 1949 年新中国成立。

从这个意义上可以说，中国共产党从成立那天起，就与腐败格格不入，势不两立。

共产党夺取了政权后，我们的手里也有了一口水缸，并且应该承认，我们这口缸里的水也曾有过污染，也不排除有人向我们扔石头。

中国共产党的宗旨决定了以人民利益为最高利益，没有自己的私利。但是一个政党、一个组织由许许多多、形形色色的人组成，也就难免少数人会打自己的小算盘。在“共产党员”和“共产党人”之间，或许存在着微妙的差别。苏联诗人谢尔盖·弗拉基米罗维奇·米哈尔科夫说过一句毫无诗意却意味深长的话：“斯大林去世之后的历届苏联领导人，虽然都是共产党员，但是没有一个是共产党人。”在井冈山时期甚至更早，经不住威胁利诱而变节投敌的就不乏其人，在秋收起义的队伍中，工农革命军最高军事指挥官——师长余洒度就投靠了国民党，成为革命的叛将，后来他的下场有些讽刺意味——因为贪污军饷、倒卖毒品而被蒋介石枪毙。

有权力就会产生腐败，有腐败也就会有反腐败。从中国共产党成立的那时起，腐败与反腐败的斗争一刻也没有停止过。新中国成立之前的反腐败斗争我们前文已经述及，新中国成立后，毛泽东主席果断处决了刘青山、张子善，其事亦已耳熟能详。我们仅举党的十一届三中全会以后反贪惩腐工作为证。早在改革开放之初，邓小平提出了“两手抓，两手都要硬”“整个改革开放过程中都要反对腐败”等论断。1982 年 4 月，邓小平在中央政治局会议上强调：“我们要有两手，一手就是坚持对外开放和对内搞活经济的政策，一手就是坚决打击经济犯罪活动。”此后他还讲道：“我们一手抓改革开放，一手抓惩治腐败，这两件事结合起来，对照起来，就可以使我们的政策更加明朗，更能获得人心。”

党的十一届三中全会决定恢复成立中央纪律检查委员会，集中精力开展拨乱反正和端正党风的工作。1982 年初，中央就发出打击经济领域严重犯罪活动通知，中央纪委同有关部门密切配合，严惩走私贩私、行贿受贿、投机诈骗、贪污盗窃等严重犯罪分子。

1986 年 12 月，第六届全国人大常委会决定设立国家监察部，重建国家行政监察机构。1987 年 6 月，国家监察部正式成立。从 1993 年起，中纪委、监察部合署办公，加强了党风廉政建设和反腐败工作。1990 年 3 月，党的十三届六中全会做出《关于加强党同人民群众联系的决定》，各级纪检机关在全国范围内重点清理了党政干部违纪违法建私房、用公款超标准装修住房等问题。

党的十三大之后，中央纪委坚持从严治党的方针，大力加强党风廉政建设，坚决清除腐败分子。从 1987 年到 1992 年，各级纪检机关共查处党内各类违纪案件 874690 件，处分党员 733543 人，其中开除党籍 154289 人，由司法机关给予刑事处分 42416 人。在受处分的党员干部中，县团级 16108 人，地师级 1430 人，省军级 110 人。

1992 年 10 月，党的十四大报告提出要建立有效防范以权谋私等腐败现象的“约束机制”。1993 年 8 月召开的中纪委二次全会做出了加大反腐败斗争力度的重大决策。从 1992 年 10 月至 1997 年 6 月，全国纪检监察机关共立案 731000 件，结案 670110 件，给予党纪政纪处分 669300 人，其中开除党籍 121500 人，追究刑事责任 37492 人。在受处分的党员干部中，县处级干部 20295 人，厅局级干部 1673 人，省部级干部 78 人。

1997 年 9 月召开的党的十五大，提出反腐败要“坚持标本兼治，教育是基础，法制是保证，监督是关键”。1997 年 10 月至 2002 年 9 月，全国纪检监察机关共立案 861917 件，结案 842760 件，给予党纪政纪处分 846150 人，其中开除党籍 137711 人，追究刑事责任 37790 人，在受处分的党员干部中，县处级干部 28996 人，厅局级干部 2422 人，省部级干部 98 人。特别是查处了成克杰、胡长清、李纪周等一批腐败分子，产生了很大的震慑作用。

2003 年底，党中央颁布了《中国共产党党内监督条例》和《中国共产党纪律处分条例》，完善了党内监督机制；2004 年初，党中央建立了巡视制度，并对纪检监察的派驻机构实行统一管理。2005 年 1 月，中共中央颁布了《建立健全教育、制度、监督并重的惩治和预防腐败体系实施纲要》，开始探索从源头上防治腐败的根本举措。

党的十七大之后，党和政府坚决查办违纪违法案件。2007 年 11 月至 2012 年 6 月，全国纪检监察机关共立案 643759 件，结案 639068 件，给予党纪政纪处分 668429 人，涉嫌犯罪被移送司法机关处理 24584 人。全国共查办商业贿赂案件 81391 件，涉案金额 222.03 亿元。

党的十八大之后，以习近平同志为核心的党中央站在党和国家全局的战略高度，把反腐败斗争与中心工作一起谋划、一起部署、一起推进，以猛药去疴、重典治乱的决心和刮骨疗毒、壮士断腕的勇气，坚持无禁区、全覆盖、零容忍，开展了力度、广度、深度空前的反腐败斗争，取得了前所未有的成效。党的十八大到十九大五年间，各级纪检监察机关共查处违反中央八项规定问题 18.9 万起，处理党员干部 25.6 万人。党中央两次修订《中国共产党巡视工作条例》，制定中央巡视工作五年规划，组织开展 12 轮巡视，共巡视 277 个党组织。

党的十九大以来，党中央开展了史无前例的反腐败斗争，以"得罪千百人、不负十四亿"的使命担当祛疴治乱，不敢腐、不能腐、不想腐一体推进，"打虎""拍蝇""猎狐"多管齐下，反腐败斗争取得压倒性胜利并全面巩固，消除了党、国家、军队内部存在的严重隐患，确保党和人民赋予的权力始终用来为人民谋幸福。

党的二十大报告指出：经过不懈努力，党找到了自我革命这一跳出治乱兴衰历史周期率的第二个答案，自我净化、自我完善、自我革新、自我提高能力显著增强，管党治党宽松软状况得到根本扭转，风清气正的党内政治生态不断形成和发展，确保党永远不变质、不变色、不变味。

在持续不断的铁腕发力之下，反腐败斗争形势从"胶着"到"高压态势正在形成”，到如今终于可以宣布“反腐败斗争取得压倒性胜利并全面巩固”。腐败存量正在减少，腐败增量得到有效遏制；各种不正之风得到全面治理，新风正气得到弘扬；各种违纪现象大为减少，党的纪律和规矩得到普遍遵守；不敢腐的目标初步实现，不能腐的制度日益完善，不想腐的堤坝正在构筑。

据国家统计局开展的民意调查数据显示，党的十八大召开前，人民群众对党风廉政建设和反腐败工作的满意度是75%，2013年是81%，2014年是88.4%，2015年是91.5%，2016年是92.9%，2017年是93.9%，逐年走高。

同时也不可否认，尽管反腐败斗争取得压倒性胜利，但腐败现象仍未根绝，铲除腐败滋生土壤任务依然艰巨，反腐败斗争形势依然严峻复杂，“前腐后继”仍时有发生，全面从严治党依然任重道远。

在反腐败问题上指望毕其功于一役，是一种天真的想法。原因在于：其一，人的复杂性；其二，权力的易腐蚀性；其三，制度的相对滞后性。

首先应该承认，人非圣贤，即使古圣先贤，恐怕在当年现实生活中的表现，也未必如书中那样圣贤如斯。共产党员也不是生活在真空之中，即使是“特殊材料制成的”，也要食人间烟火，境界有高有低、时高时低乃是常态，有些党员还不如普通群众，也不足为奇——这不是为腐败开脱，而是提醒我们不能把希望全部押在思想觉悟上。何况，人是会变的，我们今天查处的腐败分子也不是天生就腐败，很可能当初还很廉洁，否则也到不了今天的高位。陈云曾经说过：“党在全国执政以前，在敌人统治下的地下党，那时作为一个党员有杀头的危险，根本谈不上什么物质享受；在苏区的党和解放区的党，大家忙于打仗和支援战争，也没有什么物质可以享受。党在全国执政以后，从中央到基层政权，从企业事业单位到生产队的领导权，都掌握在党员手里了。党员可以利用手中掌握的各种权力为自己谋取私利。”他的讲话，针对的是新中国成立后，有些领导干部居功自傲，官僚主义、享乐主义思想蔓延的现象。

其次应该看到，权力会受到腐蚀，任何权力都面临被腐蚀的危险，执政党永远会面对与腐败的斗争。认为“共产党天然与腐败现象绝缘”，广大党员对腐败有着内在的免疫力和抵抗力，是不切实际的幻想。只有正视这一点，才是开展惩治和预防腐败工作的根本出发点。党的历代领导人都对此高度重视、高度明白、高度警醒。毛泽东在党的七届二中全会上告诫全党：“可能有这样一些共产党人，他们是不曾被拿枪的敌人征服过的，他们在这些敌人面前不愧英雄的称号；但是经不起人们用糖衣裹着的炮弹的攻击，他们在糖衣炮弹面前要打败仗。我们必须预防这种情况。”在新中国成立初期，陈云就对于我们队伍内部可能产生的腐化堕落问题有所察觉，在党的七届四中全会上，他指出：“从前瑞金、延安时候，想腐化也很难，现在腐化很容易。在胜利了的国家里面，有电影，有照片，开会时候热烈鼓掌，阅兵时候可威风了。火车站欢迎的时候，送鲜花，夹道欢呼。物质享受是很具备的，很可以腐化，我们对执政后党内的状况不能盲目乐观。”

功成名就时做到居安思危、保持创业初期那种励精图治的精神状态不容易，执掌政权后做到节俭内敛、敬终如始不容易，承平时期严以治吏、防腐戒奢不容易，重大变革关头顺乎潮流、顺应民心不容易。习近平总书记把反腐败看作一场输不起也绝不能输的斗争。党的十八大报告明确指出，反腐败这个问题解决不好，就会对党造成致命伤害，甚至亡党亡国。习近平总书记强调，如果“没有危机感和紧迫感，看不到问题和症结所在，那危险就不远了”。他在出席中央纪委全会并发表重要讲话时，多次用到“生存死亡”和“重大政治任务”的表述来说明党风廉政建设的意义。

最后应该认清，制度因其针对现实而建设，因而总是走在现实后面。法律法规、制度纪律、规定规矩制定得再严再细，也不可能穷举所有现状。网织得再密也不可能密不透风——密到那个程度就不是网了，而变成了墙。我们一方面要密织制度之网，另一方面也要多措并举，严防漏网之鱼。

习近平总书记在十八届中央纪委六次全会上指出，当前腐败问题依然存在，如果不除恶务尽，一有风吹草动就会死灰复燃、卷土重来，不仅恶化政治生态，更会严重损害党心民心。要实现党的十九届四中全会提出的“构建一体推进不敢腐、不能腐、不想腐体制机制”的要求，应该从人格修养、权力约束、制度建设三个方面着手，具体来说就是“练内功”“强外气”“内外兼修”。

“练内功”是指提高思想修养，筑牢思想防线，构建“不想腐”的有效机制。对一个人、一名党员、一名干部而言，应该时时警醒、处处修身，提升思想境界，牢记初心使命，提醒自己“手莫伸，伸手必被捉”。贪似火，无制则燎原；欲如水，不遏必滔天。当官做领导，手中握有一定的权力，因此在钱财、名利问题上犯错误的可能性总会比一般人大。如果平时不刻意“慎独”，不注意防范“找上门来”的错误，老怀着侥幸心理去为不可为之事，非栽跟头不可。习近平总书记曾苦口婆心地告诫党员干部，在面对各种诱惑的时候，首先要算算“三笔账”。一是利益账。现在领导干部都有一份稳定的收入，组织上从工作考虑又给了许多必要的工作待遇，退休后还可以每月拿退休金，享受医疗、养老等方面的优厚待遇。细细算来，我们得到的已经不少了，应该十分珍惜。二是法纪账。每个领导干部都应该学法、知法、懂法、用法，特别是对待人、财、物问题，对待事关个人和家庭利益的问题，更要坚持原则，自觉遵纪守法。在张口的时候要想想这句话该不该说，迈腿的时候要想想这个地方该不该去，伸手的时候要想想这些东西该不该拿。千万不要以为吃一点、拿一些、玩一下没关系。千万不要存有侥幸心理，若要人不知，除非己莫为。不管是谁，违纪违法终将受到党纪国法的制裁。三是良心账。组织上培养一个干部不容易，把他放到重要岗位，就是希望他能够正确运用权力来造福于民。如果干部以权谋私，自己把自己打倒，既对不起组织，对不起人民，也对不起家人；不仅丧失了为“官”之德，也违背了做人的良心。他曾语重心长地说：“鱼和熊掌不可兼得，我当县委书记时就讲过这个话。我一直讲，要想清楚了再参加革命。战争年代入党是要掉脑袋的事情，不得不想清楚了再参加。现在也是这样，要进入公务员队伍得想清楚再来，没想清楚就别进来，没想清楚进来很容易迷茫、很容易迷路。想当官就不要发财，想发财就不要当官。现在，想发财有正路，去经商就是了，合法经商、依法纳税，很多人不是创业成功了吗？百万富翁、千万富翁、亿万富翁不都有吗？那个是光荣发家。当个贪官，整天提心吊胆，幸福感也确实不高，而且很容易得心脏病，睡不踏实啊！稍微有点风吹草动就在那儿打战。天网恢恢，疏而不漏。最后，钱怎么拿进去的就怎么吐出来，只是当了个保管员。”

要练好“内功”，就要加强理想信念教育，增强政治意识、大局意识、核心意识、看齐意识，始终做政治上的明白人。习近平总书记指出，共产党人如果没有信仰、没有理想，或信仰、理想不坚定，精神上就会“缺钙”，就会得“软骨病”，就必然导致政治上变质、经济上贪婪、道德上堕落、生活上腐化。每个党员干部都要树立正确的权力观，以清廉为准则，凡利禄名誉“苟非吾之所有，虽一毫而莫取”。要拧紧防腐拒变的思想“总开关”，不断加强党性修养，提高党性觉悟，净化政治生态，筑牢拒腐防变的思想防线，构建不想腐的思想道德基础、自律机制，筑牢共产党人修身立德之魂，要守得住清贫、耐得住寂寞、稳得住心神、经得住考验，严守党纪国法，自觉做到秉公用权、不以权谋私；依法用权、不假公济私；廉洁用权、不贪污腐败；夯实不忘初心、牢记使命的思想根基。

“练内功”需从小处着手。小事小节是一面镜子，能够反映人品，反映作风。小事小节中有党性，有原则，有人格。古人云，“堤溃蚁穴，气泄针芒”，“巴豆虽小坏肠胃，酒杯不深淹死人”。这揭示了由量变到质变的深刻哲理，也是一些腐败分子带给我们的深刻教训。大多数腐败分子是从不注意小事小节逐步走到腐化堕落境地的。在推杯换盏中放松了警惕，在小恩小惠面前丢掉了原则，在轻歌曼舞中丧失了人格，这样的例子并不鲜见。小事当慎，小节当拘，确是对领导干部的金玉良言。每个党员干部都应慎独慎微，从小事小节上加强自身修养，从一点一滴中自觉完善自己，懂得是非明于学习、境界升于自省、名节源于修养、腐败止于正气的道理，始终保持共产党员的本色。要注重加强自身修养，慎小事，拘小节，防微杜渐，两袖清风，筑牢思想道德和党纪国法两道防线。

“强外气”是指保持高压态势，加大惩治力度，以零容忍的态度惩治腐败，强化“不敢腐”的震慑。就要像习近平总书记所强调的那样，“有案必查、有腐必惩，任何人触犯了党纪国法都要依纪依法严肃查处，绝不姑息”。坚持无禁区、全覆盖、零容忍，坚持重遏制、强高压、长震慑，努力提高治理腐败效能。从时间上“抓早抓小，有病马上治”；从尺度上有腐必反、有贪必肃，除恶务尽；从领域上实现反腐败斗争全覆盖，坚决不留死角；从主体上坚持“老虎”“苍蝇”一起打，形成威慑之势。同时要突出重点，对党的十八大以来不收敛不收手，严重阻碍党的理论和路线方针政策贯彻执行、严重损害党的执政根基，成为全面从严治党障碍的腐败问题从严查处，对巨额行贿、多次行贿的严肃处置，坚决斩断“围猎”和甘于被“围猎”的利益链，坚决破除权钱交易的关系网。

“内外兼修”是指加强教育引导，健全体制机制，推进反腐制度建设，扎牢“不能腐”的笼子。制度具有根本性、全局性。习近平总书记在十八届中央纪委三次全会上指出：“解决存在的问题，还得靠制度。”不断铲除腐败现象滋生蔓延的土壤，必须深化各领域改革。要以全面深化改革为契机，促进反腐败格局科学化，在顶层设计上，以制度建设为主，突破和解决制度困境，尽快形成内容科学、程序严密、配套完备、有效管用的制度体系，解决好权力的制约和监督问题，强化制度的权威与价值，以落实制度为努力方向，真正发挥制度效力。要用严明的纪律维护制度，以严格的执纪执法增强制度刚性，增强纪律约束力和制度执行力，推动形成不断完备的制度体系、严格有效的监督体系。同时加强思想道德和党纪国法教育，推进廉洁文化建设，教育党员干部认清廉洁自律是共产党人为官从政的底线，始终严格要求自己，把好权力关、金钱关、美色关，做到清清白白做人、干干净净做事、坦坦荡荡为官。引导党员干部修身律己、廉洁齐家，培养现代文明人格。不敢腐、不能腐、不想腐，是相互依存、相互促进的有机整体，必须统筹联动、一体推进、同向发力，才能增强总体效果。在工作理念上要坚持系统思维，聚焦打通“三不”内在联系，在推进“不敢腐”中挖掘“不能腐”和“不想腐”的教育功能，在推进“不能腐”的震慑作用时，贯通“不敢腐”和“不想腐”的具体实践，在推进“不想腐”过程中，体现“不敢腐”的震慑作用和“不能腐”的约束功能。找准“不敢、不能、不想”协调推进的突破口，把握工作着重点，找准工作着力点，实现“三不”同步推进、同向发力，巩固“三不”成果。

早在延安时期，我们党就提出跳出“历史周期率”的课题。党的十八大以来，我们探索出一条长期执政条件下解决自身问题、跳出历史周期率的成功道路，根本的答案就是依靠人民，牢固树立以人民为中心的工作导向。一个政党、一个政权，其前途命运取决于人心向背。“天下何以治？得民心而已！天下何以乱？失民心而已！”民心是最大的政治，正义是最强的力量，人民是我们党执政的最大底气。人民群众反对什么、痛恨什么，我们就要坚决防范和纠正什么。习近平总书记多次强调：“人民把权力交给我们，我们就必须以身许党许国、报党报国，该做的事就要做，该得罪的人就得得罪。”“这是一笔再明白不过的政治账、人心向背的账。”只有坚决惩治腐败、纠治不正之风，有贪肃贪、有腐反腐，对腐败增量，发现一起查处一起，倒逼干部正确对待权力、谨慎使用权力、不敢滥用权力，夯实“不敢腐”的基础，营造“不能腐”的氛围，增强“不想腐”的意识，才能以优良的作风和严明的纪律赢得人民信赖和拥护，换来党和人民所期待的河清海晏、朗朗乾坤。

当前世界处于百年未有之大变局，在中华民族伟大复兴的历史进程中，抓好党风廉政建设和反腐败斗争一刻也不能放松。如今全面深化改革进入攻坚期和深水区，难免有意想不到的阻力和压力。我们要清醒认识腐蚀和反腐蚀斗争的严峻性、复杂性，认识反腐败斗争的长期性、艰巨性，切实增强防范风险意识，高度重视、深入推进党风廉政建设和反腐败斗争，提高治理腐败效能。在新的历史方位下，更要把党风廉政建设和反腐败斗争作为永恒主题，以反腐败永远在路上的坚韧和执着，经常抓、长期抓、反复抓，革故鼎新，重塑风清气正的政治生态，让党员干部时刻自省自律，自觉接受纪律监督约束，坚持以初心使命作为政治本色和前进动力，坚持发扬斗争精神、增强斗争本领，锤炼忠诚干净担当的政治品格。要牢固树立打好反腐“持久战”“歼灭战”思想，弥久蓄力，抓好党风廉政建设和反腐败斗争，把阶段性任务与战略性目标结合起来，层层推进、步步为营，不断压缩腐败活动的生存空间，形成风清气正的政治生态。

腐败是危害党的生命力和战斗力的最大毒瘤，反腐败是最彻底的自我革命。只要存在腐败问题产生的土壤和条件，反腐败斗争就一刻不能停，必须永远吹冲锋号。党的二十大报告提出，坚决打赢反腐败斗争攻坚战持久战。坚持不敢腐、不能腐、不想腐一体推进，同时发力、同向发力、综合发力。以零容忍态度反腐惩恶，更加有力遏制增量，更加有效清除存量，坚决查处政治问题和经济问题交织的腐败，坚决防止领导干部成为利益集团和权势团体的代言人、代理人，坚决治理政商勾连破坏政治生态和经济发展环境问题，决不姑息。深化标本兼治，推进反腐败国家立法，加强新时代廉洁文化建设，教育引导广大党员、干部增强不想腐的自觉，清清白白做人、干干净净做事，使严厉惩治、规范权力、教育引导紧密结合、协调联动，不断取得更多制度性成果和更大治理效能。

一百年惊涛拍岸，九万里风鹏正举。江河之所以能冲开绝壁夺隘而出，是因其积聚了千里奔涌、万壑归流的洪荒伟力。在近代以来漫长的历史进程中，中国人民经历了太多太多的苦难，付出了太多太多的牺牲，进行了太多太多的拼搏。在一百年的非凡奋斗历程中，一代又一代中国共产党人顽强拼搏、不懈奋斗，涌现了一大批视死如归的革命烈士、一大批顽强奋斗的英雄人物、一大批忘我奉献的先进模范，形成了一系列伟大精神，构筑起了中国共产党人的精神谱系。现在，中国人民和中华民族在历史进程中积累的强大能量已经充分爆发出来了，为实现中华民族的伟大复兴提供了势不可当的磅礴力量。

2016 年，在庆祝中国共产党成立 95 周年大会上，习近平总书记就强调，我们回顾历史，不是为了从成功中寻求慰藉，更不是为了躺在功劳簿上、为回避今天面临的困难和问题寻找借口，而是为了总结历史经验、把握历史规律，增强开拓前进的勇气和力量。

2021 年，我们迎来了中国共产党成立一百周年，摆在我们面前的使命更光荣、任务更艰巨、挑战更严峻、工作更伟大。在党史学习教育动员大会上，习近平总书记再次指出，我们党的一百年，是矢志践行初心使命的一百年，是筚路蓝缕奠基立业的一百年，是创造辉煌开辟未来的一百年。习近平总书记强调，回望过往的奋斗路，眺望前方的奋进路，必须把党的历史学习好、总结好，把党的成功经验传承好、发扬好。

2022 年，习近平总书记在党的二十大报告中指出，中国共产党已走过百年奋斗历程。我们党立志于中华民族千秋伟业，致力于人类和平与发展崇高事业，责任无比重大，使命无上光荣。全党同志务必不忘初心、牢记使命，务必谦虚谨慎、艰苦奋斗，务必敢于斗争、善于斗争，坚定历史自信，增强历史主动，谱写新时代中国特色社会主义更加绚丽的华章。

过去一百年，中国共产党向人民、向历史交出了一份优异的答卷。现在，中国共产党团结带领中国人民又踏上了实现第二个百年奋斗目标新的赶考之路。中国共产党立志于中华民族千秋伟业，百年恰是风华正茂。在建党百年之际，我们回顾这些中华民族的先行者，共产党的精英，工运先烈们的光辉事迹与崇高精神，牢记革命先辈为中国革命事业付出的鲜血和生命，对于我们在两个一百年的交汇点上，不忘初心，牢记使命，大力发扬红色传统、传承红色基因，赓续共产党人精神血脉，有着重要的意义。回首过去，可以让我们明白新中国来之不易，展望未来，有中国共产党的坚强领导，有全国各族人民的紧密团结，全面建成社会主义现代化强国的目标一定能够实现，我们一定能够创造下一个更加辉煌的一百年。

工运先烈档案

（以牺牲时间为序）

●工运先烈档案　　　　第 1 号

个人信息				
	姓名	黄爱	曾用名	字正品，号建中
	籍贯	湖南常德	出生年月	1897年9月
	入党（团）时间	1921年	牺牲时间	1922年1月17日（25岁）
	牺牲地点	长沙		

主要职务

湖南劳工会创建人之一、劳工会教育部主任兼驻会干事

革命业绩

1913年，考入湖南甲种工业学校机械科学习。

1919年春，转去天津，考入直隶高等工业学院插班学习。在天津，他结识周恩来、邓颖超、郭隆真等爱国知识分子，将名字黄正品改为黄爱。同年9月，被周恩来邀请为觉悟社第一批社友。

1920年初春，离开天津到北京，结识李大钊，加入工读互助团。

1920年11月21日，发起组织湖南劳工会。

1921年3月6日，被湖南劳工会会员推选为收回纱厂公有运动代表。8日，在《大公报》上发表“反对纱厂商办”宣言。

1921年4月28日，被捕入狱，6月8日释放。

1921年底，加入中国社会主义青年团。入团时庄严宣告：“我决定洒我的热血，做第一个牺牲者，去换得自由来！”

1922年1月17日，领导湖南第一纱厂工人罢工，被军阀赵恒惕惨杀于长沙浏阳门外。

遗书遗言

大牺牲，大成功！

●工运先烈档案　　第 2 号

个人信息				
	姓名	庞人铨	曾用名	字寿纯，号龙庵
	籍贯	湖南湘潭	出生年月	1897 年 10 月
	入党（团）时间	1921 年	牺牲时间	1922 年 1 月 17 日（25 岁）
	牺牲地点	长沙		

主要职务

湖南劳工会创建人之一，出版部主任兼驻会干事

革命业绩

1913 年，进入湖南甲种工业学校染织科学习。

1917 年，在湘潭织布厂做了一年技工，与织机女工杨佩岐结婚，一起回到家乡经营家庭织造社。不久，因遭受张敬尧部队的洗劫而破产。激愤之下弃工从戎，参加湘军，在陈嘉佑部做副官。驱张结束，退出军队。

1920 年 11 月 21 日，与黄爱一起发起组织湖南劳工会。

1921 年 3 月，发起收回湖南第一纱厂公办运动；3 月 16 日起草呈文，指出湘省工业“绝不容少数商人垄断”，恳请“取消华实公司承租契约，收回纱厂公办”。

1921 年秋，应毛泽东邀请，与黄爱到安源煤矿住了一星期，了解工人的真实情况。

1921 年底，加入中国社会主义青年团。

1922 年 1 月 17 日，领导湖南第一纱厂工人罢工，被军阀赵恒惕惨杀于长沙浏阳门外。

遗书遗言

愿汝自谋衣食，万事糊涂了之，他日社会主义发扬，必有因我而提携汝母子者。

●工运先烈档案

第 3 号

<table>
<tr><td rowspan="4">个人信息</td><td>姓名</td><td>林祥谦</td><td>曾用名</td><td>名元德，字祥谦</td><td rowspan="4"></td></tr>
<tr><td>籍贯</td><td>福建闽侯</td><td>出生年月</td><td>1892 年 10 月</td></tr>
<tr><td>入党（团）时间</td><td>1922 年</td><td>牺牲时间</td><td>1923 年 2 月 7 日（31 岁）</td></tr>
<tr><td>牺牲地点</td><td>汉口</td><td></td><td></td></tr>
<tr><td>主要职务</td><td colspan="5">京汉铁路总工会江岸分工会委员长</td></tr>
<tr><td>革命业绩</td><td colspan="5">1906 年，因生计所迫跟随父亲进入马尾造船厂当钳工学徒。
1912 年，通过技工考试进入京汉铁路江岸铁路工厂当钳工。
1921 年 12 月，参加中国劳动组合书记部武汉分部工作。
1922 年 1 月，江岸京汉铁路工人俱乐部成立，当选为财务干事。
1922 年夏，加入中国共产党。
1922 年 10 月，江岸京汉铁路工人俱乐部改名为江岸京汉铁路工会，当选第一届委员会会计干事，随后又当选江岸分工会委员长。
1923 年 2 月 1 日，在郑州举行京汉铁路总工会成立大会。大会被军阀吴佩孚破坏。
1923 年 2 月 4 日，京汉铁路总工会发表《罢工宣言》。大罢工开始后，在江岸指挥部指挥罢工。
1923 年 2 月 7 日，吴佩孚镇压罢工，在与敌搏斗中被捕。敌人逼迫他下令复工，遭到断然拒绝。当晚，被害于江岸车站。</td></tr>
<tr><td>遗书遗言</td><td colspan="5">此事乃全路三万工人生死存亡所系，我分工会非得总工会命令不能开工。我头可断，血可流，工不可复！</td></tr>
</table>

● 工运先烈档案

第 4 号

个人信息	姓名	曾玉良	曾用名	曾玉柱	
	籍贯	江苏邗江	出生年月	1886 年 3 月	
	入党（团）时间		牺牲时间	1923 年 2 月 7 日（37 岁）	
	牺牲地点	汉口			

主要职务	京汉铁路总工会江岸分工会委员，工人纠察团副团长
革命业绩	1886 年 3 月 25 日，出生在江苏省邗江（今扬州市邗江区）槐泗镇荷花村。 1906 年，进入湖北省汉阳兵工厂当小工。因打抱不平被开除。 1914 年，换用大哥曾玉良的名字，“替考”进入江岸机器厂当旋床工。 1922 年 1 月 22 日，江岸京汉铁路工人俱乐部成立，当选第一届交际干事。 1923 年 1 月 5 日，江岸京汉铁路工人俱乐部改为分工会，当选分工会委员。 1923 年 2 月 1 日，京汉铁路总工会在郑州举行成立大会。作为江岸分工会的代表，赴郑州参加会议。 1923 年 2 月 4 日，京汉铁路大罢工开始。担任工人纠察团副团长，负责维持秩序，保卫总工会。 1923 年 2 月 7 日下午，吴佩孚、萧耀南镇压罢工工人，包围总工会。曾玉良带领 100 多名纠察团员在总工会门前奋勇迎敌，殊死搏斗，不幸中弹，壮烈牺牲。
遗书遗言	纠察团员跟我来！我们罢工不怕死，怕死不罢工，跟他们拼了！

●工运先烈档案　　第 5 号

个人信息

姓名	施洋	曾用名	原名吉超，号万里
籍贯	湖北竹山	出生年月	1889 年 6 月
入党（团）时间	1922 年	牺牲时间	1923 年 2 月 15 日（34 岁）
牺牲地点	武昌		

主要职务

武汉工团联合会法律顾问，京汉铁路总工会法律顾问

革命业绩

1907 年，考入郧阳府立农业学堂，学蚕科。

1914 年，考入湖北警察学校。次年考入湖北法政学校，专门学习法律。

1917 年，毕业后在武昌从事律师职业，被选为律师公会副会长。

1920 年秋，在武汉参加马克思学说研究会。

1921 年 10 月，参加劳动组合书记部武汉分部工作，从事工人运动。

1922 年 6 月，经许白昊、项英介绍加入中国共产党。

1922 年 7 月，同施洋和林育南等人参与筹建武汉工团联合会。两个月后改称为湖北全省工团联合会，下属 27 个工会，3 万多名会员。

1922 年 9 月，组织粤汉铁路工人罢工。

1922 年 10 月 19 日，组织英美烟厂工人罢工。

1923 年 2 月 7 日，组织参加京汉铁路工人大罢工，被军阀萧耀南逮捕。

1923 年 2 月 15 日，被秘密杀害于武昌。

遗书遗言

我只希望中国的劳动者早日起来，把军阀、官僚和你们这班替他们做走狗的人一起，食肉寝皮！

●工运先烈档案

第 6 号

个人信息	姓名	顾正红	曾用名	无	
	籍贯	江苏阜宁	出生年月	1905年8月	
	入党（团）时间	1925年	牺牲时间	1925年5月16日（20岁）	
	牺牲地点	上海			
主要职务	日商内外棉七厂工人				
革命业绩	1905年8月，出生于江苏省阜宁县篆河顾庄（今滨海县正红乡）一个贫寒的农民家庭。 1922年，进入日商内外棉九厂当扫地工，后进入日商内外棉七厂，做加油工和盘头工。 1924年，进入沪西工人补习学校学习，成为活动分子，结识项英、李立三、刘华等人。 1925年5月15日，内外棉七厂的工人上班时，厂主以棉纱不敷为借口，关厂并停发工人工资。厂方人员殴打工人时，顾正红带领工人自卫，不幸中枪，因伤重不治于次日英勇牺牲。				
遗书遗言	工友们，大家团结斗争啊！				

●工运先烈档案　第 7 号

个人信息	姓名	李慰农	曾用名	李尔珍，王伦
	籍贯	安徽巢县	出生年月	1895 年 9 月
	入党（团）时间	1922 年	牺牲时间	1925 年 7 月 29 日（30 岁）
	牺牲地点	青岛		

主要职务

旅欧中国少共支部成员，中共旅莫支部成员，中共青岛市委书记

革命业绩

1895 年 9 月 23 日，出生于安徽省巢县（今合肥市巢湖区）。

1912 年，考取芜湖省立第二甲种农业学校。

1919 年 12 月 25 日，和蔡和森等 50 余人由上海乘船赴法国勤工俭学。

1922 年 6 月，与赵世炎、周恩来、陈延年、李维汉、王若飞等 18 人，在巴黎组织成立“旅欧中国少年共产党”。1923 年 2 月改称“旅欧中国共产主义青年团（中国社会主义青年团旅欧支部）”，任总支部成员。

1923 年，转为中共正式党员。

1923 年 11 月，转赴莫斯科东方劳动者共产主义大学学习。

1924 年底，奉党中央指示回国，被派往青岛市委工作。化名王伦，建立了中共四方支部，并任书记。

1925 年 4 月到 7 月，协助邓恩铭发动了青岛日纱厂三次工人大罢工。

1925 年 7 月 26 日，被反动军警逮捕，7 月 29 日，在青岛被秘密杀害。

遗书遗言

青岛的工人全是我的同党！

●工运先烈档案　　第 8 号

个人信息	姓名	王尽美	曾用名	王瑞俊	
	籍贯	山东莒县	出生年月	1898 年 6 月	
	入党（团）时间	1921 年	牺牲时间	1925 年 8 月 19 日（27 岁）	
	牺牲地点	青岛			
主要职务	中共一大代表，山东地方执行委员会书记，中国劳动组合书记部北方分部副主任、山东分部主任				
革命业绩	1918 年，考入省城济南的省立第一师范读书，结识邓恩铭。 1920 年 8 月，筹组山东“康米尼斯特学会”——共产主义的音译（communist）。 1921 年 7 月，出席中国共产党第一次全国代表大会。 1921 年 8 月，中国劳动组合书记部成立后，任山东分部主任。 1922 年 6 月，领导建立津浦铁路机厂工会。筹备建立山东矿业工会淄博部，是继安源路矿工人俱乐部之后的全国第二个煤矿工会。 1922 年 10 月 4 日，组织京奉铁路局工人罢工。 1921 年至 1923 年，接连参加了党的三次代表大会。 1923 年 10 月，在青岛四方机厂成立了青岛第一个工会组织。随后建立了中共济南地方执行委员会，任委员长兼宣传部主任。 1924 年 1 月，出席国民党第一次全国代表大会，成为参加过国共两党两次一大的代表。 1925 年 8 月 19 日，因积劳成疾，在青岛病逝，终年 27 岁。				
遗书遗言	全体同志要好好工作，为无产阶级和全人类的解放和共产主义的彻底实现而奋斗到底。				

●工运先烈档案

第 9 号

个人信息				
姓名	黄静源	曾用名	黄家祝	
籍贯	湖南郴县	出生年月	1900 年 6 月	
入党（团）时间	1921 年	牺牲时间	1925 年 10 月 16 日（25 岁）	
牺牲地点	安源			

主要职务

中共安源地委委员、安源路矿工人俱乐部副主任

革命业绩

1918 年春，考入衡阳省立第三师范学校，结识蒋先云。当年秋天，加入蒋先云等发起组织的“学友互助会”。

1920 年冬天，在长沙会见了毛泽东与何叔衡，并经他们介绍加入了社会主义青年团。

1921 年 10 月，加入中国共产党，成为湘南地区首批共产党员。

1922 年，参加湖南水口山矿工大罢工。

1923 年春，被中共湖南区委派到安源路矿从事工人运动，主持安源路矿工人子弟学校第七校，并兼任工人俱乐部株洲办事处主任，同时担任中共安源地委委员。

1925 年 1 月 15 日，组织安源工人二次罢工。

1925 年 9 月 21 日，被矿主勾结军阀逮捕，10 月 16 日下午，被敌人押回安源，在工人俱乐部门前被枪杀。

遗书遗言

我是穷工人的兄弟，今天脱了牢笼，明天又要去搞工人运动。就是你们把我杀了，也还有人要搞，你阻止不了！

●工运先烈档案　　第 10 号

个人信息	姓名	刘华	曾用名	原名刘炽荣，字剑华	
	籍贯	四川宜宾	出生年月	1899 年 9 月	
	入党（团）时间	1924 年	牺牲时间	1925 年 12 月 17 日（26 岁）	
	牺牲地点	上海			
主要职务	中共中央职工运动委员会委员，中华全国总工会执行委员，上海总工会副委员长、代理委员长				
革命业绩	1899 年 9 月 10 日，出生于四川省宜宾县泥溪乡一户佃农家庭。 1917 年，外出谋生。 1919 年，有过一段短暂的军旅生涯。 1920 年初夏，到上海入中华书局学习印刷。 1923 年 8 月，进入上海大学附中半工半读，从此开启革命生涯。在校期间加入中国共产主义青年团。 1924 年底，加入中国共产党，并担任上海大学学生会执行委员。 1924 年秋，协助邓中夏组织工人运动，担任沪西工友俱乐部秘书。 1925 年 2 月，组织上海日商纱厂工人“二月罢工”。 1925 年 5 月 1 日，出席第二次全国劳动大会，当选为中华全国总工会执行委员。 1925 年 5 月 31 日，在五卅运动中成立上海总工会，出任副委员长，后任代理委员长。 1925 年 11 月 29 日，在静安寺电车站被捕。12 月 17 日深夜，被枪杀在上海南市区高昌庙附近的荒野。				
遗书遗言	一个普通的工人，一个穷苦人家出身的孩子，现在找到了真理，找到了他真正的母亲——中国共产党。我将为无产阶级的革命事业献出自己的一切！为中华民族的解放，战斗到底！				

●工运先烈档案　　第 11 号

个人信息	姓 名	陈赞贤	曾用名	字子襄	
	籍 贯	江西南康	出生年月	1896 年 9 月	
	入党（团）时间	1925 年	牺牲时间	1927 年 3 月 6 日（31 岁）	
	牺牲地点	赣州			
主要职务	中共赣州特支书记，南雄总工会委员长，赣州总工会委员长，江西省总工会副委员长				
革命业绩	1918 年，创办东山高等小学校，担任校长。 1921 年，考入江西省立第一师范学习。 1925 年 7 月，加入中国共产党。 1925 年底，到广东南雄，任南雄总工会委员长。 1926 年 9 月，出任江西南康县县长。 1926 年 10 月，任命中共赣州特别支部书记、赣南十七县工农运动指导员，负责筹建赣州总工会。 1926 年 11 月 7 日，领导赣州钱业店员 300 多人举行罢工，给资本家以沉重打击。 1927 年 3 月 6 日晚，被军阀倪弼逮捕，威胁他签字解散赣州总工会，陈赞贤坚决不从，被枪杀于赣县政府。				
遗书遗言	头可断，血可流，解散总工会的字我不签。				

●工运先烈档案

第 12 号

个人信息	姓名	汪寿华	曾用名	原名何纪元、字介尘	
	籍贯	浙江诸暨	出生年月	1901 年 4 月	
	入党（团）时间	1923 年	牺牲时间	1927 年 4 月 11 日（26 岁）	
	牺牲地点	上海			
主要职务	上海特别临时政府委员、上海总工会委员长				

革命业绩

1917 年秋，考入浙江省立第一师范学校，成为陈望道的学生。

1919 年秋，从杭州到上海，加入工读互助团。

1920 年 9 月，参加上海社会主义青年团。

1923 年，加入中国共产党。同年，被选为赤塔远东职工会中国工人部主任。

1925 年，赴上海参加中国共产党第四次全国代表大会。先后担任中共江浙区委常委、农工部主任、职工运动委员会书记。上海爆发五卅反帝运动，汪寿华担任上海总工会宣传科主任，后任代理委员长。

1926 年 10 月至 1927 年 3 月，先后参与指挥了上海工人三次武装起义。起义后选举产生了上海特别市临时政府，当选为市政府委员。

1927 年 4 月 11 日，被杜月笙残忍活埋于沪西枫林桥。

遗书遗言

为了党和工人阶级的利益，我宁愿牺牲一切！

●工运先烈档案　　第 13 号

个人信息				
姓名	刘尔崧	曾用名	又名刘海，字季岳	
籍贯	广东紫金	出生年月	1899 年 11 月	
入党（团）时间	1921 年	牺牲时间	1927 年 4 月 19 日（28 岁）	
牺牲地点	广州			

主要职务

中国社会主义青年团中央委员，中共广东区委工委书记，中华全国总工会执行委员，广州工人代表会主席，省港罢工委员会顾问

革命业绩

1899 年 11 月 24 日，出生于广东省紫金县城内一个私塾教师家庭。

1918 年秋，考入广东省立甲种工业学校机械科。

1921 年，广东省共产党支部成立不久，加入中国共产党，成为最早的党员之一。

1923 年 4 月，领导顺德茶楼酒店工人罢工，坚持两个多月。

1924 年，国民党一大召开，担任国民党中央工人部干事。一年后被选为国民党广东省党部执行委员、工人部部长。

1924 年 5 月 1 日，广州工人代表会议在广州召开。大会决定成立广州工人代表会，当选为执行委员会主席。

1925 年 5 月 1 日，第二次全国劳动大会在广州召开，决议成立了中华全国总工会，当选为执行委员。

1927 年 4 月 19 日，在四一五反革命政变中，被秘密杀害于珠江白鹅潭。

遗书遗言

我是共产党员，我绝不离开共产党。

●工运先烈档案　　第 14 号

个人信息				
姓名	**邓培**	曾用名	**学名配安，字少山**	
籍贯	**广东三水**	出生年月	**1883 年 4 月**	
入党（团）时间	**1921 年**	牺牲时间	**1927 年 4 月 22 日（44 岁）**	
牺牲地点	**广州**			

主要职务

中国劳动组合书记部北方分部成员，京奉铁路职工总会委员长、中华全国铁路总工会委员长、中华全国总工会副委员长

革命业绩

1897 年，跟随舅父来到天津谋生，在德泰机器厂当学徒。学徒期满后考入京奉铁路唐山制造厂（今唐山机车车辆工厂）当了旋床工匠。

1920 年 12 月，在北京共产主义小组帮助下，组织建立了京奉铁路唐山制造厂工会，成为我国早期建立的产业工会之一。

1921 年 3 月，参加社会主义青年团，当年秋，被吸收加入了北京共产主义小组，成为唐山第一位共产党员。

1922 年 10 月，领导发动开滦煤矿五矿工人同盟大罢工。

1923 年 6 月，参加中共三大，当选为中央执行委员会候补委员。

1924 年 2 月 7 日，全国铁路总工会成立，当选为委员长。

1925 年 5 月 1 日，第二次全国劳动大会在广州召开，大会选举产生了中华全国总工会执行委员会，邓培当选为执行委员会副委员长。

1926 年 7 月，广东革命政府出师北伐，邓培领导广东铁路工人全力支援北伐战争。

1927 年 4 月 15 日，广东新军阀发动“四一五”政变，邓培被捕，4 月 22 日被害。

遗书遗言

共产党员是不怕死的，我宁死也不投降，这就是我最后的回答！

●工运先烈档案　　第 15 号

个人信息

姓名	李启汉	曾用名	李森
籍贯	湖南江华	出生年月	1898 年 3 月
入党（团）时间	1921 年	牺牲时间	1927 年 4 月 22 日（29 岁）
牺牲地点	广州		

主要职务

中国劳动组合书记部干事，中华全国总工会执行委员兼组织部部长，省港罢工委员会干事局长，中共广东区委委员，香港总工会党团书记

革命业绩

1920 年，前往上海参加上海社会主义青年团成立和中国共产党发起组，进入外国语学社学习。

1920 年秋，在沪创办劳动补习学校，筹组纺织工会。

1921 年 7 月，参与领导上海英美烟厂工人大罢工。

1921 年 8 月 11 日，劳动组合书记部成立，任干事，兼《劳动周报》编辑。

1922 年 6 月，因闹罢工被捕，至 1924 年 10 月出狱。

1925 年 5 月，出席第二次全国劳动大会，当选为中华全国总工会执行委员兼组织部部长。同年 6 月，参与领导省港大罢工。

1927 年 2 月，任全国总工会广州办事处主任，中共省港罢工委员会书记。4 月 15 日，广州发生反革命叛变，遭逮捕，于 4 月 22 日被秘密杀害。

遗书遗言

我是做工农运动的，你要说我是共产党，那么，所有工农都是共产党了！

●工运先烈档案　　第 16 号

个人信息				
姓名	何耀全	曾用名	字永辉	
籍贯	福建永定	出生年月	1897 年 3 月	
入党（团）时间	1925 年	牺牲时间	1927 年 4 月下旬（30 岁）	
牺牲地点	广州			

主要职务

中共两广区委委员，中华全国总工会执行委员会委员、常委，省港罢工委员会副委员长，香港总工会交际部部长

革命业绩

1897 年 3 月 6 日，出生在广州，祖籍福建省永定县。

1921 年，前往香港当电车公司售票员，发动电车工人成立香港电车工业竞进会。

1925 年 5 月 1 日，第二次全国劳动大会在广州召开，作为香港工团总会代表出席大会。当选为全总执行委员。

1925 年 6 月 27 日，中华全国总工会省港罢工委员会成立，当选为副委员长。随后不久，经苏兆征介绍，加入中国共产党，担任中共省港罢工委员会党团成员。

1926 年 4 月 15 日，香港总工会第一次代表大会召开，成立了香港总工会，任第一届执委会委员，后又被推选为交际部部长。

1926 年 5 月 1 日，出席第三次全国劳动大会，被选为全国总工会执委。

1927 年 4 月 15 日，广东军阀发动四一五政变，不幸被捕，4 月下旬被秘密杀害，沉尸珠江。

遗书遗言

无

●工运先烈档案　　第 17 号

个人信息

姓 名	李大钊	曾用名	字守常	
籍 贯	河北乐亭	出生年月	1889 年 10 月	
入党（团）时间	1920 年	牺牲时间	1927 年 4 月 28 日（38 岁）	
牺牲地点	北京			

主要职务

中国共产党主要创始人，中共第三届、第四届中央委员

革命业绩

1907 年，考入天津北洋法政专门学校学习。

1913 年，东渡日本，考入东京早稻田大学政治本科学习。

1918 年 1 月，应蔡元培校长之邀，到北京大学任图书馆主任。

1920 年 3 月，在北京大学组织中国第一个马克思学说研究会。同年 9 月，正式成立北京共产主义小组。

1924 年 1 月，出席国民党第一次全国代表大会，被孙中山指定为大会主席团成员之一。

1925 年，五卅运动爆发后，与赵世炎等人在北京组织 5 万余人的示威，有力地支持了上海人民的反帝斗争。

1927 年 4 月 6 日，被张作霖强行逮捕。4 月 28 日被判处绞刑。

遗书遗言

不能因为反动派今天绞死了我，就绞死了伟大的共产主义，共产主义在中国必然得到光辉的胜利。

●工运先烈档案　　　　第 18 号

个人信息				
姓名	蒋先云	曾用名	字湘耘，号巫山	
籍贯	湖南新田	出生年月	1902年8月	
入党（团）时间	1921年	牺牲时间	1927年5月28日（25岁）	
牺牲地点	临颍			

主要职务

安源路矿工人俱乐部党支部书记、文书股长，水口山矿工人俱乐部主任、支部书记，中共湖北省军委委员、武装部部长、湖北省总工会工人纠察总队队长

革命业绩

1917年，进入湖南省立第三师范学习。

1921年10月中旬，由毛泽东亲自推荐加入中国共产党，成为湘南地区首批共产党员。

1922年1月，到安源办学，领导工人运动。

1922年5月，成立中共安源支部。同年9月14日，举行了全国闻名的安源路矿大罢工。

1922年11月，领导水口山铅锌矿大罢工。

1924年5月，入黄埔军校第一期学习。

1925年，发起成立青年军人联合会，是该会负责人之一。

1927年初，任湖北省总工会工人纠察总队队长，成立黄埔学生反蒋委员会。

1927年5月，武汉国民政府决定继续北伐，任国民革命军第11军26师77团团长兼党代表，同年5月28日，在临颍战斗中英勇牺牲。

遗书遗言

冲锋，冲锋！

●工运先烈档案　　第 19 号

个人信息

姓名	刘昌炎	曾用名	字琛埔，号昌竹
籍贯	湖南醴陵	出生年月	1894 年 10 月
入党（团）时间	1922 年 7 月	牺牲时间	1927 年 6 月 6 日（33 岁）
牺牲地点	安源		

主要职务

安源路矿工人俱乐部窿内党支部书记、经济委员会委员，中共焦作地委书记，安源地委书记，湖南省委委员

革命业绩

1914 年，跟随二哥刘昌明到安源谋生，在矿局公事房做勤杂工。

1922 年 1 月，安源办起了第一所工人补习学校，刘昌炎积极参加学习。3、4 月间，李立三筹建安源路矿工人俱乐部，他与朱少连等人一道参与其中。

1922 年 9 月 14 日，参与组织安源路矿大罢工。

1923 年，前往安源党校学习，结业后担任工人俱乐部窿内党支部书记。

1924 年 9 月，被党组织选派到莫斯科东方劳动者共产主义大学学习。

1925 年 6 月，奉派到河南焦作筹建中共焦作地方委员会和团组织。同年中共焦作地委成立，担任书记。

1926 年初，担任安源工会委员长，后被任命为安源地委书记。

1927 年 6 月 5 日，湖南反动军队占领了萍乡县城，次日，带队转移途中遇袭被俘，壮烈牺牲。

遗书遗言

不必多问！我就是共产党员。你们要打就打，要杀就杀，别想从我身上捞到什么！

●工运先烈档案　　　　第 20 号

个人信息	姓名	**陈延年**	曾用名	**遐延**
	籍贯	**安徽怀宁**	出生年月	**1898 年**
	入党（团）时间	**1922 年**	牺牲时间	**1927 年 7 月 4 日（29 岁）**
	牺牲地点	**上海**		

主要职务

中共广东区委书记，江浙区委书记，江苏省委书记，第五届中央委员、政治局候补委员

革命业绩

1917 年，考入复旦大学学习。

1919 年底，赴法国勤工俭学。先后结识了共产主义者蔡和森、周恩来、赵世炎、王若飞等人，开始走到马克思主义者队伍中来。

1922 年 6 月，参加旅欧中国少年共产党，被选为少共中央执委，担任少共宣传部部长。

1923 年 3 月，赴莫斯科东方劳动者共产主义大学学习。

1924 年 7 月下旬，启程回国，任中共广东区委秘书、组织部兼宣传委员会负责人，与周恩来共同战斗。

1925 年 6 月，和邓中夏、苏兆征等共同领导省港大罢工。

1927 年，在中共五大上，陈独秀和陈延年、陈乔年同时当选中央委员。

1927 年 6 月，四一二反革命政变后，到达上海，任江苏省委书记。

1927 年 6 月 26 日，由于组织暴露被捕，7 月 4 日被杀害于上海龙华。

遗书遗言

革命者光明磊落、视死如归，只有站着死，决不下跪！

● 工运先烈档案　　第 21 号

个人信息				
姓名	赵世炎	曾用名	字琴生，号国富	
籍贯	重庆酉阳	出生年月	1901 年 4 月	
入党（团）时间	1921 年	牺牲时间	1927 年 7 月 19 日（26 岁）	
牺牲地点	上海			

主要职务	中共北方区执委会宣传部部长兼职工运动委员会主任，中共中央委员，中共江苏省委常委、代理书记、上海总工会党团书记等

革命业绩

1915 年，考入北京高等师范学校附中学习。

1920 年 5 月，赴法国勤工俭学。在法期间，参加和领导了“拒款运动”和“争回里大”求学运动。

1921 年春，与周恩来、张申府等人建立巴黎共产主义小组，从此成为中共党员。

1922 年 6 月，与李立三等人筹组了旅欧中国少年共产党，任书记。

1923 年 3 月，赴莫斯科东方劳动者共产主义大学学习。

1924 年，从“东大”回国工作。任中共北方区执委会宣传部部长兼职工运动委员会主任，协助李大钊领导北方各省的斗争。

1926 年 5 月，调任江浙区委的组织部部长兼上海总工会党团书记。组织上海工人三次武装起义。

1927 年 7 月 2 日，在上海被捕，于 7 月 19 日遇害。

遗书遗言

志士不辞牺牲，革命种子已经遍布大江南北，一定会茁壮成长起来，共产党最后必将取得胜利。

●工运先烈档案

第 22 号

个人信息				
姓名	林伟民	曾用名	林兴	
籍贯	广东珠海	出生年月	1887 年 10 月	
入党（团）时间	1924 年	牺牲时间	1927 年 9 月 1 日（40 岁）	
牺牲地点	广州			

主要职务

中华全国总工会第一届执行委员会委员长

革命业绩

1906 年，进入三灶岛一家酿酒铺当杂工。后到香港一艘外国轮船当“侍仔”。

1921 年 3 月，中华海员工业联合总会在香港成立，当选为干事会干事，负责交际方面的工作。

1922 年 1 月，组织发动香港海员大罢工。

1922 年 5 月，参加在广州召开的第一次全国劳动大会。

1924 年春，去苏联参加国际运输工人代表大会，经罗亦农介绍加入中国共产党。

1925 年 5 月，在第二次全国劳动大会上当选为中华全国总工会执行委员会委员长。

1925 年 6 月，省港大罢工爆发，参加省港罢工委员会领导工作。

1927 年 9 月 1 日，病逝于广州医院，时年 40 岁。

遗书遗言

无

●工运先烈档案　　第 23 号

<table>
<tr><td rowspan="4">个人信息</td><td>姓名</td><td>王荷波</td><td>曾用名</td><td>满玉纲，汪一喜</td><td rowspan="4"></td></tr>
<tr><td>籍贯</td><td>福建福州</td><td>出生年月</td><td>1882 年 5 月</td></tr>
<tr><td>入党（团）时间</td><td>1922 年</td><td>牺牲时间</td><td>1927 年 11 月 11 日（45 岁）</td></tr>
<tr><td>牺牲地点</td><td>北京</td><td></td><td></td></tr>
<tr><td>主要职务</td><td colspan="5">全国铁路总工会委员长、中华全国总工会执行委员，中共中央执行委员，中共上海地方兼区执行委员会委员长，中共北方局书记，中央监察委员会主席</td></tr>
<tr><td>革命业绩</td><td colspan="5">1901 年，只身外出谋生，在华东地区海军当过水手，在东北旅顺、大连做过苦工。
1916 年夏，在浦镇机车车辆厂当生火工，后成为钳工。
1921 年 3 月，浦镇机车厂“中华工会”成立，当选为工会会长。
1922 年 6 月，加入中国共产党。
1923 年 6 月，赴广州出席中共三大，被选为中共中央执行委员。会后参加了劳动组合书记部上海分部的领导工作。
1924 年 5 月，赴莫斯科出席共产国际第五次代表大会。
1925 年 1 月，出席中共四大，被选为中央候补委员。
1925 年 5 月 1 日，出席第二次全国劳动大会，被选为中华全国总工会执行委员。会后参加了劳动组合书记部上海分部的领导工作。
1927 年 4 月，出席中共五大，当选中央监察委员会主席。
1927 年 8 月 7 日，在八七会议上当选为临时中央政治局委员。
1927 年 10 月 18 日，在北京被捕。11 月 11 日遇害。</td></tr>
<tr><td>遗书遗言</td><td colspan="5">请组织教育子女，绝不能走与我相反的道路。</td></tr>
</table>

●工运先烈档案

第 24 号

个人信息	姓名	李汉俊	曾用名	字人杰，号汉俊	
	籍贯	湖北潜江	出生年月	1890 年 4 月	
	入党（团）时间	1920 年	牺牲时间	1927 年 12 月 17 日（37 岁）	
	牺牲地点	武汉			
主要职务	中共一大代表，中共第二届、第三届中央执行委员会候补委员				
革命业绩	1904 年，在日本东京第一高等学校和东京帝国大学土木工科学习，其间接触并认同马克思主义。 1918 年 12 月，毕业回国，居住在上海。从事翻译写作，传播马克思主义。 1920 年 5 月，与陈独秀共同发起组织马克思主义研究会和上海共产主义小组。主办《劳动界》等刊物。 1921 年 7 月下旬，出席中国共产党第一次全国代表大会。 1923 年春，二七大罢工爆发，参加罢工的领导工作。 1926 年 8 月，北伐军进驻武汉，同年 9 月，任湖北政务委员会委员。 1927 年 12 月 17 日，被军阀逮捕，当晚遇害。				
遗书遗言	无				

●工运先烈档案　　第 25 号

个人信息				
姓名	周文雍	曾用名	光宏	
籍贯	广东开平	出生年月	1905 年 8 月	
入党（团）时间	1925 年	牺牲时间	1928 年 2 月 6 日（23 岁）	
牺牲地点	广州			

主要职务

中共广州市委组织部部长、工委书记，广州工人赤卫总队总指挥，广州苏维埃政府人民劳动委员，中共广东省委工人部部长

革命业绩

1919 年，考入广东省立第一甲种工业学校机械科读书。

1923 年 5 月，参加中国社会主义青年团。

1925 年，加入中国共产党。

1927 年 4 月，四一五反革命政变后，广州工人代表大会主席刘尔崧遇害，周文雍接替了他的工作，成为广州工人运动的主要负责人。

1927 年 12 月 11 日，参加领导广州起义。广州苏维埃政府成立后，任人民劳动委员和苏维埃政府的教育部部长。

1928 年 1 月 27 日，因叛徒告密被捕。2 月 6 日，与妻子陈铁军一同被杀害。

遗书遗言

头可断，肢可折，革命精神不可灭。壮士头颅为党落，好汉身躯为群裂。

●工运先烈档案 第 26 号

个人信息

姓名	郭亮	曾用名	郭靖笳
籍贯	湖南长沙	出生年月	1901 年 12 月
入党（团）时间	1921 年	牺牲时间	1928 年 3 月 29 日（27 岁）
牺牲地点	长沙		

主要职务

湖南省工团联合会总干事、湖南省总工会委员长，中共湖南区（省）委委员兼工农部部长，省委代理书记、中共中央委员、中共湖北省委书记、湘鄂赣特委书记等

革命业绩

1920 年秋，考入湖南省立第一师范学习。

1920 年 10 月，加入中国社会主义青年团，11 月，参加了毛泽东发起的湖南共产主义小组。

1921 年冬，经毛泽东介绍，加入中国共产党。

1922 年 9 月，领导粤汉铁路工人大罢工。

1922 年 11 月，任粤汉铁路总工会主席。同月，湖南省工团联合会成立，毛泽东任总干事，郭亮为副总干事。后继任总干事职务。1926 年改为总工会后，当选委员长。

1926 年 5 月，在第三次全国劳动大会上，当选为中华全国总工会候补执行委员。

1927 年 5 月，在中共五大上当选为中央委员。

1927 年 12 月，中央组建湘鄂赣边区特委，任命郭亮为书记。

1928 年 3 月下旬，由于叛徒出卖被捕。3 月 29 日被秘密杀害。

遗书遗言

灿英吾爱：亮东奔西走，无家无国，我事毕矣！望善抚吾儿，以继余志。

●工运先烈档案　　第 27 号

个人信息	姓名	罗亦农	曾用名	原名罗善扬，又名罗觉	
	籍贯	湖南湘潭	出生年月	1902 年 5 月	
	入党（团）时间	1921 年	牺牲时间	1928 年 4 月 21 日（26 岁）	
	牺牲地点	上海			

主要职务

中共上海区执委会书记，中共江西省委书记，中共湖北省委书记，中共中央军事部代部长，中共中央组织部（组织局）部长（主任），中共中央长江局书记，中共中央临时政治局委员、常委

革命业绩

1916 年，考入湘潭县益智学校学习。

1919 年末，赴上海，在法租界一家小报馆当校对。读到《新青年》《劳动界》等进步杂志，开始接触马克思主义。

1920 年 8 月，加入上海社会主义青年团。

1921 年 8 月，到莫斯科东方劳动者共产主义大学学习。由共青团员转为中国共产党员，并被推选为中共旅莫支部书记。

1925 年 4 月，从莫斯科回国，赴广州参加筹备领导第二次全国劳动大会。会后留广州担任中共广东区委宣传部部长。领导了省港大罢工。

1925 年 12 月，调任中共上海区执委会书记。

1926 年 9 月，为配合北伐进军，组织上海工人三次武装起义。

1927 年 8 月，在八七会议上当选为中央临时政治局委员，11 月当选为中央政治局常委。

1928 年 4 月 15 日，在上海被捕。4 月 21 日，被蒋介石下令枪决。

遗书遗言

哲时，永别了，灵若有知，将永远拥抱你，望你学我之所学以慰我。

●工运先烈档案

第 28 号

个人信息				
个人信息	姓名	陈乔年	曾用名	无
	籍贯	安徽怀宁	出生年月	1902 年
	入党（团）时间	1922 年	牺牲时间	1928 年 6 月 6 日（26 岁）
	牺牲地点	上海		

主要职务

中共北方区委组织部部长，顺直省委委员，湖北省委组织部部长，江苏省委组织部部长，中共中央组织部副部长，中共中央代秘书长

革命业绩

1917 年，考入复旦大学学习。

1919 年底，赴法国勤工俭学。

1922 年 6 月，参加旅欧中国少年共产党，同年转为中国共产党党员。

1923 年 3 月，赴莫斯科东方劳动者共产主义大学学习。

1924 年冬，回国赴北京，任中共北方区委组织部部长，协助李大钊和赵世炎领导北方地区的反帝反封建斗争。

1926 年 3 月 18 日，领导北京各界 200 多个群众团体，抗议日本的侵略行为。到段祺瑞执政府请愿时，被军警刺刀戳伤。军警共打死打伤 200 余人，是为三一八惨案。

1927 年春，担任中共中央组织部副部长。八七会议后，调任中共湖北省委组织部部长。同年秋，任中共江苏省委组织部部长，后任中共中央组织部副部长。

1928 年 2 月 16 日，由于叛徒告密被捕，6 月 6 日被杀害。

遗书遗言

让我们的子孙后代享受前人披荆斩棘换来的幸福吧！

●工运先烈档案　　　　第 29 号

个人信息	姓名	许白昊	曾用名	许权明，许白天、许北浩、许赤光	
	籍贯	湖北应城	出生年月	1899 年 8 月	
	入党（团）时间	1922 年	牺牲时间	1928 年 6 月 6 日（29 岁）	
	牺牲地点	上海			
主要职务	湖北省工团联合会委员长，中华全国总工会执行委员，上海总工会党团书记兼总工会组织部部长，中共江苏省委委员，中共中央监察委员会委员、中央工人运动委员会委员				

革命业绩

1899 年 8 月 4 日，出生于湖北省应城县南富水河畔杨湾一个农民家庭。

1917 年，就读于湖北甲种工业学校机械科，求学期间阅读了《新青年》等进步刊物，积极参加爱国斗争。

1921 年，在李启汉引荐下，参加中国劳动组合书记部的工作。

1922 年 7 月，领导汉阳钢铁厂大罢工。

1922 年 10 月，湖北全省工团联合会成立，任秘书科主任。

1922 年 12 月，汉冶萍总工会成立，任秘书。

1925 年 5 月 1 日，出席第二次全国劳动大会，被选为中华全国总工会执行委员。

1927 年 4 月 27 日，中共五大召开，当选为中共中央监察委员会委员。

1927 年 7 月，担任上海总工会党团书记、组织部部长。

1928 年 2 月 17 日，由于叛徒告密被捕，6 月 6 日牺牲。

遗书遗言

你们要好好学习，把身体养好，将来出去继续革命工作。

●工运先烈档案

第 30 号

个人信息	姓名	郑覆他	曾用名	郑福泰	
	籍贯	浙江诸暨	出生年月	1904 年	
	入党（团）时间	1923 年	牺牲时间	1928 年 6 月 6 日（24 岁）	
	牺牲地点	上海			
主要职务	上海市政总工会委员长，中华全国总工会执行委员，上海总工会委员长				
革命业绩	1923 年，任杭州印刷工人俱乐部负责人。同年冬，加入中国共产党。 1924 年进上海《商报》馆工作，并在上海书店兼职，协助发行《向导》《中国青年》等革命书刊。 1925 年 2 月，上海印刷工人联合会成立，任副委员长。 五卅运动中，组织领导印刷工人参加罢工。 1926 年 11 月，任水电、邮政工人联合会委员长。 1926 年 12 月，担任上海总工会主席团成员兼组织部主任。 1927 年 3 月在上海工人第三次武装起义时，组织邮电和市政部门职工占领电话局、电报局。起义胜利后，任上海市政总工会委员长。 1927 年四一二反革命政变后，赴武汉参加中共第五次全国代表大会和第四次全国劳动大会。当选为中华全国总工会执行委员。回上海后任上海总工会委员长。 1928 年初在赤色职工国际第四次代表大会上当选为执行委员。 1928 年 2 月 17 日被捕，1928 年 6 月 6 日与陈乔年、许白昊等在上海枫林桥畔英勇就义。				
遗书遗言	在现在这种世界，人的生死，本来比鸡犬还不如，就算安居生存，也不过如牛马一般牢碌而已，生也何乐，死也何愁。				

●工运先烈档案

第 31 号

<table>
<tr><td rowspan="4">个人信息</td><td>姓名</td><td>朱少连</td><td>曾用名</td><td>原名朱天资</td><td rowspan="4"></td></tr>
<tr><td>籍贯</td><td>湖南衡阳</td><td>出生年月</td><td>1887 年 3 月</td></tr>
<tr><td>入党（团）时间</td><td>1922 年</td><td>牺牲时间</td><td>1929 年 1 月 8 日（42 岁）</td></tr>
<tr><td>牺牲地点</td><td>萍乡</td><td></td><td></td></tr>
<tr><td>主要职务</td><td colspan="5">安源路矿工人俱乐部副主任，中共第三届中央执行委员，中华全国总工会第一届执行委员</td></tr>
<tr><td>革命业绩</td><td colspan="5">1912 年，进入株萍铁路局实习，当上火车司机。
1921 年，成为株萍铁路管理局行车部总司机。
1921 年冬，协助李立三在安源开办平民学校和工人补习班。
1922 年 5 月 1 日，安源路矿工人俱乐部成立，当选为副主任。
1922 年 9 月，参与领导安源路矿工人大罢工。
1923 年 6 月，出席中共三大，当选为中央执行委员。
1925 年 5 月，出席第二次全国劳动大会，当选为中华全国总工会执行委员。
1926 年 3 月，主持成立株萍铁路总工会，被选为主任。
1927 年 9 月上旬，毛泽东发动秋收起义。朱少连在株洲发动和组织工农武装，配合起义。
1929 年 1 月 4 日，因叛徒出卖，在重返安源时被捕，1 月 8 日英勇牺牲。</td></tr>
<tr><td>遗书遗言</td><td colspan="5">革命不流血是不能成功的。我死了，18 年后又是一条好汉，我还要当一名共产党员！</td></tr>
</table>

●工运先烈档案

第 32 号

个人信息	姓名	苏兆征	曾用名	原名苏吉
	籍贯	广东珠海	出生年月	1885 年 11 月
	入党（团）时间	1925 年	牺牲时间	1929 年 2 月 25 日（44 岁）
	牺牲地点	上海		

主要职务

全国海员总工会委员长，中华全国总工会第二、第三届执行委员长，中共五大、中共六大中央委员、中央政治局委员、中央政治局常委

革命业绩

1885 年，出生于广东香山（今属珠海市）一个贫苦的农民家庭。

1903 年起，为了谋生，登上香港外轮工作，在“乐生”号当海员。

1921 年 3 月，组织成立“中华海员工业联合总会”，是中国最早的产业工人工会之一。

1922 年 1 月，组织领导香港海员大罢工。

1925 年春，由李大钊介绍，加入中国共产党。

1925 年 5 月 1 日，出席第二次全国劳动大会，当选为全总执行委员会委员。

1925 年 6 月，领导省港大罢工。

1926 年 5 月，出席第三次全国劳动大会，当选为中华全国总工会执行委员会委员长。次年出席四次劳大，再次当选全总执行委员会委员长。

1927 年 4 月，在中共五大被选为中央委员及中央政治局委员。

1928 年，出席中共六大。担任中央政治局委员、政治局常务委员、中央职工运动委员会书记。

1929 年 2 月 25 日，因病在上海逝世。

遗书遗言

大家共同努力奋斗！大家同心合力起来！一致合作，达到我们的最后成功！

● 工运先烈档案　　第 33 号

个人信息				
姓名	杨殷	曾用名	又名观恩，化名吕云峰	
籍贯	广东中山	出生年月	1892 年 8 月	
入党（团）时间	1922 年	牺牲时间	1929 年 8 月 30 日（37 岁）	
牺牲地点	上海			

主要职务

全国铁路总工会广州办事处顾问，中共广东省委常委，中共中央南方局委员，中共中央政治局委员、常委，中共中央军事部部长

革命业绩

1917 年，担任孙中山卫队副官兼大元帅府参军处参谋。

1922 年秋，加入中国共产党。

1924 年春，受中共广东区委派遣，到粤汉、广九、广三铁路从事工人运动。

1925 年 1 月，出席党的四大。同年 3 月，任全国铁路总工会广州办事处顾问。6 月，领导省港工人大罢工。

1926 年，任中共两广区委委员、区委监察委员会书记。

1927 年，党的八七会议后，任中共广东省委常委兼省革命军事委员会主任、中共中央南方局委员。同年 11 月，参加领导广州起义。

1928 年 7 月，在中共六大上当选为中共中央政治局候补委员、候补常委，任中共中央军事部部长。在上海领导武装斗争。

1929 年 8 月 24 日，由于叛徒告密，在上海被捕。8 月 30 日牺牲。

遗书遗言

朝闻道，夕死可矣！

●工运先烈档案 第 34 号

个人信息	姓 名	林育南	曾用名	号湘浦，又名毓兰	
	籍 贯	湖北黄冈	出生年月	1898 年 12 月	
	入党（团）时间	1922 年	牺牲时间	1931 年 2 月 7 日（33 岁）	
	牺牲地点	上海			

主要职务

中国劳动组合书记部武汉分部主任，湖北全省工团联合会秘书主任，湖北省总工会宣传主任，中华全国总工会秘书长，中共湖北省委代理书记，全国苏维埃中央准备委员会秘书长

革命业绩

1915 年，考入武昌中华大学中学部学习，后结识恽代英，加入“互助社”。

1919 年，与恽代英、陈潭秋等共同领导了武汉地区的五四运动，成为武汉学生联合会负责人之一。

1920 年，考入北京医学专科学校学习，其间常与北京共产主义小组成员一起研讨马克思学说。

1922 年初（一说 1921 年秋），在武汉加入中国共产党。

1922 年 5 月，担任劳动组合书记部武汉分部主任。

1924 年，前往上海，在上海总工会负责宣传工作。

1927 年 4 月，在中共五大上，当选为中央候补委员。之后，四次劳大召开，被选为中华全国总工会秘书长。

1929 年 11 月，第五次全国劳动大会召开，任大会秘书长，被选为全国总工会执委会委员。

1930 年，任全国苏维埃区域代表大会中央准备委员会秘书长。

1931 年 1 月 17 日，因叛徒告密被捕。2 月 7 日壮烈牺牲。

遗书遗言

我为党受难，为人民献身，心甘情愿。

●工运先烈档案　　第 35 号

个人信息	姓名	何孟雄	曾用名	何子静、何纯、坦如
	籍贯	湖南酃县	出生年月	1898 年 6 月
	入党（团）时间	1921 年	牺牲时间	1931 年 2 月 7 日（33 岁）
	牺牲地点	上海		

主要职务	**中共北京地方执行委员会书记，中共北方区委委员，京绥铁路总工会秘书，唐山地方执委会书记，汉口市委组织部部长，江苏省委常委、农委书记，上海沪东、沪中、沪西区委书记**
革命业绩	1914 年，考入长沙岳云中学就读。 1916 年，进入湖南省工业专门学校机械班学习。 1918 年夏，赴北京参与留法勤工俭学筹备活动，在法文专修馆学习，半年后到北京大学当旁听生。 1919 年 5 月，五四运动爆发，参加了火烧赵家楼等行动。 1921 年 7 月，中国共产党成立，是全国最早的 53 名党员之一。 1921 年 10 月，参加中国劳动组合书记部北方分部工作。 1922 年 10 月，组织发动张家口京绥铁路车务工人大罢工。 1925 年 4 月，赴张家口创建京绥铁路总工会，被聘为总工会秘书。 1926 年，任中共唐山地方执委会书记，发动了开滦赵名庄矿万人工人大罢工。 1927 年春，调任中共汉口市委组织部部长，1928 年 4 月任江苏省委常委，其后曾任南京市委书记、上海沪东、沪中、沪西区委书记等职。 1931 年 1 月 17 日，在上海被捕，2 月 7 日英勇就义。
遗书遗言	**一个革命者为革命牺牲他宝贵的生命，是分内的事。**

●工运先烈档案

第 36 号

个人信息				
姓名	邓恩铭	曾用名	又名恩明，化名黄伯云	
籍贯	贵州荔波	出生年月	1901 年 1 月	
入党（团）时间	1921 年	牺牲时间	1931 年 4 月 5 日（30 岁）	
牺牲地点	济南			

主要职务

中共一大代表，青岛市委书记，山东地区委员会书记

革命业绩

1918 年，考入山东省立一中。结识了正在山东第一师范学校读书的王尽美。

1920 年秋，成立马克思学说研究会——“康米尼斯特学会”。

1921 年初，成立山东共产主义小组。

1921 年 7 月，与王尽美一同参加中国共产党第一次全国代表大会。

1922 年 8 月，与王尽美深入淄博矿区，在矿区发动工人群众成立“矿区工会淄博部”，并发展了一批中共党员。

1922 年底，赴青岛创建党组织，任中共青岛市委书记。

1924 年 10 月，在四方机厂组建青岛第一个新型工会组织。组织了胶济铁路工人大罢工。

1925 年 4 月至 7 月，领导青岛纱厂工人三次同盟罢工。

1927 年，出席中国共产党第五次全国代表大会。

1929 年 1 月 19 日，由于叛徒王复元出卖被捕。

1931 年 4 月 5 日，慷慨就义。

遗书遗言

卅一年华转瞬间，壮志未酬奈何天。不惜唯我身先死，后继频频慰九泉。

●工运先烈档案

第 37 号

个人信息				
姓名	郭隆真	曾用名	原名郭淑善，化名石衫、石珊、林一、林逸	
籍贯	河北大名	出生年月	1894 年 4 月	
入党（团）时间	1923 年	牺牲时间	1931 年 4 月 5 日（37 岁）	
牺牲地点	济南			

主要职务

中共满洲省委委员、职工运动委员会书记，山东省委委员，青岛市委常委、宣传部部长

革命业绩

1913 年，入天津直隶第一女子师范求学，和邓颖超成为同学好友。

1919 年 9 月，与周恩来、邓颖超等 20 余人发起成立觉悟社。

1920 年 11 月，赴法勤工俭学。

1923 年，经周恩来介绍加入中国社会主义青年团，同年转为中国共产党员。

1924 年秋，派往莫斯科东方劳动者共产主义大学进行短期学习。

1925 年 5 月，奉调回国，在李大钊负责的北方区党委领导下工作。

1929 年春，赴东北工作。在中共满洲省委从事职工运动。

1930 年 6 月，任山东省委委员，青岛市委常委、宣传部部长，负责重组党组织。11 月 2 日，不幸被捕。

1931 年春，被解往济南。同年 4 月 5 日，和邓恩铭等同志一起被敌人杀害。

遗书遗言

宁可牺牲，决不屈节！

●工运先烈档案　　第 38 号

个人信息				
	姓名	杨匏安	曾用名	字麟焘，笔名匏庵
	籍贯	广东香山	出生年月	1896 年 11 月
	入党（团）时间	1921 年	牺牲时间	1931 年 8 月 4 日（35 岁）
	牺牲地点	上海		

主要职务

中共广东区委监察委员，中共广九铁路支部书记、粤汉铁路黄沙地段党支部书记，省港罢工委员会顾问，中共中央监察委员会副主席

革命业绩

1896 年 11 月 6 日，出生于广东省香山县南屏乡北山村一个茶商家庭。

1915 年东渡日本横滨，寄居在一位华侨家中，半工半读。

1918 年初，举家迁到广州，在时敏中学任教务主任，并兼任《广东中华新报》记者。翻译了日本早期共产主义者的著述，系统介绍了西方各派哲学和社会主义。

1921 年春，经谭平山介绍加入中国共产党。

1922 年夏，开始从事工人运动，和杨殷一起到广州石井兵工厂，组织“十人团”。

1924 年 1 月，出席国民党第一次全国代表大会。会后任组织部秘书。

1925 年 6 月，参与领导省港大罢工。

1927 年 4 月，出席中共五大，被选为中央监察委员。

1929 年，在上海党中央机关，参与党的报刊出版工作。

1931 年 7 月 25 日，由于叛徒罗绮园告密被捕。在狱中坚强不屈，8 月 4 日被杀害。

遗书遗言

我从参加革命开始，就已经把生死置之度外了。死可以，变节是不可能的！

●工运先烈档案

第 39 号

个人信息				
姓名	张昆弟	曾用名	号芝圃
籍贯	湖南益阳	出生年月	1894 年 3 月
入党（团）时间	1922 年	牺牲时间	1932 年 5 月（38 岁）
牺牲地点	洪湖		

主要职务

河南省总工会委员长，顺直省工委书记，中央审查委员会候补委员，全国铁路总工会党团书记，湘鄂西总工会党团书记

革命业绩

1913 年，考进湖南第一师范，成为毛泽东、蔡和森、李维汉的校友。

1918 年 4 月，同毛泽东、蔡和森等人一起创建新民学会。

1919 年 10 月，赴法国勤工俭学，其间发起组织“工学励进会”。

1921 年 9 月，发动和组织了“争回里大”求学运动，被遣送回国。

1922 年 9 月，成立正太铁路第一个工会——总机厂工人俱乐部。

1924 年秋，到河南开展工人运动。

1925 年 9 月，河南总工会成立，任总工会委员长。第二次全国劳动大会后，又担任中华铁路总工会干事、党团书记。

1927 年 4 月，转移到天津，任中共北方局和顺直省工委书记。

1928 年 6 月，赴莫斯科出席中共第六次代表大会，当选为中央审查委员会候补委员。

1931 年 5 月，以中央工运特派员身份到湘鄂西苏区指导工人运动。

1932 年秋，因反对湘鄂西中央分局领导人执行的“左”倾机会主义路线被错杀。

遗书遗言

无

●工运先烈档案　　第 40 号

个人信息

姓名	罗登贤	曾用名	原名罗光，化名何永生	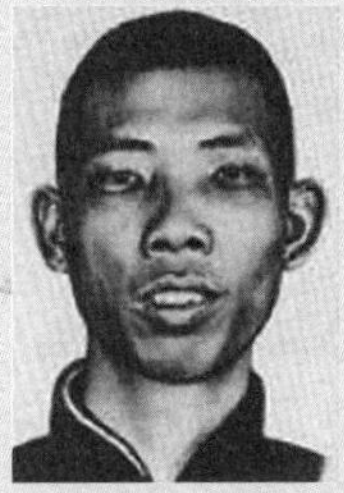
籍贯	广东南海	出生年月	1905 年	
入党（团）时间	1925 年	牺牲时间	1933 年 8 月 29 日（28 岁）	
牺牲地点	南京			

主要职务

中央政治局委员，中共中央南方局书记，广东省委书记，满洲省委书记，中华全国总工会党团书记、委员长，中华全国总工会上海执行局书记，中华苏维埃共和国中央执行委员会执行委员

革命业绩

1916 年，跟随姐夫前往香港太古造船厂当学徒。

1925 年，加入中国共产党。

1926 年，担任中共香港市委委员。

1927 年 12 月，参加广州起义，率领工人赤卫队在前线作战。

1928 年夏，任中共江苏省委书记。6 月出席中共六大，当选为中央委员、中央政治局候补委员，后递补为政治局委员。

1929 年至 1930 年，任中共广东省委书记、中共中央南方局书记、中华全国总工会党团书记。

1931 年 1 月，任中华全国总工会代理委员长兼党团书记。夏天被派往东北，任中共中央驻东北代表。九一八事变后，11 月任中共满洲省委书记兼组织部部长。

1932 年 12 月，任中华全国总工会上海执行局书记。

1933 年 2 月，由于叛徒告密被捕。8 月 29 日在南京雨花台被杀害。

遗书遗言

我个人死不足惜，全国人民未解放，责任未了，才是千古遗憾！

●工运先烈档案

第 41 号

个人信息	姓名	邓中夏	曾用名	字仲澥，又名邓康
	籍贯	湖南宜章	出生年月	1894 年 10 月
	入党（团）时间	1920 年	牺牲时间	1933 年 9 月 21 日（39 岁）
	牺牲地点	南京		
主要职务	中共江苏省委书记、广东省委书记、中国劳动组合书记部主任、中华全国总工会党团书记、中共湘鄂西苏区特委书记、中国工农红军第二军团政委、全国赤色互济总会主任兼党团书记			
革命业绩	1917 年，考入北京大学国文门学习，结识了在北大任教的李大钊，在李大钊的影响下开始接受马克思主义。 1920 年 10 月，发起成立了北京的共产党早期组织。 1921 年初，创办长辛店劳动补习学校，出版进步刊物《劳动音》，在工人群众中宣传马克思主义。 1922 年 5 月 1 日，参加第一次全国劳动大会，当选中国劳动组合书记部主任。 1923 年 2 月，参与发动和领导二七大罢工。4 月，参加创办上海大学，任教务长。10 月，参与创办《中国青年》杂志。 1925 年，中华全国总工会成立后，任秘书长兼宣传部部长，参与组织领导省港大罢工。 1928 年，赴莫斯科，任中华全国总工会驻赤色职工国际代表。 1930 年，赴湘鄂西根据地，任湘鄂西苏区特委书记、红二军团（后改为红三军）政委、前敌委员会书记、中央革命军事委员会委员。 1932 年，任全国赤色互济总会主任兼党团书记。 1933 年 5 月被捕，9 月 21 日英勇就义。			
遗书遗言	一个人不怕短命而死，只怕死的不是时候，不是地方……一个人能为了最多数中国民众的利益，为了勤劳大众的利益而死，这是虽死犹生，比泰山还重。人只有一生一死，要生得有意义，死得有价值。			

●工运先烈档案　　第 42 号

个人信息				
姓名	李梅羹	曾用名	笔名梅耕、墨耕	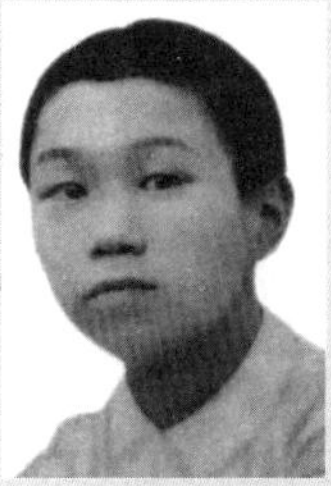
籍贯	湖南浏阳	出生年月	1901 年 11 月	
入党（团）时间	1920 年	牺牲时间	1934 年 8 月 12 日（33 岁）	
牺牲地点	浏阳			

主要职务

中共北方区委秘书，中国劳动组合书记部北方分部成员、《工人周刊》编委

革命业绩

1915 年夏，考入长沙长郡中学，与罗章龙同班。

1918 年，考入北京医专，后转入北京大学德语系。

1920 年 3 月，参与成立第一个“马克思学说研究会”。致力于马列著作和十月革命文献的翻译。

1920 年 10 月，北京共产主义小组成立。成为最早的共产党员之一。

1921 年 7 月，《工人周刊》在北京创刊，任西文秘书兼编委。

1923 年，二七大罢工失败后，与罗章龙收集资料、照片，编写《京汉工人流血记》，向全国介绍真相。

1925 年初，前往莫斯科东方劳动者共产主义大学学习。

1929 年，回国后在上海工作，担任中央工委宣传部翻译室主任。

1931 年，回家乡浏阳养病。

1934 年 8 月 12 日，在贫病交加中辞世。

遗书遗言

无

●工运先烈档案　　第 43 号

个人信息				
姓名	陈寿昌	曾用名	原名希堪	
籍贯	浙江镇海	出生年月	1906 年 11 月	
入党（团）时间	1924 年	牺牲时间	1934 年 11 月 22 日（28 岁）	
牺牲地点	崇阳			

主要职务

中华全国总工会执行委员会委员、常委，中共江苏省委委员，上海闸北区委、沪西区委书记，全国总工会苏区中央执行局党团书记、主任，中华苏维埃共和国中央执行委员

革命业绩

1922 年，离开家乡，到武汉考进电报局，后被分配到郑州电报局工作。

1927 年 6 月，出席第四次全国劳动大会，当选为中华全国总工会执行委员、常委。

1928 年，调到中央特科从事情报工作，先在二科（情报科）工作，后任四科（交通科）科长。

1931 年 12 月，离开上海到中央革命根据地工作。

1932 年，前往江西瑞金中央根据地参与组建中华全国总工会中央苏区执行局，任党团书记、主任。

1933 年 7 月，赴湘鄂赣根据地，任省委书记兼军区政治委员。

1934 年 2 月，当选为中华苏维埃共和国中央执行委员。

1934 年 11 月，率红十六师在湖北崇阳、通城边界的老虎洞遇敌，战斗中身负重伤，当晚在崇阳县的河坪村牺牲。

遗书遗言

身许马列安等闲，报效工农岂知艰。壮志未酬身若死，亦留忠胆照人间。

●工运先烈档案　　　　第 44 号

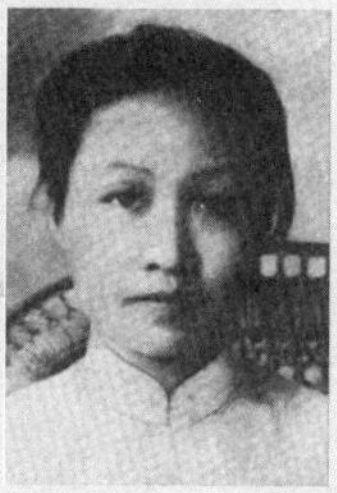

个人信息	姓名	赵一曼	曾用名	李坤泰，李一超
	籍贯	四川宜宾	出生年月	1905 年 10 月
	入党（团）时间	1926 年	牺牲时间	1936 年 8 月 2 日（31 岁）
	牺牲地点	珠河		
主要职务	满洲省总工会组织部部长，哈尔滨市总工会代理书记，中共珠河中心县委委员、铁北区区委书记，东北抗日联军第三军第一师二团政委			

革命业绩

1924 年，加入社会主义青年团。

1926 年，考入宜宾女子中学。同年中共成立宜宾特别支部，转为共产党员，担任宜宾妇联和学联党团书记。

1926 年 10 月，考进武汉黄埔军校。同年 11 月，入中央军事政治学校武汉分校学习。

1927 年 9 月，前往苏联莫斯科中山大学学习。

1931 年九一八事变后，被派往东北领导工人斗争。1932 年任满洲总工会秘书，组织部部长。

1933 年，任哈尔滨总工会代理书记。领导电车工人罢工。

1934 年春，任中共珠河中心县委委员。

1935 年，担任东北人民革命军第三军第一师二团政委。

1935 年 11 月，在战斗中受伤被俘。

1936 年 8 月 2 日，在珠河县城英勇牺牲。

遗书遗言

宁儿啊！赶快成人，来安慰你地下的母亲！在你长大成人之后，希望不要忘记你的母亲是为国而牺牲的！

●工运先烈档案

第 45 号

个人信息	姓名	**项英**	曾用名	**项德隆**
	籍贯	**湖北武昌**	出生年月	**1898 年 5 月**
	入党（团）时间	**1922 年**	牺牲时间	**1941 年 3 月 24 日（43 岁）**
	牺牲地点	**泾县**		
主要职务	**中共中央委员、中央政治局委员、中央职工运动委员会书记，中华苏维埃共和国临时中央政府副主席，中国劳动组合书记部武汉分部主任，中华全国总工会委员长，新四军副军长**			
革命业绩	1913 年，进入武昌模范纺织厂当工人。 1922 年 4 月，加入中国共产党。 1923 年 2 月，领导京汉铁路大罢工。 1924 年 5 月，奉命从武汉前往上海，继续领导工人运动。 1925 年 5 月，在第二次全国劳动大会上，当选为全总执行委员。 1926 年，担任湖北区委组织部主任，参与湖北全省总工会领导工作。 1928 年 11 月，担任中共中央职工运动委员会书记。 1929 年 11 月，在第五次全国劳动大会上，当选中华全国总工会委员长。 1931 年后，任苏区中央局代理书记、中华苏维埃共和国临时中央政府副主席等职。红军主力长征后，任中共中央江西分局书记，中央苏区军区司令员兼政治委员，在赣粤边坚持游击战争。抗日战争时期，任中共中央东南局书记、新四军副军长兼政委。 1941 年 3 月 24 日，在皖南事变中，被叛徒杀害于安徽泾县。			
遗书遗言	**无**			

个人信息				
姓名	林育英	曾用名	张浩、李福生、仲丹	
籍贯	湖北黄冈	出生年月	1897 年 2 月	
入党（团）时间	1922 年	牺牲时间	1942 年 3 月 6 日（45 岁）	
牺牲地点	延安			

主要职务

中共上海沪西区委书记，汉口市委书记，湖南省委常委，满洲临时省委书记，中华全国总工会常委、海员总工会党团书记，全总驻赤色职工国际代表，中央职工运动委员会副主任，八路军 129 师政委

革命业绩

1897 年 2 月 25 日，出生于湖北省黄冈市团风县回龙山镇林家大湾一个手工染织工人家庭。

1922 年 2 月，由恽代英、林育南介绍，加入中国共产党。

1922 年秋，与林育南、许白昊一起领导汉阳钢铁厂工人大罢工。

1923 年，二七惨案发生后，奉命去长沙开展工作。后调到安源路矿，担任工人俱乐部消费合作社主任。

1924 年 5 月，前往莫斯科东方劳动者共产主义大学学习，翌年 7 月回国，参与领导了上海的工人运动。

1930 年春，被全国总工会指派到哈尔滨指导工作。

1933 年 1 月，担任中国总工会驻赤色职工国际代表、中共中央驻共产国际代表。

1935 年 11 月初，化名张浩回国，对解决张国焘另立“中央”问题起到重要作用。

抗日战争全面爆发后，任八路军 129 师政委。

1940 年 2 月 7 日，《中国工人》在延安第二次创刊，担任主编。

1942 年 3 月 6 日，因病在延安中央医院逝世。

遗书遗言

革命 20 年如一日，却未能看到胜利的那一天，深以为憾！我死后，请组织上将我葬到杨家岭对面的桃花岭上，使我能天天望着党中央、毛主席！

●工运先烈档案

第 47 号

个人信息	姓名	史文彬	曾用名	石志清
	籍贯	山东青城	出生年月	1887年11月
	入党（团）时间	1921年	牺牲时间	1942年冬（55岁）
	牺牲地点	博兴		
主要职务	中国劳动组合书记部北方分部成员，京汉铁路总工会副委员长，全国铁路总工会执行委员，中华全国总工会执行委员，中共保定市委书记，中共中央第六届候补委员			
革命业绩	1912年，在长辛店铁路工厂做白铁匠。 1920年4月，邓中夏等到长辛店铁路机厂办学，积极组织工人参加学习，被推举为长辛店劳动补习学校校务委员。 1921年5月1日，长辛店铁路机厂工人俱乐部（工会）成立，被推举为委员长。 1921年秋，由邓中夏、罗章龙介绍加入中国共产党。 1923年2月1日，被选为京汉铁路总工会副委员长。二七惨案发生后，在长辛店被捕。1924年11月获释出狱。 1925年2月7日，被选为京汉铁路总工会副委员长、全国铁路总工会执行委员。 1927年7月，在武汉做地下工作。 1928年初，赴上海做地下交通工作。同年6月，在中共六大上被选为中央候补委员。 1929年11月，参加第五次全国劳动大会，被选为中华全国总工会执行委员。 1933年，回到青城，改名石志清，以修理钟表为生。 1942年冬，在博兴县病故。			
遗书遗言	无			

● 工运先烈档案　　第 48 号

个人信息	姓名	陈潭秋	曾用名	字云先，号潭秋	
	籍贯	湖北黄冈	出生年月	1896 年 1 月	
	入党（团）时间	1920 年	牺牲时间	1943 年 9 月 27 日（47 岁）	
	牺牲地点	迪化			
主要职务	中共一大代表、中共安源地委委员、武昌地委委员长、武汉地委书记、湖北区委组织部部长、江西省委书记、江苏省委组织部部长、满洲省委书记、江苏省委秘书长、福建省委书记				
革命业绩	1916 年，考入国立武昌高等师范学校。五四运动中，积极声援北京学生，率领学生游行示威。 1920 年秋，和董必武、刘伯垂等 7 人创建武汉共产主义小组。 1921 年 7 月，与董必武参加中共一大。此后，先后任中共安源地委委员、武汉地方执委会委员长、湖北区委组织部部长、江西省委书记、江苏省委组织部长、满洲省委书记、江苏省委秘书长。 1933 年初夏，前往中央苏区工作，任福建省委书记。 1934 年 1 月，被选为中华苏维埃共和国临时政府执行委员。中国工农红军长征时，留任中央苏区分局委员，领导开展游击战争。 1935 年 8 月，与陈云等赴莫斯科参加共产国际第七次代表大会，留驻共产国际工作。 1939 年回国，任中共中央驻新疆代表和八路军驻新疆办事处负责人。 1943 年 9 月 27 日，在新疆被国民党当局杀害，牺牲于天山脚下。				
遗书遗言	无				

●工运先烈档案　　第 49 号

个人信息	姓 名	邓发	曾用名	邓元钊
	籍 贯	广东云浮	出生年月	1906 年 3 月
	入党（团）时间	1925 年	牺牲时间	1946 年 4 月 8 日（40 岁）
	牺牲地点	兴县		
主要职务	广州市委书记，广东省委组织部部长，中华全国总工会南方代表，中央党校校长，中央职工运动委员会书记，苏区中央局委员，中华苏维埃共和国中央政府执行委员会委员、国家政治保卫局局长			
革命业绩	1906 年 3 月 7 日，出生于广东省云浮一个海员工人之家。 1925 年 6 月，参加省港大罢工。任罢工工人代表大会代表，罢工委员会工人纠察队队长。 1925 年 10 月，由苏兆征介绍入党，任支部组织干事。 1927 年 12 月 11 日，参加广州起义，任工人赤卫队队长。 1929 年，任广州市委书记。 1934 年 2 月，任中华苏维埃共和国中央政府执行委员会委员，中央政府主席团成员，国家政治保卫局局长。 1934 年 10 月，参加长征，任中央红军军委 2 纵队副司令员兼副政委。 1936 年 6 月，赴莫斯科向共产国际汇报工作。 1937 年 9 月，回国前往新疆，任中共驻新疆代表。 1939 年秋，回到延安，任中央党校校长，兼《中国工人》编辑委员。 1946 年 4 月 8 日，因飞机失事，在山西省兴县黑茶山附近不幸遇难。			
遗书遗言	无			

●工运先烈档案　　　　第 50 号

个人信息				
姓名	朱宝庭	曾用名	无	
籍贯	浙江镇海	出生年月	1880 年	
入党（团）时间	1922 年	牺牲时间	1947 年 1 月 24 日（67 岁）	
牺牲地点	安塞			

主要职务

中华海员工业联合会上海支部副会长，中华海员联合总会汉口分会委员长，中华全国总工会执行委员，中央职工运动委员会委员

革命业绩

1894 年，来到上海，在英商太古公司的一艘轮船上当侍工。

1914 年，在水手中发起成立“均安公所”。

1922 年，加入中国共产党。同年 5 月到广州出席第一次全国劳动代表大会。8 月，领导上海海员罢工。

1925 年，在上海参加领导五卅运动。

1926 年 5 月，出席第三次全国劳动大会。

1926 年 1 月至 1927 年 6 月，任中华全国总工会第二届执行委员会候补委员。

1927 年 6 月，出席第四次全国劳动大会，当选为中华全国总工会第三届执行委员会委员。

1931 年，赴苏联参加赤色职工国际工作。1932 年 10 月，回到上海。1933 年，到闽浙赣革命根据地负责工会工作。

1936 年，被国民党逮捕入狱。

1937 年 7 月，出狱后到延安，任中共中央职工运动委员会委员。

1947 年 1 月 24 日，因病在陕西省安塞县逝世。

遗书遗言

无

●工运先烈档案　　第 51 号

个人信息					
个人信息	姓名	王孝和	曾用名	无	
	籍贯	浙江鄞县	出生年月	1924 年 2 月	
	入党（团）时间	1941 年	牺牲时间	1948 年 9 月 30 日（24 岁）	
	牺牲地点	上海			
主要职务	上海电力公司工会常务理事				
革命业绩	1938 年，考入上海励志英文专科学校就读。 1941 年 5 月，加入中国共产党。 1943 年，由党组织安排进上海电力公司杨树浦发电厂工作。 1946 年 1 月，积极组织工人参加上海电力公司发生的大罢工。 1948 年 1 月，当选为上海电力公司工会常务理事。 1948 年 4 月 21 日，被国民党以“妨碍戡乱治安”为名逮捕，同年 9 月 30 日被杀害。				
遗书遗言	有正义的人士们！祝你们身体健康！为正义而继续斗争下去！前途是光明的！那光明正在向大家招手呢！只待大家努力奋斗！				

参考文献

1. 习近平：《论党的自我革命》，党建读物出版社，2023 年版。

2.《习近平新时代中国特色社会主义思想专题摘编》，中央文献出版社、党建读物出版社，2023 年版。

3.《习近平著作选读》（第一卷至第二卷），人民出版社，2023 年版。

4.《习近平谈治国理政》（第一卷至第四卷），外文出版社，2018—2020 年版。

5.《毛泽东选集》，人民出版社，1991 年版。

6.《周恩来选集》，人民出版社，1980 年版。

7.《刘少奇选集》，人民出版社，1981 年版。

8.《陈云文集》，中央文献出版社，2005 年版。

9.《尉健行谈工会工作》，中国工人出版社，2015 年版。

10. 中央档案馆：《中共中央文件选集》，中共中央党校出版社，1982 年版。

11. 中共中央党史研究室：《中国共产党简史》，中共党史出版社，2001 年版。

12. 中共中央党史研究室：《中国共产党简史》，中共党史出版社，2010 年版。

13. 中共中央党史研究室:《中国共产党的九十年》，中共党史出版社、党建读物出版社，2016 年版。

14.《论中国共产党历史》，中央文献出版社，2021 年版。

15. 中华全国总工会中国工人运动史研究室:《中国工运史料》第 1—29 期，工人出版社，1957—1986 年版。

16. 中华全国总工会中国职工运动史研究室:《中国工会历史文献》，工人出版社，1958—1959 年版。

17.《中国工人运动的先驱》，工人出版社，1983—1985 年版。

18.《中国工运历史人物传略》，中国工人出版社，2012—2016 年版。

19.《中国工运历史英烈传》，中国工人出版社，2016—2017 年版。

20. 国际劳工局中国分局:《国际劳工通讯》(1937—1938)。

21. 马超俊:《中国劳工运动史》，商务印书馆，1942 年版。

22. 中国劳工运动史编纂委员会:《中国劳工运动史》，中国劳工福利出版社，1966 年版。

23. 中华全国总工会中国职工运动史研究室:《中国工会历史文献》，工人出版社，1983 年版。

24. 中华全国总工会:《中共中央关于工人运动文件选编》，档案出版社，1985 年版。

25. 史兵:《中国工人运动史话(第一集)》，工人出版社，1985 年版。

26. 刘明逵:《中国工人阶级历史状况(1940—1949)》第一卷第一册，中共中央党校出版社，1985 年版，第一卷第二册，1993 年版。

27. 王建初、孙茂生:《中国工人运动史》，辽宁人民出版社，1987 年版。

28. 洪安琪、何布峰:《中国工人运动史》，陕西人民教育出版社，1987 年版。

29. 陆象贤:《中国劳动协会简史》，上海人民出版社，1987 年版。

30. 盖军、陈贤芳、张传仁:《中国工人运动史教材简编(1919—1949)》,华东师范大学出版社,1988年版。

31. 唐玉良、王瑞峰:《中国工运大事记》,辽宁人民出版社,1990年版。

32. 王建初、熊子云:《当代工人运动》,辽宁人民出版社,1990年版。

33. 杜万启:《新中国工人运动史》,中国铁道出版社,1991年版。

34. 王永玺:《中国工会史》,中共党史出版社,1992年版。

35. 王永玺:《中国工人运动通史简编》,中国工人出版社,1992年版。

36. 张希坡:《革命根据地的工运纲领和劳动立法史》,中国劳动出版社,1993年版。

37. 沈以行、姜沛南、郑庆声:《中国工运史论》,辽宁人民出版社,1995年版。

38. 本书编辑委员会:《当代中国工人阶级和工会运动》,当代中国出版社,1997年版。

39. 刘明逵、唐玉良:《中国工人运动史》,广东人民出版社,1998年版。

40. 梁玉魁:《早期中国工人运动史》,吉林科学技术出版社,2000年版。

41. 中国工运学院工人运动历史研究所:《中国工人运动史研究文集》,中国工人出版社,2000年版。

42. 刘明逵、唐玉良:《中国近代工人阶级和工人运动》,中共中央党校出版社,2002年版。

43. 中华全国总工会:《中国工会运动史料全书》(光盘),中国职工音像出版社,2002年版。

44. 王永玺、何布峰、曹延平:《简明中国工会史》,中国工人出版社,2005年版。

45. 高爱娣:《中国工人运动史》,中国劳动社会保障出版社,2008年版。

46. 中国工运研究所:《中国工会读本(修订版)》,中国工人出版社,

2014 年版。

47. 中国工运研究所:《中国工人运动简史培训教材》，中国工人出版社，2015 年版。

48. 中国工运研究所:《新编中国工人运动史》(上下卷)，中国工人出版社，2016 年版。

49. 王永玺、赵巧萍:《新编中国工会史》，中国工人出版社，2013 年版。

50. 王永玺:《中国工人运动史研究》，中国工人出版社，2013 年版。

51. 邵元冲:《劳动问题之发生经过及现代劳工事业之发展》，民智书局，1925 年版。

52. 马超俊:《中国劳工问题》，民智书局，1925 年版。

53. 郑行巽:《劳工问题研究》，世界书局，1927 年版。

54. 陈达:《中国劳工问题》，商务印书馆，1929 年版。

55. 祝世康:《劳工问题》，商务印书馆，1931 年版。

56. 中国国民党中央执行委员会宣传部:《工人救国》，中国国民党中央执行委员会宣传部，1931 年版。

57. 孙毓棠:《中国近代工业史资料》，科学出版社，1957 年版。

58. 中国人民大学政治经济学系《中国近代经济史》编写组:《中国近代经济史》，人民出版社，1978 年版。

59. 盖军:《中国共产党白区斗争史》，人民出版社，1996 年版。

60. 谢振民:《中华民国立法史》，中国政法大学出版社，2000 年版。

61. 许涤新、吴承明:《中国资本主义发展史》(第一卷)，社会科学文献出版社，2007 年版。

62. 蔡少卿:《中国近代会党史研究》(增订版)，中国人民大学出版社，2009 年版。

63.《邓中夏文集》，人民出版社，1983 年版。

64. 沈以行:《工运史鸣辨录》，上海社会科学院出版社，1987 年版。

65. 中共中央文献研究室、中华全国总工会:《刘少奇论工人运动》，中央文献出版社，1988 年版。

66. 朱学范:《我的工运生涯》，福建人民出版社，1991 年版。

67. 李思慎:《李立三红色传奇》，中国工人出版社，2005 年版。

68. 中国社会科学院近代史研究所:《民国人物与民国政治》，社会科学文献出版社，2009 年版。

69. 江西省总工会、江西省档案馆:《江西工人运动史料选编》，江西人民出版社，1986 年版。

70. 武汉市总工会工运史研究室:《武汉工人运动史》，辽宁人民出版社，1987 年版。

71. 晋冀鲁豫革命根据地工人运动史编委会:《晋冀鲁豫革命根据地工人运动史（1937—1949）》，中国工人出版社，1991 年版。

72. 晋察冀革命根据地工人运动史编写组:《晋察冀革命根据地工人运动史（1937—1949）》，中国工人出版社，1992 年版。

73. 齐武:《东北工人运动史纲（1866—1949）》，中共中央党校出版社，1992 年版。

74. 中国革命博物馆:《北方地区工人运动资料选编（1921—1923）》，北京出版社，1981 年版。

75. 陕西省总工会工运史研究室:《陕甘宁边区工人运动史料选编》，工人出版社，1988 年版。

76. 中央苏区工运史征编协作小组:《中央革命根据地工人运动史》，改革出版社，1989 年版。

77. 天津市总工会工运史研究室:《天津工人运动史》，天津人民出版社，1989 年版。

78. 云南省总工会工人运动史研究组:《云南工运史资料汇编》，云南人民出版社，1989 年版。

79. 青岛市总工会工运史研究室:《青岛工人运动史》，中共党史资料出版社，1989 年版。

80. 刘长胜:《中国共产党与上海工人》，劳动出版社，1951 年版。

81. 上海市政府社会局:《近五年来上海之劳资纠纷》，中华书局，1934 年版。

82. 沈以行、姜沛南、郑庆声:《上海工人运动史》，辽宁人民出版社，1991 年版。

83. 广州市总工会、广州工人运动史研究委员会、广州工人运动学会:《广州劳工运动史话》，广州出版社，2012 年版。

84. 山东省总工会:《铁路工人》，山东新华书店，1946 年版。

85. 中华全国总工会工运史研究室等:《二七大罢工资料选编》，工人出版社，1983 年版。

86. 中共萍乡市委《安源路矿工人运动》编纂组:《安源路矿工人运动》(上下册)，中共党史资料出版社，1991 年版。

87.《中国劳工运动史》，中国文化大学劳工研究所理事会(台北)出版，1984 年增订版。

88. [日]中村三登志:《中国工人运动史》，王玉平译，工人出版社，1989 年版。

89. [美]裴宜理:《上海罢工——中国工人政治研究》，刘平译，江苏人民出版社，2001 年版。

90. 中华全国总工会:《中华全国总工会七十年》，中国工人出版社，1995 年版。

91. 中华全国总工会:《中国特色社会主义工会发展道路学习读本》，中国工人出版社，2012 年版。

92. 中华全国总工会：《纪念中华全国总工会成立 90 周年文集》，中国工人出版社，2015 年版。

93. 全国总工会课题组：《深入学习贯彻习近平总书记关于工人阶级和工会工作的重要论述》，中国工人出版社，2021 年版。